本书是国家社会科学基金项目(17BZZ043)结项成果(鉴定等级为良好)

邓集文 著

中国城市环境邻避风险的包容性治理研究

中国社会科学出版社

图书在版编目(CIP)数据

中国城市环境邻避风险的包容性治理研究 / 邓集文著. —北京：中国社会科学出版社，2022.12
ISBN 978 - 7 - 5227 - 1252 - 9

Ⅰ.①中… Ⅱ.①邓… Ⅲ.①社会管理—风险管理—研究—中国 Ⅳ.①D63

中国国家版本馆CIP数据核字(2023)第025673号

出 版 人	赵剑英
责任编辑	许　琳
责任校对	李　硕
责任印制	郝美娜

出　　版	中国社会科学出版社
社　　址	北京鼓楼西大街甲158号
邮　　编	100720
网　　址	http：//www.csspw.cn
发 行 部	010 - 84083685
门 市 部	010 - 84029450
经　　销	新华书店及其他书店
印　　刷	北京君升印刷有限公司
装　　订	廊坊市广阳区广增装订厂
版　　次	2022年12月第1版
印　　次	2022年12月第1次印刷
开　　本	710×1000　1/16
印　　张	22
插　　页	2
字　　数	317千字
定　　价	138.00元

凡购买中国社会科学出版社图书，如有质量问题请与本社营销中心联系调换
电话：010 - 84083683
版权所有　侵权必究

目 录

导 论 ……………………………………………………… （1）
  一 研究缘起 ……………………………………………… （1）
  二 研究综述 ……………………………………………… （4）
  三 研究意义 ……………………………………………… （23）
  四 研究进路 ……………………………………………… （25）
  五 研究方法 ……………………………………………… （26）

第一章 环境邻避风险包容性治理的理论诠释 …………… （29）
  一 环境邻避风险包容性治理的理论内涵 ……………… （29）
  二 环境邻避风险包容性治理的理论面向 ……………… （46）
  三 环境邻避风险包容性治理的理论担负 ……………… （57）

第二章 中国城市环境邻避风险治理的逻辑缘起 ………… （66）
  一 中国城市环境邻避风险的生成逻辑：规范研究的视角 …… （67）
  二 中国城市环境邻避风险的生成逻辑：实证研究的视角 …… （78）
  三 中国城市环境邻避风险治理的问题缘起：
     政治社会学的视角 ……………………………………… （89）

第三章 中国城市环境邻避风险治理的现有模式 ………… （94）
  一 中国城市环境邻避风险治理现有模式的演进图景 …… （95）
  二 中国城市环境邻避风险治理现有模式的特征考察 …… （105）
  三 中国城市环境邻避风险治理现有模式的问题探索 …… （116）

四　中国城市环境邻避风险治理现有模式的问题验证……… （133）

第四章　中国城市环境邻避风险治理的模式转换……… （153）
　　一　中国城市环境邻避风险治理模式转换的理论资源……… （153）
　　二　中国城市环境邻避风险治理模式转换的现实动因……… （162）
　　三　中国城市环境邻避风险治理模式转换的路向选择……… （171）

第五章　中国城市环境邻避风险包容性治理的实现条件……… （184）
　　一　机会空间:政治机会结构的演变 ……… （185）
　　二　体制驱动:压力型体制的存在 ……… （195）
　　三　社会条件:社会权能的渐强 ……… （202）
　　四　战略支撑:国家治理体系和治理能力现代化的推进 ……… （208）

第六章　外国城市环境邻避风险包容性治理的经验启示……… （217）
　　一　外国城市环境邻避项目选址的经验启示 ……… （217）
　　二　外国城市环境邻避风险治理参与的经验启示 ……… （225）
　　三　外国城市环境邻避风险沟通的经验启示 ……… （239）
　　四　外国城市环境邻避风险治理监督的经验启示 ……… （247）

第七章　中国城市环境邻避风险包容性治理的实现路径……… （253）
　　一　包容多元风险治理主体 ……… （253）
　　二　建构包容性风险治理程序 ……… （269）
　　三　坚持风险治理成果平等共享 ……… （285）
　　四　健全风险治理多元监督机制 ……… （294）

结　语 ……… （304）

附　录 ……… （308）

参考文献 ……… （312）

导　　论

一　研究缘起

　　人类目前正在趋向于城市化的世界。城市化既是乡村人口向城市不断聚集，城市规模、数量和用地不断扩张的过程，也是城市经济活动、文化形式、生活方式和价值观念向乡村不断扩散的过程。这一过程不仅包括城市的成长，还包括社会生活的组织。① 城市的历史变迁见证着城市的成长。城市古已有之。"古代的起点是城市及其狭小的领域。"② 随着现代大工业的发展，现代城市成长起来。现代大工业推动现代城市的产生。"它建立了现代的大工业城市——它们的出现如雨后春笋——来代替自然形成的城市。"③ 现代大工业还推动现代城市的发展。可以说，"现代的［历史］是乡村城市化"④。城市化进程中大量人口向城市集中，这就需要有序地组织社会生活。城市的成长和社会生活的组织反映了人们对美好生活的追求。城市对于生活在今天的每一个人而言，都是十分熟悉、充满魅力的。事实上，城市是人类文明的基石。城市创造着比乡村更高水平的生产力，市民享受着比乡村更高水准的生活。"在某种意义上，城市是我们的生境；我们

---

① ［英］乔纳森·S. 戴维斯、［美］戴维·L. 英布罗肖：《21世纪的城市政治》，载［英］乔纳森·S. 戴维斯、［美］戴维·L. 英布罗肖主编：《城市政治学理论前沿》，何艳玲译，格致出版社、上海人民出版社2013年第2版，第4页。
② 《马克思恩格斯选集》第一卷，人民出版社2012年版，第149页。
③ 《马克思恩格斯选集》第一卷，人民出版社2012年版，第194页。
④ 《马克思恩格斯全集》第三十卷，人民出版社1995年版，第474页。

属于城市，没有城市我们就不会得到完美的人性。"① 可是，城市的发展也带来了诸多问题。城市经济不断增长，越来越多的资源被消耗，贫困人口越来越多。城市聚集了人们的废弃物，从而产生出巨量的垃圾堆、污染的空气和水。城市聚居区的密度给通过人体接触传播的疾病孕育了良好的温床，而生活在拥挤的房间中的人们则提供了更有利于疾病传播的居住密度。② 城市交通流量的增加衍生城市交通问题。交通拥堵、机动车污染和停车难等问题颇为突出。面对严峻的城市问题，人们积极探索解决之道。伴随治理理论与实践的兴起，城市治理逐渐兴起。"城市治理，就是被美化的'城市行为体'，这是个近乎人格化的新政治课题，它活跃了地方增长联盟。"③ 良好的城市治理是任何一座城市拥有竞争力和活力的先决条件。正因为如此，当今城市治理日益得到重视。城市治理是各种主体以合作、互动的方式管理城市公共事务的行为和过程，它指向城市的经济、文化、教育、卫生、交通、环境、基础设施、社会治安与社会福利等公共事务。在环境公共事务领域，邻避（NIMBY，即 not in my backyard）风险越来越受到关注，已经成为城市治理的重要指向。

城市治理指向环境邻避风险，是城市化进程赋予我们的理论自觉和实践进路。城市化水平的提高离不开城市的发展，人口、资源的高度聚集在带来显著集聚效应与规模效应的同时，也进一步加大了各类基础设施的负荷压力，逐步强化基础设施等城市公共物品的供给成为保障城市健康、持续发展的基本要求。④ 垃圾处理厂、污水处理厂、发电厂、变电站等基础设施在城市化进程中必不可少，但它们具有显著的负外部性。负外部性是那些生产或消费对其他个人或群体"强征

---

① ［美］詹姆霍尔姆斯·罗尔斯顿 Ⅲ：《哲学走向荒野》，刘耳、叶平译，吉林人民出版社 2000 年版，第 310 页。
② ［加拿大］Rodney R. White：《生态城市的规划与建设》，沈清基、吴斐琼译，同济大学出版社 2009 年版，第 8—9 页。
③ ［法］让-皮埃尔·戈丹：《何谓治理》，钟震宇译，社会科学文献出版社 2010 年版，第 85 页。
④ 王佃利等：《邻避困境：城市治理的挑战与转型》，北京大学出版社 2017 年版，第 11 页。

了不可补偿的成本"①的情形。显著的负外部性使得此类设施建设遭到周边居民的强烈反对,环境邻避现象随之出现。环境邻避现象映射出人类与自然环境的冲突。一方面,人类与自然环境相互依存。人类社会的发展离不开自然环境,因为人是自然界的一部分,即"我们连同我们的肉、血和头脑都是属于自然界和存在于自然界之中的"②。自然并非在我们之外,我们也不在自然之外。自然与我们相连,我们也与之相连。自然对于人类获得更多生命,对于人类的日常生活以及维持人类的完整具有重要意义。③ 另一方面,人们的生活必然要与自然环境发生冲突。④ 垃圾处理厂、污水处理厂、发电厂、变电站等基础设施建设是人类的生产活动,它在给人类带来便利的同时,也使一部分人受到负外部性的影响。这种负外部性是人类与自然环境发生冲突的表现。基础设施有了负外部性,受到其影响的人们就会有邻避情结,就会有邻避行动。随着环境邻避的出现,环境邻避风险凸显。环境邻避风险是城市化进程中不可避免的问题,是制约社会稳定的重要因素,一旦得不到有效的治理就可能引起社会危机,对社会秩序造成威胁和损害。有效化解城市环境邻避风险成为一项现实而紧要的课题。"我们要理解我们侧身于其中的且围绕我们生活的实在的特点"⑤,并寻求解决现实问题的有效途径。实际上,中国不断地在探寻城市环境邻避风险的治理之策。

现阶段中国处于工业化、城市化、市场化、全球化、信息化的"五化共时态"进程中,高度压缩在同一时空下的剧烈社会变迁使得出现各种社会风险的可能性大大增加。虽然中国的社会发展尚未进入

---

① [美]保罗·萨缪尔森、威廉·诺德豪斯:《经济学》,萧琛等译,华夏出版社1999年版,第263页。
② 《马克思恩格斯选集》第三卷,人民出版社2012年版,第998页。
③ [法]塞尔日·莫斯科维奇:《还自然之魅:对生态运动的思考》,庄晨燕、邱寅晨译,生活·读书·新知三联书店2005年版,第295—297页。
④ [美]霍尔姆斯·罗尔斯顿:《环境伦理学:大自然的价值以及人对大自然的义务》,杨通进译,中国社会科学出版社2000年版,第1页。
⑤ [德]马克斯·韦伯:《社会科学方法论》,韩水法、莫茜译,中央编译出版社2002年版,第22页。

乌尔里希·贝克所说的风险社会，但已经进入风险多发期和"阵痛期"。风险已经是工业时代的特征①，中国的情况大体与此相符。面对多样的社会风险，中国积极采取应对措施。党的二十大报告提出："全党必须坚定信心、锐意进取，主动识变应变求变，主动防范化解风险。"② 环境邻避风险治理是风险治理的一种类型。随着中国城市化进程的加快和各种公共设施的兴建，环境邻避风险已成为当前城市治理的重点和难点。中国城市环境邻避风险治理正处于不断探索和发展阶段。当前这方面的实践探索已经取得较大成就。但是，中国城市环境邻避风险治理现有模式存在的问题也不容忽视；现有模式存在的问题在很大程度上影响环境邻避风险治理的效果，从而推动现有模式转换。为此，必须进一步探索城市环境邻避风险治理的新路向。方兴未艾的包容性治理为解决城市环境邻避风险问题提供了一个新的、可行的思路。目前有些学者对邻避冲突、邻避效应或邻避现象的包容性治理进行了一定的研究。然而，环境邻避风险包容性治理的研究还显得薄弱，还远远不够。这就需要对中国城市环境邻避风险的包容性治理进行系统而深入的研究，以便推动理论向前发展，并为实践提供理论指导和政策建议。

二 研究综述

（一）国外研究现状

国外学者较早开始研究污染性的垃圾场、有毒有害的废弃物处理场等设施遭到周边居民抵制与反抗的现象。从严格意义上说，国外对邻避问题的研究始于20世纪70年代。1977年O'Hare在一篇论文中首次提出"邻避"概念。随后邻避冲突、邻避运动、邻避抗争、邻

---

① ［德］乌尔里希·贝克：《风险社会：新的现代性之路》，张文杰、何博闻译，译林出版社2018年版，第6页。
② 本书编写组：《党的二十大报告学习辅导百问》，党建读物出版社、学习出版社2022年版，第21页。

避情结、邻避效应、邻避现象和邻避风险等概念受到学界的关注。20世纪90年代，国外学者逐步扩展对邻避冲突和邻避风险的研究。以上概念之间有着许多相似之处，加之邻避冲突亦可称为邻避运动、邻避抗争、邻避效应、邻避现象等，因而本书的邻避冲突的研究现状涵盖邻避运动、邻避抗争、邻避情结、邻避效应和邻避现象的研究现状。

1. 邻避冲突研究

国外学界对邻避冲突的研究是邻避治理实践发展的产物。学者们对邻避冲突进行了系统、深入的研究，出版了一批专著、论文和研究报告。从研究内容来看，邻避冲突的界定、性质、原因和治理对策等是学者们致力探讨的主要问题。探讨上述问题时，特别是探讨邻避冲突的原因时，许多学者应用了经济学、心理学、政治学和公共政策学等多学科知识。

（1）邻避冲突的界定

考察当前的邻避研究，存在纷繁复杂的邻避概念；这些概念侧重点各有不同，但都与具有负外部性的公共设施建设联系在一起。通过梳理现有的研究文献发现，国外学者较少直接对邻避冲突作出界定，较多关注与其相近或相关的概念，如邻避、邻避问题、邻避现象、邻避情结和邻避运动等的界定，以此来构建概念上的术语体系，为邻避冲突研究奠定坚实的基础。

Matheny 和 Williams（1985）在运用实证研究方法分析垃圾处理设施建设时对邻避概念进行了解释。Wolsink（2000）指出，邻避是公众经过得失权衡来支持或反对邻避设施建设的一种情态。Batel 和 Devine-Wright（2020）把当地反对能源基础设施称作邻避。Lawrence 和 James（1982）较早从经济学的角度探讨邻避问题的定义。按照他们的解释，邻避问题是指某类设施建设导致民众的直接利益受损和特定区域经济恶化，进而引起民众的反抗性行为。他们的这一解释实际上可以看作是对邻避冲突的界定。Morell（1984）从心理学的角度来界定邻避现象，其所下的定义如下：公众在相对剥夺感达到一定的强度时便会产生反抗的实质行动。Vittes（1993）等学者同样从心理学的角度来解读邻避现象，认为邻避现象是对危害社区周围环境的公共设施的抵制或反对。Inhaber（1991）所要界定的邻避情结本身属于心理学范畴，他认为邻避情结是社区居民对令人厌恶的公共设施产生的排斥心理。Csutora（1997）指出，邻避情结是我们想要某种土地开发利用带来的好处，但不想将某种设施设置在我们的邻里。Dear（1992）指出，邻避运动是社区居民针对其社区周边拟建的不受欢迎的设施所采取的策略和行动。

（2）邻避冲突的性质

国外学者对邻避冲突性质或本质的理解存在差异。一部分学者强调邻避冲突的消极意义，认为邻避冲突是自私自利性的、非理性的行动。Mazmanian 和 Morell（1990）认为，邻避冲突本质上是公民自私的、非理性的、增加社会成本的行为。Lake（1993）认为，邻避冲突是自私自利的地方偏狭主义的表现。Hunter 和 Leyden（1995）认为，邻避情结具有自私性，它包含着许多非理性的内涵。他们把邻避冲突看做是一种自利的、意识形态化的或带有政治倾向的行动。Lennart Sjöberg 和 Drottz-Sjöberg（2001）指出，邻避情结是个人的自私的意愿，其往往因自己承担风险他人却获得好处而反对某一设施建设。

一部分学者强调邻避冲突的积极意义，认为邻避冲突是正当性的或理性的行动。这种观点在有些学者那里表述为，邻避冲突是公众争取环境平等权的正义运动。Fiorion（1989）认为，公众反对邻避设施设址的邻避抗争可能是理性的，且具有政治合法性；邻避抗争对公共利益看起来是有害的但实际上是有利的。Rabe（1994）肯定了邻避冲突的正当性，认为邻避运动是"民主的胜利"，体现了公众对政策正义、环境正义的追求。Lidskog（1997）也肯定了邻避冲突的正当性，认为邻避冲突对公共决策中民主参与的实现有着推动作用，简单把邻避冲突理解为私利反对公利并不合理。McGurty（1997）通过实证研究发现，邻避冲突本质上是环境正义运动。Burningham（2000）指出，公众对待邻避问题的态度是合理的，且在政治上是合法的，公众反对邻避设施关乎更大的公共利益问题。

还有一部分学者认为对邻避冲突性质的理解不能坚持非此即彼的思维，而要坚持亦此亦彼的思维。在非此即彼的思维中，邻避冲突要么是自私自利性的、非理性的行动，要么是正当性的或理性的行动。实际上，邻避冲突中公众的非理性因素与理性因素可能交织在一起。可以说，邻避冲突是包含非理性因素和理性因素的新型矛盾体。这方面，Takahashi（1997）的看法具有代表性。他声明道，邻避冲突中虽然存在自私性的非理性因素，但邻避冲突的实质更为复杂，不能狭隘地把它看作是自私的、非理性的抗争行动。这句话的潜台词是邻避冲突中存在非理性因素，也存在理性因素。

（3）邻避冲突的原因

邻避冲突的原因是国外学者研究的重点内容之一，理由在于只有弄清楚邻避冲突的原因，才能从根源上去寻找解决邻避冲突问题的办法。国外学者从经济学、心理学、政治学、公共政策学等视角来探究邻避冲突的原因。具体而言，在他们那里，邻避冲突的原因主要包括经济性原因、心理性原因、政治性原因和政策性原因等。

一是经济性原因。Lawrence 和 James（1982）较早从经济学的角度研究邻避冲突的原因，认为邻避设施兴建带来的民众利益受损引发冲突。随后从经济学的角度研究邻避冲突的原因的不乏其人。Matheny 和 Williams（1985）认为，邻避冲突的原因是多方面的，经济性原因是其中之一。在 Matheny 和 Williams 看来，邻避主义者担心邻避设施的负外部性影响其财产价值，为了维护自身的利益，他们起来反对设施建设或运营。Lake（1993）归纳了邻避冲突的主要原因，指出经济增长与环境保护之间的冲突是其中一个。David 和 Joseph（2022）指出，邻避主义产生于开发商和当地居民之间的讨价还价问题。

二是心理性原因。需要说明的是，邻避冲突的心理性原因与经济性原因在有些学者那里是结合起来的。Matheny 和 Williams 关于邻避冲突原因的上述看法就是如此。Morell 和 Davis 的观点也是这样。Morell（1984）认为，邻避冲突的原因是居民担心邻避设施潜在威胁健康及生命财产。Davis（1986）指出，邻避设施周边的居民因担心设施的负外部性效应会威胁、破坏其财产价值、生活环境、身体健康和人身安全等而反对设施选址，以使自身利益免受损害。除此之外，Horst 的探讨聚焦于邻避冲突的心理性原因。在 Horst（2007）看来，居民自私观念是邻避冲突发生的主要原因。

三是政治性原因。根据 Morell（1984）的研究，邻避冲突的形成有 5 个方面的原因，其中政治性原因是邻避设施选址的公平性问题。无独有偶，对于邻避冲突的政治性原因，Lober 与 Morell 持类似的观点。Lober（1995）指出，当公众感到邻避设施选址过程或结果不公平时，他们倾向于持反对的观点。Flynn 和 Slovic（1993）认为，邻避设施选址程序不当是邻避冲突发生的关键原因。Leroy 和 Nadler 跟 Flynn 和 Slovic 所见略同。Leroy 和 Nadler（1993）的研究表明，邻避设施选址程序不合理是导致邻避冲突的关键原因。Kuhn 和 Ballard（1998）通过案例研究发现，忽视公正、公开、民主等政治因素是引发邻避冲突的主要原因。

四是政策性原因。邻避设施选址不仅是一个经济问题，还是一个政策问题。邻避冲突的发生自然还有其政策性原因。Fischer（1993）从政治合法性的角度对此进行探讨，指出公众对专家的不信任乃至敌意导致现代政府运用专家辅助决策方面的合法性不足，他们不能接受专家界定问题的方式，更不能接受专家解决问题的方案，邻避冲突由此产生。McaVoy（1998）通过描述美国明尼苏达州在邻避设施建设方面的失败案例，指出邻避冲突并非源于市民不合理的要求和自利的想法，选址决策不公是邻避冲突产生的重要原因。

（4）邻避冲突的治理对策

第一，注重信息公开。按照 Davis（1986）的逻辑理路，治理邻避冲突需要注重信息公开。他写道，危害性废弃物设址争议的解决需要把公众参与和技术努力结合起来，在决策过程中允许公众参与并向公众提供信息。Sellers（1993）通过案例剖析指出，为了避免邻避设施建设失败，当地政府应当注重邻避决策前的信息公开。公众对邻避设施的科学认知与邻避冲突治理有着密切的关系，而信息公开有利于公众获得科学认知。这一点为 Cowan（2003）所认同，他认为要通过信息的公开透明，加强公众对邻避设施的科学认知。Kikuchi 和 Gerardo（2009）通过研究归纳出邻避冲突中管理者与公众沟通应注意的五个事项，其中一个事项涉及信息公开，即废弃物规划的管理者应该充当教育者或信息的传达者。

第二，采用自愿途径。1990 年美国邻避设施设置研讨会所探讨的邻避冲突治理对策包含采用自愿途径；Howard Kunreuther，Kevin Fitzgerald，Thomas D. Aarts（1993）通过了一套设施设置准则，确立了包括程序适当、公众参与、满足需要和社区志愿者主导等规条。后来还有一些学者把采用自愿途径作为邻避冲突治理的一项对策。Rabe（1994）主张采用自愿途径来化解邻避冲突。他通过比较某些地方邻避冲突治理的成功经验与失败经验，发现邻避设施建设需要政府事前跟公众进行沟通交流，以自愿的形式而非强迫的形式来跟利益相关者进行协商谈判。简言之，用他的话说，基于自愿式程序的设施选址是成功设址的重要因素。Inhaber（1998）看到了社区的自我选择对邻避设施建设的积极作用，认为要减少邻避冲突的发生，就需要具有自愿性的社区存在。

第三，推进公众参与。Popper（1981）较早注意到公众参与对于邻避冲突治理的作用，认为公众参与有助于他们接纳邻避设施。按照 Wiedemann 和 Femers（1993）的看法，邻避冲突治理的一项原则是向公众赋权。Saha 和 Mohai（2005）用实证研究证明了邻避冲突治理需要推进公众参与。他们指出，近年来美国邻避设施建设遭遇的阻力变得越来越少，究其原因在于公众拥有更多的参与邻避决策的机会。Tuan 和 MacLaren（2005）指出，有效的公众参与能够促进信任、增加过程的公平性，使得公众容易接受经过公开反复讨论而获得的共识方案，进而提高公众对邻避决策的接受度。Devine-Wright（2011）从理念和实践层面探索在邻避冲突治理中如何推进公众参与。他提出的对策是，在理念上，要消除将公众视为无知、非理性的群体的偏见；

在实践上，要改变过去在决策中存在政治排斥的状况，构建自上而下和自下而上的双向参与方式。

第四，建立补偿机制。建立补偿机制是解决邻避设施选址问题的重要举措，提供适当的补偿可以提高居民接受度，增加设施选址成功的可能性。许多学者对这个对策进行了独到而富有成效的探究。Kunreuther 和 Easterling（1996）指出，除了高放射性、低放射性废料处置场和高放射性废料暂存场设置案例之外，许多案例的补偿制度都达到预期的效果。Frey（1996）等通过分析瑞士放射性废料处置场设置案例发现，补偿金的提供反而降低了居民对邻避设施的支持度；当补偿金额提高到一定程度后居民的支持度仍然没有提升，但当补偿金提高到某一更高额度后支持度却大幅提升。Claro（2007）认为，由于公众把废物处理设施选址冲突看成是公正问题而非经济自由问题，所以非现金式的补偿手段更容易被接受。Groothuis（2008）等提出，要有效实施邻避冲突治理，设施设置的受益者应该给予设施周边居民经济补偿，以激励其接受邻避设施选址。Ferreira 和 Gallagher（2010）的实证研究发现，经济补偿只有在已有邻避项目基础上的扩建规划中才会发挥积极作用，而它在新建邻避项目中的作用十分有限。Sakai（2012）对公平废物定价进行了研究，指出废物处置设施建设需要对负外部性进行补偿。

2. 邻避风险研究

国外对邻避项目社会风险的研究兴起于20世纪80年代。这一研究起先属于城市规划学的分支，后来逐渐延伸至项目管理、社会管理和公共治理领域。20世纪90年代，国外学者扩展对邻避（环境邻避）风险的研究。国外学者大多寓环境邻避风险研究于邻避风险研究中，所以这里将邻避风险研究的现状和环境邻避风险研究的现状结合起来加以梳理。

（1）社会心理视角

社会心理是邻避风险研究的一个重要视角。Kasperson（1986）指出，公众对邻避项目投资者缺乏信任和信心，他们认定项目投资者往往仅重视自身投资利益而忽视邻避设施对周边社区的负外部性影响，使得他们不相信项目投资者对邻避风险的描述。Kraft 和 Clary（1991）认为，缺乏风险信息、对风险持狭隘和地方观念等是导致邻避效应的心理原因。Rogers（1998）认为，邻避设施的风险使当地居民出现恐惧心理。Thornton 和 KnoX（2002）对个体心理蕴含的邻避风险进行过调查研究，发现邻避行动在很大程度上取决于居民的既得利益。Devine-Wright（2009）指出，邻避设施遭到反对的理由是，居民感到邻避设施建设损害了预先存在的情感链接，并威胁到地方认同过程。按照 Terwel（2013）等学者的理解，邻避设施可能造成利益损失，利益受损者对政府的信任程度影响其邻避情结的形成。以上学者侧重于探究邻避风险的成因，而 Wolsink 侧重于邻避风险的治理。Wolsink（2007）认为，进行过程开放的协同性规划有利于较大限度地减少公众对邻避设施的偏见。在他那里，邻避风险治理实际上内含邻避风险的包容性治理。

（2）风险认知视角

公众对邻避设施的风险认知或风险感知被证明在较大程度上影响着公众对待邻避设施的态度。Mitchell 和 Carson（1986）指出，邻避设施给地方社区带来的很高的感知成本，成为促使公众反对邻避设施设址的一个重要因素。Mitchell 和 Carson 的这一观点基本上得到了 Kunreuther 等学者的认可。Kunreuther（1993）等在总结邻避风险的成因时，把邻避设施给社区带来的较高的感知成本作为一种成因。Slovic（1987）基于风险认知视角的研究证明，居民知识的局限性导致的认识偏差使他们对邻避设施设址风险的感知常常比专家高，抗争行动由此产生。Slovic（1993）接着对邻避风险作了进一步的研究，认为居民对邻避设施的关心程度与风险认知有关。Lober（1995）把风险认知作为影响公众对待邻避设施的态度的至关重要的因素，认为风险认知支配了公众对邻避设施的态度。公众的风险认知程度与邻避设施距离的远近密切相关，这是一些学者经过研究之后得出的结论。Horst（2007）认同居民反对邻避设施的风险认知水平与设施选址距离有关的结论。Hank（2009）等从风险认知的分歧、意识形态和变化方面来分析邻避风险治理。Bearth 和 Siegrist（2016）指出，居民感知到的风险越大，其对邻避设施的接受度就越低。

（3）风险沟通视角

Kasperson（1986）多年来致力于从风险沟通视角研究邻避问题。他借鉴了公民参与计划的社会经验，探讨了如何有效地组织和实施风险沟通；其研究表明，风险沟通是化解邻避风险的重要变量。Kasperson（2010）和另外两位学者研究了危险设施选址和风险沟通中的社会不信任，认为风险管理者扮演的角色需要包含于风险沟通的内容中。Tuler 和 Kasperson（2014）通过案例说明，风险沟通是邻避风险治理的有效路径。为了找到解决社区问题的办法，Hara（1992）对邻避风险作了探究；其在研究中强调了加强沟通的重要性。除了从社会心理视角之外，Wolsink（2000）也从风险沟通视角谈到邻避风险的包容性治理。根据他的理解，实现邻避风险治理中的包容和协作需要通过沟通达成共识。Ishizaka 和 Tanaka（2003）强调风险沟通之于邻避治理的作用。他们认为，通过风险沟通，公众能够持续参与风险评估和决策的过程，从而有利于提高风险评估的透明度并弥补技术信息的不足，有利于增强公众风险认知的正确性，最终增加公众对邻避决策的认可。

（4）公众参与视角

公众参与视角下的邻避风险研究内含邻避风险的包容性治理研究，因为吸纳、推进公众参与本身是一种政治包容。Swallow（1992）等尝试从技术、经济和政治方面综合考虑邻避设施选址，倡导在确定设施选址的过程中采取去中心化的模式，通过公众参与、民主协商决定风险可接受度和经济补偿方案。Dorshimer（1996）以美国密歇根的某能源工程为案例研究对象，解释了公民的全过程参与对于邻避风险治理具有重要的推动作用。Ibitayo 和 Pjawka（1999）研究了美国处置危险废弃物的公共设施的选址问题，他们的研究结论是，公共设施选址成功依赖于设施周边居民的参与。Hampton（1999）剖析了推动社区居民参与的各种决策模式,强调只有受影响的社区居民通过其对政策过程的参与,真正有机会改变邻避设施选址决策的结果,程序公正的要求才能得到满足。Lesbirel 和 Shaw 关注了高污染与高风险的工厂实施建设的问题。他们编辑了一本关于设施选址中冲突管理国际比较的书。该书收录了 Schneider(2005)等撰写的一篇论文,该论文对在区域层次废物管理规划中实施结构化参与进行了研究。Teo 和 Loosemore(2017)强调公众参与的重要性。在他们看来,容纳公众参与对化解邻避风险起着重要作用。

(二)国内研究现状

1. 邻避冲突研究

国内对邻避问题的研究起步较晚。20 世纪 90 年代,国内(大陆)学者没有明确使用"邻避"一词,但实际上已经对邻避问题进行了研究,1995 年林巍等对如何处理公共设施选址中的环境冲突作了较深入的探讨就是明证。何艳玲(2006)最早明确使用"邻避"一词。随后,学者们对邻避冲突(即邻避效应、邻避运动或邻避现象)的界定、特征、成因和治理对策展开了研究。

(1)邻避冲突的界定

乔艳洁等(2007)较早对邻避冲突作出界定,认为邻避效应是居民反对垃圾场或焚化炉盖在其社区的现象。陈宝胜(2012)在对邻避冲突概念的现有界定进行批判分析的基础上给出了自己的定义。在他看来,邻避冲突是在一定社会政治经济技术发展背景下,某些成本效用分配不均衡的设施可能会遭到周边居民的反对与抗争而引发的利益冲突。王佃利、徐晴晴(2012)指出,邻避冲突是因邻避设施建设而引起的各种抵制和抗议。邻避行动是邻避冲突的替代性概念,张乐、童星(2013)将它界定为基于邻避设施的负面效应和成本分配的不公状况,居民在强烈的自利动机和理性权衡下反对将其建设在自家附近的行为。根据这一界定,邻避冲突亦叫做"不要建在我家后院"的环境抗争行动。邻避运动也是邻避冲突的替代性概念,刘晶晶

（2013）将它界定为社区居民对在其社区附近拟建的不受欢迎的危害社区生活、环境权利的工业或公共服务设施采取的消极抵制或反对策略和行动。周亚越、俞海山（2015）从一般意义上给邻避冲突下了定义：政府规划的公共设施遭到选址周边居民的反对，这些居民与项目投资兴建者或当地政府发生冲突。王乐芝、李元（2015）认为，邻避冲突，又称邻避效应，相近的概念还有邻避运动、邻避抗争等，通常是由邻避设施所在地居民发起，抵制设施建设的集体行动。徐祖迎、朱玉芹（2018）将在公共设施的选址和运营过程中，由邻避设施而引起的各种抵制和抗议活动称为邻避冲突。在鄢德奎（2019）那里，邻避冲突的定义简明扼要。他指出，邻避冲突是邻避设施所引发的抗争。按照他的观点，邻避冲突即邻避抗争。

（2）邻避冲突的特征

何艳玲（2009）在分析了美景花园邻避冲突过程的基础上解释了中国式邻避冲突的特征，即抗议层级螺旋式提升，行动议题难以拓展，冲突双方无法达成妥协。依黄岩、文锦（2010）之见，邻避运动具有复杂性和地域性；邻避运动的复杂性源于邻避设施的广泛性和邻避效果的负面性，邻避运动的地域性意味着其通常涉及跨地域和政府间的管理协调。顾莹（2014）将环境邻避冲突特征描述为：公共权益受损和集体认同产生，组织形式松散和内部无序，被动应对与妥协解决相结合。朱舒梅（2015）将邻避冲突特征描述为：邻避冲突组织化程度由低向高发展，公众情绪化参与，邻避冲突范围不断扩大。刘智勇等（2017）认为，邻避冲突除了具有社会冲突是一般特征之外，还呈现出以下特征：邻避冲突多为常规性突发事件；其具有明显的区域性；其参与主体具有同质性；其处置成本高，反复性强；公众利益诉求偏重于生存环境和健康环境。徐祖迎、朱玉芹（2018）从邻避冲突的总体性特征和"中国式"邻避冲突的特点两个方面来剖析此类冲突的特征。在他们看来，邻避冲突的总体性特征是成本和收益的非对称性、资讯的不均衡性、高度的动员性和不确定性、较强的公共政策性；"中国式"邻避冲突的特点是抗争诉求的单一化和非政治化、抗争方式的弱组织化、抗争策略的"问题化"。

（3）邻避冲突的成因

关于邻避冲突的成因，学者们主要有五种观点。第一，社会转型论。该观点认为社会背景转换更可能引发邻避冲突。管在高、胡象明等持这种观点。管在高（2010）指出，邻避设施引起群众抗争有着深层社会背景，这一背景是我国正处于社会转型时期。胡象明、王锋（2013）指出，社会转型是促使邻避事件爆发的背景要素之一。第二，利益冲突论。该观点认为利益冲突是邻避冲突的最终根源。华启和、王乐芝、李元持这一观点。按照华启和（2014）的看法，邻避冲突是多元利益冲突造成的结果。王乐芝、李元（2015）指出，尽管邻避冲突产生的原因有多种，但主要的原因是邻避设施给周边民众切身利益带来了相应损失。第三，公信不足论。该观点认为地方政府公信力不足是邻避冲突、环境邻避冲突的重要成因。卢阳旭等（2014）认为，社会信任的缺失阻碍了风险沟通，进而导致邻避冲突的发生。张劲松（2014）认为，政府公信力不足导致邻避型环境群体性事件频发。顾莹（2014）从社区民众、政府和社会第三方三个层面分析了环境邻避冲突的成因，指出日趋恶化的信任危机是一个重要成因。第四，调节失灵论。该观点认为政府调节失灵致使邻避冲突发生发展。考察研究文献发现，公众参与不足、民主协商缺失和利益补偿不到位是政府调节失灵的集中表现。马奔等（2014）指出，邻避设施决策中居民缺乏有效的参与以及居民很难表达立场和利益，增加了邻避冲突的可能性。储诚等（2014）认为，利益补偿的制度不健全是邻避冲突产生的政府组织方面的原因。第五，公民素养论。该观点认为公民性的认知要素和技能要素催生邻避冲突。谭爽、胡象明（2015）基于公民性视域阐述了这种观点，即公民性认知要素是邻避冲突形成的基础，公民性技能要素是邻避冲突理性化发展的支撑。

（4）邻避冲突的治理对策

国内学界十分关注邻避冲突的治理问题，提出了许多具有可行性的治理对策。第一，实施经济补偿。赵小燕（2013）在提出破解邻避冲突治理困境的对策时认为，对利益受损者实施补偿通常是化解邻避冲突的重要途径。周亚越、俞海山（2015）关注了经济补偿在邻避冲突治理中的重要作用，认为经济补偿是化解邻避冲突的有效手段。第二，加强沟通合作。乔艳洁等（2007）提出通过改进政策的途径来化解邻避效应。她们认为，要改进邻避政策，就需要强化政府和民众之间的沟通合作。汝绪华（2020）指出，加强风险沟通是有效化解邻避冲突的关键。第三，创造公共价值。聂凌凌（2015）把公共价值创造作为环境邻避冲突的化解之道，提出了以公共价值为基础的环境邻避冲突治理框架。郑光梁、魏淑艳（2019）以公共价值分析为视角探索邻避冲突的治理，认为要治理邻避冲突，就应当回归政策的共识公共价值取向，加强公民道德修养，构建基于公共价值实现的网络化治理模式。第四，重视公众参与。黄振威（2015）比较了政府决策中公民参与的两种基本模式，根据实际情况提出了半公众参与决策模式是应对邻避冲突的政府策略。谭柏平（2015）提出，从源头上控制环境邻避冲突尤其要重视公众参与。在吴涛、奚洁人（2016）那里，经济、政治、法律和社会等多种手段是结合起来的，扩大公共政策制定中的公民参与是邻避冲突治理的一种手段。吴涛（2018）还从多学科的视角研究城市化进程中邻避危机的治理对策。他以政治学视角分析邻避危机对策与公民参与，指出积极推进公民有序参与，加强基层民主协商对邻避危机治理具有重要的实践价值。

2. 邻避风险研究

国内学者在研究邻避冲突时也关注邻避风险。邻避冲突不同于邻避风险，但其内含邻避风险的因素。严格意义上的邻避风险研究始于2010年。国内关于邻避风险的研究大多实际上是关于环境邻避风险的研究，因此这里一并梳理邻避风险和环境邻避风险研究的现状。相比而言，国内对邻避（环境邻避）风险的研究较少。不过，近些年来这方面的研究逐渐增多。

（1）概念界定

相对于邻避冲突的界定来说，国内学者对邻避风险的界定要少些。侯光辉、王元地（2015）对重大工程项目引发的社会稳定风险给出的定义包含邻避风险的界定。田鹏、陈绍军（2015）基于社会建构主义视角定义邻避风险，认为它是一种随社会情境变化而呈现不同状态的过程。他们的这一定义能够推动邻避风险研究的"范式转换"。杨雪锋、章天成（2016）明确将邻避风险界定为发生邻避行为及其负面后果的可能性。卿瑜（2017）没有直接给邻避风险下定义，但其实际上对邻避风险进行了解释。在她那里，邻避风险指的是邻避设施可能对周边居民的生活环境、生命、健康和财产造成负面影响。王聪（2019）跟卿瑜一样，实际上对邻避风险进行了解释，认为邻避风险是指邻避设施可能产生污染或对周边居民的健康产生威胁。杨振华（2020）对环境类"邻避"风险作了界定，其将这一概念界定为环境邻避行动威胁到社会安全秩序的潜在可能性。刘小峰、丁翔（2021）在论文中引用了杨雪锋、章天成关于邻避风险的定义，接着从属性上对邻避风险作了解释。

（2）类型划分

国内学者主要运用二分法和三分法来划分邻避风险和环境邻避风险的类型。第一，二分法。杨雪锋、章天成（2016）将邻避风险分为环境设施本身的风险和选址决策的风险。后来杨雪锋（2020）在另一篇论文中把邻避风险分为一般性邻避风险和跨域性邻避风险。李德刚（2017）认为，邻避风险包括邻避设施自身带有的风险和邻避设施风险引发的风险。孔祥涛（2020）指出，邻避风险是一个复合风险体，环境风险是邻避风险的原始起点和内核。他把众多具体邻避风险一并称为社会稳定风险。由此可见，他大致把邻避风险分为环境风险和社会稳定风险两大类型。第二，三分法。侯光辉、王元地（2015）将邻避风险分为实在风险、感知风险和社会稳定风险。邓集文（2019）认同侯光辉、王元地对邻避风险所进行的分类，在借鉴他们的看法的基础上指出环境邻避风险分为实在风险、感知风险和社会稳定风险三大类型。

（3）成因探析

国内学界对于邻避风险的成因主要有四种观点。第一，技术论。该观点认为邻避风险源于现代科技的发展，或源于设施自身的技术属性，或源于技术理性的膨胀和技术主体的责任疏失。郭巍青、陈晓运（2011）指出，邻避风险源于创新技术仍然无法为人类充分掌握的副作用。王佃利、王庆歌（2015）指出，邻避设施的风险首先源于其自身的技术属性。董军、甄桂（2015）指出，邻避设施存在技术风险，这种风险源自当代社会技术理性的膨胀和技术主体的责任疏失。第二，利益冲突论。该观点认为利益冲突导致邻避风险的发生。持该观点的学者有王凯民、檀榕基、杜健勋等。按照王凯民、檀榕基（2014）的逻辑，公共利益与邻避性设施附近居民利益的冲突引发邻避风险。根据杜健勋（2016）的看法，环境状况变化引起群体利益分歧和冲突，邻避风险由此显现。第三，风险认知论。该观点认为风险认知是邻避风险的重要成因。王锋、李小敏、陈丽君等持这一观点。王锋等（2014）指出，风险认知与邻避态度两者呈显著相关关系。李小敏、胡象明（2015）从风险认知与公众信任的视角来分析邻避现象的原因，指出风险认知差异是邻避事件的发生起点。陈丽君、金铭（2019）通过对杭州九峰垃圾焚烧事件的研究，得出风险认知评估与风险感知情绪双路径诱发邻避冲突的结论。第四，包容不足论。该观点认为忽视或不吸纳公众参与引发邻避风险。郑凯戈（2016）指出，邻避设施的决策都由政府决定，民众根本无法参与，这种决策模式只会导致更多的邻避事件的发生。魏茂莉（2017）指出，在邻避项目实施过程中，不充分吸纳民众意见，必将引发政民冲突。许敏、景荣杰（2020）从风险感知差异的视角探讨了社区养老设施邻避效应形成的多种因素，指出抑制公众参与是社区养老设施邻避效应形成的一个制度诱因。

（4）治理探索

邻避风险治理是国内研究邻避问题的一个至关重要的内容。其相关研究主要体现在三个方面。第一，邻避风险包容性治理方面的研究。张飞等（2013）以多主体包容性为视角研究了邻避效应全过程的风险规避，提出了包容性治理理念下城市公共基础设施选址、建设、运营和废弃四个阶段邻避风险规避的方法途径和技术手段。王瑶（2016）以包容性治理为视角研究了邻避冲突治理的优化，认为包容性治理理念下邻避冲突治理的创新策略是多元参与、协作共治、平等共享和公开透明。王佃利、王玉龙（2018）以"空间生产"为视角探究了邻避现象的包容性治理，提出要保障邻避设施空间生产过程的多元参与、健全邻避设施的多元化空间补偿方案。刘耀东（2022）从知识生产的视阈探讨了邻避现象的包容性治理。有些邻避研究涉及包容性增长、包容性原则、体制包容性、包容开放等。比如，赵志勇、朱礼华（2013）指出，改变政府—企业—公众三方的收益成本函数有助于减少邻避的发生，而要改变三方收益成本函数，就要推进包容性增长。又如，卢文刚、黎舒菡（2016）在探讨邻避事件治理的措施时指出，政府要用一种更包容开放的姿态欢迎公众参与决策。第二，邻避风险协同治理方面的研究。这是邻避风险包容性治理的相关研究，包括研究邻避风险的协同治理、协商治理、合作治理、协作治理和多中心治理等。高军波等（2016）认为，为了超越邻避困境，需要建构政府—市场—社会多元协同治理模式。杜健勋（2016）深入探讨了邻避风险的协商治理，认为有效的风险交流和建立在风险交流基础上的环境协商是邻避风险治理的规范性选择。杜健勋（2016）还深入探讨了邻避风险的合作治理。他指出，公私合作环境治理是邻避风险规制的模式，该模式有着深厚的理论基础和现实基础。胡燕等（2013）以广州两座垃圾焚烧发电厂选址为例分析了邻避风险的协作治理，指出建立政府与社会的协作关系是解决邻避设施规划难题的一种可行思路。刘小峰、吴孝灵（2018）认为，适应性环境影响评价模式是解决邻避难题的一个有效模式，该模式倡导多中心治理。第三，邻避风险其他治理方面的研究。陶鹏、童星（2010）把风险理性培育机制、第三部门引入机制作为邻避风险治理的重要机制。赵定东、谢攀科（2015）着眼于利益规避来讨论邻避风险治理。彭皓玥

（2016）提出，重塑公众生态信任心理以降低邻避风险。辛方坤（2018）认为，邻避事件中政府信任缺失导致风险放大效应。他通过构建邻避风险的社会放大模型，分析了政府信任流失的过程，并提出了政府信任的重构策略。杨雪锋、谢凌（2020）探寻了环境邻避风险治理范式韧性转向的理论需求，解读了环境邻避风险韧性治理范式的理论意涵，讨论了环境邻避风险韧性治理的运行机制与改进策略。在他们那里，环境邻避风险治理的韧性分析框架被提出来了。王佃利、于棋（2022）从尺度视角探索邻避风险管控的可行路径。

（三）研究现状简评

邻避冲突、邻避（环境邻避）风险是现代化进程中存在的普遍问题。有效治理邻避问题是现实的需要。现实的需要成为学者开展研究的动因。国内外学者由此对邻避冲突、邻避（环境邻避）风险进行了比较深入的探究。纵观国内外关于邻避冲突、邻避风险的现有研究可以发现，国内外学者在研究内容的确定、研究视角的选择和研究方法的运用上具有一定的相通性。从研究内容的确定来看，国内外学界基本上将邻避冲突、邻避风险的概念、特征、类型、成因和治理对策等作为研究的主要内容。从研究视角的选择来看，国内外学者结合自己所学专业来寻求邻避研究的学科支撑，形成了基于经济学、政治学、心理学、社会学、法学和公共管理学等多学科视角的研究体系。从研究方法的运用来看，国内外学者在邻避研究中遵循定性与定量研究方法相结合的原则，力求体现科学研究的严谨性。[①] 定性研究法包括案例、访问和观察研究法等，它们在邻避研究中得到了不同程度的运用。例如，国内外学者通常对一例或者多例邻避现象进行分析，由此探寻邻避难题的解决之道。定量研究法包括对数分析、多元回归分析和判别分析等，它们也得到了不同程度的运用。

通过对国内外邻避冲突、邻避风险研究成果的梳理还可以发现，

---

① 晏永刚：《污染型邻避设施规划建设中的公众参与机制研究》，科学出版社2020年版，第11页。

国内外学者研究的起点、面临的邻避语境和关注的领域有着较大差异。国外邻避冲突研究可以分为萌芽阶段、成形阶段和繁荣阶段。19世纪中叶,邻避冲突研究开始萌芽。到20世纪50、60年代,邻避冲突研究逐渐成形。20世纪70年代后期以后,邻避冲突研究进入繁荣阶段。[①] 国内邻避冲突研究起步晚于国外。20世纪90年代,国内(大陆)学者开始涉及邻避问题。2007年以后,国内邻避冲突研究多了起来,学者们持续关注邻避现象,提出了许多化解邻避风险的有效思路。国内外邻避研究的语境也不同。美国的邻避运动发轫于20世纪70年代中期,整个20世纪80年代被称为"邻避时代"。同时期,有关核废料储存库的选址问题在英国、瑞典、荷兰等欧洲国家逐渐成为公众议题,并不同程度地受到地方的邻避抗议和更广泛的环境运动的挑战。20世纪90年代,邻避运动开始在日本、韩国等亚洲国家出现。中国的工业化和城市化进程在相对较短的时间内展开,经济发展和环境保护的张力表现突出。在经济体制深刻变革、社会结构深刻变动和思想观念深刻变化的大背景下,中国的邻避选址问题也浮出水面。2007年厦门PX事件是以大规模公众参与为特征的邻避运动的开端。随后许多地方爆发了类似的事件,并通过网络舆论在全国引起了广泛关注。[②] 与西方国家相比,中国当下的这些抗争行动的制度化程度较低。由于中国独特的政治环境、政治文化以及公众环保意识等,中国的邻避冲突具有普遍性特征的同时,还具有独特的不同于西方的特点。[③] 中西方邻避冲突特点的不同是各自研究的一种特殊语境。在关注的领域方面,发达国家的研究范围不仅涉及污染性、风险性较强的设施,还涉及负外部性相对较小的风能发电、清洁能源和保障房等设施。[④] 而中国目前关注的领域主要在废弃物处理设施、工业生产设

---

① 陈宝胜:《邻比冲突及其治理模式研究》,中国社会科学出版社2018年版,第3—6页。
② 刘冰:《邻避抉择:风险、利益和信任》,社会科学文献出版社2020年版,第4—5页。
③ 徐祖迎、朱玉芹:《邻避治理:理论与实践》,上海三联书店2018年版,第30页。
④ 晏永刚:《污染型邻避设施规划建设中的公众参与机制研究》,科学出版社2020年版,第11页。

施和核电站等方面。

国内外现有邻避冲突、邻避风险研究呈现出一些相同和许多不同的研究进路。通过努力，国内外学界已经构建了基本的理论分析框架。学者们从不同角度对邻避冲突、邻避风险相关基本理论与实践问题作了很多基础理论建构和尝试性探索工作，为进一步开展这方面的研究提供了较为丰富的研究成果和扎实的研究基础，主要表现在为深入开展邻避治理的理论研究提供了丰富的文献案例资料，为深入推进邻避治理的理论研究打下了扎实的理论基础，为推动邻避治理理论研究的中国化奠定了研究基础。但是，国内外现有研究总体上还存在一些缺陷，即现有理论研究的系统性不足，邻避冲突相关基本理论界定有待进一步深入，邻避冲突的理论研究有待加强，[①] 邻避风险的研究方法有待改进。这些缺陷是本书寻找创新空间的着眼点。

综上所述，国内外学者对邻避冲突、邻避风险作了较深入的探讨，对邻避（环境邻避）风险的包容性治理作了一些相关研究。他们的成果给本书研究以启发，为本书研究夯实了基础。当然，国内外现有研究仍存在一些不足。立足于本书的研究主题，这里侧重探寻国内现有研究存在的一些不足。其一，研究视角不够多元。以风险政治学为视角系统研究邻避问题的文献付之阙如。其二，研究内容不够深入。国内对邻避风险包容性治理的实现条件、实现路径缺乏深入研究。其三，研究对象不够明确。通过梳理研究文献发现，目前国内邻避研究大多实际上是环境邻避研究，这表明具体研究中没有明确邻避设施或邻避风险的类型。鉴于此，本书拟在三个方面寻求突破。第一，拓宽研究视角。本书拟运用风险政治学的分析工具和学术话语探究中国城市环境邻避风险的包容性治理。第二，深化研究内容。本书拟通过探讨中国城市环境邻避风险包容性治理的实现条件、实现路径来深化此类研究。第三，明确研究对象。从论题来看，本书研究的是城市环境邻避风险问题。不过，这一问题本质上是环境邻避风险问

---

① 陈宝胜：《邻比冲突及其治理模式研究》，中国社会科学出版社2018年版，第20—21页。

题。它是城市里的或城市化进程中的环境邻避风险问题。所以,本书拟明确将环境邻避风险作为研究对象。环境邻避风险是环境邻避设施存在或引发的风险。垃圾收运设施、垃圾处置设施、核设施、风电场和变电站等都是常见的典型环境邻避设施,该类设施在建成运行过程中可能产生空气、水、土壤及噪音污染等问题。①

三 研究意义

一个国家在发展过程中应当"把对人的福祉的特别关注与对生态的考虑融为一体"②。时下中国在实践中越来越重视处理好人民福祉和生态文明建设的关系。生态文明建设成为新时代中国特色社会主义的一个重要的战略任务。党的十九大报告提出,建设生态文明是中华民族永续发展的千年大计。党的二十大报告提出,中国式现代化是人与自然和谐共生的现代化。当前,中国的生态文明建设已经取得较大的成就,但环境问题仍然不容忽视。随着中国城市化的不断发展,人们的利益诉求不断增多和维权意识不断提高,越来越多的公共问题显现出来。基于社区保护意识和自利动机所产生的环境矛盾是比较突出的公共问题。城市经济社会的发展需要加强公共设施建设。但是,一些公共设施可能带来环境污染。由于一些公共设施具有较强的负外部效应,它们容易遭到周边居民的嫌弃,环境邻避风险就会产生。环境邻避风险是城市社会风险的一种重要形态。它影响中国的生态文明建设。环境邻避风险治理成为学术界必须思考的问题,成为各级政府必须面对的问题。在这种情况下,系统而深入地研究中国城市环境邻避风险的包容性治理,具有重要的理论意义和现实意义。

---

① 成长群:《邻避事件分析与研究》,中共中央党校出版社2018年版,第56页。
② [美]大卫·雷·格里芬:《导言:后现代精神和社会》,载[美]大卫·雷·格里芬编:《后现代精神》,王成兵译,中央编译出版社1998年版,第23页。

（一）理论意义

一项研究的理论意义在于其对理论发展起着作用或作出贡献。以此而论，本书具有重要的理论意义。环境邻避风险是近年来学界研究的热点问题，但国内对环境邻避风险的研究还不够。本书不落窠臼，运用风险政治学研究环境邻避问题。风险政治学是运用政治学的分析工具和学术话语考察风险现象与运用风险概念、理论和话语考察政治现象的研究范式。风险与政治的相互编织是风险政治学的出场语境，解决实践中存在的问题是其出场方式，以风险为研究对象的风险政治理论、以风险为研究工具的政治风险理论是其出场形态。相对于已有研究，本书以风险政治学为视阈，创新了环境邻避的研究视角；以风险政治话语为载体，更新了环境邻避的研究术语。此外，本书以环境邻避风险的包容性治理为内容，拓展了环境邻避的研究深度。这些为环境邻避风险研究的知识谱系勾勒了新的图景，丰富了环境政治学和风险治理理论。

（二）现实意义

一项研究的现实意义在于其对解决现实问题起着作用或作出贡献。社会科学的基础领域是根据时间和空间排列的社会实践[①]。因此，社会科学研究需要以现实问题为导向。我们要从事的社会科学，是一门实在的科学[②]。实在的科学即现实的科学。本书正是以解决现实问题为旨趣。随着中国城市化进程的加快和各种公共设施的兴建，邻避已成为近年来城市治理中不能忽视的典型议题[③]，邻避风险已成为影响城市社会稳定的重要因素。邻避风险包括环境邻避风险，有效治理

[①] ［美］查尔斯·J.福克斯、休·T.米勒：《后现代公共行政——话语指向》，楚艳红、曹沁颖、吴巧林译，中国人民大学出版社2002年版，第63页。

[②] ［德］马克斯·韦伯：《社会科学方法论》，韩水法、莫茜译，中央编译出版社2002年版，第22页。

[③] 王佃利、于棋：《高质量发展中邻避治理的尺度策略：基于城市更新个案的考察》，《学术研究》2022年第1期。

环境邻避风险是现实的需要。本书在剖析中国城市环境邻避风险治理现有模式的问题的基础上，提出中国城市环境邻避风险包容性治理的实现路径，为治理实践提供参考，这对促进社会和谐稳定具有重要的现实意义，对推进社会主义生态文明建设具有突出的现实意义。

四 研究进路

科学合理的研究进路的选择对于有效推动科学研究的开展是至关重要的。本书聚焦于环境邻避风险的包容性治理这一主题，将其置于中国城市化语境下，把握中国城市环境邻避风险治理现有模式的问题和转换趋势，尝试回应几个基本问题：现有模式存在的问题是何问题；现有模式为何需要转换；现有模式的转换选择何种路向；如何实现中国城市环境邻避风险的包容性治理。这样，本书的宏观思路围绕问题展开，即问题是什么，为什么要解决问题，如何解决问题。本书以问题为导向，沿着如下具体思路展开研究。

首先，诠释基本理论。本书解读环境邻避风险包容性治理的理论内涵、理论面向和理论担负。在借鉴他人成果的基础上，对邻避、邻避风险、环境邻避风险的包容性治理等概念进行界定，对包容性治理与其相关的概念进行辨析。通过理论论证，阐明生态政治是环境邻避风险包容性治理的理论面向，阐释承认政治是环境邻避风险包容性治理的理论担负。

其次，形成问题意识。本书结合具体案例，运用政治过程理论，描绘中国城市环境邻避风险治理现有模式的演进图景，考察其主要特征。以此为基础，本书从规范研究的角度深入探索中国城市环境邻避风险治理现有模式的主要问题，即治理主体、治理程序、治理成果和治理监督的包容性不够，形成问题意识，为提出对策建议奠定基础。

再次，进行经验验证。本书运用模糊集定性比较研究法、定量测量法，通过样本选择、变量设定、标准确定、程度评定，验证问题是否存在。具体来说，其一，选取评估样本。选取2007—2016年30个城市环境邻避事件为样本。其二，设立条件变量或评估指标。设立8个条件变量：行政吸纳、权力观念、成员资格、会议文化、可获得性信息、社会需求评估、资源分配、监督问责制度。其三，确立赋值标准。采用四值锚值法对没有包容、潜在包容、走向包容、全面包容4个等级进行赋值，没有包容评分为0，潜在包容评分为0.33，走向包容评分为0.67，全面包容评分为1。其四，进行程度评定。运用模糊集定性比较研究法、定量测量法对中国城市环境邻避风险治理的包容性程度进行评定。

最后，提出对策建议。中国城市环境邻避风险治理现有模式的问题造成绩效欠佳的局面，模式转换便有了现实动因。包容性治理是现有模式转换的路向选择，因为它具有自身的优势。中国城市环境邻避风险的包容性治理有其实现的条件。本书针对现有模式的问题，借鉴外国的有益经验，提出中国城市环境邻避风险包容性治理的实现路径，达成研究的最终目标。

五　研究方法

本书是一项理论研究与经验研究相结合的综合研究，需要选择一定的研究方法。开展社会科学研究，必须坚持问题导向。在选择研究方法时，需要考虑其是否"适宜于研究者所力图面对的理论问题和经验问题"[1]。基于此，本书主要选择模糊集定性比较研究法、案例研究法和学科交叉研究法等来剖析中国城市环境邻避风险的包容性治理。

（一）模糊集定性比较研究法

定性比较研究法是社会科学研究中的一种重要方法。它强调定性

---

[1] ［英］大卫·马什、格里·斯托克：《政治科学的理论与方法》，景跃进、张小劲、欧阳景根译，中国人民大学出版社2006年版，第208页。

分析与定量分析相结合，它的发展方向之一是模糊集定性比较研究法。① 为了克服单个案例研究的缺陷，又避免小样本研究的难题，本书运用模糊集定性比较研究法评估中国城市环境邻避风险治理的包容性程度。模糊集定性比较研究采取模糊集得分来表示结果和解释条件发生的程度，得分可以是 0 至 1 之间的任何数值，这能较好地避免数据转换时的信息损失，更准确地反映案例的实际情况。② 运用模糊集定性比较研究法进行评估，得到的值是一个近似值。这就意味着该项评估是一类大体性或非精准性的评估。通过大致评估中国城市环境邻避风险治理的包容性程度，验证问题是否存在。

（二）案例研究法

案例研究由于能够很好地将理论阐释与经验描述结合起来，因而成为学界越来越青睐的一种研究方法。案例研究是"探索难以从所处情景中分离出来的现象时所采用的研究方法"③，是定性的或解释性调查中最典型的结构形式。它的目的是要提供一幅相关问题的精细的图片，捕捉那些逃过统计工作者眼睛的细节和微妙之处。它能帮助我们深入到情景内部。④研究者在如实、准确地考察、记录和描述一个或多个案例发生、变化过程的基础上对其进行分析，以从个案中抽象出普遍性理论。在案例选取上，应选择具有典型背景条件的案例，以便使经过检验的理论更具推广性。⑤本书结合案例考察中国城市环境邻避风险治理现有模式的特征，结合案例探索现有模式的主要问题，即治

---

① ［澳］麦可·史密生、［美］杰·弗桂能：《模糊集合理论在社会科学中的应用》，林宗宏译，格致出版社 2012 年版，第 10 页。
② 谭爽：《城市生活垃圾分类政社合作的影响因素与多元路径——基于模糊集定性比较分析》，《中国地质大学学报》（社会科学版）2019 年第 2 期。
③ ［美］罗伯特·K. 殷：《案例研究方法的应用》，周海涛等译，重庆大学出版社 2005 年版，第 13 页。
④ ［美］弗兰克·费希尔：《公共政策评估》，吴爱明、李平等译，中国人民大学出版社 2003 年版，第 82—83 页。
⑤ ［美］罗斯蒂芬·范埃弗拉：《政治学研究方法指南》，陈琪译，北京大学出版社 2006 年版，第 80 页。

理主体、治理程序、治理成果和治理监督的包容性不够。再则，本书的案例调查强调饱和经验与情景体验，通过回溯研究对象的"过程—事件"来还原事件的本来面貌。一是不预设问题，不预设目标，通过自身体验、参与式观察和深度访谈慢慢接近研究对象；二是慢慢接近研究对象后，开始聚焦问题，并把问题放在更宏观的视野来把握；三是通过反复体验、反复跟踪来接近事件的本质。

（三）学科交叉研究法

随着社会的发展，各学科之间相互渗透，跨学科、跨领域的研究日益增多。跨学科研究被引入环境治理领域是必要的。正如有的学者所说："环境问题需要跨学科的综合研究。环境问题的研究，比如对自然环境的认识和对其破坏程度的实际调查把握、对环境破坏原因的分析、预测、环境破坏对自然环境的影响、保护环境的理念与政策建议等等，都具有涉及面很广的综合特性。因此，要在相关领域所取得的研究成果的基础上，以这些成果为中介，努力对各学科进行综合研究。"[①] 城市环境邻避风险是一个环境问题，需要跨学科的综合研究。本书基于风险政治学、公益政治学、环境政治学、政治社会学、传播政治学和风险管理学等学科交叉融合的视域展开多维透视。

---

① ［日］岩佐茂：《环境的思想——环境保护与马克思主义的结合处》，韩立新、张桂权、刘荣华等译，中央编译出版社2006年版，第9页。

第一章　环境邻避风险包容性治理的理论诠释

理论前提制约着理解事物的方式。它决定着我们的理解、基于理解产生的诉求以及由此而设想的行为的可能性。① 因此，这里我们需要解读环境邻避风险包容性治理的理论内涵，阐明环境邻避风险包容性治理的理论面向，诠释环境邻避风险包容性治理的理论担负，以便为探究中国城市环境邻避风险的包容性治理提供概念工具和理论基石。

一　环境邻避风险包容性治理的理论内涵

（一）概念内涵

1. 邻避

邻避（NIMBY，即 Not In My Back Yard，不要在我家后院），也可以表述为地方上排斥的土地使用（Locally Unwanted Land Use，简称 LULU）。O'Hare 最先将"邻避"概念引入学界。② 此后，"邻避"一词在一个国家的现代化和城市建设的过程中常常被媒体和学界广泛提

---

① ［美］查尔斯·J. 福克斯、休·T. 米勒：《后现代公共行政——话语指向》，楚艳红、曹沁颖、吴巧林译，中国人民大学出版社2002年版，第8页。
② M. O'Hare, "Not on My Block You Don't: Facility Siting and the Strategic Importance of Compensation", *Public Policy*, 1977, Vol. 25, No. 4, pp. 407 – 458. 注：前文已有说明，在导论的研究综述和第一章的概念分析中，国外学者的姓名保留原文，其他地方则使用中文译名。

及。邻避是一个内涵十分丰富和外延相当广泛的概念。它既具有多义性，又具有广泛性。① 邻避现象、邻避情结、邻避冲突、邻避运动、邻避效应和邻避风险等属于邻避概念的范畴，它们构成邻避概念谱系。对于邻避概念，国内外学界展开了持续而深入的探讨。

有些国外学者从公众对待公共设施的态度的角度来解释邻避概念。Matheny 和 Williams 认为，邻避是政府设置公共设施遭受少部分居民集体反对的现象。② Davis 和 Lester 指出，邻避是地方居民强烈地、有时是情绪化地、往往是固执地反对那些其认为将会造成负面影响的拟议设施选址。③ Kraft 和 CIary 对邻避所下的定义与 Davis 和 Lester 的非常相似。Kraft 和 CIary 认为，邻避是居民强烈地、有时是情绪化地、往往是固执地，反对那些其认为会带来有害影响的设址建议。④ 在 Hunter 和 Leyden 看来，邻避被当作一个包罗万象的概念来指称那些对设施的反对。⑤ 按照 Burningham 的看法，邻避是反对将某个必需的设施建设在利益相关者的本地。⑥ Horst 也从公众对待公共设施的态度出发界定邻避概念，认为邻避是地方居民强烈反对某种服务设施。⑦

---

① Susana Batel, Patrick Devine-Wright, "Using NIMBY Rhetoric as a Political Resource to Negotiate Responses to Local Energy Infrastructure: A Power Line Case Study", *Local Environment*, 2020, Vol. 25, No. 5, pp. 338 – 350.

② Albert R. Matheny, Bruce A. Williams, "Knowledge vs. NIMBY: Assessing Florida's Strategy for Siting Hazardous Waste Disposal Facilities", *Policy Studies Journal*, 1985, Vol. 14, No. 1, pp. 70 – 80.

③ Charles E. Davis and James P. Lester, "Hazardous Waste Politics and the Policy Process, in Dimensions of Hazardous Waste Politics and Policy", Charles E. Davis and James P. Lester eds., New York: Greenwood Press, 1988, p. 34.

④ Michael E. Kraft, Bruce B. CIary, "Citizen Participation and the Nimby Syndrome: Public Response to Radioactive Waste Disposal", *Western Political Quarterly*, 1991, Vol. 44, No. 2, pp. 299 – 328.

⑤ Susan Hunter and Kevin M. Leyden, "Beyond NIMBY: Explaining Opposition to Hazardous Waste Facilities", *Policy Studies Journal*, 1995, Vol. 23, No. 4, pp. 601 – 619.

⑥ Kate Burningham, "Using the Language of NIMBY: A Topic for Research, not an Activity for Researchers", *Local Environment*, 2000, Vol. 5, No. 1, pp. 55 – 67.

⑦ Dan Van Der Horst, "NIMBY or Not? Exploring the Relevance of Location and the Politics of Voiced Opinions in Renewable Energy Siting Controversies", *Energy Policy*, 2007, Vol. 35, No. 5, pp. 2705 – 2714.

第一章 环境邻避风险包容性治理的理论诠释

有些国外学者从公众抗议产生原因的角度来解释邻避概念。Wolsink 指出,随着人们关于技术负面效应的知识的增长和自身权益意识的增强,带来负面影响越多或越大的设施的选址、建设和运营也越来越引起人们的反对与抗议,这种现象一般被称为"邻避"。① Hermansson 认为,某些设施总体而言对社会有利但会给设施周边的少数人带来一些风险,因而遭到他们的反对。这种反对即是邻避。② 根据 Devine-Wright 的理解,邻避指的是当地居民因其住址与拟建设施毗邻而进行的反对。③ 由上看来,从公众抗议产生原因的角度对邻避概念所作的界定与从公众对待公共设施的态度的角度对邻避概念进行的界定虽有一定的关联性,但前者突出对成因的解读。

国内学者也对邻避概念进行了解释。在张乐、童星看来,邻避是人们反对修建在自己社区附近的公共设施的情绪、态度和行为。④ 他们的这一看法得到了林奇凯、张广州和刘海潮的认同。林奇凯等指出,邻避既是一种情绪,也是一种态度和行为。⑤ 按照杜健勋的观点,邻避是指一地居民对可能给自己生活带来负面影响的公共或工业设施表达强硬的拒斥态度,并为此付诸行动。⑥ 张瑾认为,邻避指的是社区居民排斥某些在本社区选址的设施的态度。⑦ 王英伟对邻避所下的定义是,具有显著负外部性公共设施附近的居民心理上抵触、行为上

---

① Maarten Wolsink, "Entanglement of Interests and Motives: Assumptions behind the NIMBY-theory on Facility Siting", *Urban Studies*, 1994, Vol. 31, No. 6, pp. 851–866.
② Hélène Hermansson, The Ethics of NIMBY Conflicts, Ethical Theory and Moral Practice, 2007, Vol. 10, No. 1, pp. 23–34.
③ Patrick Devine-Wright, "Public Engagement with Large-scale Renewable Energy Technologies: Breaking the Cycle of NIMBYism", *Wiley Interdisciplinary Reviews*: Climate Change, 2011, Vol. 2, No. 1, pp. 19–26.
④ 张乐、童星:《价值、理性与权力:"邻避式抗争"的实践逻辑——基于一个核电站备选厂址的案例分析》,《上海行政学院学报》2014 年第 1 期。
⑤ 林奇凯、张广州、刘海潮:《邻避型群体性事件的产生及其治理》,《中共浙江省委党校学报》2014 年第 6 期。
⑥ 杜健勋:《论我国邻避风险规制的模式及制度框架》,《法制与社会发展》2016 年第 6 期。
⑦ 张瑾:《邻避冲突的国家治理》,《江苏行政学院学报》2017 年第 2 期。

抵制那些设施建设的现象。① 王冠群、杜永康在梳理诸多学者的研究成果后对邻避概念进行了界定。他们把邻避理解成一种"不要建在我家后院"的嫌恶心理。② 刘小峰、吴孝灵从哲学层面来理解邻避，认为邻避是人与周边物之间的一种厌恶与被厌恶的关系。③

　　国内外学术界十分重视厘清邻避概念，因为概念是理论学说的逻辑起点和理论命题的核心组成，④ 是理论研究和学术对话的基点。关于邻避概念的界定、内涵，学者们的以上观点各有合理的地方。由上可知，邻避多是人们反对公共设施的建设和运行而出现的一类问题。在阐释邻避概念时，学者们基本上将"公共设施"和"反对"作为关键词。在借鉴学者们的观点的基础上，我们认为，邻避是指人们反对那些其认为会带来有害影响的公共设施的情绪、态度和行为。

　　邻避概念出现后，具有负面效应的公共设施就被称为邻避设施。邻避设施是服务于广大地区民众或特定的经济目标，但给当地居民健康与生命财产带来损害的设施，比如垃圾焚烧厂、高速公路、变电站、核电站、精神病院等。它们的存在以满足社会某种公共需求或实现特定的经济目标为目的，可是这些设施往往会产生负外部效应以及成本效益的非均衡性，即设施可能会造成环境污染、危害健康、影响社区形象等，但负外部影响将由设施附近的居民承担，大多数人则享受着设施带来的公共利益。正是因为人们认识到了邻避设施的两大特性，人们面对此类设施时便会产生顾虑甚至反对意见。根据设施造成危害的程度和危害来源的不同，可以将邻避设施分为污染类（垃圾焚烧厂、排海设施、高速公路等）、风向集

---

　　① 王英伟：《权威应援、资源整合与外压中和：邻避抗争治理中政策工具的选择逻辑——基于（fsQCA）模糊集定性比较分析》，《公共管理学报》2020年第2期。
　　② 王冠群、杜永康：《我国邻避研究的现状及进路探寻——基于CSSCI的文献计量与知识图谱分析》，《南京工业大学学报》（社会科学版）2020年第5期。
　　③ 刘小峰、吴孝灵：《基于公众认知的项目邻避风险管理研究》，南京大学出版社2020年版，第1页。
　　④ [美]加里·戈茨：《概念界定：关于测量、个案和理论的讨论》，尹继武译，重庆大学出版社2014年版，第11页。

第一章 环境邻避风险包容性治理的理论诠释

聚类（核电站、变电站、加油站等）、污名化类（精神病院、戒毒所等）和心理不悦类（殡仪馆、墓地等）。在四类邻避设施中，污名化类和心理不悦类邻避设施并不会造成直接的、实质性的危害，设施附近的居民对它们的不满主要是由心理作用和间接带来的经济损失造成的，因而它们带来的影响属于可控的小范围的影响。而污染类和风向集聚类邻避设施虽然发生危险的不确定性程度不同，但危险一旦发生就会对设施附近的居民造成实质性的甚至无法弥补的损害，会直接或间接的造成环境污染。

2. 邻避风险

邻避设施虽然对全社会有益，但可能会损害财产价值、危害健康、造成环境污染和影响社区形象等。于是，邻避风险进入人们的视野。国外学者较少直接给邻避风险下定义，但其研究成果蕴含对邻避风险的阐释。Kasperson 的一项研究包含了对邻避风险的阐释，他实际上把邻避设施对周边社区的负外部性影响看成是邻避风险。[1] O'Hare 和 Sanderson 认为，邻避设施看起来对相对较少的社区居民有害或者存在风险。[2] 这种风险即为邻避风险。根据 Rogers 的理解，邻避风险是指邻避设施及其运营具有的潜在危险。[3] 在 Devine-Wright 那里，邻避设施建设威胁到地方认同的过程是一种邻避风险。[4]

相对于国外学者来说，国内学者较多直接地对邻避风险进行界定。杨雪锋、章天成将邻避风险界定为发生邻避行为及其负面后果的

---

[1] Roger E. Kasperson, "Six Propositions on Public Participation and Their Relevance for Risk Communication", *Risk Analysis*, 1986, Vol. 6, No. 3, pp. 275 – 281.

[2] Michael O'Hare, "Debra Sanderson, Facility Siting and Compensation: Lessons from the Massachusetts Experience", *Journal of Policy Analysis and Management*, 1993, Vol. 12, No. 2, pp. 364 – 376.

[3] George O. Rogers, "Siting Potentially Hazardous Facilities: What Factors Impact Perceived and Acceptable Risk?" *Landscape and Urban Planning*, 1998, Vol. 39, No. 4, pp. 265 – 281.

[4] Patrick Devine-Wright, "Rethinking NIMBYism: The Role of Place Attachment and Place Identity in Explaining Place-protective Action", *Journal of Community & Applied Social Psychology*, 2009, Vol. 19, No. 6, pp. 426 – 441.

可能性。① 王佃利、王庆歌、韩婷认为，邻避风险是指发生邻避事件的可能性。② 刘小峰、丁翔认同杨雪锋、章天成对邻避风险所作的界定，并认为它是建设工程项目的环境污染风险衍生出来的社会风险。③ 此外，国内有些学者虽然没有直接地界定邻避风险，但他们的研究成果包含了对邻避风险的解释。吴翠丽对邻避风险冲突进行了界定。在她那里，邻避风险冲突的定义包含了邻避风险定义的表述，即邻避风险是指建设项目对身体健康、环境质量和资产价值等带来的潜在风险危害与不利后果。④ 从侯光辉、王元地的论述来看，他们对重大工程项目引发的社会稳定风险所下的定义就是邻避风险的定义。按照他们的理解，邻避风险是重大工程项目带来社会损失的不确定性。⑤ 卿瑜的研究成果也包含了对邻避风险的描述。依卿瑜之见，邻避风险指的是邻避设施可能对周边居民的生活环境、生命、健康和财产造成负面影响。⑥

从学者们对邻避风险的阐释可以发现，"潜在"或"可能性"是邻避风险的话语元素。风险的概念意味着一种具有威胁性的未来变成了影响当前行为的参数。⑦ "威胁性的未来"表明风险不是被引发的危害，而是可能发生的损害。按此逻辑，风险指的是一种造成损害的可能性。我们接受"风险是造成损害的可能性"的说法。综合国内外学者对邻避风险的阐释，我们认为，邻避风险是指邻避设施导致社

---

① 杨雪锋、章天成：《环境邻避风险：理论内涵、动力机制与治理路径》，《国外理论动态》2016年第8期。

② 王佃利、王庆歌、韩婷：《"应得"正义观：分配正义视角下邻避风险的化解思路》，《山东社会科学》2017年第3期。

③ 刘小峰、丁翔：《建设工程项目的邻避风险演化研究》，《公共管理学报》2021年第1期。

④ 吴翠丽：《邻避风险的治理困境与协商化解》，《城市问题》2014年第2期。

⑤ 侯光辉、王元地：《"邻避风险链"：邻避危机演化的一个风险解释框架》，《公共行政评论》2015年第1期。

⑥ 卿瑜：《邻避风险的源头治理与决策优化——基于H县拟建垃圾焚烧发电厂而引发群体性事件的思考》，《领导科学》2017年第5期。

⑦ ［德］乌尔里希·贝克：《世界风险社会》，吴英姿、孙淑敏译，南京大学出版社2004年版，第188页。

会危机发生及造成损害的可能性。

认识邻避风险的概念，还需要了解邻避风险的特征。邻避风险是现代风险的一种，它自然具备现代风险的一般特征。① 现代风险具有必然性、不可预知性②以及潜在后果的严重性③。邻避风险也具有这些特征。在工业化、城市化进程中，为了促进国家的经济发展、改善人们的生活环境，必须进行公共设施建设。可是部分公共设施会产生负面外部效应。这样，邻避风险必然进入人们的生活。既然如此，人们就要积极面对它。由于邻避风险涉及复杂的技术问题，人们难以衡量邻避设施对社区环境和个人生命健康造成损害的可能性程度。另外，核电站、化工厂等邻避设施可能给社区环境和个人生命健康带来严重损害。

3. 环境邻避风险

污染类和风向集聚类邻避设施是环境邻避设施，④ 因为它们会直接或间接地造成环境污染。面对邻避设施可能带来的以及已经造成的环境危害，设施附近的居民乃至整个地区的民众，不再一味看重设施能带来的利益，而是开始关注这些公共设施可能造成的环境问题，环境邻避也随之出现。环境邻避内含环境邻避风险。环境邻避设施的负外部性和成本收益的非均衡性是环境邻避风险产生的重要前提。⑤ 从时间维度来看，环境邻避风险存在于人们对可能或已经造成环境危害的邻避设施产生恐惧与不安心理、对政府决策失去信任至潜在的威胁和不满变成实际冲突事件之间的这一阶段，而一旦邻避风险演化成邻避冲突或邻避事件，就会进一步引发社会危

---

① 钟杨、殷航：《邻避风险的传播逻辑与纾解策略》，《湖北大学学报》（哲学社会科学版）2021年第1期。
② ［英］安东尼·吉登斯：《现代性后果》，田禾译，译林出版社2011年版，第117页。
③ ［美］保罗·斯洛维奇：《风险的感知》，赵延东等译，北京出版社2007年版，第193页。
④ 成长群：《邻避事件分析与研究》，中共中央党校出版社2018年版，第56页。
⑤ 杨雪锋、章天成：《环境邻避风险：理论内涵、动力机制与治理路径》，《国外理论动态》2016年第8期。

机。由此我们认为，环境邻避风险是指环境邻避设施导致社会危机发生及造成损害的可能性。环境邻避风险分为三类，即实在风险、感知风险和社会风险。

实在风险即环境邻避设施本身的风险，是指环境邻避设施的建设和运营过程中产生的各种污染和造成损害的可能性。比如垃圾焚烧厂的实在风险主要是垃圾焚烧中产生有毒气体二噁英的可能性，这种污染物不仅会造成空气污染，还会进一步对居民的健康造成威胁。环境邻避设施本身的风险源自此类设施的负外部性。由于环境邻避设施本身可能属于具有污染性的设施，或由于设施存在技术或管理方面的问题，因而设施在运行中存在破坏生态环境、生存环境以及危害居民健康的可能性，实在风险也就随之产生。实在风险是客观存在的，不会因居民的感知度的强弱而增减。

感知风险或风险感知是指实在风险的生产和分配使得环境邻避设施附近的居民主观感知到的风险。风险是一种客观存在，同时也与社会建构相关。风险并没有增加，相反被觉察和意识到的风险增加了。[①]感知风险主要是由环境邻避设施成本利益分配的非均衡性造成的；设施产生的公共利益由广大民众共享，而设施附近的居民则成了实在风险的"买单人"，他们自然会对设施的建设和运行产生不满和抵触。其实，在环境邻避风险中实在风险一直都存在，但是近些年来环境问题日益严重以及人们的维权意识、环保意识逐步增强，导致人们对环境邻避风险的感知度大大提升。再加上在环境邻避设施的选址、建设中民众的知情权和参与权没有得到充分的保障，民众对政府决策了解不多、对政府及其决策缺乏信任，也加剧了感知风险的形成。感知风险具有主观性，它基于实在风险而产生，同时受到多种外部环境因素的影响。

社会风险是指环境邻避设施引起社会动荡和失序的可能性。它与

---

① Michael Thompson and Aaron Wildavsky, "A Proposal to Create a Cultural Theory of Risk, in Howard C. Kunreuther", Eryl V. Ley eds., *The Risk Analysis Controversy: An Institutional Perspective*, Springer Berlin Heidelberg, 1982, p. 145.

社会稳定风险属于同一概念。① 社会风险是实在风险和感知风险进一步演化形成的风险。当环境邻避设施的实在风险和感知风险没能得到合理的缓解或化解时，环境邻避冲突就有可能发生。这种冲突的发生及其造成的社会不稳定的可能性就是环境邻避风险中的社会风险。它是实在风险和感知风险在得不到有效的缓解后不断叠加、积累、突变和外化的结果。比如在湖北仙桃垃圾焚烧项目建设中，地方政府没能及时地进行项目环境影响评价、回应公众的质疑，导致环境邻避冲突的发生，给社会和谐稳定造成威胁。

在环境邻避风险的演化中，实在风险是起点，是客观存在的风险；感知风险是在实在风险的基础上形成的，是一种主观的风险认知；社会风险是在实在风险和感知风险的共同影响下形成的，社会风险如果不能得到有效、及时的缓解和治理，就会随时间的推移逐渐加剧，直至环境邻避冲突发生，社会危机出现。简言之，实在风险受感知风险的影响会逐渐放大、扩散，风险的社会放大会产生涟漪效应，最终可能诱发社会风险。

4. 包容性治理

包容性治理是治理理论和包容性发展理论中"平等""参与""共享"理念结合而成的概念。② 治理理论作为一种崭新的政治分析框架，自20世纪90年代产生以来，获得了蓬勃发展。治理这个现代主题如今占据了比政治哲学更为重要的地位。③ 治理的本质是多元参与。可见，治理本身具有一定的包容性。作为治理的理想境界，善治的三大标准是包容、民主和效能④。这么说来，治理与包容性发展有着紧密的逻辑同构性。包容性发展源于包容性增长的概念，它是在包

---

① 侯光辉、王元地：《"邻避风险链"：邻避危机演化的一个风险解释框架》，《公共行政评论》2015年第1期。

② 徐倩：《包容性治理：社会治理的新思路》，《江苏社会科学》2015年第4期。

③ [法]让-皮埃尔·戈丹：《何谓治理》，钟震宇译，社会科学文献出版社2010年版，第11页。

④ 李春成：《包容性治理：善治的一个重要向度》，《领导科学》2011年第4期。

容性增长的基础上的更全面的包容。① 包容性发展强调发展主体的全民性、发展内容的全面性、发展过程的公平性和发展成果的共享性。② 正是如此，包容性发展会被认为是一种更合理的发展。③ 存在逻辑同构性的治理与包容性发展结合成为包容性治理。包容性治理将包容性发展嵌入到治理理念中，让各利益相关者能够参与治理，公平分享社会资源、治理成果和政策结果。

对于包容性治理概念，国际组织和学者们进行了一定程度的探索。联合国开发计划署认为，包容性治理一方面指所有人都能实质性地参与治理过程，并影响与自身相关的决策；另一方面指治理制度和政策对弱势群体来说是可行、负责和回应性的，它们能最大限度地保护弱势群体的利益，并能为其提供均等化的公共服务。④ Colenbrande等学者认为，包容性治理是多个利益相关者参与和民主治理的融合。⑤ 李春成指出，包容性治理是各利益相关者能参与、影响治理主体结构和决策过程，公平分享政策结果、治理收益和社会资源，各利益相关者的权益能得到尊重和保障的公共治理。⑥ 余敏江认为，包容性治理是一种强调机会平等、合作共治，注重发展机制的兼容性、发展成果的共享性和发展条件的可持续性的治理模式。⑦ 徐倩认为，包容性治理的核心意涵主要包括治理主体的多元性、治理过程的合作性和治

---

① 刘贵文、黄媛媛：《包容性发展理念对我国城市治理的启示》，《开发研究》2019年第4期。

② 高传胜：《论包容性发展的理论内核》，《南京大学学报》（哲学·人文科学·社会科学版）2012年第1期。

③ Christoph Dörffel1, Sebastian Schuhmann, What is Inclusive Development? Introducing the Multidimensional Inclusiveness Index, Social Indicators Research, Published online: 17 January 2022, Springer, pp. 1 – 32.

④ UNDP, Towards Inclusive Governance: Promoting the Participation of Disadvantaged Groups in Asia-Pacific, Bangkok, THA: United Nations Pubns, 2007, p. 9.

⑤ Aalt Colenbrander, Aikaterini Argyrou, Tineke Lambooy and Robert J. Blomme, "Inclusive Governance in Social Enterprises in the Netherlands—A Case Study", Annals of Public and Cooperative Economics, 2017, Vol. 88, No. 4, pp. 543 – 566.

⑥ 李春成：《包容性治理：善治的一个重要向度》，《领导科学》2011年第4期。

⑦ 余敏江：《从技术型治理到包容性治理——城镇化进程中社会治理创新的逻辑》，《理论探讨》2015年第1期。

成果的共享性。① 郭滕达、周代数、张明喜指出，包容性治理是兼顾参与治理的多元主体，关注所有主体的需求和利益，追求经济、社会、产业等全面协调发展的一种治理理念。②

由上可知，国际组织和学者们在界定或阐释包容性治理时大都将视线聚焦于多元参与、互动合作和成果共享。以上各种观点对于解读包容性治理的内涵具有重要的参考价值。整合以上观点，我们认为，包容性治理是指各种利益相关者能够融入治理主体结构，参与治理过程，平等共享政策结果、治理成果和社会资源的公共治理。有的学者把包容性治理看作是一种理念，有的学者把它看作是一种模式。在我们看来，包容性治理是一种理念，是一种行为，也是一种模式。

5. 环境邻避风险的包容性治理

环境邻避风险的包容性治理是一个组合概念。这一组合概念的表述之所以有其合理性，是因为包容性治理与环境邻避风险治理具有内在契合性。推进环境邻避风险治理，需要广泛吸纳多种社会力量参与，兼顾他们的利益。这正是包容性治理所强调的。包容性治理注重提升多元主体在环境邻避风险治理中的参与度，让多元主体平等共享政策结果、治理成果和社会资源。治理本身具有的包容性使得包容性治理与环境邻避风险治理结合成为可能。另外，包容性治理为环境邻避风险治理提供新的思路。③ 环境邻避风险具有潜在后果的严重性，容易成为孕育环境邻避事件的土壤。作为善治的一个重要向度，包容性治理助推环境邻避风险问题的解决。一方面，包容性治理重视多元主体参与。多元主体是平等参与治理的社会、政治性的多元力量，④ 包括政府、企业、社会组织、社区和公众等。基于组织赋权的参与和

---

① 徐倩：《包容性治理：社会治理的新思路》，《江苏社会科学》2015 年第 4 期。
② 郭滕达、周代数、张明喜：《合理引导区块链初创企业发展——包容性治理的视角》，《管理现代化》2020 年第 5 期。
③ 王瑶：《包容性治理：邻避冲突治理优化的新视角》，《成都行政学院学报》2016 年第 5 期。
④ National Research Council, *Public Participation in Environmental Assessment and Decision-making*, Washington, D. C.: The National Academies Press, 2008, p. 2.

基于价值认同的参与是多元主体参与的两种形式。① 多元主体参与对环境邻避风险治理有着积极作用。比如，在环境邻避项目决策阶段，"公众参与的良好实践能够提高决策的质量、合法性和能力"②，为项目的有效实施夯实基础。另一方面，包容性治理强调利益共享。在充分征求意见和进行民主沟通的基础上，作出兼顾各方利益的决策，会减少公众的抵制和反对，有助于环境邻避项目得到有效实施，有助于避免环境邻避风险的发生。显然，包容性治理与环境邻避风险治理具有内在契合性。两者由此能够耦合在一起。

环境邻避风险的包容性治理是"环境邻避风险"和"包容性治理"结合而成的一个概念。解读这一组合概念的内涵，需要了解其子概念的界定。前文关于环境邻避风险和包容性治理的界定有助于诠释环境邻避风险的包容性治理。综合学者们的观点，我们认为，环境邻避风险的包容性治理是面临环境邻避风险的各种利益相关者能够融入治理主体结构，参与治理过程，平等共享政策结果、治理成果和社会资源的公共治理。

（二）概念辨析

1. 包容性治理与协商治理

协商治理得名于协商民主。协商民主是协商治理成长的理论来源。③ 协商民主与治理的结合形成协商治理。其实，从一定意义上讲，协商民主就是一种公共治理形式。正如 Valadez 所言，协商民主是一种具有巨大潜能的民主治理形式。④ 作为一种新型治理范式，协商治理具有一定的包容性；其包容性缘于协商民主的包容性。协

---

① 李慧凤、孙莎莎：《从动员参与到合作治理：社会治理共同体的实现路径》，《治理研究》2022 年第 1 期。

② Derek R Armitage1, Ryan Plummer, Fikret Berkes, et al., "Adaptive Co-management for Social – ecological Complexity", *Frontiers in Ecology Environment*, 2009, Vol. 6, No. 2, pp. 95 – 102.

③ 吴翠丽：《风险社会与协商治理》，南京大学出版社 2017 年版，第 103 页。

④ Jorge M. Valadez, *Deliberative Democracy, Political Legitimacy, and Self-Democracy in Multicultural Societies*, Boulder：Westview Press, 2001, p. 30.

商民主形式上应是包容的,即民主论坛允许任何人进入并发表演讲。① 协商民主模式所具有的交互性的视角表明它更加全面与包容。在协商民主模式中,政治行动者不仅会表达各种利益与偏好,而且他们会就在由具有包容性的平等所构成的环境中如何平衡这些利益与偏好的问题彼此接洽。② 由此看来,包容性治理与协商治理有着相同之处。

包容性治理和协商治理都是良好的治理,它们之间虽有相同的地方,但也存在着差别。协商治理通常以协商民主的形式展现出来。协商民主论者认为,协商过程的发生的形式是论辩或论证。论辩是提出建议的一方和批判地检验建议的一方之间有序交换信息和理由。③ 在协商过程中,"所有人都有权对对话程序的规则及其应用或执行方式提出反思性论证"④。通过论辩或论证,协商治理成为协调不同利益主体间关系的一种合理的治理方式。与协商治理相同的是,包容性治理也强调协商的重要意义;不同的是,包容性治理强调将问候、陈述、修辞和巧辩等多种协商的方式运用于交往行动中。因此,与协商治理相比,包容性治理更注重协商形式的多样性。

协商民主论者将协商方式限定为论证具有重要的意义。然而,论证方式并不能够解决交往理性中存在的问题。一些利益主体特别是弱势群体可能无法与其他主体进行平等对话。包容性民主论者充分认识到这一点,指出"某些关于协商民主模式的解释使其过于狭隘,或者使其本身就具有排斥性,因而不能在各种具有结构性不正义的大规模

---

① [英]戴维·米勒:《协商民主不利于弱势群体?》,载[南非]毛里西奥·帕瑟林·登特里维斯主编:《作为公共协商的民主:新的视角》,王英津等译,中央编译出版社2006年版,第142页。
② [美]艾丽斯·M.杨:《包容与民主》,彭斌、刘明译,江苏人民出版社2013年版,第31页。
③ [德]哈贝马斯:《在事实与规范之间:关于法律和民主法治国的商谈理论》,童世骏译,生活·读书·新知三联书店2003年版,第379页。
④ [美]塞拉·本哈比:《走向协商模式的民主合法性》,载[美]塞拉·本哈比主编:《民主与差异:挑战政治的边界》,黄相怀、严海兵等译,中央编译出版社2009年版,第74页。

的社会中帮助实现深化民主的目的"①。协商民主具有一定的排斥性，在很大程度上缘于其忽视差异性。差异即指各个社会群体固有的特殊性。② 特殊性区别于一致性、统一性或单一性。协商民主在说服别人调整个人偏好而服从整体利益的同时，容易陷入片面追求利益的一致性而忽视差异性的困局。片面追求利益的一致性而忽视差异性会导致一些弱势群体的利益被边缘化。面对理论诘难和现实挑战，协商民主论者吸收了包容性民主理论或差异政治理论的一些观点。尽管如此，比较而言，包容性治理更加尊重差异，充分保障不同肤色、性别、社会经济状况和种族的人群的权益。

2. 包容性治理与协同治理

协同治理是政府、企业、社会组织和公众等多元主体各自发挥自身优势，通过建立协调合作关系，实现复杂公共事务有效治理的一种制度安排。国内学术界又把它称为合作治理。③ 这一看法是有道理的，因为根据 Herman Harken 的理解，协同就是协调合作。④ 协同治理具有几个特征。其一，治理主体多元平等。协同治理意味着地位平等的多元主体共同处理公共事务。⑤ 其二，各子系统相互协作。在协同治理过程中，各子系统之间是一种自愿、平等的协作关系。其三，自组织行为能动互补。协同治理的运行结构可以分为两个阶段：第一阶段是集中关注于适度规模内的自组织行为的问题，第二阶段是集中关注于由第一阶段形成的合作主义。⑥ 自组织是一个系统在一定条件下自发地形成某种有序结构的过程。在自发秩序形成过程中，事先并没有

---

① ［美］艾丽斯·M.杨：《包容与民主》，彭斌、刘明译，江苏人民出版社 2013 年版，第 45 页。

② Iris Marion Young, "The Ideal of Community and the Politics of Difference", *Social Theory and Practice*, 1986, Vol. 12, No. 1, pp. 1 – 26.

③ 赖先进：《论政府跨部门协同治理》，北京大学出版社 2015 年版，第 27 页。

④ ［德］赫尔曼·哈肯：《协同学——大自然构成的奥秘》，凌复华译，上海译文出版社 2013 年版，前言第 2 页。

⑤ 向俊杰：《我国生态文明建设的协同治理体系研究》，中国社会科学出版社 2016 年版，第 35 页。

⑥ 杨华锋：《协同治理——社会治理现代化的历史进路》，经济科学出版社 2017 年版，第 80 页。

第一章　环境邻避风险包容性治理的理论诠释

哪一个主体居于支配地位；出于有效治理公共事务的需要，在某一阶段由某一主体发挥主导作用，而其他主体在此阶段处于服从地位。某一主体在某一阶段行使支配性权力只是一种主动承担公共事务治理责任的行为，其他主体的服从则是一种互补性的行为。① 其四，集体行动持续发生。人们的集体行动就是有组织的行动。② 在协同治理运行结构中的第二阶段，合作主义形成。合作主义这个术语流传最广的现代用法突出了介于国家和社会之间的利益组织的作用。③ 就此而言，协同治理是一种集体行动。这一集体行动的发生不是自组织行为的自生自发的过程，而是在制度规范基础上的持续互动的历程。结合前文可知，包容性治理与协同治理既有联系又有区别。

包容性治理与协同治理都强调多元参与。包容性治理既是一个伦理话题，也是一个政治话题。"包容性政治的设想是，具有异质性的公众能够参与变革各项制度，因而使他们能够更加有效地解决人们所面临的共同问题。"④ 此处的"异质性的公众"指的是多种类型的公众。这一观点从一个侧面说明包容性治理强调多元参与。对于协同治理来说，多元参与是其获得自身存在的前提。如果只有一个主体，协调合作就没有必要了。与包容性治理一样，协同治理也主张政府、企业、社会组织和公众等多元主体积极参与治理。包容性治理与协同治理都还强调平等合作。两者的主体是多元的，虽然多元主体在性质、功能和优势上不同，但它们之间的关系却是平等合作的关系。或者说，两者所注重的合作都舍弃了"中心论"，致力于去中心化的实现。

包容性治理与协同治理也有区别。包容性治理承认主体之间的地

---

① 向俊杰：《我国生态文明建设的协同治理体系研究》，中国社会科学出版社 2016 年版，第 36 页。
② [法] 米歇尔·克罗齐耶、埃哈尔·费埃德伯格：《行动者与系统——集体行动的政治学》，张月等译，格致出版社、上海人民出版社 2017 年版，第 1 页。
③ [英] 戴维·米勒、韦农·波格丹诺编：《布莱克维尔政治学百科全书》（修订版），邓正来译，中国政法大学出版社 2002 年版，第 186 页。
④ [美] 艾丽斯·M. 杨：《包容与民主》，彭斌、刘明译，江苏人民出版社 2013 年版，第 15 页。

位差异。主体之间虽然在法律上是平等的,"但不能因此而否定他们作为个体与其他个体之间的绝对差异"①。同样不能否定由个体组成的群体之间的差异,正是这种差异"使得一个群体成为了一个群体"②。包容性治理尊重差异,旨在维护不同群体,特别是弱势群体的利益。而协同治理在倡导治理主体合作的基础上,回避了主体之间的地位差异问题。③ 包容性治理强调治理结果的平等共享,协同治理则强调治理结果的协同效应和作用。协同是系统中各子系统之间从无序到有序的作用过程。④ 在这一过程中,当复合互动行为达到一定程度时,便会生成某种具有合作形态的结构性要素。合作要素役使各子系统螺旋式的向前发展,系统随之向着一种有序状态前进,至此协同效应得到充分体现。协同治理在其实践进程中具有典型的集体行动色彩。⑤ 包容性治理的集体行动特征没有那么明显。跟协同治理比较,包容性治理的柔性化程度高一些。

3. 包容性治理与多中心治理

多中心治理是善治的一种类型。1951 年,Michael Polanyi 首次提出"多中心"的概念。⑥ 他在《自由的逻辑》中对指挥的秩序和多中心的秩序作了区分。指挥的秩序是人为设计的单一中心秩序,多中心的秩序是体系内各主体之间相互调适而自发实现的秩序。受到 Polanyi 的多中心秩序理论的启发,Ostrom 夫妇等研究者提出了多中心治理理论。根据该理论,在公共事务治理中,并非仅有政府一个主体或决策中心,而是存在政府、企业、非政府组织和公众个人等多个主体或决

---

① [德]尤尔根·哈贝马斯:《包容他者》,曹卫东译,上海人民出版社 2002 年版,第 43 页。
② [美]艾丽斯·M. 杨:《正义与差异政治》,李诚予、刘靖子译,中国政法大学出版社 2017 年版,第 209 页。
③ 赖先进:《论政府跨部门协同治理》,北京大学出版社 2015 年版,第 30 页。
④ [德]赫尔曼·哈肯:《协同学——大自然构成的奥秘》,凌复华译,上海译文出版社 2013 年版,第 11 页。
⑤ 杨华锋:《协同治理——社会治理现代化的历史进路》,经济科学出版社 2017 年版,第 77 页。
⑥ [英]迈克尔·博兰尼:《自由的逻辑》,冯银江、李雪茹译,吉林人民出版社 2011 年版,第 160 页。

第一章　环境邻避风险包容性治理的理论诠释

策中心，这些主体在一定的规则约束下，以多种形式共同行使权力。通过考察多中心治理的内涵和特征，可以对它与包容性治理之间的异同进行较为深入的剖析。

多中心治理是指多个主体或决策中心治理公共事务、提供公共服务。或者说，它是指"许多在形式上相互独立的决策中心从事合作性的活动"①。可见，多中心治理强调多元主体参与，这与包容性治理是一致的。但相对来说，包容性治理在强调多元主体参与时更多地考虑了各主体之间的差异性。从价值旨归来看，包容性治理与多中心治理都致力于实现公共利益。不过相比于多中心治理，包容性治理重视强势群体和弱势群体之间的利益平衡。包容性治理主张"结束牺牲一些人的利益来满足另一些人的需要的状况"②。它特别注重对弱势群体的资源倾斜以保障其权益，③ 要求社会分配合乎给弱势群体带来最大利益的原则。

包容性治理与多中心治理在另一些方面有着较大差异。比较来说，多中心治理更强调自发秩序与自主治理的重要性。自发秩序是自下而上自发实现的秩序，它在多中心治理中起着关键作用。"多中心体制设计的关键因素是自发性。"④ 多中心制度安排来自于自发秩序的产生，即自发秩序是多中心治理的基础。多中心治理以自发秩序为基础，强调自主组织、自主治理。"多中心系统存在于多个层级，每一个层级都有一些自治权。"⑤ 由于多中心治理强调"政治权威应该支持各种层次的群体和社群有能力自治"⑥，因而多中心治理中政治

---

① ［美］埃莉诺·奥斯特罗姆：《公共事物的治理之道——集体行动制度的演进》，余逊达、陈旭东译，上海三联书店2000年版，第11页。
② 《马克思恩格斯选集》第一卷，人民出版社2012年版，第308页。
③ 孙逸啸：《网络平台风险的包容性治理：逻辑展开、理论嵌合与优化路径》，《行政管理改革》2022年第1期。
④ ［美］文森特·奥斯特罗姆：《多中心》，载［美］迈克尔·麦金尼斯主编：《多中心治理体制与地方公共经济》，毛寿龙译，上海三联书店2000年版，第78页。
⑤ ［美］埃莉诺·奥斯特罗姆：《公共资源的未来：超越市场失灵和政府管制》，郭冠清译，中国人民大学出版社2015年版，第44页。
⑥ ［美］迈克尔·麦金尼斯：《导言》，载［美］迈克尔·麦金尼斯主编：《多中心治道与发展》，毛寿龙等译，上海三联书店2000年版，第20页。

权威的应用程度比包容性治理中的要弱一些。

包容性治理与合作治理、包容性治理与协作治理之间也有异同点。由于如前所述,国内学术界又把协同治理称为合作治理;由于合作治理很多时候也被称为协同治理或协作治理①,因而这里就不专门阐述包容性治理与合作治理、包容性治理与协作治理之间的异同点。通过以上分析,可以明白包容性治理不同于协商治理、协同治理和多中心治理。正因为如此,环境邻避风险的包容性治理研究具有自身独特的价值。

二 环境邻避风险包容性治理的理论面向

(一) 生态政治:理解环境问题的一种视角

环境问题处于自然系统与社会系统之间的复杂网络中。理解环境问题需要抛弃单纯的自然视角,将生态政治作为一个重要视角。环境问题也是生态政治问题,这种理解适用于此处所要探讨的话题,因为环境邻避风险是环境问题之一。生态政治也称为"环境政治""绿色政治",它的"首要特征是它对人类社会与自然关系的特殊关注"②。从生态政治的视角审视环境问题生成、变化的历史逻辑,可为阐释环境邻避风险包容性治理的理论面向奠定话语基础。

1. 环境问题也是生态政治问题

环境问题是人与自然的生态关系问题,政治涉及人与人的社会关系问题。虽然从表面上来看,生态环境问题似乎与政治关系不大,但生态危机往往是人类制度框架下的物质生产活动的产物,生态危机的产生大多与政府的环境决策息息相关。"思想和政治因素补充和加剧

---

① 熊光清、熊健坤:《多中心协同治理模式:一种具备操作性的治理方案》,《中国人民大学学报》2018 年第 3 期。
② [日] 丸山正次:《环境政治学在日本:理论与流派》,载郇庆治主编:《环境政治学:理论与实践》,韩立新译,山东大学出版社 2007 年版,第 48 页。

了生态危机的经济决定因素。"① 生态环境的退化虽然表面上看是一个自然过程,但从深层次来看则是一个社会过程,即与社会制度和人们的日常社会实践相关联的过程。可见,环境问题的产生与政治有着密切的关联性。

环境问题的产生与政治密切相关,此类问题的解决也与政治密切相关。环境问题的解决需要国家、政府和社会公众共同参与。退一步说,即使社会制度不是导致生态危机的根本原因,环境问题的解决还是需要国家、政府在政治框架下整合社会资源,通过采取措施、调整政策进行综合治理。生态环境问题的解决任务最终还是会落到政治头上。② 生态学与经济学之间总是会有矛盾的。③ 环境问题的经济学解决方案难以奏效。对环境问题经济学解决方案的有效拒斥,仅能产生于政治与文化的选择中。④

环境问题的产生和解决与政治是紧密相连的。它的产生和解决尽管与经济和技术因素有关,但也与政策主张和选择有关。可以认为,环境问题实际上也是生态政治问题。惟有"为正确地诠释人类和自然的关系探索出一种适当的政治形式"⑤,方能找到环境问题的根源和对策。因此,需要将生态政治作为理解环境问题,包括环境邻避风险的一种视角。

2. 从生态危机走向生态政治

生态危机是由于人类同周围自然环境的关系恶化而导致生态环境向不利于人类生存的状态转变所带来的危机。⑥ 工业革命深刻影响着

---

① [俄] А. И. 科斯京:《生态政治学与全球学》,胡谷明等译,武汉大学出版社2008年版,第222页。
② 肖显静:《生态政治:面对环境问题的国家抉择》,山西科学技术出版社2003年版,第1—4页。
③ [美] 弗·卡普拉、查·斯普雷纳克:《绿色政治——全球的希望》,石音译,东方出版社1988年版,第51页。
④ André Gorz, *Ecology as Politics*, Boston: South End Press, 1980, p. 17.
⑤ [加拿大] 威廉·莱斯:《自然的控制》,岳长岭、李建华译,重庆出版社2007年版,第14页。
⑥ [俄] А. И. 科斯京:《生态政治学与全球学》,胡谷明等译,武汉大学出版社2008年版,第210页。

人类与自然环境的关系,它在推动各国经济和社会发展的同时,也带来了生态危机。特别是全球环境在20世纪的后50年遭到空前污染和破坏,大气臭氧层被破坏、"温室效应"形成、生物多样性锐减、水资源污染和短缺、陆地沙漠化扩大、酸雨污染、土壤侵蚀、有毒化学物质扩散和森林锐减等全球性环境问题给人类文明的存续敲响了警钟。恩格斯说过:"我们不要过分陶醉于我们人类对自然界的胜利。对于每一次这样的胜利,自然界都对我们进行报复。"① 生态危机对于人类的威胁已经超过瘟疫和战争。一个国家可以从战争创伤中恢复元气,但没有一个国家能够在生态环境被破坏之后迅速崛起。面对日益严重的生态危机,人们开始反思自身破坏生态环境的行为。

人们逐渐认识到,在生态日趋恶化的情势下,仅仅通过科学与技术层面的手段来解决生态问题、保护地球家园显得力不从心;世界范围内的环境问题要想彻底得到改善,还得多措并举。除了通过其他途径之外,生态危机还必须通过政治干预才能够得到根本的解决。20世纪60年代,人类在遭受一连串生态环境灾难的报复和打击过程中,开始重视修复人类与自然的关系。这时,最早的生态与选择性政治团体出现。② 环境作为一个政治问题走上历史舞台。③ 随后,生态政治运动开始蓬勃发展,运动的目标呈现出多样化的态势。20世纪70年代末80年代初,生态问题的日益政治化和生态政治运动的不断发展,最终导致西欧绿党政治的出现。起初,政治家们没有重视以绿党为核心的生态政治,传统党派的一些人士甚至认为绿党不会长久。可是,随着绿党的快速发展,其绿色政治理念不断深入人心,并日益走进政治的中心视域。

3. 生态政治话语转换

20世纪70年代的权威主义生态政治观认为,解决生态危机问题

---

① 《马克思恩格斯选集》第三卷,人民出版社2012年版,第998页。
② [瑞典]皮尔·加尔顿:《走向21世纪的欧洲绿党》,载郇庆治主编:《环境政治学:理论与实践》,郇庆治译,山东大学出版社2007年版,第188页。
③ [美]丹尼尔·A·科尔曼:《生态政治:建设一个绿色社会》,梅俊杰译,上海译文出版社2006年版,前言第1页。

第一章　环境邻避风险包容性治理的理论诠释

应当依靠高效的国家行政管理和先进的科学技术手段。权威主义生态政治观属于早期的生态政治思维，它强调环境是作为制约人类社会发展的客体而存在的，人类只有通过国家的强制力与大规模的国家行政管理才能规避有限资源竞争而产生的严重的社会两极分化以及社会内部矛盾。由于生态灾难的破坏力强大以及人类的悲观主义立场存在，除了依靠具有强制性力量的权威主义政府之外，人们难以有效地抑制破坏自然资源的竞争行为。生态政治的权威主义倾向者之所以没有选择公民不服从、大众抗议、扩大民主参与来解决生态危机，是因为在他们看来，具有强制性的严密中央集权政府通过制定环境规则、控制人口、配给能源能够有效地解决紧急性的生态危机，政治参与往往会对政府果断和快速的反应行为造成干扰，应该被悬置或暂停。[①] 按照上述逻辑，民主政治与生态危机格格不入。安东尼·吉登斯也遵循上述逻辑，主张通过非民主化制度来解决气候政治问题[②]。除了强有力的中央集权的官僚体系之外，对技术的乐观主义也是权威主义生态政治观的重要特质。从20世纪70年代到20世纪末期，一些西方发达国家采取了一系列包含先进政策、技术和制度创新的国家环境政策计划，德国甚至提出实施绿色现代化。这种生态环境"技术叙事"的取向使得与公共利益相关的生态安全的实现变成了一个技术化的管理过程。[③]

民主主义生态政治观在对权威主义生态政治话语背后的意识形态和权力关系进行批判的基础上完成自身的建构。迈克尔·萨沃德认

[①] R. Heilbroner, "An Inquiry into the Human Prospec", In B. Doherty, M. de Geus eds., *Democracy and Green Political Thought: Sustainability, Rights and Citizenship*, London and New York: Routledge, 1996. p. 217.

[②] Anthony Giddens, *The Politics of Climate Change*, Cambridge: Polity Press, 2009, p. 114.

[③] Bruce A. Williams and Albert R. Matheny, *Democracy, Dialogue, and Environmental Disputes: The Contested Languages of Social Regulation*, New Haven: Yale University Press, 1995, pp. 12–15.

为，民主为了保护自己而限制自己，或者禁止某些类型的结果出现。①生态公民权可看作民主主义生态政治话语。萨沃德认为，环境风险与卫生保健权利有着十分密切的关联性，卫生保健权是公民最基本的民主权利；如果民主要持续下去，它就必须保护公民的卫生保健权；要使公民免受环境风险的危害，民主就要包含对环境的关切；故而，民主主义者必须成为环境主义者。② 安德鲁·多布森认为，在可持续性发展目标层面，生态公民权可以有效克服公民个体行为与态度不一致的弊端。③ 全球气候变暖、臭氧层损耗、核问题、化学毒药与各种地方性的环境污染事件，不仅严重威胁了民众的身体和精神，还会对公民的民主生活产生诸多负面效应。因此，为了避免受到环境风险的严重侵害，公民可以请求绿色民主权利的保护。民主制度需要保护公民免受环境污染的伤害，绿色环保需要可靠和稳定的民主制度作支撑。民主是生态政治的重要组成部分，环境诉求只有通过民主才能够展现出来。民主主义生态政治观体现出来的箴言是：民主需要绿色结果，反过来，绿色结果需要民主④。

（二）生态政治：环境邻避风险治理的理论面向

环境邻避设施是"一个公共善和个人恶的混合体"⑤，它在给社会带来好处的同时，还可能造成负外部性影响。环境邻避风险是环境邻避设施产生负外部效应的可能性。环境邻避风险是一个环境问题，

---

① Michael Saward, "Green democracy? In Andrew Dobson", Paul Lucardie eds., *The Politics of Nature: Explorations in Green Political Theory*, London: Routledge, 1993, p. 66.

② Michael Saward, "Must democrats be environmentalists?" In B. Doherty, M. de Geus eds., *Democracy and Green Political Thought*, London and New York: Routledge, 1996, pp. 79 – 96.

③ Andrew Dobson, Citizenship and the Environmen, Oxford: Oxford University Press, 2003, p. 4.

④ 赵闯：《生态政治：权威主义，还是民主主义？》，《中国地质大学学报》（社会科学版）2013年第3期。

⑤ Bruno S. Frey, "Felix Oberholzer-Gee and Reiner Eichenberger, The Old Lady Visits Your Backyard: A Tale of Morals and Markets", *Journal of Political Economy*, 1996, Vol. 104, No. 6, pp. 1297 – 1313.

第一章　环境邻避风险包容性治理的理论诠释

因而实际上也是一个生态政治问题。生态政治是环境邻避风险治理的理论基础。环境邻避风险治理具有生态政治的理论面向，主要体现为环境邻避风险演化的症结在于政治权力的话语支配，环境邻避风险的一个重要成因是地方政府信任危机，环境邻避风险治理需要国家政治力量的嵌入。

1. 环境邻避风险演化的症结在于政治权力的话语支配

环境邻避风险既是客观实在的，又是社会建构的。环境邻避风险的社会场域中存在着多元主体的话语建构，这种话语建构属于社会建构的范围。社会知识是对现实进行社会建构的基础。[①]人类社会制度和社会实践对各领域的知识的产生有着决定性影响。人们凭借其对知识的理解与他人进行沟通，对周围的世界作出解释。但在话语建构中，如果多元主体中的一方享有绝对的话语权，就容易产生社会风险。

当前，在环境邻避设施选址与建设中，之所以会引发矛盾冲突，在很大程度上缘于主体之间的话语建构的失衡。这种失衡主要表现为政治权力在话语建构中居于支配地位。具体而言，环境邻避风险知识的生产常常被设定在政府或专家行动的领域。在政府部门看来，公众既不懂环境邻避方面的公共政策，更不懂环境邻避设施是否在技术层面上存在风险。公众在环境邻避风险上是"无知的"，给予公众过多的话语权则会影响环境邻避项目的建设进程。在专家们看来，环境邻避设施是否会导致环境污染和损害生命健康的问题在实验室里得到了有效的验证，公众的话语是常民知识，并没有任何科学依据。按照他们的逻辑，政府与专家的"联合"通常能够在会议室或研究室里对环境邻避项目选址与建设进行决策，没有必要吸纳公众参与。所以，有些地方政府往往没有听取公众的意见，直接启动"决定—宣布—辩护"的环境邻避设施选址决策模式，这显然是一种政治权力的话语垄

---

① [美]全钟燮：《公共行政的社会建构：解释与批判》，孙柏瑛、张钢、黎洁等译，北京大学出版社2008年版，第45页。

断①。公众的意见经常被忽视，他们便会有一种被剥夺感。当这种被剥夺感达到一定程度时，环境邻避设施的实在风险和感知风险就容易演化成社会风险。由此可见，环境邻避风险演化的症结在于政治权力的话语支配，这一风险本质上以生态政治的话语体现出来。

2. 环境邻避风险的一个重要成因是地方政府信任危机

撇开环境邻避设施是否存在风险，是否会导致环境污染和损害公众的身心健康不说，我们姑且相信政府凭借其话语优势能够做出科学的判断和决策。不过问题却是，偏偏一些地方政府有时言而无信，表现之一是没能负责任地落实风险分配方案和利益补偿安排，公众与地方政府之间就会产生信任危机。地方政府信任危机阻隔公众与政府的有效沟通和共识的形成，成为环境邻避风险逐步放大的一个重要原因。

众所周知，地方政府在环境邻避风险治理过程中处于强势地位，社会公众则是弱势群体。在环境邻避项目建设方面，地方政府拥有制定风险分配方案和作出利益补偿安排的权力。但是，当环境邻避风险发生并损害了公众的利益时，先前的风险分配方案和利益补偿安排难以得到负责任的落实。因为"迷宫式的公共机构都是这样安排的，即恰恰是那些必须承担的人可以获准离职以逃避责任"②。地方政府对利益受损群体的补偿流于形式，使得本来就有利益落差的公众心理更加不平衡。公众对地方政府的不信任由此产生。这种不信任事实上是公众的"存在性焦虑或忧虑"③，它容易引发环境邻避风险。具体而论，受外界不确定性因素的影响，公众对环境邻避设施建设的前期论证存有很大的内心焦虑；④ 利益补偿安排没有得到有效落实后，地方政府信任危机显现。对于地方政府的不信任，公众别无它法，只好通过环境邻避抗争来获得相应的慰藉。

---

① 陈云：《城市化进程的邻避风险匹配》，《重庆社会科学》2016年第7期。
② [德]乌尔里希·贝克、威廉姆斯：《关于风险社会的对话》，载薛晓源、周战超主编：《全球化与风险社会》，路国林编译，社会科学文献出版社2005年版，第23页。
③ [英]安东尼·吉登斯：《现代性后果》，田禾译，译林出版社2011年版，第87页。
④ 陈云：《城市化进程的邻避风险匹配》，《重庆社会科学》2016年第7期。

3. 环境邻避风险治理需要国家政治力量的嵌入

尽管一些地方政府面临信任危机,但这并不能抹杀国家或政府在环境邻避风险治理中的作用。环境邻避风险治理需要超越"国家的回退(rolling back)"①立场,遵循和坚守国家逻辑。治理话语兴起之初,西方治理理念强调"国家退场"。詹姆斯·罗西瑙的"没有政府的治理"②是消解国家逻辑的典型主张。然而,随着治理理论和治理实践的发展,消解国家逻辑的西方治理困境逐渐呈现出来。一些研究者渐渐发现,治理本身并非万能,它可能遭遇失败。西方治理理论的内部由此展开了关于"国家在不在场"问题的争论。在争论中,鲍勃·杰索普提出了"元治理"概念。按照杰索普的看法,元治理即自组织的组织,国家应当承担元治理角色。③很明显,元治理本身需要"国家在场"。当前,"元治理"理论得到了很多学者的认可。④在治理理论和治理实践中,那个曾经被祛魅的国家又复魅了。确实,一个强大而有竞争能力的政府实施积极的管理是必要的,因为政府与私人部门的关系不能靠自我管理。⑤环境邻避风险治理遵循和坚守的正是这种逻辑。

环境邻避风险治理需要国家政治力量的嵌入,需要一个强有力的政府。环境邻避风险治理中政府应该改变以往的做法,合理界定自身的职能;"政府应该担当市场所无法完成的责任,并为治理提供必要的资源与条件"⑥。但这并不意味着政府从以前的强大走向弱小,实际上一个弱小的政府无法在治理过程中承担重要职能。为了进行有效

---

① [英]安德鲁·海伍德:《政治学》,张立鹏译,中国人民大学出版社 2006 年版,第 125 页。
② [美]詹姆斯 N·罗西瑙:《没有政府的治理》,张胜军、刘小林等译,江西人民出版社 2001 年版,第 32 页。
③ [英]鲍勃·杰索普:《治理的兴起及其失败的风险:以经济发展为例》,《国际社会科学杂志》(中文版)2019 年第 3 期。
④ 陈进华:《治理体系现代化的国家逻辑》,《中国社会科学》2019 年第 5 期。
⑤ [美]唐纳德·凯特尔:《权力共享:公共治理与私人市场》,孙迎春译,北京大学出版社 2009 年版,第 5 页。
⑥ Andreas Duit, "The Four Faces of the Environmental State: Environmental Governance Regimes in 28 Countries", *Environmental Politics*, 2016, Vol. 25, No. 1, pp. 69 – 91.

的治理，所建立的政府必须足够强大。① 环境邻避风险治理强调政府是合作共治的重要主体，但不是唯一的主体。政府在环境治理领域的主要功能是制定政策、合理引导与有效监管。这样，政府没有去管那些不该管又管不好的事务，其治理的效能就会得到提升。

（三）生态政治：环境邻避风险包容性治理的理论面向

生态政治是环境邻避风险治理的理论面向，且生态政治与包容性治理在理性逻辑上具有融通性，因而生态政治也是环境邻避风险包容性治理的理论面向。生态政治作为环境邻避风险包容性治理的理论面向，可以为探寻环境邻避风险的生成机理，探究环境邻避事件主体的行动逻辑，探索环境邻避风险包容性治理的策略提供理论支撑。

1. 生态政治与包容性治理在理性逻辑上具有融通性

第一，生态政治与包容性治理均强调治理主体的多元性。尊重多样性是生态政治的价值观之一。它有时亦称为"兼容并包"，后者比单纯地尊重人群间和地区间的差异要更进一步。兼容并包重在开展一场搜寻并包容多样性的转型运动，它尤其注重收蓄那些身受社会与环境问题之苦而又无能为力的社群所具有的多样性特点。② 这意味着生态政治强调治理主体的多元性。特别是从权威主义生态政治话语转换成民主主义生态政治话语后，在治理生态危机时要求实现去中心化，让多元主体共同参与到环境治理中来。这些主体不仅包括政府，还包括社会组织、企业、公众等主体。同样，包容性治理也注重治理主体的多元性。在包容性治理过程中，多元参与、互动合作意味着主客体结构的消解和"去中心化"治理结构的构建。政府与企业、社会组织以及公众一样，在包容性治理过程中具有平等的身份。

第二，生态政治与包容性治理均注重民主协商机制。生态政治的

---

① ［美］加布里埃尔·A.阿尔蒙德等：《当代比较政治学：世界视野》，杨红伟等译，上海人民出版社 2010 年版，第 11 页。
② ［美］丹尼尔·A·科尔曼：《生态政治：建设一个绿色社会》，梅俊杰译，上海译文出版社 2006 年版，第 100—101 页。

第一章　环境邻避风险包容性治理的理论诠释

民主主义倾向将民主协商纳入环境治理过程当中。与生态政治的权威主义倾向主张通过强大的国家行政权力来治理生态危机不同的是，生态政治的民主主义倾向要求一切有能力作为实践话语参与者的资格得到承认，这就为生态政治中民主协商机制的构建奠定了良好的基础。民主协商是民主主义生态政治话语的题中应有之义。类似地，包容性治理将民主协商视为其行动的基石。民主协商内的公正性与合法性既包含包容性，也包含无偏见性。①民主协商是协商、论辩、说服的活动，也是"合作性活动"②。在包容性治理过程中，需要通过协商、合作、论辩、说服等多样化的交往形式来整合不同群体的利益和意见，从而达到共同的目标。除了以上形式以外，礼节、修辞和叙事都应是对政治讨论有所裨益的交往形式③。

第三，生态政治与包容性治理均强调治理主体的责任担当。责任担当是生态政治的一种价值观。生态政治中存在的道义论要求政府和其他治理主体关注生态公民权，担当起生态治理的责任。生态治理具有紧迫性与重要性，强烈的使命感必然要求治理主体坚守"绿色底线"和"生态红线"。无独有偶，包容性治理注重多元责任伦理结构。包容性治理要求政府担当促进平等的责任，即"必须对每个人的生活给予平等的关切"④。政府还应担当维护良好的治理格局的责任，在公共政策的制定和执行过程中吸纳其他利益相关主体的参与。当然，责任担当作为一种道德约束不只限于政府机构，也拓展到企业、社会组织和公众等主体中。这种伦理约束与治理权力如影随形，展现

---

① ［英］朱迪思·斯夸尔斯：《协商与决策：双轨模式中的非连续性》，载［南非］毛里西奥·帕瑟琳·登特里维斯：《作为公共协商的民主：新的视角》，王英津等译，中央编译出版社2006年版，第85页。

② ［美］詹姆斯·博曼：《公共协商：多元主义、复杂性与民主》，黄相怀译，中央编译出版社2006年版，第25页。

③ ［美］艾丽丝·马里恩·扬：《交往与他者：超越协商民主》，载［美］塞拉·本哈比：《民主与差异：挑战政治的边界》，黄相怀、严海兵等译，中央编译出版社2009年版，第116页。

④ ［美］唐纳德·德沃金：《至上的美德——平等的理论与实践》，冯克利译，江苏人民出版社2003年版，第139页。

出包容性治理的发展态势。

2. 环境邻避风险的包容性治理具有生态政治的理论面向

生态政治既是一种理论，又是一种行动。作为理论，它是将生态环境与政治结合起来进行阐释的绿色政治思维。生态、社会正义、基层民主、非暴力、权力下放、社群为本的经济、女权主义、尊重多样性、个人与全球责任、可持续性等价值观①构成了生态政治理论的基本内核。这些内核可以作为环境邻避风险包容性治理的理论面向。此处择其一二进行说明。

社会正义的情况时常涉及环境领域。② 于是，社会正义与生态政治就联结在一起。生态政治崇尚社会正义。③ 作为生态政治理论的一个基本内核，社会正义是环境邻避风险包容性治理的理论面向，因为环境邻避风险的包容性治理以维护社会正义为价值旨趣。环境领域的社会正义即环境正义或生态正义，主张维护各类主体，包括弱势群体的利益。环境邻避风险的发生在很大程度上缘于各类主体之间的利益分配不均衡。环境邻避风险的包容性治理强调寻求多元主体之间的利益平衡，维护社会正义。各类主体应当共享治理成果，不能为了自己的利益而侵犯他人的利益。同时，弱势群体容易被强势群体忽视，因而要尽可能照顾弱势群体的利益。这与罗尔斯的"最大限度地增加那些最不利者的期望"④的正义原则是一致的。在环境邻避风险的包容性治理中照顾弱势群体的利益，是平衡利益关系、弥补利益损失、达成利益共享的客观需要。

就尊重多样性而言，环境邻避风险的包容性治理具有生态政治的理论面向。尊重多样性实际上就是尊重差异。与生态政治一样，环境

---

① [美]丹尼尔·A·科尔曼：《生态政治：建设一个绿色社会》，梅俊杰译，上海译文出版社2006年版，第96页。

② [美]彼得·S. 温茨：《环境正义论》，朱丹琼、宋玉波译，上海人民出版社2007年版，第24页。

③ [美]弗·卡普拉、查·斯普雷纳克：《绿色政治——全球的希望》，石音译，东方出版社1988年版，第66页。

④ [美]约翰·罗尔斯：《正义论》，何怀宏等译，中国社会科学出版社1988年版，第81页。

邻避风险的包容性治理也尊重多样性。民主主义生态政治观强调，政府部门、社会组织、企业和公众等不同主体应以平等的身份参与生态治理，甚至在没有政府介入的治理结构中，其他主体通过平等的合作与互动来确保生态治理的有效性。环境邻避风险的包容性治理同样尊重各类主体的平等地位和差异性。虽然在现实中各类主体之间存在结构性差异，但环境邻避风险的包容性治理要求摒弃各类主体之间存在的"外部排斥"和"内部排斥"现象，尊重各类主体的差异性，充分保障这些主体的权益。生态政治和环境邻避风险的包容性治理都尊重多样性，且环境邻避风险的包容性治理是生态政治或生态治理的一个重要方面，所以在最终意义上生态政治是环境邻避风险包容性治理的理论面向。

三 环境邻避风险包容性治理的理论担负

探究环境邻避风险包容性治理的理论面向侧重于环境治理层面，而探究环境邻避风险包容性治理的理论担负侧重于包容性治理层面。环境邻避风险的包容性治理需要正当性或合法性建构。正当性建构需要回到承认政治中解决，以"相互承认的法权"为核心的承认政治可以作为环境邻避风险包容性治理正当性的担负。从承认政治的层面来深入解读环境邻避风险的包容性治理，能够较好地理解其理据。

（一）承认政治：基于法哲学的理论溯源

1. 承认哲学：从黑格尔到马克思

（1）黑格尔的承认哲学。黑格尔首次建构了承认概念与法权概念的关联性。在黑格尔看来，承认反映了人与人之间社会性的本质，是构成自我意识的一个关键环节。黑格尔在"主奴辩证法"中推导出主人是被一个他不承认的存在（奴隶）所承认的事实。依据黑格尔的见解，真正意义上的自由是双方在相互承认的状态下实现的。黑格尔将相互承认视为法权演绎的基础，认为相互联系的有自我意识的主体通过对他们的不平等的特殊的个别性的取消,因而就把自己提高到他们的实在的普遍性。① 黑格尔在最初思考"自我意识"时就将其视为人的"类"生命体的重要特质。黑格尔写道,"它们(诸自我意识及由此而生成的类)承认它们自己,因为它们彼此互相承认着它们自己"②。而只有相互承认,才会实现共同体当中全体成员的自由意识。与《精神现象学》将国家公民进行敌友划分不同的是,《法哲学原理》中的国家公民是享有政治权和承担相应义务的公民。"在国家中义务和权利是结合在同一的关系中的。"③ 这所表达出来的是平等公民之间有着相互承认的普遍关系。

(2)马克思的承认哲学。马克思在黑格尔的基础上发展了承认哲学,其具体观点体现在《瓦格纳革命》《1844年经济学哲学手稿》以及《穆勒笔记》等著作中。马克思对"主体"和"交互主体性"的考察是其承认哲学的起点。马克思认为,黑格尔虽然提出了主体的实践与承认理论具有关联性,但其承认理论本身是建立在"精神"之上的。正如马克思所言,(黑格尔)"从意识出发,把意识看做是有生命的个人"④。马克思坚持历史唯物主义的观点,将黑格尔式的"精神进程"更改为人类的实践主体的社会发展进程与生产活动。如此一来,马克思不是将承认理论奠基于"客观精神"之上,而是将其放置于家庭、市民社会和国家的实践当中,这就突显了"实践"在主体之间相互承认过程中的核心地位。马克思将承认哲学与社会发展的三阶段理论联系起来,即自然人之间的互相依赖、以物为中介的相互依赖以及个人全面自由发展的相互依赖。

2. 从承认哲学到承认政治:法哲学的阐释

经过黑格尔、马克思的阐释之后,承认哲学获得了很大发展,以

---

① [德]黑格尔:《精神哲学》,杨祖陶译,人民出版社2017年版,第223页。
② [德]黑格尔:《精神现象学》上卷,贺麟、王玖兴译,商务印书馆1997年版,第124页。
③ [德]黑格尔:《法哲学原理》,范扬、张企泰译,商务印书馆1961年版,第262页。
④ 《马克思恩格斯选集》第一卷,人民出版社2012年版,第152页。

第一章　环境邻避风险包容性治理的理论诠释

权利主体为核心叙事的承认政治观逐渐形成。黑格尔把公民看作是享有政治权和承担相应义务的公民。"国家所要求于个人的义务，也直接就是个人的权利。"① 于是，市民社会的相互承认的法权在政治国家的层面上就具有了政治的意义。根据《法哲学原理》，政治就是公民权利与义务具体统一的自由，自由与否的本质在政治国家之中，而不在市民社会。在《法哲学原理》中，相互承认的法权经过政治国家和市民社会两个伦理环节具有了双重的意义。一方面它是在追求利益的经济关系中市民的相互承认，另一方面国家这个高于个体之上的政治共同体对这种相互承认的确认。相互承认的法权基础通过国家所赋予的权利与义务统一于具体自由这个环节，也就落到了实处，政治国家使得公民的相互承认具有了真正的属人的价值。② 可见，承认政治是以主体之间平等权利的承认为基础的政治概念；保障主体在公共生活中的权利平等是政府的基本职能，主体之间的共同意志就是在此基础上实现的。

承认政治以抽象人格的等同承认为核心，现实政治中它要求权利主体能够平等地参与公共生活。③ 在公共领域，平等承认的政治发挥着越来越大的作用。④ 在承认政治框架下，人们可以进行法律制度的设计，并制定各种程序与规制，而主体自由的实现就是服从权利主体自己制定的制度规范，也就是自己服从自己的意志。权利主体的自由是要确保主体的各项权利得到承认，以法治约束和民主参与的方式来捍卫主体的权利，让权利主体能够自由参与公共生活。承认政治一方面不再以宗教信服和戒律为行动原则，从而实现了对先验性的前现代神学政治的扬弃；另一方面，承认政治也不再以道德典范和伦理教化

---

① [德]黑格尔：《法哲学原理》，范扬、张企泰译，商务印书馆1961年版，第263页。
② 高全喜：《论相互承认的法权》，北京大学出版社2004年版，第68页。
③ 罗骞、滕藤：《技术政治、承认政治与生命政治——现代主体性解放的三条进路及相应的政治概念》，《武汉大学学报》（哲学社会科学版）2020年第1期。
④ [加拿大]查尔斯·泰勒：《承认的政治》，载汪晖、陈燕谷主编：《文化与公共性》，董之林、陈燕谷译，生活·读书·新知三联书店1998年版，第300页。

作为维护社会秩序的手段,从而实现了对传统社会德性政治的人治的扬弃,最终达到以民主法治来实现权利主体合法权益的目的。承认政治和技术政治虽然都属于现代主体性的政治概念,但前者使政治具有了事实合理性与价值合理性相统一的属性,从而实现了对后者单纯的事实合理性的扬弃。①

承认政治强调依据权利行事的公共领域的构成者和参与者是具有等同地位的权利主体。权利主体之间的认同或认可非常重要,而这类认同或认可与主体间的协商对话发生关联。"我的认同本质性地依赖于我和他者的对话关系。"② 哈贝马斯在泰勒的基础上,更强调把协商对话或公共交往作为承认政治的先决条件。③ 协商对话或公共交往旨在达成一种共识,这种"共识的基础是主体间对于有效性主张的认可"④。正是这样,为了保障主体的各项权利,承认政治将协商对话视为政治活动中实现共识的过程。

(二) 承认政治:环境邻避风险包容性治理的理论担负

现代社会的发展需要承认政治。公民在相互承认的法权的基础上被赋予平等的权利与义务,对现代社会的发展大有裨益。承认政治除了有着重要的理论意义之外,还有着重要的实践意义。它有助于促进社会的和谐与稳定,有助于维护各种主体的利益,有助于规范和制约政府的权力。因此,它必然成为现代国家治理的内在要求。承认政治具有"相互承认的法权"的特质,它为环境邻避风险的包容性治理提供了理论担负。

---

① 罗骞、滕藤:《技术政治、承认政治与生命政治——现代主体性解放的三条进路及相应的政治概念》,《武汉大学学报》(哲学社会科学版) 2020 年第 1 期。

② [加拿大] 查尔斯·泰勒:《承认的政治》,载汪晖、陈燕谷主编:《文化与公共性》,董之林、陈燕谷译,生活·读书·新知三联书店 1998 年版,第 298 页。

③ 陈良斌:《承认政治与人类命运共同体的构建》,《湖南师范大学社会科学学报》2018 年第 5 期。

④ Jürgen Hambers, *The Theory of Communicative Action: Reason and the Rationalization of Society*, *Volume 1*, translated by Thomas McCarthy, Boston, MA: Beacon Press, 1984, p. 136.

第一章　环境邻避风险包容性治理的理论诠释

1. 承认政治为环境邻避风险的包容性治理预设伦理基础

承认政治中的相互承认是被一个与自己一样的平等主体所承认，这种相互承认注重人的生命的价值与尊严，显然是对于以欲望为直接自然对象的超越，从而使欲望与自由联系起来，提升了欲望的高度。承认政治中体现了追求自由的本性，这就是强调人的尊严和价值的本性所在。纵观整个人类发展的历史，该历史在很大程度上就是实现自我主体追求正义价值的历史，也就是通过相互承认来追求自由的历史。承认政治将追求人的普遍价值作为其理论支点，这种普遍价值以一种自由独立的本性为起点，自由被表述为独立的自我意识，而非依赖意识。① 承认政治并非是"神义论"的政治理论，而是预设一种"人义论"的政治理论。承认政治强调人的关系并非那种围绕人的自由来展开斗争的主人与奴隶关系，而是一种平等主体之间的关系，这种关系本身就可以为市民社会和家庭以及其他共同体的发展提供伦理基础。

承认政治强调治理主体身份的认同和治理主体差异的包容，为环境邻避风险的包容性治理预设伦理基础。首先，承认政治要求政府在环境邻避风险的包容性治理中尊重其他主体的地位与尊严。传统管理模式通过内外部排斥使得环境邻避决策权往往掌握在政府部门的手上，公众与其他利益相关主体的参与决策的权利常常被忽视。而现代治理不再是政府垄断公共权力，承认政治要求在环境邻避风险的包容性治理中积极吸纳不同社会经济状况的阶层参与，充分尊重各种主体的差异性，切实保障各类主体的权益。其次，承认政治要求在环境邻避风险的包容性治理中维护公平正义。公平正义是给公民提供一种将其共同而有保证的身份设想成平等公民的方式。② 它与承认政治相互联系。承认政治强调共同体中人与人的关系并不是主奴之间的关系，

---

① 孔繁斌：《公共性的再生产——多中心治理的合作机制建构》，江苏人民出版社2012年版，第136—137页。
② [美]约翰·罗尔斯：《政治自由主义》，万俊人译，译林出版社2000年版，第391页。

而是一种平等主体之间的关系。在这种平等主体之间的关系下，各种治理主体通过多元参与、平等协商与互动交流来达成共识。再次，承认政治要求在环境邻避风险的包容性治理中关注弱势群体的利益。承认政治注重治理过程中群体的差异性。根据罗尔斯的理解，真正的平等奠基于差异承认之上，只有承认差异才能真正实现平等。① 为此，承认政治要求正视现实过程中治理主体的差异性，切实保护那些弱势群体的切身利益，这样才能达到实质意义上的平等。

2. 承认政治为环境邻避风险的包容性治理提供合作前提

承认政治是一种认同政治。个人的自我认同离不开主体间的相互承认关系。正如黑格尔所言，自我意识"所以存在只是由于被对方承认"②。主体间相互承认的缺失必然会造成主体间的不信任状态。泰勒认为，得不到他人的承认或只是得到扭曲的承认能够对人造成伤害。③ 主体之间的不信任就会出现。承认政治注重治理主体身份的认同和治理主体差异的包容，必然有助于发展政府与公众的信任关系。承认政治框架下治理主体成为平等者，能够彼此同等地参与社会生活。主体间的相互承认建基于人们之间的信任和尊重之上，反过来它又有利于增进人们之间的信任。爱、法律与团结是霍耐特的三种承认形式。④ 通过爱的承认，主体产生情感上的自我信任。法律的承认涉及权利的赋予和保障。权利的赋予和保障是人获得尊严与自尊的根本基础。⑤ 团结的承认从群体成员的价值共同体关系中获得。爱、法律与团结的承认对增进人们之间的信任，包括政府与公众之间的信任起

---

① ［美］约翰·罗尔斯：《正义论》，何怀宏等译，中国社会科学出版社1988年版，译者前言第25页。
② ［德］黑格尔：《精神现象学》上卷，贺麟、王玖兴译，商务印书馆1997年版，第122页。
③ ［加拿大］查尔斯·泰勒：《承认的政治》，载汪晖、陈燕谷主编：《文化与公共性》，董之林、陈燕谷译，生活·读书·新知三联书店1998年版，第290—291页。
④ 蒋颖：《伦理抑或道德——霍耐特与弗斯特承认构想比较研究》，《马克思主义与现实》2021年第2期。
⑤ ［德］阿克塞尔·霍耐特：《为承认而斗争》，胡继华译，上海人民出版社2005年版，第85页。

第一章　环境邻避风险包容性治理的理论诠释

着重要作用。

承认政治有助于增进人们之间的信任，它为环境邻避风险的包容性治理提供合作前提。环境邻避风险的包容性治理体现了邻避治理的一种方式、一种观念和一种能力。环境邻避风险的包容性治理需要各种主体依据相互承认的法权来行动，来建构有效的合作机制。各种主体之间合作机制的形成需要以信任为前提。信任是合作机制形成的文化因素，也是社会治理的"潜能"。"信任文化常常激励合作与参与。"① 环境邻避风险的包容性治理中各主体之间的信任是相当重要的。包容性治理领域的信任关系首先是政府信任关系。或者说，政府信任关系是治理主体间集体行动的核心要素。如果公众不信任政府，他们就会对政府决策的执行持不合作的态度。② 信任的缺失会妨害合作关系，损害公共利益，引起治理运作紧张。环境邻避风险的包容性治理强调协商合作，而这种合作源于信任。由上可以认为，信任是合作的前提。承认政治能够提供这样的前提。在环境邻避风险的包容性治理过程中，公众的平等权利和主体资格得到承认，公众就会增强对政府的认同感，政府就会赢得公众的信任，进而公众就会对环境邻避项目表示理解与支持，并与政府进行合作来化解风险。

3. 承认政治为环境邻避风险的包容性治理设定行动方向

如前所述，承认政治的先决条件在于协商对话或公共交往。换言之，承认的达成需要各主体进行协商对话。协商对话是一种公共交往形式，是一种主体间互动的关系。可以说，承认政治的落脚点始终是形而上的主体间关系。霍耐特从黑格尔的"家庭—社会—国家"出发，解释了"爱—法律—团结"三元承认架构。爱、法律、团结三种承认形式对应三种实践自我关系，即"自信、自尊、自重"③。成功

---

① ［波兰］彼得·什托姆卡普：《信任：一种社会学理论》，程胜利译，中华书局2005年版，第149页。
② ［美］乔治·弗雷德里克森：《公共行政的精神》，张成福等译，中国人民大学出版社2003年版，第33页。
③ ［德］阿克塞尔·霍耐特：《为承认而斗争》，胡继华译，上海人民出版社2005年版，第180页。

的主体交往会形成以上三种实践自我关系。由此看来，承认政治的确依赖于协商对话或公共交往。承认政治视阈下民主协商具有多元性、平等性和有效性等特征。具有这些特征的民主协商正是环境邻避风险的包容性治理所强调的。环境邻避风险包容性治理的实现需要承认政治的支撑。

　　承认政治为环境邻避风险的包容性治理设定民主协商的行动方向。其一，承认政治要求在环境邻避风险的包容性治理中实现民主协商的多元性。民主协商的过程是利益主体之间通过证明自身立场和反驳他人立场的理性推理和论证的过程。① 多元主体参与协商反映了承认政治的要求。根据承认政治的要求，环境邻避风险的包容性治理中不能将一些利益主体排除在民主协商之外；要让每个人都有同等的机会参加讨论，以防止一些利益主体特别是弱势群体受到内外部排斥。多元主体之间的民主协商是"排除外在强制的"和"排除任何可能有损于参与者之平等的内在强制的"②。其二，承认政治要求在环境邻避风险的包容性治理中实现民主协商的平等性。协商对话是体现交往理性的重要形式，交往理性的话语平等是承认政治的题中之义。承认政治要求在环境邻避风险的包容性治理中保障各协商主体的平等权利，不论其社会政治经济地位如何。要保证各协商主体话语意志的自由和平等，要"保证每个人在集体决策中拥有平等发言权"③，从而实现主体间权利的平衡。其三，承认政治要求在环境邻避风险的包容性治理中实现民主协商的有效性。协商理论孕育了一种承认理论。④ 根据协商理论，主体间经过民主协商而达成的共识是有效的。这一共

---

① ［法］伯纳德·曼宁：《论合法性与政治协商》，载陈家刚主编《协商民主与政治发展》，陈家刚、马京鹏译，社会科学文献出版社2011年版，第128—130页。
② ［德］哈贝马斯：《在事实与规范之间：关于法律和民主法治国的商谈理论》，童世骏译，生活·读书·新知三联书店2003年版，第379页。
③ ［美］托马斯·克里斯蒂亚诺：《公共协商的意义》，载［美］詹姆斯·博曼、威廉·雷吉主编：《协商民主：论理性与政治》，陈家刚等译，社会科学文献出版社2006年版，第197页。
④ 孔明安、黄秋萍：《基于商谈的正义与基于承认的正义——哈贝马斯与霍耐特两种正义观的比较分析》，《学术界》2018年第6期。

第一章　环境邻避风险包容性治理的理论诠释

识有效，方能获得承认。民主协商的有效性是承认政治的内在要求。环境邻避风险的包容性治理中民主协商的有效性自然是承认政治的内在要求。这种民主协商的有效性在于话语的正确性、真实性和真诚性。环境邻避风险的包容性治理中协商话语的正确性就是要求各主体的话语与行为规范相关联，与事实相符合；真实性就是要求各主体的话语反映客观的事实；真诚性就是要求各主体开诚布公地表达自己的意向。因为在被扭曲的交往结构中，规范行为的共识违反了主体间提出的有效性要求①，所以需要确保主体间话语的正确性、真实性和真诚性，以实现民主协商的有效性，促进环境邻避风险包容性治理的发展。

---

① ［德］哈贝马斯：《重建历史唯物主义》，郭官义译，社会科学文献出版社2000年版，第34页。

第二章 中国城市环境邻避风险治理的逻辑缘起

改革开放以来，中国的城市化取得长足的进步。城市化的迅速发展促进了经济社会的发展，这是有目共睹的。但它也带来了一些问题。如同有些学者指出的那样，现代国家的城市化既带来了好处，也带来了风险。① 随着中国城市化进程不断加快，人们的利益诉求不断增多和维权意识不断增强，越来越多的公共问题凸显出来。在公共问题中，基于社区保护意识和自利动机所产生的环境矛盾较为突出。带有环境污染威胁的公共设施，包括垃圾掩埋场、垃圾焚烧厂、火力发电厂和核电厂等，对于全体居民而言是必要的存在，但其因具有较强的负外部效应而容易遭到周边居民的嫌恶，环境邻避风险随之出现。2007—2016 年是这种风险的高发期。② 当前这种风险有所缓解，但依然存在。环境邻避风险是城市发展中存在的风险之一。城市环境邻避风险的成因是多方面的。"当环境现象引起冲突时，它们很少被看作是唯一的原因。往往有太多的其他各种各样的因素参与其中"③ 城市环境邻避风险生成后，必须去面对和化解它，它所呈现出的具体问题

---

① Michael A. Cohen, Blair A. Ruble, Joseph S. Tulchin and Allison M. Garland eds., *Preparing for the Urban Future: Global Pressures and Local Forces*, Washington, D.C.: The Woodrow Wilson Center Press, 1996, p. 165.

② 郑旭涛：《改革开放以来我国邻避问题的演变趋势及其影响因素——基于 365 起邻避冲突的分析》，《天津行政学院学报》2019 年第 3 期。

③ [美] 诺曼·迈尔斯：《最终的安全：政治稳定的环境基础》，王正平、金辉译，上海译文出版社 2001 年版，第 21 页。

第二章　中国城市环境邻避风险治理的逻辑缘起

推动中国城市环境邻避风险治理的缘起。中国城市环境邻避风险治理的逻辑缘起由此展现出来。需要说明的是，城市环境邻避风险实质上是环境邻避风险，它是城市里的或城市化进程中的环境邻避风险，因而本书关于环境邻避的内容适合于城市环境邻避风险治理研究。

一 中国城市环境邻避风险的生成逻辑：规范研究的视角

中国城市环境邻避风险的生成逻辑通过多种因果关系展现出来。忽视公众参与是环境邻避风险生成的一个原因。[①] 这种逻辑无疑体现在城市环境邻避问题上。忽视公众参与的现象存在于开放度较低的决策模式中，该模式使公众参与受到一定的限制，往往导致城市环境邻避风险的发生。利益表达机制的包容性较差是城市环境邻避风险生成的另一原因。个人和群体没能享有足够的权利，导致他们在社会和经济方面的诉求无法得到有效表达，既不能向上反映，也不会引起重视[②]。当公众的利益诉求得不到满足时，他们可能会求助于制度外的渠道，进而可能引发城市环境邻避风险。此外，空间权利的选择性忽视和国家自主性的属性错序也是中国城市环境邻避风险生成的重要原因。

（一）决策模式的开放度较低导致城市环境邻避风险

改革开放前，中国的决策过程基本上在封闭状态下进行。[③] 封闭状态下的决策属于传统的模式。这种模式具有历史合理性。它适应了新中国成立后社会发展的需要。那时，需要建立中央权威，以实现经济增长与社会整合。建立中央权威是1949年以来获得经济增长与社

[①] R. G. Kuhn, K. R. Ballard, "Canadian Innovation in Siting Hazardous Waste Management Facilities", *Environmental Management*, 1998, Vol. 22, No. 4, pp. 533–545.

[②] Janie Percy-Smith, *Political exclusion*, in Janie Percy-Smith ed., *Policy responses to social exclusion: towards inclusion?* Buckingham; Philadelphia: Open University Press, 2000, p. 148.

[③] 周光辉：《当代中国决策体制的形成与变革》，《中国社会科学》2011年第3期。

会整合的首要因素。① 当然，传统的决策模式也有较多的弊端。于是改革开放后，国家逐渐加快了决策开放的进程。尽管如此，中国决策体制改革不可能一蹴而就，当前有些领域决策的开放程度不高②。比如，现阶段中国环境邻避决策模式的开放度较低。环境邻避决策模式的开放度较低具体表现在三个方面。

一是用政府意识替代公众意愿。政府部门觉得自己是公共利益的代表，③ 认为垃圾掩埋场、垃圾焚烧厂、火力发电厂和核电厂等环境邻避设施的建设是利国利民的事业，它们大力推动这些设施建设是为了增进公众的利益。换句话讲，在政府看来，环境邻避设施的建设与运营原本就是为了增进公众的福祉而进行的，其本身就符合公共利益。政府作为公共利益的代表来做符合公共利益的事务，自然就可以替代公众来就环境邻避设施选址问题进行决策。由此观之，用政府意识替代公众意愿的基本特点是政府部门把自己当作公众的代言人，在环境邻避决策中较少吸纳公众参与。

二是用专业知识否定公众认知。在政府部门看来，专业知识与技术是环境邻避设施选址与运营的重要依据，据此可以保证决策的质量和效率；公众缺乏相应的专业知识，通常通过直觉来判断环境邻避设施是否安全，况且他们对设施的不理解、不支持容易给正常的决策带来噪音和干扰，因而他们没有必要参与决策。在决策之前的环境邻避设施论证阶段，政府往往会邀请那些支持设施建设的专家进行专业咨询。政府邀请的专家容易被行政决策领导者的意志所左右。这样，专家的咨询制度起不到应有的作用。专业咨询变成专家支持政府的行为，公众的合理认知却被忽视。政府部门组织化与专业化的特性使其更愿意进行非开放式决策；且其认为在环境邻避项目决策上给予公众较大的话语权，如同打开了一个潘多拉的盒子，会自找麻烦。

---

① ［美］吉尔伯特·罗兹曼主编：《中国的现代化》，国家社会科学基金"比较现代化"课题组译，江苏人民出版社 2003 年版，第 410 页。
② 周光辉：《当代中国决策体制的形成与变革》，《中国社会科学》2011 年第 3 期。
③ 汝绪华：《邻避冲突中风险沟通的认知偏差及其治理》，《管理学刊》2020 年第 3 期。

第二章 中国城市环境邻避风险治理的逻辑缘起

三是用经济效益排斥公众情感。环境邻避设施建设除了要满足公共服务的需求之外,还旨在获得一定的经济效益。地方政府追求此类设施带来的社会效益和经济效益。[①] 追求经济效益本身无可厚非。可是,有些地方政府的决策者在发展过程中唯 GDP 马首是瞻,片面强调"效率优先,增长优先",这种错位的价值追求使得政府部门偏重地方经济增长而轻视公众或利益相关群体的情感。当地方政府公布环境邻避设施选址时,必然会有一部分公众因设施具有负外部性而首先站出来表示反对。然而,由于"邻避项目可以大大促进区域经济的发展"[②],地方政府的决策者通常尽力推进环境邻避设施建设,对公众的情感诉求却往往没有给予较多关切。

开放度较低的环境邻避决策模式建立在某些领导个人经验和主观臆断的基础上,决策的民主性不足,公众大都被排除在决策之外。公众意愿被代替,公众认知被忽视,公众情感被排斥,怨恨就容易产生。怨恨是弱者对强者的反应而不是强者对弱者的反应。[③] 它是集体行动的一个要素,马克思主义理论家早就强调了这一点。[④] 怨恨是一种有明确的前因后果的心灵的自我毒害[⑤]。正是有了这一负面情绪,城市环境邻避风险的发生就有了心理动因。开放度较低的决策模式产生的怨恨累积到一定程度就会引致城市环境邻避风险。

---

① 文宏、韩运运:《"不要建在我的辖区":科层组织中的官员邻避冲突——一个比较性概念分析》,《行政论坛》2021 年第 1 期。
② Guang-she Jia, Song-yu Yan, Wen-jun Wang, Ralf Müller, Chen Lin, "An Empirical Study on the Generation Mechanism of NIMBY Conflicts of Construction Projects", *Frontiers of Engineering Management*, 2016, Vol. 3, No. 1, pp. 39–49.
③ [德]尼采:《论道德的谱系·善恶之彼岸》,谢地坤等译,漓江出版社 2000 年版,第 27 页。
④ [美]西德尼·塔罗:《运动中的力量:社会运动与斗争政治》,吴庆宏译,译林出版社 2005 年版,第 17 页。
⑤ [德]马克斯·舍勒:《价值的颠覆》,罗悌伦译,生活·读书·新知三联书店 1997 年版,第 7 页。

（二）利益表达机制的包容性较差诱发城市环境邻避风险

利益表达是社会成员或组织向政治体系提出要求的过程。① 利益表达机制则是使社会成员或组织能够通过合法渠道向政治体系提出要求的制度设计。利益表达机制健全与否关系到政治体系的稳定。一个国家的利益表达机制不健全，会使对政府的要求很难通过合法渠道得到表达，并在该国政治体系内部得到缓解和集中②。于是，公众便会通过"自力救济"行动来维权。或者说，合法的利益表达渠道不畅通，就会间接地造成一个系统倚重于民众强力行动的政治特点③。同理，在环境邻避设施建设过程中，利益表达机制的包容性较差容易引起矛盾和冲突。它是当前中国城市环境邻避风险生成的重要原因。

利益表达机制的包容性较差表现为公众或利益相关者通常被排除在环境影响评估和环境邻避决策之外，难以就环境邻避项目充分反映意见和建议。按理说，环境邻避设施建设前期，需要进行环境影响评估，需要公众参与到环评和决策中来。但是，一些地方政府担心公众参与会给环境邻避决策带来障碍，会给环境邻避项目的建设与运营造成阻碍，因而没有让公众充分地表达他们的意见。公众参与机会的不足给环境邻避冲突埋下隐患，因为没有吸纳公众意见的环境邻避决策难以获得公众的认同。在决策得不到公众认可的情况下推进环境邻避设施建设，就会引起他们的不满和抵制。

利益表达机制的包容性较差也表现为合法的制度化渠道不畅通，公众或其他利益相关者难以有效地表达利益诉求或对环境邻避设施的意见。环境邻避设施服务于公共利益④，具有公共利益性，但其也关

---

① ［美］加布里埃尔·A.阿尔蒙德、小 G.宾厄姆·鲍威尔：《比较政治学：体系、过程和政策》，曹沛霖等译，上海译文出版社 1987 年版，第 199 页。
② ［美］塞缪尔·P.亨廷顿：《变化社会中的政治秩序》，王冠华、刘为等译，上海人民出版社 2008 年版，第 42 页。
③ ［美］戴维·伊斯顿：《政治生活的系统分析》，王浦劬译，华夏出版社 1999 年版，第 144 页。
④ 张海柱：《风险社会、第二现代与邻避冲突——一个宏观结构性分析》，《浙江社会科学》2021 年第 2 期。

涉政府部门的利益①。若设施建成的话，政府部门就能获得自身的政绩。但是，设施周边的公众面临利益受损的风险。当公众以信访、散步、请愿和诉讼的方式表达诉求时，政府部门可能漠然处之、互相推诿，司法部门可能有点无能为力，从而导致制度化的利益表达渠道受阻。在利益遭受损害的情况下，设施周边的公众不再选择沉默，而是通过非制度化的渠道来进行利益表达。环境邻避风险由此增大、升级。国内很多城市环境邻避事件的发生和发展正是这一逻辑展开的结果。它们都是从公众最初的上访和理性的抗议，逐渐升级为公众与地方政府之间的冲突。它们都暴露出利益表达机制的包容性较差。

（三）空间权利的选择性忽视衍生城市环境邻避风险

空间是一切生产和一切人类活动的要素。② 在现代社会中，空间起着越来越重要的作用。新马克思主义代表人物亨利·列斐伏尔将人们生存的空间分为物质空间、精神空间和社会空间。在他看来，空间里弥漫着社会关系。③ 作为社会的产物，"它是一种完全充斥着意识形态的表现"④。空间是政治性的和意识形态性的，因而它不会是价值中立的，它自然涉及正义问题。空间正义是空间中的社会正义。⑤ 或者说，空间正义是社会正义以空间物化方式的形塑。空间正义与空间权利是联系在一起的。按照马克思的观点，空间权利是空间正义的基底。⑥ 空间正义反映的是关乎公众切身利益的空间生产关系，表现为空间生产的各种主体都能平等拥有空间权利。它强调合理分配具有

---

① 陈宝胜：《邻比冲突治理政策工具的有效性评价：一个理论框架》，《学海》2022年第1期。
② 《马克思恩格斯选集》第二卷，人民出版社2012年版，第639页。
③ Henri Lefebvre, *The Production of Space*, Translated by Donald Nicholson-Smith, Oxford UK: Wiley-Blackwell Ltd., 1991, p.165.
④ ［法］亨利·列斐伏尔：《空间与政治》，李春译，上海人民出版社2015年第2版，第37页。
⑤ G. H. Pirie, "On Spatial Justice", *Environment and Planning A*, 1983, Vol.15, No.4, pp.465-473.
⑥ 胡潇：《空间正义的唯物史观叙事——基于马克思恩格斯的思想》，《中国社会科学》2018年第10期。

社会价值的资源与机会，尽可能减少政治组织对弱势群体的剥夺，保障不同社会群体平等参与空间生产的机会。环境邻避设施建设是一种具体的空间生产，空间正义是设施建设中应当遵循的核心价值准则。若环境邻避设施建设偏离空间正义，忽视空间权利，就会引起设施周边公众的反对。

空间正义指向多个对象，城市空间是对象之一。[①] 城市空间不断被生产、被重构是城市快速发展的产物，其实质是以空间为载体的城市资源和利益再分配的政治过程。空间正义伴随这一过程。它要求在工业化和城市化过程中，不能以损害不同社会群体特别是弱势群体的空间权利为代价。由于空间资源具有有限性，城市空间生产中存在价值偏离现象，具体表现之一是社会弱势群体的空间权益遭受侵害，他们的空间权利难以得到充分实现。在我国，由环境邻避设施建设引发的矛盾和冲突已然成为一个典型的城市空间问题。环境邻避设施虽然对其周边公众的身体健康、生活环境和心理会造成不良影响，但对社会发展来说是不可或缺的。环境邻避设施选址的主体一般是当地政府。在进行设施选址时，地方政府会开展科学论证工作，甚至也会吸纳一定程度的公众参与，但这种参与大多是可控型的参与，不会对结果产生实质性的影响；参与主体大多是选定的专家、企业家乃至非直接利益相关者，直接利益受损者却往往被排除在外，公众参与大都流于形式。基于社会稳定的考量，作为决策者的地方政府通常会采取"最小抵抗路径原则"[②]，尽量将环境邻避设施选在反对和抵抗力量较小的地方。对环境邻避设施周边公众的空间权利的选择性忽视，使他们质疑设施"为什么建在我家后院"而非别处，他们的不公平感与相对剥夺感就会不断涌现，进而会加剧其对设施的反对和抵制。

---

① 靳文辉：《空间正义实现的公共规制》，《中国社会科学》2021年第9期。
② Roger E. Kasperson, "Dominic Golding, Seth Tuler, Social Distrust as a Factor in Siting Hazardous Facilities and Communicating Risks", *Journal of Social Issues*, 1992, Vol. 48, No. 4, pp. 161 – 187.

第二章　中国城市环境邻避风险治理的逻辑缘起

（四）国家自主性的属性错序引起城市环境邻避风险

1. 作为一个分析工具的国家自主性理论

国家自主性理论实质上源于马克思和恩格斯的国家学说。虽然马克思和恩格斯没有明确提出"国家的相对自主性"的概念，但"国家的相对自主性的观念是马克思主义国家理论的一个重要组成部分"①。马克思和恩格斯在政治观察中注意到国家自主性现象，并对此作了深邃分析，其中最典型的个案分析是对法兰西第二帝国的论述。根据马克思的观点，国家在第二帝国时期最终赢得了相对于社会的自主性。在这个时期，"国家才似乎成了完全独立的东西"②。换句话说，此时国家"已完全脱离社会"③。恩格斯在总结波拿巴主义君主国独立性的理论时指出，在特定区域特定时期，互相斗争的阶级达到了势均力敌的地步，"以致国家权力作为表面上的调停人而暂时得到了对于两个阶级的某种独立性"④。马克思和恩格斯在讨论其他问题时也剖析了国家自主性。他们在《德意志意识形态》中考察了落后经济形态中官僚国家独立于社会的情况，写道："目前国家的独立性只有在这样的国家里才存在。"⑤

马克思主义国家自主性理论在新马克思主义者那里得到继承和发展。阿尔都塞通过解读"矛盾与多元决定"来考察政治结构的"相对自主性"。在他看来，"'矛盾'本质上是多元决定的"⑥，因而虽然经济因素归根结底起决定作用，但经济因素并非始终如此，上层建筑同样可以起决定作用。上层建筑的这种决定作用就是其相对独立性的表现。阿尔都塞指出，马克思已经表达了上述观点：一方面，生产方

---

① [英]拉尔夫·密利本德：《马克思主义与政治学》，黄子都译，商务印书馆1984年版，第79页。
② 《马克思恩格斯选集》第一卷，人民出版社2012年版，第761页。
③ 《马克思恩格斯选集》第三卷，人民出版社2012年版，第137页。
④ 《马克思恩格斯选集》第四卷，人民出版社2012年版，第189页。
⑤ 《马克思恩格斯选集》第一卷，人民出版社2012年版，第212页。
⑥ [法]路易·阿尔都塞：《保卫马克思》，顾良译，商务印书馆2010年版，第89页。

式（经济因素）归根到底是决定性的因素；另一方面，上层建筑及其特殊效能具有相对独立性。①波朗查斯进一步阐释了阿尔都塞的观点，率先明确提出了"国家的相对自主性"的概念。关于国家的相对自主性，波朗查斯所持的一个重要观点是针对权力集团的阶级和派别及其同盟和支持力量，国家具有相对自主性。②密利本德与波朗查斯在国家的相对自主性问题上存在分歧，但实际上他们又殊途同归。密利本德认为，当国家"作为一个阶级的国家而行动时拥有高度的自主和独立"③。

新马克思主义国家相对自主性理论的接续者是回归国家学派。回归国家学派把国家自主性作为政治学研究的中心议题。斯考切波坚持认为，国家具有"潜在的自主性"，即国家控制特定的领土和人民，确立、追求并非只反映社会集团和阶级或社团的需求。④她指出，国家实际上所具有的自主性程度，以及所产生的实际影响，都因具体的场景而异。⑤诺德林格主要从公共政策的层面来理解国家的自主性。他把国家偏好与社会偏好作为分析国家自主性的两个变量。按照诺德林格的看法，民主国家在其偏好所及的范围内具有自主性，甚至当国家偏好与社会偏好存在分歧时，国家也会表现出显著的自主性。⑥埃文斯用"镶嵌自主性"来描述和解释国家与市场的互动关系。他认为，国家必须保持自主性，同时也要与社会（市场）保持适当程度的连接。在他那里，国家与社会的适当程度的连接叫做"镶嵌"。只

---

① ［法］路易·阿尔都塞：《保卫马克思》，顾良译，商务印书馆2010年版，第101页。
② ［希腊］尼科斯·波朗查斯：《政治权力与社会阶级》，叶林、王宏周、马清文译，中国社会科学出版社1982年版，第285页。
③ ［英］拉尔夫·密利本德：《马克思主义与政治学》，黄子都译，商务印书馆1984年版，第79页。
④ ［美］彼得·埃文斯、迪特里希·鲁施迈耶、西达·斯考切波：《找回国家》，方力维、莫宜端、黄琪轩等译，生活·读书·新知三联书店2009年版，第10页。
⑤ ［美］西达·斯考切波：《国家与社会革命——对法国、俄国和中国的比较分析》，何俊志、王学东译，上海世纪出版集团2007年版，第30页。
⑥ Eric A. Nordlinger, *On the Autonomy of the Democratic State*, Cambridge, Mass.: Harvard University Press, 1981, p. 1.

第二章 中国城市环境邻避风险治理的逻辑缘起

有自主性与镶嵌性相结合,国家在经济发展中才能担当"监督人""助产士""当家人"和"供给者"① 的角色。

新国家主义学派在批判回归国家学派的"国家中心"研究范式的基础上,提出了"嵌入式国家自主性"理论。维斯和霍布森探讨了"国家嵌入民间却仍有自主能力的嵌入式自主性"问题。她们觉得,回归国家学派在"找回国家"的同时,有"踢走社会"的嫌疑。有鉴于此,她们认为必须对"镶嵌自主性"和"孤立自主性"进行区分。在她们看来,"镶嵌自主性"国家善于与社会协作,并以此获得政策发展的主导性;"孤立自主性"国家常以强势的姿态凌驾于社会之上,扮演政策制定者的角色,却无法获得社会力量的参与和支持。然而,在肯定"镶嵌自主性"的价值时,不能否定"孤立自主性"的价值。"孤立自主"能使决策机关"超越"政治以避免被有组织的利益支配。所以,她们强调"把国家找回来","但不踢走社会"。②

马克思主义、新马克思主义、回归国家学派和新国家主义学派对国家自主性理论的先后探索推动了这一理论的发展。国家自主性理论经过发展,目前已经成为社会科学研究中的一个解释力很强的理论。国内学术界将该理论与中国的国情结合起来,赋予其更广泛的意义。借助国家自主性理论,以"镶嵌自主"与"孤立自主"为概念工具,中国城市环境邻避风险的一种生成逻辑能够得到合理的解释。可以说,国家自主性理论,特别是维斯和霍布森的"嵌入式国家自主性"理论为考察中国城市环境邻避风险的生成逻辑提供了一个有力的分析工具。

2."镶嵌自主"与"孤立自主"的顺序倒置引起城市环境邻避风险

"镶嵌自主"与"孤立自主"是国家自主性的两种属性。前者意

---

① Peter Evans, *Embedded Autonomy: States and Industrial Transformation*, Princeton, NJ: Princeton University Press, 1995, p.188.
② [澳] 琳达·维斯、约翰·M. 霍布森:《国家与经济发展——一个比较及历史性的分析》,黄兆辉、廖志强译,吉林出版集团有限责任公司2009年版,第10—11页。

味着国家与社会的互动,这正是现代治理理论所倡导的。在现代治理中,国家与社会相互影响,国家嵌入与社会行动同时存在。后者在一定的情况下也有存在的必要。"镶嵌自主"与"孤立自主"各有自身价值。"镶嵌自主"有助于促进国家与社会的良性互动,达成国家想要的目标。"孤立自主"能够使国家超越不同社会群体的具体利益,制定维护公共利益的政策。国家自主性的两种属性的顺序不能倒置,否则就会引起一些问题。这适用于分析中国城市环境邻避风险的生成逻辑。

改革开放40多年来,中国的工业迅速发展,经济水平不断提升。城市化进程加快,城镇人口占全国总人口比重逐年提升。人们在城市生活中的公共需求逐渐增加,对此,政府需要承担起公共服务提供者的角色,加强公共设施的建设,以满足居民的各种需要。另一方面,人们的环保意识和权利意识进一步提升,不再对政府投建的公共设施一味叫好欢迎,而是开始对政府的决策提出质疑和反对。于是,政府在环境邻避决策中必然面临国家自主性的持有问题。照理说,作为公共利益的代表,政府应当依循由"镶嵌自主"到"孤立自主"的顺序进行环境邻避决策。但从中国城市的发展情况来看,政府在环境邻避决策中没能理顺"镶嵌自主"与"孤立自主"的关系,进而引起环境邻避风险。

环境邻避决策主要包括环境邻避设施选址决策和环境邻避冲突治理决策。两者分别处于环境邻避决策前期和后期。在实践中,政府首先需要对环境邻避设施选址进行决策,然后需要对如何治理选址方案公开后发生的环境邻避冲突进行决策。一般来讲,政府决策需要集思广益。"如果许多人〔共同议事,〕人人贡献一分意见和一分思虑;集合于一个会场的群众就好像一个具有许多手足、许多耳目的异人一样,他还具有许多性格、许多聪明。"① 但在我国城市的环境邻避设施选址决策中,相关政府部门基于传统的决策习惯,选择了开放度较

---

① [古希腊]亚里士多德:《政治学》,吴寿彭译,商务印书馆1965年版,第143页。

低的决策模式，即选择了高度的"孤立自主"。这表现在不主动公开决策信息、进行"暗箱操作"和轻视公众参与。受传统行政思维的影响，相关政府部门缺乏公开环境邻避设施建设信息的主动性。如此，环境邻避决策信息公开就会不及时。相关政府部门认为，信息公开和公众参与会给环境邻避决策带来干扰，因而其倾向于单方面对环境邻避设施选址、施工时间和施工流程等进行决策。由于环境邻避设施选址决策并没有做到真正的透明公开，当选址方案公开后，社会公众就会表示不满和反对。他们力图通过一定的渠道表达自身的利益诉求。可是，公众参与被轻视以及决策中政治参与制度不完善，使得公众难以进行有效的利益表达。当公众发现无法通过努力对环境邻避决策施加影响时，其便会放弃制度化政治参与，转而诉诸非制度化政治参与，这就增加了环境邻避冲突的社会风险。[①]

环境邻避设施选址决策中的"孤立自主"引发环境邻避冲突的社会风险。这样，环境邻避冲突治理决策提上日程。环境邻避设施对于城市发展来说是必不可少的。因而在处理环境邻避冲突时，政府需要自主性地进行决策，以超越各类社会群体自身的狭隘利益。然则，在我国城市的环境邻避冲突治理决策中，相关政府部门选择了过度的"镶嵌自主"。当环境邻避设施选址遭到居民强烈反对时，为了维持社会稳定，政府暂停或终止环境邻避项目。居民的强烈反对严重削弱了政府"孤立自主"的属性。虽然环境邻避冲突得以缓和，但由于环境邻避项目无法落地，城市问题也就无法得到解决，公共利益也就无法得以实现。更有甚者，政府部门的"过度镶嵌"会衍生更多的环境邻避风险。出于维稳的考虑，政府暂停或终止环境邻避项目以平息事态。这会让人们觉得只有"把事情闹大"，才能引起政府的注意，[②] 才能迫使政府停建不受欢迎的环境邻避设施。于是，一有环境

[①] 丛中杰：《国家自主性视角下邻避决策的困境与出路——以湘潭九华垃圾焚烧厂为例》，湘潭大学硕士学位论文，2020年，第28页。

[②] 陈宇、张丽、土洛忠：《网络时代邻避集群行为演化机理——基于信息茧房的分析》，《中国行政管理》2021年第10期。

邻避项目上马，其周边居民就会予以反对甚至进行抗争。政府只好一次又一次地妥协。环境邻避项目由此陷入"上马—抗议—暂停"的循环。"把事情闹大"助长了非制度化政治参与，增大了环境邻避风险发生的可能性。

总括而言，在我国城市的环境邻避设施选址决策中，应该吸纳公众意见时，政府部门选择了开放度较低的决策模式；在环境邻避冲突治理决策中，需要政府部门超越狭隘利益进行决策时，其常常屈从于"民意"，往往过度吸纳"民意"。用国家自主性理论的话语说，在环境邻避决策前期需要政府部门表现出"镶嵌自主"时，其却选择了高度的"孤立自主"；在环境邻避决策后期需要政府部门表现出"孤立自主"时，其却选择了过度的"镶嵌自主"。"镶嵌自主"与"孤立自主"前后错序，导致了中国城市环境邻避风险的发生。

二 中国城市环境邻避风险的生成逻辑：实证研究的视角

无论是发达国家还是发展中国家，在城市化进程中都会面临环境邻避风险问题。中国无疑面临城市环境邻避风险问题。进入21世纪以来，为了更好地满足人民的需要并推动城市经济社会发展，各种公共设施的建设被提上日程。有些公共设施因具有环境负外部性而成为环境邻避设施。这些设施既包含自身存在的实在风险，如技术不成熟导致的污染问题，也包含其附近居民因担心项目建设影响生产生活而产生的感知风险以及项目规划、建设与运营中可能出现的社会风险。特别是近十年来随着中国经济的发展和城市化进程的加快，环境邻避风险日益凸显，由此引发一定数量的环境邻避事件，比如多地发生的PX事件、北京铁路南站事件、四川什邡钼铜项目事件、江苏启东事件、广州番禺垃圾焚烧厂事件以及浙江余杭中泰垃圾焚烧厂事件等。本书选取广东茂名PX事件和浙江余杭中泰垃圾焚烧厂事件为案例，进一步考察中国城市环境邻避风险的生成逻辑。在考察之前，先简要叙述两起城市环境邻避事件的演化过程。①

（一）案例叙事：两起城市环境邻避事件的演化过程回顾

案例一：广东茂名 PX 事件

广东茂名 PX 事件是 2014 年发生的一起典型的城市环境邻避事件。2014 年 3 月 30 日，广东省茂名市的一些民众因反对政府建设 PX（芳烃）项目的决策而在市委门口聚集，人数由 200 多人增至上千人，集体抗议 PX 项目规划，最终演化成冲突事件。4 月 3 日，在此次 PX 项目事件的新闻发布会上，茂名市政府表示会尊重民意，在社会没有广泛认可 PX 项目之前将不会建设该项目。该事件的演化分为三个阶段。

第一阶段：茂名市的 PX 项目早在 2012 年就已经获得国家发展和改革委员会的批准，由茂名市政府和茂名石化公司采取合资方式共同建设。这一项目有利于茂名冲击"世界级石化基地"的目标，而且能够为中国在聚酯工业的发展中突破 PX 产量不足、过于依赖进口的瓶颈作出重要贡献。但是，长期以来茂名市居民深受各种化工项目带来的污染的负面影响，对工业发展所带来的环境问题非常敏感，加上受厦门、大连、宁波等地的 PX 事件的影响，茂名市政府很早就意识到 PX 项目可能会面临的阻力，因而在项目正式启动前就开始做大量工作。先是政府领导去九江学习其推广 PX 项目的经验，然后组织座谈会向与会者透露茂名将建设 PX 项目的消息，再后来便开展频繁的宣传和科普工作。2014 年 2 月 27 日，《茂名日报》刊登了一篇名为《茂名石化绿色高端产品走进千家万户》的文章，宣传 PX 项目。宣传部门准备了近 20 篇关于 PX 项目的科普文章，借助《茂名日报》等重点报刊，逐一发表。② 与此同时，有关部门制作宣传手册，向民

---

① 邓集文、牛慧铭：《中国城市环境邻避风险的生成逻辑——基于案例嵌入的分析》，《中南林业科技大学学报》（社会科学版）2018 年第 5 期。

② 许敏：《从管制到协商：邻避冲突治理模式研究》，武汉大学出版社 2020 年版，第 44 页。

众传播科普知识。

第二阶段：为了顺利推进PX项目，茂名市政府要求石化系统、教育系统工作人员和在校学生签订不组织、不参与反对这一项目的承诺书，并表示不签订承诺书将会影响工作或学业，这激起了民众的抵制情绪。2014年3月27日，在PX项目推广会上，政府面对民众对项目的质疑并没有给出正面的解答，甚至限定提问题的数量，政府的强硬态度使其与关心PX项目的民众进行交流沟通的绝佳机会失之交臂。最终PX项目推广会场面失控，不欢而散。3月29日，市民通过微信等社交软件组织次日的抗议活动，确定了抗议活动的时间和地点。3月30日早上8点，在茂名市委的正门200名左右的市民聚集起来，他们拉着"PX滚出茂名"等横幅以表达对项目的不满和反对，并且在一些路段慢行以示反对，此时民众采取的还是比较理性、平和的表达方式。随着时间的推移，聚集的市民越来越多，增加到上千人，到了下午市民们的抗议活动升级，呼声增强起来，现场逐渐失控。当天晚上现场局面更加混乱。① 面对下午和晚上的混乱局面，公安机关迅速采取了行动，有效地控制了局面。

第三阶段：2014年3月31日，茂名市政府新闻发言人接受采访时表示，若绝大多数民众反对PX项目，政府部门决不会违背民意进行决策。4月1日，市政府有关领导接待了上访代表，就PX项目跟他们进行面对面的交流，听取他们的诉求和意见。自4月2日凌晨以来，全市社会治安总体平稳有序。4月3日，茂名市政府就此次PX事件召开新闻发布会，声明在社会没有达成充分共识之前，决不会启动PX项目。至此，茂名PX事件结束。

案例二：浙江余杭中泰垃圾焚烧厂事件

浙江余杭中泰垃圾焚烧厂事件是2014年发生的又一起典型的城市环境邻避事件。它起因于余杭区中泰乡九峰生活垃圾焚烧发电厂项目建设。2014年4月，当市民得知将在当地的原九峰矿区建设垃圾

---

① 颜昌武、何巧丽：《科学话语的建构与风险话语的反制——茂名"PX"项目政策过程中的地方政府与公众》，《经济社会体制比较》2019年第1期。

焚烧厂的消息后,便陆续开始在中泰街道办和项目选址地进行规模不等的聚集活动,但并未发生冲突,也未造成混乱的局面。5月10日,城区居民、周边村村民大规模聚集起来,一些民众情绪激动,他们采取了一些过激的行动。该事件造成了不良的影响,社会秩序遭到破坏,社会稳定受到威胁。由于规模较大,现场十分混乱,直到事发第二天的凌晨局面才得以控制,现场秩序基本恢复正常。该事件的演化分为三个阶段。

第一阶段:余杭中泰垃圾焚烧发电厂项目建设起步于2012年。2014年3月29日,《杭州市环境卫生专业规划修编(2008—2020年)修改完善稿》在杭州市规划局网站公示。该规划包括建设中泰九峰垃圾焚烧发电厂的内容。这个消息引起了许多市民的高度关注。[①] 4月24日,部分市民因担心自身所处环境与饮水会受到污染而组织了一场2万多城区居民、周边村村民参与的签字活动,反对中泰垃圾焚烧发电厂项目建设。一些环保主义者也对该项目提出了质疑。可是,无论是杭州市规划局、环保局还是负责该项目的九峰公司都没有正面作出回应,只是通过新闻媒体解释了该项目建设的必要性和技术方面的支持,显然这种解释并不能消除人们的顾虑。

第二阶段:2014年5月7日,有民众发现施工车辆进入了九峰矿区,于是"垃圾焚烧厂秘密开工"的消息便在人群中传开。从这一天开始,矿区附近开始出现一定规模的聚集和抗议活动。5月9日,余杭区委、区政府发布了《关于九峰环境能源项目》的通知,承诺在没有履行完法定程序和征得大家理解支持的情况下一定不开工,停止一切与项目有关的作业活动。尽管如此,但为时已晚。5月10日,中泰及附近地区发生了大规模的聚集。随着聚集人数的增多,群情更加激动,一部分民众围堵公路,造成交通中断。直到5月11日凌晨这种混乱的局面才得到改观。

第三阶段:2014年5月11日下午,杭州市政府召开新闻发布会。

[①] 朱伟等:《京津冀协同发展过程中的邻避风险防范研究》,化学工业出版社2019年版,第102页。

当天余杭区政府也进行了回应,有关负责人向新华社记者表示,在没有履行完法定程序和征得大家理解支持的情况下,项目一定不开工。随后,当地政府进行了反思,并给予了及时的回应。为了争取民众的理解和支持,当地政府主动听取民众意见、给予民众合理的补偿。经过多方努力,2014年9月,中泰垃圾焚烧发电厂项目重新启动。该项目于2015年正式开工建设,并最终顺利在原址建成。2017年11月30日,该项目正式投入商业运行。①

(二)案例嵌入:中国城市环境邻避风险的生成逻辑考察

广东茂名PX事件和浙江余杭中泰垃圾焚烧厂事件的演化过程在很大程度上折射出中国城市环境邻避风险是如何产生的、怎么演化的。这使得嵌入或结合案例考察中国城市环境邻避风险的生成逻辑具有可行性。案例研究是对一个特殊事件展开系统研究的一种方法。②案例研究旨在通过描述经验事实,从中得出归纳性的普遍结论。它不会因"没有具体研究的理论则是空洞的"③ 这个问题而遭受诟病。下面基于案例嵌入对中国城市环境邻避风险的生成逻辑进行一番深度考察和表达。④

1. 环境邻避设施的实在风险加剧感知风险

虽然政府决定提供某种设施以实现公共利益为出发点和落脚点,这些设施也能为一个地区提供相应的公共服务,但我们不得不承认一些环境邻避设施的确具有一定的负外部性,尽管不同的环境邻避设施所产生的负面影响的程度有所不同。以余杭中泰事件为例,余杭拟建垃圾焚烧厂,这能在很大程度上缓解原有垃圾处理厂的超负荷运行的

---

① 张利周:《协商民主视角下邻避设施选址困境的治理路径——以杭州九峰垃圾焚烧厂为例》,《广东行政学院学报》2020年第2期。
② John Nisbet, Joyce Watt, *Case Study*, Scotland: University of Aberdeen, 1978. p. 5.
③ [法]皮埃尔·布迪厄、[美]华康德:《实践与反思——反思社会学导引》,李猛、李康译,中央编译出版社1998年版,第214页。
④ 邓集文、牛慧铭:《中国城市环境邻避风险的生成逻辑——基于案例嵌入的分析》,《中南林业科技大学学报》(社会科学版)2018年第5期。

第二章　中国城市环境邻避风险治理的逻辑缘起

压力，有助于解决杭州市的垃圾处理问题；垃圾焚烧厂还能供电，能为市民带来很多利益。但是，垃圾焚烧会产生大量一氧化碳、二氧化硫和二噁英等有害物质，会对附近的空气和水造成一定程度的污染。特别是若环境邻避设施不完善，相关的排放设施不够先进，还会导致污染物排放超标，直接威胁市民的健康和环境安全；若设施建在城市郊区，还会影响农作物的生长，造成严重的经济损失。这些具体的实在风险最易引发公众强烈的风险感知。[①] 所以，市民和村民反对这一项目也是情理之中的事。大家都不愿意成为这种所谓的"少部分牺牲者"，长期遭受环境邻避设施带来的负面影响。环境邻避设施自身的属性是实在风险的来源，是导致环境邻避风险存在的客观因素，它会加剧公众的感知风险。

环境邻避设施的实在风险加剧感知风险，还可以从另一个角度来理解。政府在促进地方经济发展的过程中，会推动地方利益结构的重组，社会利益格局随之日趋多元；在此过程中人们的利益意识增强，会更加关注自身利益，寻找表达利益诉求的有效渠道。从上述案例来看，人们会发现环境邻避设施的公共性是不完整的，大多数人享受着设施带来的公共利益，少部分人却遭受设施带来的负外部性影响。对于少部分人而言，设施的实在风险加剧感知风险。当设施建设威胁到一部分人的利益或者一部分人担心自己的利益会受到损害，认为自己成了设施负面效应的"买单者"时，他们就会对设施的建设与运营产生不满和怨恨情绪，进而会考虑采取行动抵制这种成本效益的非均衡性分配，以维护自身的利益。社会风险便会随之逐渐产生。

2. 政府回应性和公信力不足加大社会风险

回应性问题是任何现代公共组织理论的核心。[②] 作为一个公共组

[①] 孙壮珍:《风险感知视角下邻避冲突中公众行为演化及化解策略——以浙江余杭垃圾焚烧项目为例》，《吉首大学学报》（社会科学版）2020 年第 4 期。

[②] [美]罗伯特·丹哈特:《公共组织理论》，扶松茂等译，中国人民大学出版社 2003 年版，第 45 页。

织,政府应该给予利益相关者和活跃分子以回应①,这是服务型政府建设的必然要求。从我们的实际情况来看,政府在回应公众诉求方面还有较大的完善空间。对于环境邻避设施,政府往往比较孤立地进行决策,不重视公众参与的作用。面对受设施影响的公众的担忧和质疑,政府没能及时有效地进行回应,亦没有认真听取公众的意见和诉求,相反采取强硬的措施堵塞公众参与渠道。堵塞方式没有较好地遵循民主治理的原则,使得环境邻避决策得不到公众的认同。茂名市政府以影响升学为筹码要求学生签订"承诺书"的行为背离了为人民服务的初衷,不符合民主政治的原则。环境邻避设施往往按照"最小抵抗路径原则"被建在一些弱势群体的聚集地,这种选址方式缺乏科学性和合理性,不符合创新、协调、绿色、开放、共享的新发展理念;再加上公众意见表达不充分,决策缺乏公众的认可与支持,反对设施建设的呼声便会逐渐增多。风险出现后,如果政府没能及时采取有效措施,反而采用堵塞方式来应对,不仅无法较好地预防和缓解环境邻避风险,还很可能会扩大风险。纵观中国城市的多起类似事件,在环境邻避风险显现的初期,公众采取的仅仅是聚集、签字、静坐、散步等比较平和的方式,希望决策者能听听他们的声音,与他们进行交流沟通,然而事与愿违。比如在余杭中泰垃圾焚烧厂项目上,面对公众的联名反对、听证申请和小型的聚集,政府及相关单位并没有采取措施与公众进行沟通协商,而是一意孤行借推广会再次进行"科普",甚至在会上要求与会者只能提三个问题。这种做法激发了社会矛盾,导致社会风险进一步扩大。

利益补偿机制不完善削弱政府公信力。当环境邻避设施不会给周边的居民造成不可弥补的损害、更多的是引起居民心理上的抗拒时,只要决策者和建设者对设施周边的居民进行合理的补偿,那么一些合理选址的项目就能较为顺利地运行。可事实却是政府和项目单位给予

---

① [美]布莱恩·D. 琼斯:《官僚与城市政治:谁控制?谁受益?》,载[英]戴维·贾奇、[英]格里·斯托克、[美]哈德罗·沃尔曼编:《城市政治学理论》,刘晔译,上海人民出版社2009年版,第96页。

第二章 中国城市环境邻避风险治理的逻辑缘起

居民的补偿往往难以落到实处，甚至没有及时听取公众在补偿方面的意见。改革开放以来，地方政府往往以推动当地经济的发展作为其主要任务，GDP成为考核其政绩的主要指标。当前地方政府虽然是公共服务的直接供给者，但其对公共服务职能重视不足。在环境邻避项目方面，其没有有效地进行合理的补偿，没有较好地满足公众的需求，从而减弱了公众对它们的信任，造成了社会结构的紧张。结合茂名PX事件和余杭中泰事件，可以发现政府公信力的不足还来自于利益冲突。政府既追求公共利益，又有其自身利益。① 对于前者，学者们都予以认同，兹不赘述。对于后者，现在许多学者持认可的态度。塞缪尔·亨廷顿指出，政府机构有其自身的利益。② 毛春梅、蔡阿婷认为，政府利益是一种现实存在。③ 欧阳倩与毛春梅、蔡阿婷的看法是一致的。④ 正因为政府利益存在，地方政府有时候可能给公众利益造成一定的损害。透视以上两起事件，我们不难发现，这两个项目都有较大的经济利益，能为负责该项目的企业带来利润；对政府来说，一个项目有利于解决垃圾难处理的问题，另一个项目能够提高茂名知名度，提高政府的政绩。但是，对项目选址地附近的居民来说，他们要面对的是项目可能对其生存环境和生命健康带来的威胁和损害，而且得不到合理的补偿。另外，政府信息不够公开，尤其是关于环境邻避项目的环评报告缺失或不公开，公众无法及时知晓政府的相关决策和跟项目有关的信息。茂名PX项目的环评方案当时已经交由北京飞燕石化环保科技发展有限公司编制完成，但是环评工作却迟迟未开展，更谈不上公布环评报告了，使得公众无法客观地了解这一项目，甚至误将PX看成是"剧毒"物质，加剧了人们的恐慌。各种社会媒介的

---

① 俞海山、周亚越：《公共政策何以失败？——一个基于政策主体角度的解释模型》，《浙江社会科学》2022年第3期。
② ［美］塞缪尔·P.亨廷顿：《变化社会中的政治秩序》，王冠华、刘为等译，上海人民出版社2008年版，第20页。
③ 毛春梅、蔡阿婷：《邻避运动中的风险感知、利益结构分布与嵌入式治理》，《治理研究》2020年第2期。
④ 欧阳倩：《邻避治理过程中地方政府治理转型的多重逻辑——基于广东省Z市环保能源发电项目的调查》，《公共治理研究》2022年第1期。

舆论和民间传言有时又会误导公众，导致公众对地方政府产生质疑，进一步加大社会风险。

3. 公众权利意识和环保意识的增强提高风险感知度

风险感知是人们对各种风险的主观情绪和直觉判断。[①] 它是环境邻避风险的重要诱发因素。风险感知的程度有高低之分。公众的风险感知度越高，环境邻避风险发生的概率就越大。提高公众风险感知度的原因是多方面的，公众权利意识和环保意识的增强是其中两个重要方面。公众权利意识和环保意识的增强提高风险感知度，助推环境邻避风险的发生。

改革开放以前，中国公众的权利意识较为淡薄，他们较少关注甚至不关注公共设施是否损害了自身的权益，因此他们不会感知到太多的风险。改革开放以后，随着经济社会的发展，中国公众的权利意识觉醒并不断成长，他们不仅关注环境邻避设施对自身健康、财产可能造成的危害，还担心环境邻避设施对子孙后代的消极影响。公众权利意识的增强提高了风险感知度，容易诱发环境邻避风险。透过以上两个案例可以知道，环境邻避设施的负外部性会促使附近可能受到影响的公众团结起来，以维护自身的权益。即公众在"我怕"心理的驱动下产生"焦虑型团结"[②]，他们要求与政府平等地进行沟通协商，参与到项目的规划和建设中去。而当利益表达渠道不畅通、他们无法有效进行沟通时，感知风险会演变成社会风险；他们通过体制外的手段进行维权的可能性会上升，社会秩序受到威胁的可能性也会相应上升。

公众环保意识的增强也提高了风险感知度。随着中国各地环境问题的凸显和生态文明建设的推进，公众的环境保护意识显著提升。他们对环境邻避项目可能带来或已经带来的环境污染十分敏感，对污染

[①] Paul Slovic, "Perception of Risk", *Science*, 1987, Vol. 236, No. 4799, pp. 280 – 285.

[②] [德]乌尔里希·贝克：《风险社会：新的现代性之路》，张文杰、何博闻译，译林出版社 2018 年版，第 48 页。

第二章 中国城市环境邻避风险治理的逻辑缘起

的容忍度与十年前相比明显下降。公众的观念已经发生较大转变。他们对环境问题比较重视，不会再一味地以环境为代价谋求经济的发展。在茂名 PX 事件中，由于茂名原本就是一座重工业城市，长期以来石油化工业的存在已经使这座城市的空气中弥漫着一些刺鼻的味道，因而市民对于 PX 项目可能带来的污染更加敏感。在余杭中泰事件中，环保人士的加入以及他们对该项目可能带来的污染所提出的质疑反映了人们对环境安全问题的重视。人们越重视环境问题，其风险感知程度就会越高。在面对环境邻避设施的实在风险时，公众的风险感知程度越高，选择对抗行为的倾向就会越高。正如克拉夫特和克莱尔所指出的那样，公众的邻避抗争强度与公众对邻避设施的感知风险程度成正比。① 随着公众风险感知度的提高，环境邻避风险发生的可能性就会增加。

4. 网络媒体介入产生风险放大效应

风险放大一般指风险的社会放大。在社会的传播过程中，风险会被逐渐放大，形成超出风险本身的涟漪效应。引起风险放大的因素有多种。心理、文化和社会因素的互相作用产生风险放大效应。② 网络媒体是其中的一个因素。对于环境邻避项目而言，网络媒体介入可能产生风险放大效应。若媒体对某一个具有广泛争议的环境邻避项目进行持续的关注，就会大幅度唤起公众对这一项目的关注，继而把公众推向项目倡导方的对立面。③ 从两个案例来看，网络媒体介入的确会产生风险放大效应。

进入 21 世纪以来，网络媒体逐渐成为人们传递信息和表达意愿的重要平台。网络媒体是继报纸、广播、电视三大传统媒体之后的

---

① Michael E. Kraft, Bruce B. Clary, "Citizen Participation and the Nimby Syndrome: Public Response to Radioactive Waste Disposal", *Western Political Quarterly*, 1991, Vol. 44, No. 2, pp. 299 – 328.

② Roger E. Kasperson, et al., "The Social Amplification of Risk: A Conceptual Framework", *Risk Analysis*, 1988, Vol. 8, No. 2, pp. 177 – 187.

③ [英] 尼克·皮金、[美] 罗杰·E·卡斯帕森、保罗·斯洛维奇：《风险的社会放大》，谭宏凯译，中国劳动社会保障出版社 2010 年版，第 10 页。

"第四种媒体"。与传统媒体相比，网络媒体有其独特性，即信息传播迅速、及时，具有时效性强的特点；传播信息数量庞大，为公众提供了一个探究事实真相的平台；网络媒体的互动性强，与传统媒体采取单向的信息传播方式不同，网络媒体采取去中心化的传播方式①，能够实现多向的信息交流与互动；信息具有可选择性，受众可以根据自己的偏好选择所需要的信息内容，而不是被动地接受所有的信息。大批量的信息可以充当风险放大器。② 可选择性的信息亦如此。网络媒体的信息可选择性特点在环境邻避风险上体现得十分明显。公众面对各种关于环境邻避设施的信息，往往更容易注意到负面信息，比如设施可能带来的环境污染、设施建设不合规等，加剧了公众对设施的反感。当关于环境邻避设施的信息在微博、微信、贴吧等网络媒体平台公布后，网民会针对设施提出各种讨论，质疑声也会更多，尤其是网络信息是否真实往往很难辨别，受影响的公众在看到相关信息后更容易产生恐惧和抵制心理；加之政府对网络舆论进行监管的力度较弱，在线上与公众沟通较少，因而容易形成关于环境邻避设施的比较负面的舆论氛围，公众进行抵制的倾向会增强，进而会加剧社会风险。

中国城市环境邻避风险的生成与邻避设施的两大特征密切相关，又受到当前的政府决策体制和公众权利意识、环保意识的影响。目前，中国正处于社会转型时期，社会利益日益多元，社会矛盾不断增多，利益表达渠道不很畅通。然而，中国公众的权利意识逐步觉醒，他们需要更多的政治参与机会来表达利益诉求，希望通过更多的渠道来反映各种问题；加上环境邻避设施具有负外部性、非公平的利益分配的特点，决定了在城市化进程中环境邻避风险的出现是不可避免的。中国城市环境邻避风险的生成具有必然性，并有着自身的逻辑。

---

① ［美］马克·波斯特：《第二媒介时代》，范静哗译，南京大学出版社 2000 年版，第 44 页。
② ［美］珍妮·X. 卡斯帕森、罗杰·E. 卡斯帕森：《风险的社会视野（上）：公众、风险沟通及风险的社会放大》，童蕴芝译，中国劳动社会保障出版社 2010 年版，第 88 页。

通过实证研究发现，该逻辑是环境邻避设施的实在风险加剧感知风险，政府回应性和公信力不足加大社会风险，公众权利意识和环保意识的增强提高风险感知度，网络媒体介入产生风险放大效应。

三　中国城市环境邻避风险治理的问题缘起：政治社会学的视角

决策模式的开放度较低、利益表达机制的包容性较差、空间权利的选择性忽视和国家自主性的属性错序引发城市环境邻避风险。环境邻避风险的出现引起学界的关注。环境邻避风险是政治社会学的重要话题。政治社会学探寻"政治制度和其他社会制度之间的关联性"[①]。从政治社会学的视角来看，中国城市环境邻避风险主要表现为政府权威可能遭遇挑战、社会稳定可能遭到威胁、法律秩序可能遭受破坏。这些具体的风险会给中国城市经济社会发展造成负面影响。正因如此，需要积极实施城市环境邻避风险治理。可以认为，以上具体风险的呈现成为中国城市环境邻避风险治理的问题缘起。

（一）政府权威可能遭遇挑战

环境邻避决策方面的问题使政府权威可能遭遇挑战。我们知道，在信息传播高度不对称的社会里，社会大众依赖于"政府+技术专家"的决策系统或决策模式。这一决策系统是决策相关公共知识生产的一种系统。在这种系统中，科学合理性是公共知识的主要质量标准，同时程序合法性得到重视；专家同行评议的范围被扩大，政治家成为事实的最终决断者。[②] 但是，随着时代的发展，"政府+技术专家"的决策系统不断受到新的公共知识生产的冲击，社会公众的普遍

[①] ［美］安东尼·奥罗姆：《政治社会学导论》，张华青、何俊志、孙嘉明等译，上海人民出版社2006年第4版，第1页。

[②] 杨辉：《科技决策相关公共知识生产模式的演变》，《自然辩证法研究》2016年第8期。

性信任逐渐被功能性信任所取代,从而以一种选择性方式表现出来,即公众趋向于对有利于自己的政策安排或权威保持主观信任和选择信任,对不利于自己的政策安排或权威持有怀疑态度。

政府与技术专家结合的决策模式是一种基于"知识遮蔽"的决策模式,它逐步遭到人们的质疑,政府的权威与公信力由此受到影响。在环境邻避决策中,技术专家以其拥有的知识解释权走向政治竞争的中心舞台[1],邻避设施周边的公众则因其所谓的"无知"而被排除在参与之外。"政府+技术专家"的决策系统有时通过权力和知识的结合来掌握权力,往往会陷入"有组织的不负责任"[2]的境地,即由政策制定者、企业和专家系统形成的联盟将风险转嫁给环境邻避设施周边的公众,在有组织地制造了社会风险的同时,又构造一套专业话语来推卸责任。这在客观上容易消解公众对权力系统和专家系统的信任。公众对政府信任的消解,实际上反映了公众质疑政府是否与官方专家、环境邻避设施的承建企业一起来隐瞒风险事实真相。从实践来看,中国城市环境邻避决策在一定程度上面临上述问题。为了消除公众的不信任或质疑,政府最初采取屏蔽信息的方式。然而,这不仅没有达到预期的效果,反而使谣言蔓延开来,公众对政府的信任度降低。虽然政府随后出面尽可能澄清事实,但政府权威无疑会遭遇挑战。再者,在环境邻避问题上,公众与地方政府之间的矛盾会引起社会舆论的持续关注。虽然最后会以停建环境邻避项目和行政问责的方式来平息公众的怨气,但政府权威还是会受到较为严重的损害。

(二) 社会稳定可能遭到威胁

环境邻避风险包含多方面的内容。其中一部分环境邻避风险是由环境邻避冲突引起的。环境邻避冲突会引起社会稳定风险。环境邻避

---

[1] Frank Fischer, *Citizens, Experts, and the Environment: The Politics of Local Knowledge*, Durham and London: Duke University Press, 2000, p. 9.

[2] [德]乌尔里希·贝克:《世界风险社会》,吴英姿、孙淑敏译,南京大学出版社2004年版,第191页。

第二章　中国城市环境邻避风险治理的逻辑缘起

冲突是抗争政治的一种形态，表现为公众的集体行动。在中国城市环境邻避风险生成的过程中，公众既可能采取上访、静坐、集体散步等方式，也可能采取冲击政府机关、损毁公私财物、堵塞交通等方式。无论是采取哪一种方式，环境邻避行动都会对社会稳定造成一定的威胁。

首先，环境邻避设施周边的公众的组织化程度较低，他们难以有序地进行利益表达。组织是政治稳定的基础，[①] 也可以说是社会稳定的基础。组织化程度越高，社会稳定就越有保障；反之，社会不稳定就越容易出现。在环境邻避冲突中，公众常常进行自发性的抗议活动，组织者的能力素质较为有限，其既无法对公众产生有效的约束力，使他们在合理范围内活动；也无法在抗议过程中实现统一的组织领导，使公众有序地进行利益表达。在这种情形下，公众受到个人主观情绪的支配，比较容易脱离组织者的约束，采取粗鲁的方式进行维权，进而可能对社会稳定造成较大的影响。

其次，环境邻避冲突中公众行为本身具有难以管制的特点，他们始终保持理性、和平是不太容易的[②]。怨恨是环境邻避风险发生的心理动因。怨恨感染是怨恨的一个重要变量；在经历了怨恨感染环节后，公众的规模不断扩大和数量不断增多，公众的情绪难以控制。怨恨情绪高涨时，人们更倾向于加入抗争行列。[③] 于是，理性的维权行动便逐步转化为公众与政府之间的冲突。公众的非制度化行为不仅会使人民的生命财产安全受到威胁，还会使企业的生产遭受损失，甚至会让企业面临破产倒闭的风险，从而可能引发社会不稳定。

再次，环境邻避冲突中政府妥协能够让一些风险得到化解，却也会让更多风险呈现出来。妥协既有积极功能，也有消极作用。一方

---

① [美]塞缪尔·P. 亨廷顿：《变化社会中的政治秩序》，王冠华、刘为等译，上海人民出版社 2008 年版，第 382 页。

② 詹国彬、许杨杨：《邻避冲突及其治理之道：以宁波 PX 事件为例》，《北京航空航天大学学报》（社会科学版），2019 年第 1 期。

③ Ted Robert Gurr, "A Causal Model of Civil Strife: A Comparative Analysis Using New Indices", *American Political Science Review*, 1968, Vol. 62. No. 4, pp. 1104–1124.

面，妥协具有重要的工具意义。社会是依靠协商、贸易、妥协与和解来解决冲突的。① 另一方面，妥协可能带来不良后果。在环境邻避冲突中，政府妥协亦复如是。环境邻避行动造成的负面影响往往缘于政府对公众空间权利的忽视，因而能够博取社会公众的同情与支持，社会舆论和维护社会秩序的压力最终迫使政府妥协、停建环境邻避项目，这样一来，虽然可以消除一些负面影响，但长此以往，就会产生示范效应，催生更多的环境邻避现象，加大社会不稳定的风险。

（三）法律秩序可能遭受损害

人类社会的活动，包括环境邻避设施建设离不开各种社会规范。法律是社会规范的重要组成部分。法律是秩序的一个来源，甚至可以说"法律就是某种秩序"②。法律秩序是在遵守法律的基础上形成的一种社会秩序。"这种秩序必须作为外在的、具有某种客观实在性和约束力的东西，被该体系中任何特定主体的意志所接受。"③ 法律秩序存在于社会生活的各个方面。政府行为影响着法律秩序的实现。政府不依法行政，人们就会逐步失去对法律的信心，就难以将外在的法律制度内化为自觉的守法行为。政府没有构建有效的政治参与机制，就不容易形成政府与公众的良好互动关系，就难以保持良好的法律秩序。这些情况在中国城市的环境邻避设施建设中有所体现。

按理说，在中国城市的环境邻避设施建设中政府需要依法行政，需要构建有效的政治参与机制。政府依法行政有利于培育公众的法律信仰。"法律必须被信仰，否则它将形同虚设。"④ 有效的政治参与机制可以让公众通过各种合法渠道来表达自己的利益诉求，在政府与公

---

① ［美］哈罗德·J. 莱维特：《管理心理学》，余凯成等译，山西经济出版社1991年版，第296页。
② ［古希腊］亚里士多德：《政治学》，吴寿彭译，商务印书馆1965年版，第353页。
③ ［英］戴维·米勒、韦农·波格丹诺编：《布莱克维尔政治学百科全书》（修订版），邓正来译，中国政法大学出版社2002年版，第426页。
④ ［美］伯尔曼：《法律与宗教》，梁治平译，中国政法大学出版社2003年版，第3页。

第二章　中国城市环境邻避风险治理的逻辑缘起

众之间安装了一个双向互动、安全有效的"缓冲阀",使社会张力得以释放,使法律秩序免于崩塌。然而,当前一些地方政府仍然采用管控模式。在环境邻避设施的选址与建设过程中,政府部门决策不透明、对利益相关者空间权利的选择性忽视、利益表达渠道受阻,再加上地方政府在公众抗议过程中处置失当,容易使公众走向非制度化维权的道路,现有的法律秩序由此可能遭受损害。

中国虽不处于风险社会,但也存在社会风险。① 政府权威遭遇挑战、社会稳定遭到威胁、法律秩序遭受损害的风险是中国城市经济社会发展必须直面的现实问题、挑战。这些风险一旦得不到及时有效的解决,就会影响政府与公众的关系,造成不良的社会影响,不利于城市社会的存在和发展。问题需要解决,挑战不容回避。政治不只是有关胜者和败者,也事关问题的解决。② 这就需要寻求中国城市环境邻避风险的治理方略。就此而言,上述具体风险问题推动中国城市环境邻避风险治理的缘起。

至此,中国城市环境邻避风险治理的逻辑缘起完整地展现了出来。为了加深理解,最后做一个归纳。中国城市环境邻避风险的生成逻辑是,从规范研究的视角来看,决策模式的开放度较低、利益表达机制的包容性较差、空间权利的选择性忽视、国家自主性的属性错序引起城市环境邻避风险;从实证研究的视角来看,环境邻避设施的实在风险加剧感知风险,政府回应性和公信力不足加大社会风险,公众权利意识和环保意识的增强提高风险感知度,网络媒体介入产生风险放大效应。以上生成逻辑的结果是,政府权威可能遭遇挑战,社会稳定可能遭到威胁、法律秩序可能遭受损害。这些风险意味着损坏的可能性,因而需要加以治理。于是,这些风险的出现成为中国城市环境邻避风险治理的问题缘起。

---

① 姜涛:《社会风险的刑法调控及其模式改造》,《中国社会科学》2019年第7期。
② [美]托马斯·帕特森:《美国政治文化》,顾肃译,东方出版社2007年版,第17页。

第三章　中国城市环境邻避风险治理的现有模式

环境邻避风险治理涉及模式问题。模式是一种方法，模式方法是马克斯·韦伯倡导的一种研究方法。他的《社会科学方法论》以相当的篇幅对模式作了深入的阐述。依他之见，逻辑意义上和实践意义上的理想类型亦即模式类型。① 换句话说，韦伯把逻辑意义上和实践意义上的理想类型看作模式类型。因此，他对理想类型的论述相当于其对模式的论述。根据韦伯的理论可知，理想类型是研究者为了认识现象、理解现实而构想的理论模式。莫里斯·迪韦尔热重视对模式的研究。在他看来，模式就是用以解释现象和影响现象的模型。他将模式分为形式模式和理论模式两种类型。形式模式是一种常规图式。理论模式是在用经验主义方法对具体因素进行观察的基础上，形成的一种概括。② 此外，也不乏其他关于模式的理解。《现代汉语词典》将模式定义为某种事物的标准形式或使人可以照着做的标准样式。③ 李述一、姚休与中国社会科学院语言研究所词典编辑室对模式的诠释存在相似的地方，但还加入了自己的理解。在他们那里，模式是一定事

---

① ［德］马克斯·韦伯：《社会科学方法论》，韩水法、莫茜译，中央编译出版社 2002 年版，第 47 页。
② ［法］莫里斯·迪韦尔热：《政治社会学——政治学要素》，杨祖功、王大东译，华夏出版社 1987 年版，第 200 页。
③ 中国社会科学院语言研究所词典编辑室编：《现代汉语词典》，商务印书馆 2016 年第 7 版，第 919 页。

第三章　中国城市环境邻避风险治理的现有模式

物通过自身程式化的努力使之形成同类事物的样式或典范。①邓刚宏梳理了学术界对模式的观点，采用置换方式，即以模式一词替代理想类型一词的方式对韦伯的理想类型理论进行了描述，并提出了自己的主张。他认为，模式是系统化解决问题的方案所呈现出的总体风格。②以上观点均有其合理的地方。只是就方法论而言，马克斯·韦伯和邓刚宏的理解更有可取性，能更为我们所认同。由于模式能够简化对问题的认识，因而可以把中国城市环境邻避风险治理的现有模式作为本书研究的一项重要内容。当前，中国城市环境邻避风险治理模式总体上处于由传统型转向现代型的过渡阶段。系统剖析中国城市环境邻避风险治理现有模式的演进图景和主要特征，深入探索现有模式存在的主要问题，旨在为确定模式转换的路向和寻求新模式的实现路径奠定基础。

一　中国城市环境邻避风险治理现有模式的演进图景

研究中国城市环境邻避风险治理现有模式的演进需要运用历史分析法。历史分析法是社会科学研究中的一种十分重要的方法。"历史从哪里开始，思想进程也应当从哪里开始。"③对任何事物的理解，"都要以当时的历史条件为转移"④。考察每个问题都要看某种现象在历史上怎样产生、在发展中经过了哪些主要阶段，并根据它的这种发展去考察这一事物现在怎样。⑤从历时态来看，中国城市环境邻避风险治理的现有模式呈现出从应急型治理模式到管控型治理模式再到管控与回应结合型治理模式的演进图景。从时间上讲，三种模式分别存

---

① 李述一、姚休主编：《当代新观念要览》，杭州大学出版社1993年版，第456页。
② 邓刚宏：《论我国行政诉讼功能模式及其理论价值》，《中国法学》2009年第5期。
③ 《马克思恩格斯选集》第二卷，人民出版社2012年版，第14页。
④ 《马克思恩格斯文集》第二卷，人民出版社2009年版，第15页。
⑤ 《列宁专题文集·论辩证唯物主义和历史唯物主义》，人民出版社2009年版，第283页。

在于 2006 年以前、2006—2012 年、2013 年至今。① 三种模式各具特点，前两者属于传统治理模式，后者属于由传统型转向现代型的过渡型治理模式。

（一）应急型治理模式

应急型治理模式是中国城市环境邻避风险治理的一种初期模式。以往我们对环境邻避风险缺乏足够的认识，事先没有做好应对的准备，当其发生时只能临时采取应付措施。临时应付是应急型治理模式的主要特征。这一模式强调专家给出的各项评估数据是政府部门决策的重要依据。应急型治理模式覆盖面较广，效率较高，能够发动与把握全社会成员的参与，并能够在短时间内实现人力、物力和财力的有效集中。但是，应急型治理模式本质上是"灭火式、被动式、应付式"的自上而下的管理方式，虽然能够在较短时间内缓和矛盾、化解纠纷，却往往治标不治本。

2006 年以前，虽然中国城市环境邻避事件偶有发生，但城市建设的速度与规模是社会主体较多关注的事情。在这种情形下，快速推进的城市建设往往掩盖由环境邻避设施引发的社会矛盾。此时，中国学界和政界对"邻避"的相关概念还没有广泛的认知，这一概念在实践中常常被"环境信访事件"等相关概念替代。这一时间段的环境邻避事件基本上呈现出零星点状的形态，其影响范围与程度有限，尚未引起社会各界的广泛关注。各种社会主体将更多的精力聚集于快速推进的城市建设上，在城市空间尚未饱和以及原有基础设施功能尚未满载的条件下，城市建设的热潮掩盖了各类由环境邻避设施引发的风险。所以，在这一时间阶段政府更多的是立足于环境保护和城市建设的一般性需要来制定环境邻避政策，对环境邻避设施建设的独特性缺少足够的重视与认知。② 受到这种理念的影响，政府没想到去完善

---

① 邓集文：《中国城市环境邻避风险治理的转型》，《湖南社会科学》2019 年第 3 期。
② 王佃利等：《邻避困境：城市治理的挑战与转型》，北京大学出版社 2017 年版，第 261 页。

第三章 中国城市环境邻避风险治理的现有模式

环境邻避政策体系。当遇到环境邻避风险时,各级政府主要采取"见招拆招式""灭火式"的应急型治理模式来解决问题。

在环境邻避问题大规模凸显之前,中国对该问题的政策应对主要依赖于"粗线条"的法律框架。当时,中国还没有大规模地制定各种规范、具体的相关环境邻避政策。针对容易引发矛盾和冲突的环境领域,中国先后制定了《土地管理法》(1986年)、《大气污染防治法》(1987年)、《环境保护法》(1989年)、《固体废物污染环境防治法》(1995年)、《环境噪声污染防治法》(1996年)。2006年以前,各级政府更多地把环境邻避问题看成是由环境问题导致的群体性事件,并将完善环境法律体系作为一种主要的应对手段。在此背景下,环境法律体系从无到有建立起来了。这为处理环保类案件和以后的环境邻避事件打下了良好的法律基础。与此同时,国务院制定了诸如《建设项目环境保护管理条例》(1998年)、《恶臭污染物排放标准》(GB 14554—93)、《生活垃圾焚烧污染控制标准》(GB 18485—2014)和《污水综合排放标准》(GB 8978—1996)等行政法规和国家标准。例如,《生活垃圾焚烧污染控制标准》对生活垃圾焚烧厂的选址作了明确规定。在生活垃圾焚烧厂的选址方面,应当将该厂内各设施可能产生的有害物质泄漏、大气污染物排放和事故风险等因素予以重点考虑,合理设置其与常住居民居住场所、农用地和地表水体等之间的距离。[①] 可见,在这一时间段,我国政府对环境邻避设施的技术要求逐渐进行了明确规定,并从技术规制的角度来防治环境邻避风险。尽管如此,地方政府仍然将为数不多的环境邻避事件看成"环境信访事件",没有充分重视环境邻避风险的复杂性,对于环境邻避风险的独特性缺少认知。在环境邻避风险发生的初期阶段,地方政府往往通过信访处理程序来加以应对。到了环境邻避风险演化的中期阶段,地方政府更多地立足于已经发生的环境邻避事件,采取头痛医头、脚痛医脚的应急式治理模式,见招拆招地解决环境邻避设施周边

[①] 罗育池等:《基于大气环境风险的危险废物集中处置设施环境防护距离研究》,《安全与环境工程》2017年第1期。

公众的利益诉求，缺乏规范化的应对程序和回应式的民意沟通。①

(二) 管控型治理模式

从狭义上看，"管控"一词意指"政府对经济行为的管理和控制"②。从广义上来看，"管控"是指政府采取政治或行政手段对公共事务进行管理，对公众的行为以及经济、社会主体进行控制。管控型治理模式植根于传统的全能政府理念，即政府的触角渗透到社会的每个细胞与单元，以实现国家对社会的控制。管控型模式常常出现在环境邻避风险治理过程中。它是2006—2012年中国城市环境邻避风险治理的模式。环境邻避设施可能损害其周边公众的利益，于是他们会通过一定的渠道表达利益诉求。地方政府对此可能做不出及时的回应。当他们的利益表达受阻时，抗议行为就会出现。一旦出现抗议行为，地方政府就采用管控的方式来维护社会稳定。

2006—2012年，中国城市的环境邻避问题不断增多。受到全能政府的思维定势的影响，地方政府习惯于用传统的控制方法来解决环境邻避问题。通过立法或其他形式，政府被授予管制的权力，环境邻避风险的管控型治理成为可能。主体单一性是环境邻避风险的管控型治理的一个重要特征。政府作为环境邻避风险治理的单一主体，是传统的全能政府在治理中的体现，也是传统统治型政府理念持续作用的结果。③ 强制性是环境邻避风险的管控型治理的另一重要特征。实践中不论是对环境邻避抗争人员的态度，还是对环境邻避设施选址的许可，地方政府的行为都带有强制性。

政府管控是2006—2012年中国城市环境邻避风险治理的最普遍、最常见的模式。垃圾焚烧设施、PX项目、核电站等环境邻避设施引

---

① 王佃利等:《邻避困境:城市治理的挑战与转型》,北京大学出版社2017年版,第261-262页。

② Alfred E. Kahn, *The Economics of Regulation: Principles and Institutions*, Cambridge, Mass: MIT Press, 1980, p.25.

③ 许敏:《从管制到协商:邻避冲突治理模式研究》,武汉大学出版社2020年版,第30页。

第三章　中国城市环境邻避风险治理的现有模式

发风险后，地方政府普遍采取管控型治理模式。其基本主张是政府作为环境邻避风险治理的单一主体，所有治理活动都由政府部门来安排和掌控。政府的单一主体地位主要体现在政府是环境邻避设施选址、补偿措施和争议处置方案等的决策者，是与环境邻避设施选址有关信息的掌控者。在环境邻避风险治理中，地方政府运用其政治权威和各种强制手段来实现其掌控地位。地方政府采取信息封锁、强制性补偿以及舆论控制的方式，对环境邻避设施反对者施加影响，使其做出助推环境邻避风险治理的合作行为。

中国城市环境邻避风险治理的管控型模式旨在控制、制止和平息环境邻避冲突。受政绩考核的影响，地方政府在环保、信访和安全生产上出现重大问题，会被"一票否决"，别的工作做得再好也没用。因此，采取由上而下的强制手段和实施短视行为逻辑下的治理是管制型环境邻避风险治理的基本策略。在压力型体制下，地方政府官员不惜一切代价，动员各种力量，对环境邻避抗争者进行控制，防止矛盾和冲突升级，以获得环境邻避设施的成功选址和社会秩序的稳定。从我国城市的实践来看，管控型治理促进了部分环境邻避设施的成功选址。选址成功的主要原因是政府根据"最小抵抗路径原则"，将环境邻避设施建在特定的地点和特定人群的生活领域中。特定地点通常是指贫困地区或偏远地区，特定人群一般是缺乏环境权益维护意识和社会动员能力的弱势群体。特定地点的居民或特定人群虽然较少进行抵抗，但他们确实比其他人受到更多的负外部性影响，风险分配结果不平等存在着。随着国家民主进程的加快，当环境邻避设施的负外部性影响达到一定程度或人们认知程度提高时，负担成本的利益相关者将会有较强的动机和较高的组织能力来反对设施的建设与运营，进而会造成政府与公众的冲突。这种冲突就是对风险分配结果不平等的直接反应，[①]它蕴藏着社会稳定风险。面对冲突时，地方政府往往通过强制的手段来控制事态的发展，以维护社会稳定，可是效果不佳。管控

---

① 张海柱：《风险分配与认知正义：理解邻避冲突的新视角》，《江海学刊》2019年第3期。

型治理模式带来的稳定不是一种"韧性稳定",而是一种"刚性稳定"。管控手段虽然使公众的利益表达不会超出一定范围,但也容易使地方政府失去公信力,社会风险依然存在。

当然,环境邻避设施负外部性影响只是中国城市环境邻避风险的一个成因。在现代民主社会,环境邻避风险的出现是环境邻避设施负外部性影响、公民环境权益维护意识增强和民主政治发展等因素共同作用的结果。环境邻避设施的负面影响包括生活环境、健康权益和财产价值的受损,这些都涉及公民的基本权利。而现代民主政治的发展使公民的基本权利在法律和事实上得到确认与维护,为公民维护自身基本权利的抗争行动提供了政治空间。面对较为强烈的利益诉求意愿和日益上升的抗议情绪,地方政府采用管控型治理模式来驾驭环境邻避设施选址决策过程,并使用行政权力抑制公众抗议行为,这成为环境邻避风险发生的政治背景和制度诱因。如此说来,环境邻避风险的发生既与环境邻避设施的负外部性影响有关,也与管控型治理模式的缺陷有关。① 2006—2012年,中国城市的环境邻避冲突时有发生。这表明管控型环境邻避风险治理在较大程度上陷入治理困境,成为环境邻避风险演化的政治背景和制度诱因。

由上可知,中国城市环境邻避风险治理的管控型模式存在缺陷,但也并非一无是处。在地方政府看来,通过管控手段将环境邻避风险控制在一定的范围内,能够维护社会稳定和保护公众利益。但地方政府在采用管控型治理模式时忽略了环境邻避风险的复杂性。换言之,地方政府的管控思维忽视了隐藏在环境邻避现象背后复杂的形成机制。② 在现代社会,公众权利意识的日益觉醒和人们认知水平的不断提高使得管控型治理模式难以适应时代发展的要求。此外,管控型治理的效果大多不佳,地方政府最终不得不采取妥协和让步的方式来平

---

① 许敏:《从管制到协商:邻避冲突治理模式研究》,武汉大学出版社2020年版,第31页。
② 王佃利、王玉龙、于棋:《从"邻避管控"到"邻避治理":中国邻避问题治理路径转型》,《中国行政管理》2017年第5期。

息公众的情绪。这是地方政府对管控型治理模式过分自信的后果。地方政府的权威和公信力在妥协退让中受损，一小部分公众过度求利的心态得以助长。不可否认，在环境邻避风险治理过程中，管控型模式能在一定程度上获得快速推进城市化、维护社会稳定的效果，也能在一定程度上防止环境邻避风险升级。

（三）管控与回应结合型治理模式

管控与回应结合型治理模式是中国城市环境邻避风险治理的现有模式。它既有管控的因素，也有回应的成分。一方面，在环境邻避项目选址决策过程中，地方政府一般只征求专家的意见，没有吸纳公众的有效参与。其采取非开放性的决策方式来推进项目选址。在环境邻避项目准备实施的过程中，地方政府不主动公开环评报告、项目的环境风险等相关的具体信息，以避免利益相关者的阻挠。另一方面，在环境邻避冲突发生之后，地方政府放弃了过去采取强制手段来解决环境邻避问题的做法，加大了信息披露的力度，主动与公众及其他相关治理主体进行有效的沟通与协商，充分回应公众的利益诉求，并在充分征求公众意见的基础上决定取消或者继续实施环境邻避项目。因此，这种环境邻避风险治理模式具有先管控后回应的特点，笔者将其称为管控与回应结合型治理模式。

中国城市环境邻避风险治理的管控与回应结合型模式存在于 2013 年至今。2013—2016 年，虽然环境邻避风险处于高发期，但由于有前车之鉴，地方政府在冲突发生后作出一定的回应。2017 年至今，环境邻避冲突的数量、规模有所下滑，地方政府和社会各主体对环境邻避风险的认知能力也在不断提升，开始反思管控型治理模式的不足，逐渐以理性的态度看待环境邻避设施。党的十八届三中全会以来，随着国家治理体系与治理能力现代化的不断推进，用先进的治理理念与科学的手段方法来实现环境邻避风险的有效治理已经迫在眉睫。以昆明 PX 事件为分界线，此前地方政府采取的是管控型治理模式，而在此之后，地方政府在环境邻避风险治理中逐渐引入回应性治理，注重倾听公众的意见和保护公众的权益。比如在昆明 PX 事件中，面对公众对环境邻避项目的质疑，地方政府加强与公众的沟通与协商，昆明市长以"大多数群众说上，市政府就上；大多数群众说不上，市政府就尊重民意不上"的回应来表明政府对民意的关怀，[1] 最终市政府决定取消该项目。在积累大量环境邻避事件应对经验的基础上，中国地方政府虽然在项目选址上通常采取了管控型治理模式的方式，没有充分吸纳公众的参与，但在环境邻避事件发生之后，采取了回应性治理的方略来化解风险。管控与回应结合型治理模式虽然仍旧带有传统的管控色彩，但与纯粹的管控型治理模式相比，有着重要的历史进步。管控与回应结合型治理模式中的管控方面的做法前面已有较多论说，兹不赘述。下面重点就管控与回应结合型治理模式中的回应性治理的理念与方式进行详细的阐释。

首先，技术规制政策日臻完善，信息披露力度逐步加大。技术要素是影响环境邻避决策说服力的重要因素，也是政府与公众之间的争论焦点。科学技术是现代社会发展的重要推动力量，但其自身也具有"风险性"[2]。政府与公众对环境邻避设施的技术"风险性"有着不同的认识和理解。政府借助专家提供的知识在客观意义上理解技术风险，认为专家可以将技术风险处理成"可接受的"和"可计算的"[3]。公众则在主观意义上理解技术风险，他们"关于科技不确定性永远有话可说"[4]。政府与公众之间的争论实际上是科学理性和社会理性的对立。科学理性和社会理性确实是分离的，但同时两者也以各种方式

---

[1] 王佃利等：《邻避困境：城市治理的挑战与转型》，北京大学出版社 2017 年版，第 265 页。

[2] Anne Chapman, *Democratizing Technology: Risk, Responsibility and the Regulation of Chemicals*, London: Earthscan Press, 2012, p. 85.

[3] ［加拿大］约翰·汉尼根：《环境社会学》，洪大用等译，中国人民大学出版社 2009 年版，第 121—123 页。

[4] Frank Fischer, *Citizens, Experts, and the Environment: The Politics of Local Knowledge*, Durham and London: Duke University Press, 2000, p. 9.

第三章 中国城市环境邻避风险治理的现有模式

保持着相互的交织和依赖。① 近些年来环境邻避现象的日益突出使政府逐渐意识到，环境邻避设施不应仅被当成一种政策产物，而应被当作具有技术属性和社会属性的统一体，技术规制是弱化环境邻避设施负外部性和减少居民抵制的重要方式。当前，中国政府对垃圾处理设施、化工企业和核电设施等进行了较为科学有效的技术规制，对环境邻避设施的选址、建设及运营的技术条件进行了明确的规定，这对弱化环境邻避设施的负外部性具有重要的意义。与此同时，近些年来中国政府在进行政策宣传时，改变以往对于环境邻避决策方面信息遮遮掩掩的做法，正逐步扩大环境邻避设施信息的披露力度，尤其是对设施技术标准的介绍说明更为具体，力图以此增加公众对相关决策的理解与支持。这意味着政府逐步从管控型治理走向回应性治理。政府回应的透明度越高，向公众传递的信息越详尽丰富，② 公众的负面情绪就会越少。③

其次，环境邻避应对程序的规范性明显加强，创新性回应方式不断出现。近些年来环境邻避应对的实践表明，面对环境邻避设施建设引发的风险，我国各级政府正逐步转变"应急式""管控式"的环境邻避应对思路，环境邻避应对程序的规范性得到明显增强。在前两个时间段，环境邻避事件更多被看作是一般性群体事件，在无法达成刚性维稳目标的情况下，直接叫停相关项目成为最简单有效的策略选择。叫停环境邻避项目虽然简单，但还是无法满足城市居民的生活需要，不利于城市经济社会的长远发展。在这个时间段，地方政府越发认识到，一味地简单叫停环境邻避项目不是解决问题的最终办法，只有在尊重民意的基础上达成项目建设的共识才是满意的解决方案。考

---

① ［德］乌尔里希·贝克：《风险社会：新的现代性之路》，张文杰、何博闻译，译林出版社2018年版，第19页。
② Jenny de Fine Licht, "Transparency Actually: How Transparency Affects Public Perceptions of Political Decision-making", European Political Science Review, 2014, Vol. 6, No. 2, pp. 309 – 330.
③ 李悦、王法硕：《邻避事件中的公众情绪、政府回应与信息转发意愿研究》，《情报杂志》2021年第4期。

察近些年来环境邻避风险治理的实践,不难发现,新闻发布会、听证会、恳谈会和共同考察等创新性回应方式不断出现,有效地促进了各治理主体之间的沟通与理解。以昆明 PX 事件为例,昆明市政府组织了多次恳谈会,市民、网民、专家和非营利组织等参与其中,同时市长开通了实名微博来回应公众的诉求,强化了政府与各社会主体的沟通交流,有利于环境邻避问题的解决。

再次,愈加重视回应与尊重民意,尝试采取多样化利益补偿手段。政府回应行为是一种"政民互动"的过程。[1] 政府与民众的互动是环境邻避问题得以解决的关键。在近些年来出现的典型城市环境邻避案例中,地方政府愈发重视对民意的回应与尊重。在广东茂名 PX 事件中,市政府多次通过新闻发布会向公众做出回应;副市长表示,在社会未达成充分共识前决不会启动 PX 项目。在余杭中泰垃圾焚烧厂事件中,杭州市副市长明确表示要确保群众知情权,同时当地政府组织专家与民众代表展开对话。在湖北仙桃垃圾焚烧发电厂事件中,当地政府组织市民代表外出考察相关项目的运营情况,并吸纳市民参与环境邻避决策过程。以上做法对于化解环境邻避风险、保障公民合法权益和促进城市公共设施建设具有重要的现实意义。比如,茂名市政府撤销原决策,调整政策方案,有利于保障市民的合法权益;由于政府积极进行回应,余杭中泰垃圾焚烧厂和仙桃垃圾焚烧厂得以建设完工,推进了城市公共设施建设。再者,中国政府越来越意识到,今后环境邻避问题的化解并不能简单依靠强制手段和经济利益的直接补偿,从长远出发,突破环境邻避困境要求综合利用经济补偿、空间补偿等多元补偿手段。[2]

---

[1] Kaifeng Yang & Sanjay K. Pandey, "Public Responsiveness of Government Organizations: Testing a Preliminary Model", *Public Performance & Management Review*, 2007, Vol. 31, No. 2, pp. 215–240.

[2] 王佃利等:《邻避困境:城市治理的挑战与转型》,北京大学出版社 2017 年版,第 266—267 页。

二 中国城市环境邻避风险治理现有模式的特征考察

如前所述,管控与回应结合型治理模式是中国城市环境邻避风险治理的现有模式。管控型治理模式是一种传统治理模式。回应型治理模式意味着传统治理模式开始发生变化,具有了现代治理的某些特点。但是,治理模式转变带有较强的渐进属性,绝非一朝一夕就能完成,① 所以回应型治理模式不会是真正意义上的现代治理模式。管控与回应结合型治理模式是一种由传统型转向现代型的过渡型治理模式。该模式中的传统成分多于现代成分。因此,中国城市环境邻避风险治理的现有模式本质上属于传统治理模式的范畴。

(一)治理理念的传统性

中国城市环境邻避风险治理的现有模式中的基本理念依旧是维稳思维。维稳思维是一种传统理念,内蕴于管控模式中。从我国的情况来看,管控模式就是维稳模式。其实,维稳本身是有意义的。稳定不仅是一个国家发展的前提,也是其政权合法性的重要标志。稳定在某种意义上是秩序的代名词。维稳是维护政治、社会稳定和经济、文化秩序,它是中国的一项十分重要的工作。正因如此,维稳模式逐渐形成。维稳模式以"稳定压倒一切"为行动逻辑,以政治权力的排他性和非开放性为基础,以政治和社会稳定为重要目标,以管制和监控为主要手段。社会矛盾和冲突出现以后,地方政府通过管控手段来化解,追求刚性的社会稳定。当公众因权益受损而进行单个或集体利益诉求表达时,地方政府以维稳的名义进行控制,以防止事态扩大。这种做法虽然能够暂时维持社会秩序,但地方政府的政治权威和公信力受到损害。包含维稳思维的维稳模式在中国城市环境邻避风险治理中

---

① 邓集文:《中国城市环境邻避风险治理的转型》,《湖南社会科学》2019年第3期。

得到了应用。

中国城市环境邻避风险治理的管控与回应结合型模式内含维稳思维，治理理念的传统性由此得到体现。维稳思维即管控思维，两者可以合称为管控式维稳思维①。维稳思维是当前中国城市环境邻避风险治理模式核心特征的集中体现，展现了一个处于转型进程中的国家所面临的治理困境。由于存在自上而下的压力型体制，环境邻避风险发生后，各级地方政府对各种影响社会稳定的因素进行控制，旨在消减转型期环境邻避现象的负面效应。地方政府基于维稳的惯性思维，想方设法去抑制环境邻避行动，去控制事态发展。如果事态发展超出预期，为了防止风险升级，地方政府则会在维稳压力下宣布停建或暂缓环境邻避项目。进一步说，地方政府将环境邻避行动视为影响社会稳定的重要因素，利用维稳这根"指挥棒"，自上而下地对环境邻避行动进行压制。这样不仅不能够有效控制事态的发展，反而使得地方政府疲于招架，从而陷入环境邻避风险治理的困境。对任何可能危害社会稳定的因素进行管控，反而容易造成公众与地方政府之间的矛盾。实际上，社会冲突也有其积极功能。② 环境邻避风险会在较大程度上影响公共利益和社会秩序，并对现有政治体制、法律规范造成一定的威胁，但环境邻避风险的存在在客观上也起到了警醒治理主体、维护弱势群体利益的作用。可是地方政府大都忽视了这一点。随着中国城市化进程的推进，由管控模式失效引起的环境邻避问题不断增多。虽然维稳思维下的管控也可以获得一段时间的社会稳定。但这种稳定只是表象的、暂时的，社会稳定风险还是存在。治理理念的传统性影响着中国城市环境邻避风险的化解。

（二）治理主体的单一性

治理主体的单一性是中国城市环境邻避风险治理的现有模式的另

---

① 张紧跟：《邻避冲突协商治理的主体、制度与文化三维困境分析》，《学术研究》2020年第10期。

② [美] L·科塞：《社会冲突的功能》，孙立平等译，华夏出版社1989年版，第16页。

第三章 中国城市环境邻避风险治理的现有模式

一重要特征。从近些年来中国城市出现的典型案例来看,地方政府在环境邻避风险治理中扮演了主导性治理主体的角色,环境邻避设施选址决策、设施建设以及环境邻避风险治理,均在地方政府的主导与掌控下进行。政府作为环境邻避风险治理的单一主体,是传统统治型政府理念持续作用的结果。这类治理主体的功能具体体现为地方政府拥有环境邻避设施选址与否、选址方案和补偿方案等的决策权,并掌控环境邻避设施选址的相关信息;体现为地方政府是环境邻避设施运营企业的监管者,是环境邻避冲突舆论的引导者、监督者和发布者,是环境邻避冲突争议的仲裁者,是其强制措施的决策者和执行者。①

中国城市环境邻避风险治理的管控型模式是其现有模式的主要组成部分。在管控型环境邻避风险治理中,政府权威和强制手段的运用是政府单一主体作用得以发挥的前提。环境邻避设施选址决策及其执行、环境邻避风险治理乃至部分环境邻避设施的日常运营,都在政府权威的主导之下。这样,政府成了环境邻避风险治理的单一主体,其他多元社会力量被排除在外②。从近些年的城市化实践来看,环境邻避设施周边的公众、设施运营企业、专家、媒体和社会组织等在环境邻避风险治理中处于客体地位,是地方政府环境邻避风险治理的对象。当地方政府觉得环境邻避设施选址符合公共利益和自身利益时,反对设施选址的利益相关公众、专家、媒体和社会组织,都是地方政府环境邻避风险治理的对象;地方政府通常会采用引导舆论、影响媒体、控制信息、屏蔽或禁止专家发声和实施强制性补偿等手段,对环境邻避设施选址的反对者施加影响,促使其采取地方政府所需要的合作行为。而当地方政府觉得环境邻避设施选址不符合公共利益和自身利益时,支持设施选址的企业、专家、媒体和社会组织,则成为地方政府环境邻避风险治理的对象;地方政府通常会采用强制治理负外部

---

① 陈宝胜:《邻比冲突及其治理模式研究》,中国社会科学出版社2018年版,第153页。另注:这里的"政府""地方政府"的使用因情况而定。前者的使用侧重于一般层面,后者的使用侧重于具体层面。下同。

② 王颖:《邻避治理的行动逻辑》,《中国社会科学报》2020年7月29日,第9版。

性、强制罚款、强制暂停或终止设施运营等手段,对环境邻避设施运营企业及其支持者施加影响,促使其与地方政府达成合作共识。①

中国城市环境邻避风险治理的现有模式下政府扮演单一主体的角色,但这并不妨碍它与其他社会力量的"结盟"。当地方政府力主或认同环境邻避设施选址时,支持设施选址的企业、专家、媒体和社会组织,均是地方政府的同盟者;而当地方政府觉得环境邻避设施选址不符合公共利益和自身利益时,反对设施选址的利益相关公众、专家、媒体和社会组织,则成为地方政府的盟友。不过,总体上说,这些盟友都处于地方政府的从属地位。相对于地方政府而言,这些盟友是"弱势方"②。尽管地方政府的环境邻避风险治理决策和行为会受到这些盟友的态度的影响,但他们的参与作用的发挥受制于地方政府的态度和意愿。从本质上看,他们与地方政府之间沟通是一种非平等基础上的互动,他们并不能在环境邻避风险治理中起到关键作用。

政府单一主体下主从性同盟关系不利于中国城市环境邻避风险的治理。若地方政府及其决策者运用理性民主的方式来对待环境邻避问题,则环境邻避风险治理决策过程会相对理性民主;若地方政府及其决策者简单粗暴地进行环境邻避决策,甚至在决策时掺杂腐败因素或个人利益,则环境邻避风险治理过程会倾向于非理性,严重时可能牺牲社会公平、损害公共利益,其结果通常是地方政府公信力流失,社会矛盾增多。政府单一主体下主从性同盟关系决定了企业、专家和公众等社会力量参与环境邻避风险治理的主动性不足。③ 企业、专家和公众等在环境邻避风险治理中被当成客体;受到管控型模式的影响,他们不会积极主动地参与环境邻避风险治理。

(三) 治理方式的强制性

中国城市环境邻避风险治理的管控型模式是其现有模式的主要组

---

① 陈宝胜:《邻比冲突及其治理模式研究》,中国社会科学出版社2018年版,第153页。
② 汝绪华:《邻避冲突中风险沟通的认知偏差及其治理》,《管理学刊》2020年第5期。
③ 陈宝胜:《邻比冲突及其治理模式研究》,中国社会科学出版社2018年版,第154页。

第三章 中国城市环境邻避风险治理的现有模式

成部分,这就决定了地方政府会采用强制性治理方式。治理方式的强制性是中国城市环境邻避风险治理现有模式的关键特征。一般而论,管控型治理模式强调政府对社会的管理,隐含着行政借助国家强制力,要求个人履行法定的义务。在这种模式下,政府自然而然地采取强制性治理方式。具体而论,中国城市环境邻避风险治理的管控型模式以强制性治理为手段。强制性治理意味着地方政府在环境邻避风险治理中居于主导地位,为了使邻避抗争者采取合作行为而运用非开放式决策、信息封锁、强制执行等手段。强制性治理方式虽然能够在一定程度上维护社会稳定,但这种社会稳定缺乏韧性。一旦环境邻避风险凸现,地方政府迫于维稳压力,为了消减可能的危害和影响而强硬地采取管控措施。在当前中国压力型体制下,地方政府面对环境邻避风险时承担着双重压力:一方面中央向地方施压,要求阻止社会不满情绪蔓延,不惜一切代价将社会矛盾消弭于基层;另一方面来自于公众的压力,环境邻避项目可能存在的危害使得公众自下而上地向地方政府寻求权利救济。这两种不同的压力聚合在一起,地方政府为了维持社会稳定而选择强制性的管控措施来化解环境邻避风险。

维护秩序,需要适度的强制手段,但强制性过多,则会带来更大的问题。[①] 这适用于中国城市环境邻避风险治理。在环境邻避风险的应对上,强制性治理的惯常做法就是地方政府单方做出利益决策考量,以行政意志进行邻避决策和推动邻避项目,并且在邻避项目受到公众阻碍的情形下,惯性地利用行政强制手段对公众的反对意见进行压制。治理方式的强制性是环境邻避风险的管控型治理模式的固有属性。这一模式仍是当前中国城市环境邻避风险治理的模式。当环境邻避设施周边的公众因项目建设可能对其权益造成危害而进行利益表达时,地方政府首先不是倾听公众的意见,而是试图以权力直接推动项目建设工作,将公众的环境维权视为威胁地方稳定和影响地方发展的负面因素。环境邻避设施周边的公众向地方政府官员直接反映情况

---

① 李巍:《单维管制抑或协商共治:邻避冲突治理的路径选择》,《领导科学》2017年第26期。

无果后，往往会组织起来进行一些抗议活动。出现这种情况本来属于正常现象，因为政治的三个组成维度，即权力、身份与秩序都包含冲突①。只是，地方政府用政治性手段代替法律手段来化解环境邻避设施周边公众的积愤，用强制性的手段来处理环境邻避冲突，以求压制矛盾。强制性治理方式进一步加剧公众与地方政府之间的对立情绪，②环境邻避风险由此扩大升级。以福建厦门PX事件为例，作为一个投资过百亿的化工项目，PX项目对当地政府具有极大的吸引力，其中一个重要原因是它对当地的经济发展有着较大的推动作用。当地政府为了使PX项目能够尽快上马，避免公众的阻挠，在项目决策和风险治理过程中没有吸纳公众参与，这使公众产生较为严重的"相对剥夺感"，最终导致公众不是依法抗争，而是基于共同的愤怒采取鲁莽方式进行维权。治标不治本的管控型模式，不但不会化解矛盾，相反还会加深公众与地方政府之间的对抗，使公众合法的利益诉求转化为戾气，引发更大的环境邻避风险。

  总而言之，治理方式的强制性是中国城市环境邻避风险治理现有模式的主要特征。强制性环境邻避风险治理方式包括强制征用、强制补偿和强制处理。这些强制执行措施由地方政府主导，以国家暴力机器作为后盾。它们虽然具有很高的执行效率和稳定的执行效果，但会侵害公众的权益，容易导致环境邻避冲突事态扩大升级。③ 强制性环境邻避风险治理方式依赖于地方政府的巨大权威和主导地位，容易造成公众和地方政府之间关系的内在紧张。这种紧张关系是近些年来中国城市环境邻避冲突产生的重要根源。采用民主治理的方式，尊重和兼顾利益相关者的诉求，成为中国城市环境邻避风险治理的必然要求。

---

① ［英］安德鲁·甘布尔：《政治和命运》，胡晓进等译，江苏人民出版社2003年版，第9页。
② 李巍：《协商民主视阈下邻避冲突的行政法规制》，《西部法学评论》2017年第3期。
③ 许敏：《从管制到协商：邻避冲突治理模式研究》，武汉大学出版社2020年版，第36—37页。

(四) 治理行动的被动性

纵观中国城市环境邻避风险治理的过程，可以发现治理结果大多不是政府与公众之间摆问题、求共识、谋发展的局面，而是一个循环往复的"一闹就停"的怪圈。中国城市环境邻避风险治理一般要经历以下三个阶段：第一阶段，地方政府采取非开放性的决策之后，直接将某个环境邻避项目公之于众，随后环境邻避设施周边的公众通过各种合法的渠道进行利益表达；第二阶段，在合法的渠道表达受阻之后，利益相关公众一般会组织起来进行环境邻避抗争，而地方政府会采取强制的措施进行干预，从而引发不同程度的维权冲突；第三阶段，地方政府出于维护社会稳定的需要与利益相关公众进行协商对话，一般会作出让步并宣告环境邻避设施停建或迁址。然而，这并不意味着环境邻避冲突就此结束。在一段时间之后，一些地方政府又重启环境邻避项目，该项目也会同样遭到利益相关公众的反对，新一轮的环境邻避运动随即又开始。这实际是一个"一建就闹，一闹就停"的怪圈，环境邻避风险治理呈现出"不闹不解决，小闹小解决，大闹大解决"的恶性循环。① 环境邻避项目之所以陷入"一闹就停"的怪圈，与治理行动的被动性难脱干系。被动的治理行动很难使地方政府与利益相关公众在环境邻避问题上达成共识，进而影响问题的解决。

治理行动的被动性在"救火式"治理中得到充分体现。"救火式"的被动治理是中国城市环境邻避风险管控型治理的主要行动逻辑。"救火式"治理不是严谨的法律概念，也不是规范的学理概念，而是通过形象比喻对一种国家治理方式所作的描述，其特点是作为治理主体的公权力机关和公权力行使者，运用自由裁量权，集中时间和资源，颇有声势地解决某个问题或处理某件事情。"救火式"治理是一个世界性现象。② 在中国，它存在于解决城市环境邻避问题的工作

---

① 王乐芝、李元：《中国式邻避事件治理问题研究》，吉林大学出版社 2015 年版，第 176—177 页。

② 郎佩娟：《"救火式"治理特点及弊端》，《人民论坛》2014 年第 5 期。

中。中国城市环境邻避风险的"救火式"治理一般具有三个特点。一是应激性。在环境邻避风险治理方面，应激性是治理主体对外来刺激产生相应反应的特性。人们通常无法预料什么时间、什么地点会发生火灾。同样，对于环境邻避冲突何时何地发生，以何种方式扩散，地方政府也无法预料。因此，只能是哪里有火灾就奔赴哪里去紧急灭火，哪里有环境邻避冲突就去哪里进行紧急处置。二是主观性。"救火式"治理是政府作为单一治理主体的必然结果。在城市环境邻避风险的管控型治理模式下，政府是单一治理主体，政府意志具有无上权威。这就导致地方政府权力的运用常常以主观意志为转移，一以贯之的、长远的法律政策和治理战略措施缺乏。地方政府疏于日常治理，环境邻避问题和矛盾便会产生。当环境邻避冲突发生时，地方政府才动用资源进行紧急处置。但一俟矛盾缓解，治理行动往往被搁置起来。可问题只是暂时得以缓解，并没有彻底得到解决，甚至在新一轮的酝酿发酵之中，直到达到一定程度环境邻避冲突再次发生，治理主体再一次进行紧急处理。三是短效性。"救火式"的被动治理虽然在很多时候取得比较突出的效果，但这种治理多是短期行为，缺少长效机制的保障，因而其效果一般是短期性的。在环境邻避风险治理过程中，当问题日益突出、社会关注度逐渐提高时，地方政府随之开启治理行动，并往往取得较为显著的效果。但地方政府的治理行动缺乏长效机制；一旦问题得到暂时解决，治理行动就会停下来，治理效果也会随之消失。从以上三个特点来看，中国城市环境邻避风险治理具有被动性。当然，环境邻避冲突往往是复杂性、突发性的，凡事都能做到科学预测也是不客观的。采取"救火式"治理方法有时是不可避免甚至是必要的。但从本质上说，这种方法很难从根本上解决问题，最多是推迟了问题、矛盾的发生时间，以后还可能造成矛盾的激化和问题的蔓延。[①]

中国城市环境邻避风险治理的被动性还体现在公众利益表达机制

[①] 王乐芝、李元：《中国式邻避事件治理问题研究》，吉林大学出版社2015年版，第189—191页。

第三章　中国城市环境邻避风险治理的现有模式

不健全、地方政府风险管控能力不强和管理人员理念滞后上。环境邻避风险刚刚萌芽之时，也就是由一般的利益表达升级为环境邻避冲突之前，利益相关公众一般会通过正式的渠道向相关部门表达利益诉求。无论是找相关部门的领导还是向信访部门反映问题，都是利益相关公众通过合法的渠道进行权利救济的行为。可是，作为环境邻避风险治理的重要主体，地方政府对利益相关公众的诉求不够重视，听之任之，从而使地方政府的威信和公信力下降，其结果是环境邻避冲突时有发生。直至冲突发生时地方政府才开始给予重视，并开展治理行动。在环境邻避风险的应对上，地方政府本应发挥元治理的重要角色。然而，地方政府在环境邻避冲突前期比较漠视利益相关公众的诉求，利益相关公众的合法利益表达渠道因此受阻，这从一开始使得地方政府在环境邻避风险治理中陷入比较被动的境地。此外，地方政府缺乏足够的风险预判、制度供给和风险处置能力。环境邻避冲突发生前，有些地方政府对本地可能出现的冲突缺乏预判能力。环境邻避冲突发生时，有些地方政府没有相应的应急机制来处理此类问题。环境邻避冲突的突发使有些地方政府陷入制度缺失和管理乏力的被动状态。临时被推出来的应急机构由于缺乏处置经验而难堪大任，从而降低了地方政府的公信力。地方政府管理人员的理念滞后也使中国城市环境邻避风险治理具有被动性。由于环境邻避冲突兼具紧急性和突发性的特征，这对地方政府管理人员的风险处置能力提出了更高的要求。而我国较多地方政府管理人员还是固守着通过传统的强制性手段来解决环境邻避问题的思维定势，再加上决策程序的不规范，他们不会积极主动地与公众进行沟通协商，治理共识便很难达成。共识是共同环境治理行动的正当前提。① 没有地方政府与公众之间的共识，就不会有共同的环境邻避风险治理行动，也就不能有效化解环境邻避风险。

---

① 姚劲松、吴定勇：《从离散呈现到促进协商：环境治理共识达成中的传媒策略》，《西南民族大学学报》（人文社会科学版）2017 年第 1 期。

（五）治理结果的妥协性

中国城市环境邻避风险治理中的一个重要的现象就是环境邻避项目因可能造成危害而会遭到公众的反对，一旦发生冲突，多数会以政府的妥协和该项目的停建而告终。这样一来，环境邻避项目就陷入"一闹就停"的怪圈，甚至一些地方政府陷入了"你怎么说我都不信、你做什么我都反对"的"塔西佗陷阱"。从反对 PX 项目到反对垃圾焚烧项目，再到反对核燃料项目，公众确实不喜欢环境邻避项目。一些项目即便选址符合要求、环保措施到位、技术先进，均因利益相关公众的强烈抵制而被迫取消、停建、迁址或缓建。在城市环境邻避风险治理的管控型模式难以奏效之后，为了防止事态扩大，地方政府选择了妥协和让步。这一方面是地方政府为了快速平息事态做出的权宜之计，另一方面也是地方政府前期的不作为和不当作为导致的结果。

治理结果的妥协性是中国城市环境邻避风险治理现有模式的又一重要特征。然而，值得注重的是，从目前中国城市发展的情形来看，"一闹就停"的做法并不是环境邻避风险治理的真正的解决之道，而只是地方政府的一种权宜之举。当"一闹就停"反复出现时，其负面效应是明显的。第一个负面效应是固化"以闹代议"式的消极互动方式，引发示范效应。"一闹就停"的反复出现使公众看到抗争能够达到自己的目的，他们就不会与地方政府进行积极的沟通协商。无论是厦门 PX 事件还是启东事件、什邡事件等，"一闹就停"引发的叠加效应让公众产生只要组织起来进行抗争、地方政府就会顺从公众意愿的印象。第二个负面效应是造成环境邻避项目承建企业、当地经济发展的重大损失。比如厦门 PX 事件，地方政府宣布停建环境邻避项目，不仅给合法企业带来巨大损失，也给当地居民的经济利益带来较大的影响。有的人认为，厦门 PX 项目投资达到 108 亿，每年的产

第三章　中国城市环境邻避风险治理的现有模式

值有望达到 800 亿，预计将占厦门当时年 GDP 的四分之一。① 由此看来，PX 项目的停建显然对于厦门的经济是一个巨大的损失。再如大连 PX 事件，福佳大化的总投资 100 亿元左右，立项之初的年产值为 260 亿元，无论是大周期的搬迁，还是暂时停产，对企业的利益都会造成巨大的损害。第三个负面效应是降低地方政府特别是审批机构的公信力，当地的环境也未必得到明显的改善。一些环境邻避项目被缓建、迁址或停建，往往是在公众发起抗议之后未经严谨的科学论证和规定性程序就匆忙决定下马的，是出于避免激烈冲突和维护社会稳定而作出的应急之举。像这样仅靠某个领导说了算或者某些领导匆忙决策的解决路径，因为没有制度保证而更加招致公众的质疑，损害了地方政府在公众中的形象。与此同时，环境邻避项目"一闹就停"之后，当地的环境也未必得到明显的改善，比如有些地方的环境邻避项目被叫停之后，几十家小型化工企业排放仍然超标，污染空气、水源和土地。②

由上可知，在环境邻避项目"一闹就停"的结果中，无论是地方政府、承建企业，还是利益相关公众，都没有成为赢家。实际上，因妥协而出现的结果是政府、企业和公众三方皆输的结果。如果说"闹也不停"是漠视民意的做法，自然不可取，那么"一闹就停"虽然尊重了那些抗议公众的意愿，但未必符合地方经济发展的长远利益和更广大的公众的切身利益。"一闹就停"是中国城市环境邻避风险治理的困局。近些年来，从 PX 项目屡屡下马，到垃圾焚烧厂被叫停，再到核电站被放弃，"上马—抗议—停建"的剧情在多个城市反复上演，甚至有的城市还做出了"永不再建"的承诺。环境邻避项目"一闹就停"，成为一些城市应对抗议的自然选择。比如在 2014 年的广东茂名 PX 事件中，虽然茂名市政府在项目建设之前就开始宣传，

---

① 沈承诚：《环境维权的二元形态差异：生活的政治与对话的政治——基于癌症村和厦门 PX 项目的案例》，《江苏社会科学》2017 年第 6 期。

② 王乐芝、李元：《中国式邻避事件治理问题研究》，吉林大学出版社 2015 年版，第 177—178 页。

但是涉 PX 项目的信息不公开不透明,公众参与流于形式,风险沟通异化,① 导致环境邻避风险治理失效。在市民的反对声音此起彼伏的时候,PX 项目在网上持续发酵,茂名市政府没有及时有效地回应,最终引发了抗议活动。面对市民的抗议活动,茂名市政府只是固守传统的管控型治理思维,试图通过强力手段来加以压制;而在新媒体时代,地方政府通过强制手段来维稳的做法在网络上迅速扩散,引发全国范围的"围观"。茂名市政府面对上级政府、媒体和市民三重压力,最终承诺不再上马 PX 项目,选择了以妥协和退让的方式来消弭环境邻避风险。

三 中国城市环境邻避风险治理现有模式的问题探索

中国城市环境邻避风险治理的现有模式具有一定的合理性,并收到了一定的成效。但是,其还存在一些问题。一方面,"问题意识"是学术研究的生命和灵魂,另一方面,"提出问题比解决问题更重要"②,所以需要对中国城市环境邻避风险治理现有模式的问题进行深入探索。只有通过深入探索找准问题,才能有的放矢地去解决问题。

(一) 治理主体的多元性不够

中国城市环境邻避风险治理的现有模式是管控与回应结合型治理模式。其中,管控型治理模式居于主导地位。管控型治理模式与回应型治理模式各有特点。管控型治理模式下,政府通常是单一的治理主体;其既是城市环境邻避设施选址的决策者、规则制定者、纠纷裁决

---

① 张紧跟、叶旭:《邻避冲突何以协商治理——以广东茂名 PX 事件为例》,《中国地质大学学报》(社会科学版) 2018 年第 5 期。
② [美] A. 爱因斯坦、[波兰] L. 英费尔德:《物理学的进化》,周肇威译,上海科学技术出版社 1962 年版,第 66 页。

第三章 中国城市环境邻避风险治理的现有模式

者,又是城市环境邻避行动的控制者,还是城市环境邻避设施运营安全的监管者。可以说,在管控型治理中,政府是主导者,企业、公众、环保社会组织是治理的客体或被治理的对象,他们既没有起到多少作用,也基本上没有获得主体资格。回应型治理模式下,政府仍是主导者,但企业、公众、环保社会组织可以一定程度地参与进来。两种模式结合而成为现有模式。从总体上讲,在当前中国城市环境邻避风险治理中,政府是最重要的治理主体;虽然企业、公众、环保社会组织也拥有一定的治理主体资格,但其在现实中没能较好地扮演主体角色。这其实是治理主体多元性不够的问题。

1. 政府控制治理过程

管控型模式是当前中国城市环境邻避风险治理的主要模式。一般意义上的管控型模式的价值导向是轻个人权利、重公共权力,轻程序、重实体,轻公正、重效率;它强调行政机关对行政相对人的单方管理,强调行政相对人只是管理的客体。[①] 可见,作为管理者的行政机关与作为被管理者的行政相对人之间的地位是不平等的。城市环境邻避风险的管控型治理模式亦是如此。它以贯彻政府的单方意志的强制性行为为主要手段,基本上忽略参与邻避行动的社会力量的主体地位。在这种模式下,政府控制着治理过程,轻视各种社会力量的作用。即除了政府之外,其他主体较少参与治理过程。然而,这种模式是有问题的。只有当一种生活世界允许互动存在时,它才是合理的。[②] 城市环境邻避风险的管控型治理模式将较多的社会力量排除在治理主体之外。这意味着它不重视互动的存在。不重视互动存在的管控型治理模式不具有合理性。这么说来,没有多元主体参与的城市环境邻避风险治理是有缺陷的。

治理主体的多元性不够是中国城市环境邻避风险治理现有模式的

---

① 李巍:《基层信访治理模式之转换:从"压制型"向"回应型"》,《天津行政学院学报》2017年第1期。
② [德]哈贝马斯:《在事实与规范之间:关于法律和民主法治国的商谈理论》,童世骏译,生活·读书·新知三联书店2003年版,第178页。

一个问题。这里以环境邻避决策为切入点作进一步说明。在管控型治理模式下，政府主导环境邻避决策。政府依靠掌握科学知识的专家进行环境邻避决策。政府认为，凭借专家高超的"计算技巧"就可以决定环境邻避设施选在哪里、是否建设与运营等。这种理念反映了政府部门的局限性，即"对于确定性的偏爱"①。对科学知识确定性的偏爱将公众的风险认知与科学对风险的判断对立起来，并在决策中忽视公众参与。其实，普通公众对风险的认知并非完全不理性或谬误。②没有公众参与的决策可能遭遇失败。历年来的城市环境邻避事件就证明了这一点。环境邻避决策中地方政府也可能基于利益的考虑忽视公众参与。本来，公共利益是公共政策的逻辑起点③。但在实践中，有的地方政府把自身利益作为环境邻避决策的出发点。其考虑的是环境邻避项目建设是否有利于提升本地方的政绩，是否有利于本地经济的发展等。这种公共利益为政府利益让路的决策取向本身就存在问题。地方政府从一开始不吸纳公众决策参与就是为了让公共利益不至于影响其利益。按说，政府利益应与公共利益保持一致，然而现实中地方政府能够做到这一点并非易事。环境邻避设施的选址和建设关乎利益相关公众的切身利益，可是地方政府倾向于先在内部进行环境邻避决策，再向公众宣布决策结果，大多不会开通公众参与渠道。利益相关公众成了配合者和被通知者，其合法的利益则被忽视。地方政府的环境邻避决策没有吸纳公众意见，决策实施的决心也不会因决策公布后的民意而产生动摇。这种非开放式的决策是地方政府强行施加在公众身上的。地方政府单纯的管控只是暂时缓解矛盾，并不能从根本上解决问题，相反这种管控可能会让公众的情绪更加不稳定，管控得越厉害，则越容易导致更大的风险。当环境邻避冲突发生时，利益相关公

---

① ［美］詹姆斯·汤普森：《行动中的组织——行政理论的社会科学基础》，敬乂嘉译，上海人民出版社 2007 年版，第 148 页。

② Melissa Leach, Ian Scoones and Brian Wynne, *Science and Citizens: Globalization and the Challenge of Engagement*, New York: Zed Books, 2005, p. 28.

③ 李玲玲、梁疏影：《公共利益：公共政策的逻辑起点》，《行政论坛》2018 年第 4 期。

众的负面情绪宣泄出来，蕴含于其中的风险也会反噬地方政府获取的利益。以上问题无疑出现在城市环境邻避风险治理中。

2. 企业较少真正参与治理

企业较少真正参与治理是中国城市环境邻避风险治理现有模式的问题的一个具体表现。从理论上讲，企业是环境邻避风险治理的重要参与者。企业主要承担负外部性问题的治理者、治理过程的参与者、补偿和回馈机制的提供者等多重角色，通过提供一定的人力、财力、物力资源参与环境邻避风险治理。但从实践上说，受制于现有的管控型治理模式，企业较少真正参与治理。现阶段中国城市环境邻避项目的建设一般由地方政府来推动，企业只是被动地落实项目的承建工作，在城市环境邻避风险治理中发挥的作用微乎其微。或言之，目前我国城市环境邻避风险治理实质上是地方政府的单向治理，地方政府把企业看成是被管理的对象，并没有将企业纳入到治理体系中来，企业自然起不了什么作用。企业较少真正参与治理还缘于其没有定位好自己的角色。企业没把自己当作环境邻避风险治理的一个主体，而把自己当成接受政府监管的行政相对人。通过考察城市环境邻避冲突案例可以发现，在冲突过程中企业大都没有进行积极回应，而是退到地方政府背后等候事情的处理。

3. 公众较少真正参与治理

作为环境邻避风险的直接承受者的社区公众应是重要的治理主体。环境邻避设施的选址以及设施的后续运行都需要利益相关公众的配合。在环境邻避风险治理过程中，利益相关公众能够担当治理议程的发起者、民主对话的参与者、协作治理的合作者、治理过程的监督者、补偿方案的选择者等角色。他们能够在互相尊重的前提下通过对话的形式来表达各自的偏好，通过交流与沟通最终达成共识，从而对有效化解环境邻避风险起着重要的作用。但是，我国现有的管控型模式压缩了利益相关公众参与城市环境邻避风险治理的空间，阻碍着他们参与治理的过程。环境邻避风险的产生在很大程度上缘于环境邻避设施周边的公众因权益受损而进行的抗议。当城市环境邻避冲突发生后，地方政府大都对利益相关公众实行管控措施，主要目的在于维持社会稳定。地方政府的管控措施一方面让利益相关公众较少真正参与城市环境邻避风险治理，另一方面"会增加组织和动员舆论所付出的代价"①，使利益相关公众缺乏参与城市环境邻避风险治理的积极性。

4. 环保社会组织较少真正参与治理

从理论视角来看，环保社会组织具有独特功能与优势。它们主要承担环境邻避冲突的协调者、公共利益的表达者、负外部性治理的参与者和监督者等角色，通过协助公众表达和维护自身权益、协助政府加强与公众的沟通，动员和组织设施周边的公众参与风险治理过程。环保社会组织也应是环境邻避风险治理的重要主体。但着眼于现实，在我国城市环境邻避风险治理中，环保社会组织究竟是"缺席"还是"在场"？对此尚存争议。我国环保社会组织的"缺席"被多数人所诟病，但亦有部分学者为其辩护，② 比如有的学者认为，环保社会组织在参与环境邻避风险治理中具有明显的积极效应。③ 对于这一学术论争，有关学者作了较好的回应，其通过案例观察指出环保社会组织的治理策略是"缺席的在场"。即在我国现有的体制下，大部分环保社会组织没有直接组织和推动邻避抗争，还没有成为公众环境维权的引领者和动员力量，但放眼邻避抗争所依存的整个环境治理链条，其已具有显著"在场性"。④ 由此可知，目前我国环保社会组织在城市环境邻避风险治理中并非没起到一点作用，只是较少真正参与治理。比如，在厦门 PX 事件、江门鹤山反核事件和番禺垃圾焚烧发电厂事件中，环保社会组织参与的力度显然是不够的。

推进中国城市环境邻避风险治理，需要打破政府作为单一治理主

---

① [美]西德尼·塔罗：《运动中的力量：社会运动与斗争政治》，吴庆宏译，译林出版社 2005 年版，第 112 页。

② 谭爽：《"缺席"抑或"在场"？我国邻避抗争中的环境 NGO——以垃圾焚烧厂反建事件为切片的观察》，《吉首大学学报》（社会科学版）2018 年第 2 期。

③ 张勇杰：《邻避冲突中环保 NGO 参与作用的效果及其限度——基于国内十个典型案例的考察》，《中国行政管理》2018 年第 1 期。

④ 谭爽：《"缺席"抑或"在场"？我国邻避抗争中的环境 NGO——以垃圾焚烧厂反建事件为切片的观察》，《吉首大学学报》（社会科学版）2018 年第 2 期。

体的格局，让其他主体也参与进来。国家正变得越发依赖社会中的其他行为体。① 而实际上，政府控制着治理过程，多种社会力量的作用没有受到应有的重视，企业、公众、环保社会组织都较少真正参与治理。这意味着中国城市环境邻避风险治理主体的多元性是不够的。治理主体的多元性不够便成了中国城市环境邻避风险治理现有模式的一个问题。

（二）治理程序的包容性不够

程序由步骤、顺序、时间、方式和制度等基本要素构成。治理程序是治理主体在治理过程中所遵循的一系列前后衔接的步骤、顺序、时间、方式和制度等的总称。② 从广义上看，制度包括体制和机制。体制是制度形之于外的具体表现和实施形式，机制是制度运行的方式或方法。由是观之，治理程序含有机制方面的因素。有关学者提出的"程序是一套可以反复工作的机制"③ 的观点可以提供有力的佐证。治理程序关涉包容性问题。治理过程的民主是治理程序包容性的重要方面。④ 治理程序的包容性不够是中国城市环境邻避风险治理现有模式的另一问题，主要体现为风险定义的开放性不够、决策机制的包容性不强和利益表达机制的包容性不足。

1. 风险定义的开放性不够

环境邻避风险既有客观实在的一面，又有主观和社会建构的一面。风险本质上体现为一种知识建构或"定义关系"。⑤ 风险的定义或

---

① ［瑞典］乔恩·皮埃尔、［美］B. 盖伊·彼得斯：《治理、政治与国家》，唐贤兴、马婷译，格致出版社、上海人民出版社2019年版，第4页。
② 李传军：《社会治理中的伦理精神与伦理价值》，《广东行政学院学报》2013年第3期。
③ 石佑启、杨治坤：《中国政府治理的法治路径》，《中国社会科学》2018年第1期。
④ 白维军、王邹恒瑞：《寻求社区治理的包容性空间》，《中国高校社会科学》2021年第4期。
⑤ ［德］乌尔里希·贝克：《世界风险社会》，吴英姿、孙淑敏译，南京大学出版社2004年版，第191页。

知识建构具有"开放性",① 每个人都可以基于自己对潜在危害的预期或想象来建构自己的风险定义。② 相应地,对于环境邻避风险,技术专家、公众都有自己的定义或解释。随着中国城市化的不断推进,环境邻避设施不断增多。环境邻避设施可能给人们的生命、健康和财产等造成一定的损害,于是环境邻避风险进入了人们的视野。那么,何谓环境邻避风险?技术专家、公众的定义是不相同的。在管控型治理模式下,技术专家的定义被奉为圭臬,公众的定义则不被认可。这说明在我国,环境邻避风险定义的开放性不够。

环境邻避风险治理需要有效知识的生产与应用。科学知识和专业知识都是有效知识,它们在现代社会中具有权威性。由于技术专家拥有科学知识或专业知识,环境邻避风险治理离不开他们。一方面,环境邻避风险治理过程中的很多问题都是专业性问题,普通公众依据常识难以参与其中,只有掌握专业知识的专家才能解决这些问题。另一方面,治理过程中的很多问题都是技术性问题,需要拥有专业知识的专家去解决。③ 一句话,技术专家在解决环境专业性、技术性问题上更有效,能给人们留下确定性、精准性的印象。④ 正因为如此,对于首先需要弄清楚的环境邻避风险定义问题,技术专家拥有很大的话语权。可以说,技术专家以科学知识或专业知识拥有者身份,在很大程度上垄断了环境邻避风险的定义权或解释权。显然,这是风险定义的开放性不够的问题,该问题也出现于我国城市环境邻避风险治理中。

2. 决策机制的包容性不强

决策机制的包容性不强的一个表现是,公众较少知晓城市环境邻避决策的相关信息。在我国现有的管控型治理模式下,城市环境邻避

---

① 贝克、邓正来、沈国麟:《风险社会与中国——与德国社会学家乌尔里希·贝克的对话》,《社会学研究》2010年第5期。
② 张海柱:《风险建构、机会结构与科技风险型邻避抗争的逻辑——以青岛H小区基站抗争事件为例》,《公共管理与政策评论》2021年第2期。
③ [美]约翰·杜威:《公众及其问题》,本书翻译组译,复旦大学出版社2015年版,第127页。
④ 杨建国:《从知识遮蔽到认知民主:环境风险治理的知识生产》,《科学学研究》2020年第10期。

第三章　中国城市环境邻避风险治理的现有模式

决策一般由地方政府主导，地方政府掌握着相关信息。它们相信科学知识的确定性，借助科学专家以寻求确定性知识①。它们认为，依靠人类的"工具理性"就可以有效地防范和控制风险；依靠专家模型方法和概率计算，建立起一套专业的统计数据和可接受的标准，可以为决策提供科学依据和技术支持。只要经过科学判定是可接受的或没有进入科学认识领域的风险，即使已被公众真切感知到，都被认为是不存在的。这种科学知识确定性的判定将科学对风险的判断与公众的风险感知截然对立起来。这样，地方政府就不会有积极发布相关信息、吸纳公众参与的想法。地方政府掌控信息资源时，公众相应地就处于劣势地位，这表现在公众获取信息的数量减少，也表现在公众获取的许多信息是经过过滤的。然而，公众参与决策需要信息。"真正的民主要求所有参与决策的有关方面都要得到恰当的数据。"② 公众在信息方面处于劣势地位，导致他们难以有效参与城市环境邻避决策。

决策机制包容性不强的另一表现是，公众较少拥有参与城市环境邻避决策的机会。在城市环境邻避决策中，如果没有公众特别是利益相关者的声音，而只有地方政府参与或地方政府聘用的机构和专家参与，公众就会质疑地方政府决策的公正性。地方政府一般认为公众对环境邻避项目的不理解是风险升级为冲突的重要原因。在地方政府看来，环境邻避项目本身是利国利民的工程，只要通过了环境影响评价，公众就不应该反对。这成为一些地方政府采取忽视民意的决策程序的借口。不过，在环境邻避风险治理中，实体要件不可或缺，形式要件也必不可少。实体要件需要进行环境影响评估，即预测环境邻避项目开发后果。形式要件要求地方政府、企业与公众进行良性的对话和沟通，要求公众参与到诸如环评和决策的各个环节。公众参与能够

---

① 张海柱：《不确定风险的包容性治理——英国移动通讯健康风险监管改革及启示》，《中国行政管理》2022 年第 4 期。
② ［法］皮埃尔·卡蓝默：《破碎的民主——试论治理的革命》，高凌瀚译，生活·读书·新知三联书店 2005 年版，第 196 页。

提高决策的质量和合法性，增进信任和理解。① 若这种形式要件缺乏，就意味着决策机制的包容性不强。事实上，我国现有的管控型治理模式使公众较少拥有参与城市环境邻避决策的机会。厦门 PX 事件就是典型例子，它反映了决策机制的包容性不强。

3. 利益表达机制的包容性不足

改革开放以来，中国逐步建立起颇具特色的利益表达机制。该机制包括信访制度、听证制度等公众参与制度，也包括电视、电台、报纸和网络等各种传播渠道。目前中国的利益表达机制发挥了一定的积极功能，但其还存在较多需要改进的地方。如前所述，利益表达机制的包容性较差是中国城市环境邻避风险生成的一个重要原因。当体制内的利益表达渠道不畅通时，公众必然会寻求非正式的体制外的集体行动来解决问题，于是城市环境邻避冲突可能产生，城市环境邻避风险随之扩大。由此可知，利益表达机制的包容性不足是当前中国城市环境邻避风险治理面临的问题。

利益表达机制的包容性不足的具体表现之一是，在我国城市环境邻避风险治理中，公众的利益诉求时常被忽视。受我国政治体制的影响，地方政府拥有大量的公共权力和公共资源，能够应付来自各方面的压力和挑战，以致其在环境邻避决策中占据主导地位；而环境邻避设施周边的公众占有的资源较少，加之自身参与能力相对较低，以致在与地方政府的博弈中他们是处于劣势的一方，缺乏有效的利益表达手段。在环境邻避政策的制定中，地方政府十分重视专家的意见，较为忽视公众的意愿和利益诉求，没有积极跟公众进行对话沟通。在环境邻避政策的执行中，一定的暗箱操作依然存在，公众的利益诉求时常被忽视，从而容易激发他们的抗议情绪，使得环境邻避风险进一步扩散。另外，一些大型的环境邻避项目可能是地方政府的政绩工程，因为它们能给当地带来巨大的经济效益；企业具有逐利本性，其也力求项目上马。这样一来，企业与地方政府之间就会形成一种利益联

---

① Patrick Devine-Wright, *Renewable Energy and the Public: From NIMBY to Participation*, London, Washington, D. C.: Earthscan, 2011. p. 320.

第三章　中国城市环境邻避风险治理的现有模式

盟。它们互相联合，注重环境邻避项目的经济效益，而忽视项目对附近公众产生的负面影响。① 我国城市化发展的现状表明，公众的利益诉求被忽视，环境邻避风险便会增加。在厦门 PX 事件中，地方政府与企业为了各自的利益忽视了广大公众的利益诉求，以致引发后来的"六一大散步"。在大连 PX 事件中，市政府没有将 PX 项目的环评信息公布出来，造成政府与市民的信息不对称。大连市民对 PX 项目的相关信息不了解，进而对项目产生质疑。市民在邻避情结的影响下，要求地方政府停建或搬迁 PX 项目。大连市政府对市民的利益诉求采取躲闪的态度，项目的承建企业拒绝将相关信息公之于众，最终激怒了市民，酿成了激烈的冲突，造成了事态的进一步升级。大连市政府在市民强大的压力下，做出 PX 项目停产并尽快搬迁的决定，大连 PX 事件以政府妥协而宣告结束。

利益表达机制的包容性不足的具体表现之二是，在我国城市环境邻避风险治理中，中立第三方缺失。公众与地方政府、企业之间的信任鸿沟是造成环境邻避冲突的重要原因。因此，要修复公众与地方政府、企业之间的信任关系，就需要引入一些具有较强的专业性、较高的公信力以及与冲突双方没有利害关系的中立第三方。有中立的第三方或者调解人来协助是一个聪明的实践。② 在公众与地方政府之间缺乏信任基础的状态下，根据政府部门内部的环评报告来说明环境邻避设施的风险性虽然具有一定的科学性，但不足以取信于民，因而第三方的风险评估报告就显得尤为重要。但事实上，无论是在城市环境邻避项目的规划和环评等阶段，还是城市环境邻避冲突的化解阶段，中立第三方是缺失的。如在环评环节，多数的环评报告要么是政府部门内部进行的环评，要么是与企业有利益关系的人进行的环评。如在 2007 年厦门 PX 事件的环评过程中，当地政府官员、企业和环保部门

---

① 徐祖迎、朱玉芹：《邻避治理——理论与实践》，上海三联书店 2018 年版，第 202—203 页。
② [美] 尤金·巴达赫：《跨部门合作：管理"巧匠"的理论与实践》，周志忍、张弦译，北京大学出版社 2011 年版，第 189 页。

之间形成了利益联盟,尽管"PX 是高致癌物,对胎儿有极高的致畸率",PX 项目还是得到了国家环保总局的环境评估审查以及国家发改委核准,且顺利通过了当地政府的审批、获得了合法手续;在相当长的时间里当地公众对此一无所知,这种非中立的环评自然难以得到公众的认同。①

(三) 治理成果的共享性不够

治理成果的共享性不够是中国城市环境邻避风险治理现有模式的又一问题。该问题主要表现在风险分配不均等和利益补偿不到位两个方面。"风险同财富一样,它们都是分配的对象。"② 而一旦涉及风险分配问题,就可能存在分配均等与不均等的争论。如果风险分配出现不均等现象,矛盾冲突就容易发生。中国城市环境邻避风险产生的一个重要原因是风险分配不均等。环境邻避设施本身是一种为城市居民享有便利、安全和多样化生活提供重要保障的公共产品,虽然其可以为区域内的公众带来福祉,但也可能对设施周边公众的生命健康造成比较严重的威胁。换句话说,环境邻避设施以牺牲少部分人的利益来为多数人谋福利。环境邻避设施建设是在个人利益与公共利益博弈中,牺牲少部分人的个人利益的结果;它反映了风险分配不均等。个人利益服从于公共利益和国家利益当然无可厚非,但这种利益受损并非无条件的牺牲,而应该得到国家的利益补偿。可实际上对设施周边公众的利益补偿没有到位。

1. 风险分配不均等

在我国城市的环境邻避设施选址中,风险分配是不均等的,距离设施更近的公众将会承受更多的风险。这种分配不均等最典型的体现是,具有风险性的环境邻避设施的地址通常遵循降低交易成本和"最

---

① 徐祖迎、朱玉芹:《邻避治理——理论与实践》,上海三联书店 2018 年版,第 202 页。
② [德] 乌尔里希·贝克:《风险社会:新的现代性之路》,张文杰、何博闻译,译林出版社 2018 年版,第 14 页。

第三章 中国城市环境邻避风险治理的现有模式

小抵抗路径"原则而被选择在边远或低收入社区。① 边远或低收入社区处于社会的底层。与财富在顶层积聚不同，风险在底层积聚。② 由于环境邻避设施选址于边远或低收入社区，该社区的公众距离设施更近，他们是设施周边的公众，可能承担更多的风险。环境邻避设施虽然具有公共产品的性质，设施周边的公众与其他社会公众一样也可以享受到其带来的公共福利，但作为环境邻避风险的主要承担者，他们与其他社会公众之间的风险量是不对等的。与其他社会公众相比，环境邻避设施周边的公众确实会承担更大的风险。

我国城市的环境邻避设施选址遵循"最小抵抗路径原则"，造成部分公众的"相对剥夺感"。对环境邻避设施的风险存疑的时候，设施周边的公众的抗议可能是激烈的。因为一旦不能保障环境邻避设施的安全性，设施周边的公众就首当其冲成为受害者。虽然地方政府和专家再三申明可以有效控制风险，但还是无法说服环境邻避设施周边的公众。在设施周边的公众看来，专家和政策制定者往往基于技术层面来定义风险，而没有从主观感受方面来理解风险。技术风险大都是可以实际度量的，感知风险则往往难以度量，这导致环境邻避冲突双方意见不一。地方政府对公众风险感知的忽视表明，其没有把风险分配不均等当作一个需要认真对待的问题。从心理学角度来讲，风险感知是个体对存在于外界的各种客观风险的认知和感受，它强调个体由主观感受和直观判断获得的经验对个体感知的影响。③ 风险不仅具有突发性，还具有不确定性和潜在性。环境邻避设施附近的公众对设施安全的担忧是一种风险感知，这种风险感知是对设施潜在风险的一种主观判断，也是对设施可能造成的安全危害的经验性主观评估。邻避抗议者认为，最令他们担心和忧虑的是环境邻避设施的潜在风险，最

---

① 张海柱：《风险分配与认知正义：理解邻避冲突的新视角》，《江海学刊》2019年第3期。

② [德]乌尔里希·贝克：《风险社会：新的现代性之路》，张文杰、何博闻译，译林出版社2018年版，第25页。

③ Paul Slovic, "Perception of Risk", Science, 1987, Vol. 236, No. 4799, pp. 280–285.

令他们恐慌的是关于污染性设施周边的"癌症村"等一类灾难性后果的传闻。此外，国内外发生的化工厂爆炸、核泄漏等环境邻避设施风险控制失败的事件，在很大程度上进一步加剧了人们的恐慌和焦虑，推动了抗议行为发生的概率。[①] 环境邻避抗议行为就是对风险分配不均等的直接反应。

2. 利益补偿不到位

中国城市环境邻避风险治理难度较大的一个重要因素是利益补偿不到位。环境邻避设施建设带来的利益由社会共同享受，风险成本却要由少数人承担，从而造成利益分配不公的现象。即便地方政府维护了公共利益，部分环境邻避设施也可能给周边的公众带来直接或间接的经济损失、健康损害。的确，环境邻避设施对周边地区和公众存在负外部性影响。由于邻避抗争者担心他们的生活环境、财产价值、安全风险、身体健康与人身安全等遭受设施负外部性影响的威胁与破坏，因而为了维护自身利益，他们反对设施建设和运营。[②] 这种反对实质上是一种利益冲突。从经济学角度来讲，环境邻避设施产生的利益冲突是由个体经济效用高低差异引起的。公共产品的提供会使公共设施服务所覆盖的个体的经济效用增加，环境邻避设施的提供却不一样。环境邻避设施的负外部性具有空间集中化的特征，这一特征带来不对称的收益成本结构，即不均等的风险分配结构。该结构会使环境邻避设施附近的个体[③]感到他们在为其他多数个体的经济效用增加负责，而跟同样享受设施服务的其他个体相比，他们经济效用的增加显然会低于其他个体。由此可见，环境邻避性设施负外部性效应引发利益冲突的经济根源是个体的自利性与经济效用高低不同。同时，环境邻避设施也有可能加重环境污染，间接地造成当地经济的损失。虽然

[①] 王乐芝、李元：《中国式邻避事件治理问题研究》，吉林大学出版社2015年版，第113-115页。

[②] Charles Davis, "Public Involvement in Hazardous Waste Siting Decisions", *Polity*, 1986, Vol. 19, No. 2, pp. 296-304.

[③] 前文从经济学角度使用了"个体"一词，为了保持一致，此处没有使用"公众"一词，而是使用"个体"一词。

如此，但设施周边的公众却没有得到合理的利益补偿，他们为了维护自己的利益，跟地方政府或企业发生冲突，[1] 环境邻避风险随之进一步加剧。

环境邻避设施建设使周边的公众承担风险成本，其必然通过牺牲周边公众的利益来实现整体收益最大化，因而需要对他们进行利益补偿[2]。但是，从中国城市环境邻避设施建设的实践来看，利益补偿不到位的问题较为普遍地存在着。在当前城市环境邻避设施建设中，设施的规划区域内与一定距离内的公众的征地拆迁才有经济补偿，其他的就没有经济补偿。而且被拆迁人才有财产损失的补偿，其他未被拆迁的，则没有财产损失的补偿。[3] 除了经济补偿之外，没有其他方面，如生态价值和文化价值方面的补偿。当利益补偿不到位时，城市环境邻避设施周边的公众难以接受地方政府对设施"利益"和"风险"的失衡分配，他们的不满和反对情绪可能引发矛盾和冲突。利益补偿不到位是中国城市环境邻避风险产生的重要原因。目前利益补偿不到位的问题还没有得到较好的解决，成了中国城市环境邻避风险治理面临的一个难题。

（四）治理监督的包容性不够

中国城市环境邻避风险治理现有模式的问题还包括治理监督的包容性不够。多元主体监督机制不健全是中国城市环境邻避风险治理监督的包容性不够的主要表现。通常而言，政府机关、司法机关、环保社会组织、公众和第三方等是比较常见的治理监督主体。在现有的治理模式下，政府控制着整个治理过程，环保社会组织、公众和第三方等难以真正成为治理的主体，进而难以真正成为治理监督的主体。当然，政府机关和司法机关在治理监督方面也存在一些问题。中国城市

---

[1] 徐祖迎、朱玉芹：《邻避治理——理论与实践》，上海三联书店2018年版，第68—69页。

[2] 张紧跟：《邻避冲突协商治理的主体、制度与文化三维困境分析》，《学术研究》2020年第10期。

[3] 邓可祝：《论我国邻避冲突的成因及应对》，《西部法学评论》2013年第6期。

环境邻避风险治理监督的包容性不够问题具体表现在，政府监督不力，司法监督不足，社会监督不到位，即环保社会组织、公众和媒体等难以发挥应有的监督作用，第三方监督不够。

1. 政府监督不力

政府机关是城市环境邻避风险治理的重要监督主体。政府监督对城市环境邻避风险治理具有较大的作用，只是这种作用在实践中没有得到较好的发挥。在当前我国城市环境邻避风险治理中，存在政府监督不力的现象。地方政府对城市环境邻避项目审批后的执行阶段的监督不力。城市环境邻避项目在获得批准后是否按照规定的标准进行建设？生产设备的质量是否达到要求？落后设备是否及时予以淘汰？设备装置的规划布局是否科学、合理？净化设施是否按照正常的市场要求进行更新换代？净化设施是否会出现检查时开启、检查后关停的情况？对于这些方面，地方政府的监督是不到位的。

地方政府监督不力带来负面效应，它使承建企业在城市环境邻避项目建设中没有履行好保护环境的责任，导致环境污染问题的出现。比如，大连PX项目建设以后，由于缺乏地方政府的监督，项目承建企业的风险预防工作做得不到位，发生了毒气泄漏事件。[①] 这样的案例不止一个。计划落户厦门市海沧区的PX项目因厦门市民的反对而停建，该项目被迁往漳州市古雷半岛。漳州古雷PX项目发生了两次爆炸事故。该事故发生的一个重要原因在于地方政府监督不力和企业安全管理不善。[②] 爆炸事故给当地的生态环境和居民的生命健康带来了危害，使本来就被"污名化"的化工项目更加遭到嫌弃。

2. 司法监督不足

当前中国的司法机关在城市环境邻避问题上能够发挥监督作用的空间比较有限。城市环境邻避设施建设离不开政府机关的决策。此类

---

① 皮里阳、陈晶：《邻避冲突的困境和出路探析——以垃圾焚烧厂为例》，《江西科技师范大学学报》2020年第1期。

② 朱正威、吴佳：《空间挤压与认同重塑：邻避抗争的发生逻辑及治理改善》，《甘肃行政学院学报》2016年第3期。

第三章　中国城市环境邻避风险治理的现有模式

设施建设可能带来危害，政府机关对其进行的决策是一种风险决策。在城市环境邻避设施建设领域内，司法机关监督政府机关的重点是对风险决策进行有效的司法审查。但这种审查的空间是较为有限的。因为城市环境邻避设施建设具有较强的技术性，相对于政府机关来说，司法机关在该领域内具有较弱的专业性，其应当充分尊重政府机关的风险决策，所以，政府机关的风险决策一般不在司法审查的范围内。

行政诉讼制度是目前中国的一道司法防线，它具有监督行政行为的功能[①]。然而，这种制度在中国城市环境邻避风险治理中所起到的监督作用不大。城市环境邻避冲突既包含因环境公共利益损害而引起的抵制现象，也包含因身体健康损害与未来可能损害而出现的抗议行为。当城市环境邻避设施周边的公众因政府机关不合理或不合法的行政许可而遭受损害时，城市环境邻避冲突是否能够纳入行政诉讼受案范围中提到的生态环境的范畴，周边的公众是否能够具有行政公益诉讼的主体资格，目前还缺少相关制度的支撑。

再者，作为城市环境邻避风险治理监督的主体，司法机关具有一定的被动性。即司法机关处置城市环境邻避冲突的依据是法律、法规，其必须由当事人一方的主动申请才能介入。由于社会矛盾多种多样，司法权力作为一种有限的资源难以通过行使公诉权来化解所有的矛盾与冲突。因此，依靠司法机关的监督来实现我国城市环境邻避风险的有效治理是有一定难度的。特别是当事人承担相应的审判的时间成本和诉讼成本，即使双方不甚满意也必须严格执行具有强制性的生效判决，这会影响未来风险化解措施的有效施行。司法机关对此没有好的办法。

3. 社会监督不到位

中国城市环境邻避风险治理监督的包容性不够的具体表现之一是社会监督不到位，即环保社会组织、公众、媒体和第三方等难以发挥应有的监督作用。环保社会组织是从事各类环境保护活动的公益性组

---

① 罗智敏：《我国行政诉讼中的预防性保护》，《法学研究》2020年第5期。

织。环保社会组织介入城市环境邻避风险治理的领域、水平、作用效果会因不同国家或地区社会组织的成熟度和文化发展情况而有所不同。中国的环保社会组织对地方政府的依附性较强，使得自身的监督能力不足。① 中国的环保社会组织在发展中面临资金不足问题。它们在城市环境邻避风险治理中的监督能力受到资金不足的限制。对城市环境邻避项目的可能影响开展监督工作，需要耗费大量的资金，而环保社会组织没有多少资金，难以承担这种监督工作的开销。

在管控型城市环境邻避风险治理模式下，公众也难以发挥应有的监督作用。为了防止公众知悉后反对而导致政府控制力下降以及行政效率低下的现象，地方政府在城市邻避项目建设中通常采取开放度较低的决策模式，公众知情权、参与权和监督权由此受到较大的限制。监督是信息方式中一个主要的权力形式。② 监督权的真正实现，需要信息公开。公众没有掌握足够的信息，便难以行使监督权。开放度较低的决策模式使公众的知情权、参与权和监督权等政治权利没有得到应有的尊重，公众没有获得应有的承认；也使城市环境邻避项目建设受到阻碍，地方政府也没有获得应有的承认。③ 如广东番禺垃圾焚烧发电厂事件，地方政府采取开放度较低的决策模式，并没有在早期将垃圾焚烧发电厂选址决策的相关信息告知公众，直到 2009 年 2 月 4 日，生活垃圾焚烧发电厂兴建的消息才出现在广州市政府的通告中。该项目建设在程序上存在瑕疵，没有接受公众监督而引起公众的不满和反对，最终项目迁至南沙区。

4. 第三方监督不够

环境邻避风险治理是保持城市社会稳定、促进城市社会和谐发展的重要手段。为了推进中国城市环境邻避风险治理，有必要引入第三

---

① 王冰、韩金成：《公共价值视阈下的中国邻避问题研究——一个整合性理论框架》，《中国行政管理》2017 年第 12 期。
② [美]马克·波斯特：《信息方式——后结构主义与社会语境》，范静哗译，商务印书馆 2000 年版，第 118 页。
③ 周亚越、李淑琪、张芝雨：《正义视角下邻避冲突主体的对话研究——基于厦门、什邡、余杭邻避冲突中的网络信息分析》，《浙江社会科学》2018 年第 12 期。

方监督。按照社会冲突理论，第三方是外在于冲突的人或组织。[①] 第三方可以是行政部门、司法部门，也可以是社会组织和权威人士。[②] 第三方监督具有独立性和专业性等优势，[③] 它是城市环境邻避风险治理多元主体监督机制的一个组成部分。

从目前中国城市环境邻避风险治理来看，第三方监督机制有待完善。在城市环境邻避设施选址的风险评估中，没有充分引入中立第三方，使决策的科学性和客观性有所欠缺；就算引入了第三方，还存在部分评估造假的情况，这表明在城市环境邻避设施选址过程中第三方监督机制是不健全的。在面对城市环境邻避冲突时，许多地方政府以单一治理主体的姿态采取管控手段进行处置，在一定程度上忽视了第三方的参与和监督。此外，由于受利益倾向、价值观念等因素的影响，在城市环境邻避风险治理中，第三方有时候可能有意无意地偏向某一方，导致监督的公正性得不到保证。

四 中国城市环境邻避风险治理现有模式的问题验证

从规范研究来看，中国城市环境邻避风险治理的现有模式存在一些问题。为了进一步明确这些问题，需要运用实证研究法对它们进行经验验证。归纳起来，现有模式的问题是包容性不够的问题。该问题其实是包容性程度方面存在的问题。因此，包容性程度评估就成为进行问题验证的技术手段。具体而言，拟运用模糊集定性比较研究法（fsQCA）、定量测量法评估中国城市环境邻避风险治理的包容性程度，对问题进行经验验证。

[①] Dean G. Pruitt and Sung Hee Kim, *Social Conflict: Escalation, Stalemate, and Settlement*, 3rd edition, New York: McGraw-Hill Companies, 2004, p. 227.

[②] 徐祖迎、朱玉芹：《邻避治理——理论与实践》，上海三联书店2018年版，第93页。

[③] Alexander Dyck, Natalya Volchkova, Luigi Zingales, "The Corporate Governance Role of the Media: Evidence from Russia", *Journal of Finance*, 2008, Vol. 63, No. 3, pp. 1093–1135.

(一) 作为进行问题验证的技术手段的包容性程度评估

中国城市环境邻避风险治理的现有模式延续至今,在实践中发挥了较大作用。以管控为主要手段的治理模式在一定程度上能够控制矛盾和冲突的发生,达到维稳的目的。但是,在现有模式下,城市社会发展对环境邻避设施建设的实际需要得不到满足。现有模式因自身存在问题而无法从根本上防止风险的发生、发展。既然如此,就需要寻求解决问题的办法。为了较好地解决问题,必须比较准确地把握问题。前文运用规范研究法阐明了现有模式存在包容性不够的问题。那么,究竟前文所述的问题是否是客观存在的问题?这可以运用实证研究法来进行验证。具体地讲,评估可以作为进行问题验证的技术手段。包容性不够问题可以通过包容性程度的评估来确定。评估是检验行为表现和目标之间一致性的过程,其意义是比较实际结果和期待结果之间的差异性。① 中国城市环境邻避风险治理包容性程度的评估是一项实证研究,其目的是验证规范研究中所阐明的问题是否存在。若评估结果是包容性程度较低,就意味着实际结果和期待结果之间没有多大差异,也就意味着规范研究中所阐明的问题是存在的;反之,则意味着问题不存在。

城市环境邻避风险治理的包容性程度在不同时空下有所不同。目前,中国城市环境邻避风险治理模式虽然在总体上呈现出管控型的特征,但是各城市在经济发展、公众受教育程度以及政府治理理念等方面存在的差异导致其在面对环境邻避风险时的态度和行为存在差异,其风险治理呈现出不同程度的包容性。为了更加具体、清晰地比较包容性程度的差异,在评估时将没有包容、潜在包容、走向包容、全面包容四个等级作为衡量中国城市环境邻避风险治理包容性程度的尺度。没有包容,即无论是从事前、事中还是事后来看,

---

① Ralph W. Tyler, "Rationale for Program Evaluation", George F. Madaus, Michael Scriven, and Daniel Stufflebeam eds., *Evaluation Models: Viewpoints on Educational and Human Services Evaluation*, Boston: Kluwer-Nijhoff Publishing, 1983, p. 67–76.

第三章　中国城市环境邻避风险治理的现有模式

无论是从治理主体、治理程序还是从治理结果来看，整个城市环境邻避风险治理过程具有明显的管控色彩，地方政府完全采用管控型治理模式，治理过程毫无包容性可言。潜在包容性，即在各城市的环境邻避风险治理中，虽然管控手段仍然占据绝对主导地位，但是在治理的某个环节已经能够看到一些具有包容性的形式出现。走向包容，即在各城市的环境邻避风险治理中，无论是参与主体还是治理手段等都能体现一定的包容性，地方政府不再是唯一的治理主体，治理方式也不再是简单的"救火式的被动治理"。全面包容，即包容性体现在城市环境邻避风险治理的各方面和各环节，治理成效显著，风险得到有效化解。

没有包容、潜在包容、走向包容、全面包容四个等级既可以用来衡量中国城市环境邻避风险治理包容性程度的整体状况，也可以用来衡量这一治理的某一方面、某一环节的包容性程度。衡量的技术手段是运用模糊集定性比较研究法、定量测量法进行量化评估。根据研究变量的统计数量，分析这一治理包容性程度的影响因素，计算这一治理的包容性程度年均值、总体均值。此项评估旨在通过数量关系分析对中国城市环境邻避风险治理现有模式的问题进行验证。在一般情况下，评估与评价、估计等词是同义的。[①] 据此我们将此项评估定位为一类大体性或非精准性的评估。以量化的形式大致评估中国城市环境邻避风险治理的包容性程度达到以下哪一个等级：没有包容、潜在包容、走向包容、全面包容，验证问题是否存在。

（二）中国城市环境邻避风险治理包容性程度评估的方案
1. 基于模糊集定性比较研究法的评估方案
（1）研究方法与样本的选取

此项评估主要选取模糊集定性比较研究法。该方法是一种定性与

---

① ［美］威廉·N. 邓恩：《公共政策分析导论》，谢明等译，中国人民大学出版社2002年第2版，第435页。

定量相结合的方法。① 它认为结果变量（Y）的值是多个条件变量（X_1，$X_2 \cdots X_n$）综合作用的结果。它适用于中小样本规模的实证研究，有利于解决描述研究变量不同程度或部分隶属的问题。定性比较研究法的运用涉及研究变量的取值问题。在实证研究中，无论是条件变量还是结果变量，都不能进行简单的"不是"与"是"的区分，条件变量与结果变量的取值为 0 和 1，存在过多有效信息丢失的风险，因而无法使用清晰集和多值集定性比较方法。② 除了 0 和 1 之外，两个数值之间的某些数值用来满足变量不符合 0 和 1 两个状态的实际情况，相较于清晰集更能符合现实情境。③ 模糊集定性比较研究将变量值的度量置于 0 和 1 之间的任何数值，这样便能对主观性条件变量进行更为精确的赋值。④ 基于此，本书主要采用模糊集定性比较研究法进行评估。

模糊集定性比较研究法是定性比较研究法的一种类型。定性比较研究法对样本规模要求不高，它尤其适用于案例数量在 10 - 60 之间的比较研究⑤。不同学者根据实际情况具体选取的样本数量不大相同。以往学者运用定性比较研究法探讨邻避问题所确定的样本数量一般为 20—40 个案例。⑥ 借鉴以往学者的通常做法，本书选取 2007—2016 年发生的 30 个城市环境邻避事件作为评估的样本。样本的选取遵循以下原则：一是所选案例要有典型性和代表性，即该案例要有较大的社会影响；二是所选案例在邻避设施类型、事件时空分布方面要体现

---

① 马鹤丹、张琬月：《环境规制组态与海洋企业技术创新——基于 30 家海工装备制造企业的模糊集定性比较分析》，《中国软科学》2022 年第 3 期。

② 张平、吴子靖、侯德媛：《中国城市社区治理创新：动力因素与类型阐释——基于 42 个实验区案例的模糊集定性比较分析》，《社会主义研究》2020 年第 2 期。

③ 母睿、贾俊婷、李鹏：《城市群环境合作效果的影响因素研究——基于 13 个案例的模糊集定性比较分析》，《中国人口·资源与环境》2019 年第 8 期。

④ 王英伟：《权威应援、资源整合与外压中和：邻避抗争治理中政策工具的选择逻辑——基于（fsQCA）模糊集定性比较分析》，《公共管理学报》2020 年第 2 期。

⑤ Andrew Bennett and Colin Elman, "Qualitative Research: Recent Developments in Case Study Methods", *Annual Review of Political Science*, 2006, Vol. 9, pp. 455 – 476.

⑥ 万筠、王佃利：《中国邻避冲突结果的影响因素研究——基于 40 个案例的模糊集定性比较分析》，《公共管理学报》2019 年第 1 期。

第三章 中国城市环境邻避风险治理的现有模式

多样性特征；三是所选案例的支撑材料要全面、真实、可靠。①2007—2016年这十年，中国城市化处于快速发展时期，环境邻避设施建设的数量较多，出现的环境邻避事件也相对较多。比较典型的城市环境邻避事件，如厦门、大连等地的PX事件和浙江余杭中泰垃圾焚烧厂事件等均发生在这一时间段。而2017年至今，比较典型的事件少。本书选取上述十年的30个比较典型的城市环境邻避事件作为样本，这些案例均引起了社会的关注，得到了主流媒体的报道和学术界的重视，产生了较大的社会影响力；它们涉及较多的邻避设施类型，涉及东部、中部、西部的许多城市；它们的支撑材料具有可获得性，且来源可靠、多元。这些样本的选取能够使中国城市环境邻避风险治理包容性程度评估的结果具有较高的可信度。

（2）研究变量的设定与赋值

研究变量主要包括条件变量（即自变量）和结果变量（即因变量），它是整个评估的基础。设定条件变量相当于设立评估指标。指标是绩效测量系统的一个重要特征，②是反映评估对象属性的指示标志。指标的选择极为重要。选择不当的指标会导致只顾表象而不顾根本原因的状况出现。③中国城市环境邻避风险治理包容性程度（结果变量Y）的评估需要合理地设立指标。验证中国城市环境邻避风险治理现有模式的问题，主要围绕这一治理的包容性程度展开评估。公共治理的包容性是一个谱系性概念，其体现于治理的全过程和各个方面。不同的学者对公共治理的包容性有着不同的认识和理解。李春成从承诺与努力、决策权力观念、成员资格、会议文化、社会评估、信息的可获得性、资源分配和治理责任制等维度来研究公共治理的包容

---

① 杨建国、李紫衍：《空间正义视角下的邻避设施选址影响因素研究——基于24个案例的多值集定性比较分析》，《江苏行政学院学报》2021年第1期。
② ［德］托马斯·特拉斯基维奇：《公共部门绩效评估：来自发展中国家的经验》，《公共管理学报》2012年第2期。
③ ［法］皮埃尔·卡蓝默：《破碎的民主：试论治理的革命》，高凌瀚译，生活·读书·新知三联书店2005年版，第198页。

性。[①] 本书借鉴李春成的研究成果，设立如下8个条件变量或评估指标：行政吸纳（X_1）、权力观念（X_2）、成员资格（X_3）、会议文化（X_4）、可获得性信息（X_5）、社会需求评估（X_6）、资源分配（X_7）、监督问责制度（X_8）。这些条件变量分别涉及政府是否吸纳外部成员、决策者是否征求公众意见、利益相关者能否参与治理、参与会议是否便利、利益相关者能否获得信息、社会需求评估是否深入、资源分配是否公平、监督问责制度是否存在。8个条件变量涉及的具体内容不同，但其每一项具体内容体现出来的包容性在程度上属于没有包容、潜在包容、走向包容、全面包容四个等级中的一个。中国城市环境邻避风险治理的包容性程度是本书设定的结果变量，它随着8个条件变量的变化而变化。由于条件变量在包容性上分为以上四个等级，因而包容性程度这一结果变量同样分为以上四个等级。不同之处在于，结果变量明确分为没有包容、潜在包容、走向包容、全面包容四个等级，而条件变量没有明确分为这四个等级，只是其具体内容体现出来的包容性在程度方面实质上分为这四个等级。

  研究变量的赋值需要根据一定的标准进行。确立赋值标准是开展评估十分重要的一环。"公共行为是受标准管理的。"[②] 标准即"衡量尺度、规则和准则"[③]。赋值标准是衡量评估对象的数量式尺度、规则。本书以30个城市环境邻避事件为样本，设立8个条件变量或评估指标。可以根据实际情况，从没有包容、潜在包容、走向包容、全面包容四个等级中确定一个等级来对8个条件变量进行赋值或评分。评分时采取模糊集得分来表示包容性的程度，得分可以是0至1之间的任何数值。具体采用模糊集定性比较研究的四值锚值法，将变量取

[①] 李春成：《包容性治理：善治的一个重要向度》，《领导科学》2011年第4期。
[②] ［法］皮埃尔·卡蓝默、安德烈·塔尔芒：《心系国家改革——公共管理建构模式论》，胡洪庆译，上海人民出版社2004年版，第41页。
[③] Milan Zeleny, *Multiple Criteria Decision Making*, New York: McGraw-Hill, 1982, p.17.

第三章 中国城市环境邻避风险治理的现有模式

值确定为 0、0.33、0.67、1。① 条件变量在包容性上分为四个等级,虽然体现同一个等级的具体内容存在差异,但其赋值相同。四个等级的赋值标准分别为 0、0.33、0.67、1。结果变量测量的是中国城市环境邻避风险治理的包容性程度。包容性程度测量的主要依据是政府开放、公众参与的状况以及治理绩效。结果变量的评分等级与赋值标准是,没有包容评分为 0,潜在包容评分为 0.33,走向包容评分为 0.67,全面包容评分为 1(见表1)。

表1 中国城市环境邻避风险治理包容性程度评估变量的赋值标准

变量	评分等级与赋值标准
Y:包容性程度	没有包容=0,潜在包容=0.33,走向包容=0.67,全面包容=1
X_1:行政吸纳	政府没有吸纳外部成员=0,部分官员表示能够吸纳新成员=0.33,采取行动吸纳新成员=0.67,正式、积极吸纳新成员=1
X_2:权力观念	少数人掌控决策权=0,公众象征性参与决策=0.33,决策者努力听取公众意见=0.67,决策者通过各种方法征求公众意见=1
X_3:成员资格	利益相关者不能参与=0,开放成员资格但缺乏实质性措施=0.33,欢迎所有人群(代表)参与=0.67,所有人群(代表)构成治理群体=1
X_4:会议文化	决策会议不对外开放=0,决策会议对外开放但不够便利=0.33,参与会议比较便利=0.67,参与会议很便利=1
X_5:可获得性信息	利益相关者无法获得信息=0,特定人群能够获得一些信息=0.33,信息得到比较广泛的传播=0.67,信息得到广泛的传播且丰富多样=1
X_6:社会需求评估	政府不了解公众需求=0,评估社会需求但不深入=0.33,深入调查社会需求和公众呼声=0.67,公众积极参与社会需求信息的搜集和分析=1
X_7:资源分配	少数人决定资源分配=0,进行渐进式资源分配调整=0.33,比较公平分配资源并向弱势群体倾斜=0.67,公平分配资源=1

---

① 张平、吴子靖、侯德媛:《中国城市社区治理创新:动力因素与类型阐释——基于42个实验区案例的模糊集定性比较分析》,《社会主义研究》2020年第2期。

续表

变量	评分等级与赋值标准
X_8：监督问责制度	监督问责制度不存在 = 0，开始创设监督问责制度 = 0.33，建立起监督问责制度以改善治理 = 0.67，实施监督问责并向社会公开 = 1

表格来源：作者根据资料自制。

确立研究变量的赋值标准后，需要对各样本的条件变量和结果变量进行具体细致的赋值或评分，以构建模糊集定性比较研究的四值（0、0.33、0.67、1）数据表。每一个变量的评分等级是上述四个等级之一。在掌握全面、真实、可靠的材料的基础上，按照表1中的评分等级与赋值标准对各样本的条件变量和结果变量予以评分，将原始定性文本转化为初始的数据信息①。通过进行具体的赋值，得到各样本（30个城市环境邻避事件）变量的赋值结果（见表2）。30个样本变量的赋值结果为本书利用fsQCA3.0软件构建真值表提供了基础数据。

表2　　各样本变量的赋值结果

年份	事件 分值 变量	Y	X_1	X_2	X_3	X_4	X_5	X_6	X_7	X_8
2007	北京六里屯垃圾焚烧厂事件	0.33	0.67	0.33	0.33	0.33	0.33	0.33	0.33	0.33
2007	厦门PX事件	0.67	0.67	0.67	0.67	0.67	0.33	0.33	0.33	0
2008	上海磁悬浮事件	0.33	0.67	0.67	0.33	0.33	0.33	0.33	0.33	0
2008	广州骏景花园变电站事件	0.33	0.33	0.33	0.33	0.33	0.33	0.33	0.33	0.33

---

① 单菲菲、高敏娟：《社区治理绩效的内涵、框架与实现路径——基于20个案例的模糊集定性比较分析》，《上海行政学院学报》2020年第5期。

第三章 中国城市环境邻避风险治理的现有模式

续表

年份	事件	Y	X_1	X_2	X_3	X_4	X_5	X_6	X_7	X_8
2008	北京望京变电站事件	0.33	0.67	0.67	0.33	0.33	0.33	0.33	0.33	0
2009	上海江桥垃圾焚烧厂事件	0.33	0.67	0.67	0.33	0.33	0.33	0.33	0.33	0
2009	北京阿苏卫垃圾焚烧厂事件	0.67	0.67	0.67	0.33	0.67	0.33	0.33	0.33	0.33
2009	广州番禺垃圾焚烧厂事件	0.33	0.67	0.67	0.33	0.33	0.33	0.33	0.33	0.33
2010	北京门头沟磁悬浮事件	0.33	0.67	0.67	0.33	0	0.67	0.33	0.33	0
2010	东莞虎门垃圾焚烧厂事件	0.33	0.67	0.67	0.33	0.33	0.33	0.33	0.33	0
2011	安徽望江反核事件	0.33	0.33	0.33	0.33	0.33	0.33	0.33	0.33	0
2011	无锡锡东垃圾焚烧厂事件	0.67	0.67	0.67	0.67	0.67	0.67	0.67	0.67	0
2011	大连 PX 事件	0.33	0.67	0.67	0.33	0	0.33	0.33	0.33	0.33
2012	江苏启东事件	0.33	0.33	0.33	0.33	0.33	0.33	0.33	0.33	0.33
2012	四川什邡事件	0.33	0.67	0.67	0.33	0.33	0.33	0.33	0.33	0.33
2012	宁波 PX 事件	0.33	0.67	0.67	0.33	0.33	0.33	0.33	0.33	0
2013	昆明 PX 事件	0.67	0.67	0.67	0.67	0.67	0.33	0.33	0.33	0.33
2013	成都 PX 事件	0.67	0.67	0.67	0.67	0.33	0.67	0.33	0.33	0
2013	九江 PX 事件	1	0.67	1	0.67	0.67	1	0.67	0.67	0
2013	广东江门反核事件	0.33	0.67	0.33	0.33	0.67	0.33	0.33	0.33	0
2014	广东茂名 PX 事件	0.33	0.67	0.33	0.33	0.33	0.33	0.33	0.33	0.33
2014	杭州中泰垃圾焚烧厂事件	0.67	0.67	0.67	0.67	0.33	0.33	0.67	0.67	0.67
2014	湘潭九华垃圾焚烧厂事件	0.67	0.67	1	0.33	0.67	0.67	0.67	0.67	0.33

续表

年份	事件	Y	X_1	X_2	X_3	X_4	X_5	X_6	X_7	X_8
2014	广东博罗垃圾焚烧厂事件	0.67	0.67	0.67	0.67	0.67	0.67	0.33	0.67	0
2015	广东河源火电厂事件	0.67	0.67	0.67	0.67	0.67	0.67	0.33	0.67	0.33
2015	深圳垃圾焚烧厂事件	0.67	0.67	0.67	0.67	0.33	0.67	0.33	0.67	0
2016	江苏连云港反核事件	0.33	0.33	0.33	0.33	0.33	0.33	0.33	0.33	0.33
2016	湖北仙桃垃圾焚烧发电厂事件	0.67	0.67	0.67	0.67	0.33	0.33	0.67	0.67	1
2016	浙江海盐垃圾焚烧发电厂事件	0.67	0.67	0.67	0.67	0.33	0.67	0.33	0.33	0
2016	南京六合垃圾焚烧发电厂事件	0.67	0.67	1	0.67	0.33	0.67	0.67	0.67	0

表格来源：作者根据资料自制。

（3）结果分析

第一，单个条件变量的必要性分析

根据 fsQCA 方法，首先要分析各条件变量的必要性，以此来检验单个条件变量对结果的解释程度。分析条件变量的必要性，就是探讨结果集合在多大程度上构成条件集合的子集。[1] 如果一个条件是必要条件，那么当结果出现时它一定出现。必要条件是通过一致性（Consistency）来判断的。[2] 单个条件变量是否具有必要性取决于一致性的高低。一致性能解释某一结果出现需要该条件变量出现的概率。必要

---

[1] 张林刚等：《中国制造业数字化转型评价及影响因素——基于模糊集定性比较分析》，《科技管理研究》2022年第7期。
[2] ［比］伯努瓦·里豪克斯、［美］查尔斯·C. 拉金：《QCA 设计原理与应用》，杜运周等译，机械工业出版社2017年版，第25页。

第三章　中国城市环境邻避风险治理的现有模式

条件的一致性通常被认为不低于0.9。① 条件对于结果的解释力是通过覆盖率（Coverage）来判断的。② 覆盖率的数值越大，意味着解释力越强。一致性和覆盖率的公式如下：

Consistency $(X_i \leq Y_i) = \sum [\min(X_i, Y_i)] / \sum X_i$

Coverage $(X_i \leq Y_i) = \sum [\min(X_i, Y_i)] / \sum Y_i$

通过 fsQCA3.0 软件进行运算后，得到各个条件变量的一致性和覆盖率数值（见表3）。一致性在0.9以上是必要条件的满足标准。由表3可知，X_1、X_2、X_3、X_7 的一致性分别为 1.000000、0.990423、0.916969、0.907206，~X_8 的一致性为 0.934449，它们通过了单个条件变量的必要性检验，被看作是城市环境邻避风险治理包容性程度提高的必要条件，这与当前中国城市环境邻避风险治理的实际情况相符。X_4、X_5、X_6 的一致性分别为 0.820362、0.885541、0.859600，虽然没有满足必要条件的标准，但符合充分条件的标准。③ 一致性大于 0.8 的条件变量被视为结果变量的充分条件。④ 为了进一步验证上述必要条件的一致性检验，需要补充各条件变量对应结果 ~Y 的必要性检验。从表3可以看出，X_1 的一致性为 0.915364，~X_3、~X_4、~X_6、~X_7、~X_8 的一致性分别为 0.920725、0.923216、0.976821、0.953869、0.972291，它们通过了条件变量的必要性检验。其余条件变量的一致性均小于 0.9，因而它们都不属于城市环境邻避风险治理包容性程度提高的必要条件。

---

① Carsten Q. Schneider, Claudius Wagemann, *Set-Theoretic Methods for the Social Sciences: A Guide to Qualitative Comparative Analysis*, Cambridge: Cambridge University Press, 2012, p. 143.

② ［比］伯努瓦·里豪克斯、［美］查尔斯·C·拉金：《QCA 设计原理与应用》，杜运周等译，机械工业出版社 2017 年版，第 25 页。

③ 张平、吴子靖、侯德媛：《中国城市社区治理创新：动力因素与类型阐释——基于 42 个实验区案例的模糊集定性比较分析》，《社会主义研究》2020 年第 2 期。

④ 刘晓燕、张淑伟、单晓红：《企业技术融合程度提升路径：基于模糊集定性比较分析方法》，《科技管理研究》2022 年第 6 期。

表3　　　　　　　　　单个条件变量的必要性分析结果

条件变量	结果 = Y		结果 = ~Y	
	一致性	覆盖率	一致性	覆盖率
X_1	1.000000	0.717383	0.915364	0.808698
~X_1	0.733333	0.875555	0.680106	1.000000
X_2	0.990423	0.711652	0.861533	0.762360
~X_2	0.669270	0.796944	0.674141	0.988596
X_3	0.916969	0.903776	0.674745	0.819006
~X_3	0.816364	0.670844	0.920725	0.931770
X_4	0.820362	0.896646	0.632389	0.851219
~X_4	0.863877	0.656144	0.923216	0.863559
X_5	0.885541	0.873441	0.679728	0.825660
~X_5	0.823245	0.676084	0.895810	0.906002
X_6	0.859600	0.967860	0.618648	0.857831
~X_6	0.873733	0.650401	0.976821	0.895487
X_7	0.907206	0.941069	0.641600	0.819637
~X_7	0.826127	0.651775	0.953869	0.926790
X_8	0.384658	0.918517	0.286825	0.843472
~X_8	0.934449	0.515490	0.972291	0.660546

数据来源：fsQCA3.0软件生成（原始数据参见附录图1）

注："~"是布尔代数的基本运算符号，表示对应的条件变量缺失；"*"表示"且"；表3中的数据与软件生成的原始数据保持一致，下文的表4、5同样如此。

第二，条件变量组合分析

根据fsQCA方法，还要分析条件变量组合。条件变量组合分析就是分析各个条件变量如何组合导致结果变量的发生。这种分析能够显示出不同条件组合方式对结果的影响。在分析之前，需要先设定案例的频数阈值和一致性阈值。案例的频数阈值根据样本大小设定。对于中小样本，频数阈值为1。[①] 一致性阈值通常不低于0.75，等于0.8

---

① 陶克涛、张术丹、赵云辉：《什么决定了政府公共卫生治理绩效？——基于QCA方法的联动效应研究》，《管理世界》2021年第5期。

第三章 中国城市环境邻避风险治理的现有模式

比较合适。大多数学者将频数阈值、一致性阈值分别设定为1、0.8。[1] 借鉴国内外学者的普遍做法，并综合考虑样本量的情况，本书将频数阈值设定为1，将一致性阈值设定为0.8。利用fsQCA3.0软件来构建真值表；以真值表为基础进行条件组合分析，可以得到导致结果发生的复杂解、简约解和中间解（见表4、表5）。中间解纳入具有意义的逻辑余项，优于复杂解和简约解，[2] 因而成为本书的不二之选。

表4　　　　　　结果Y的条件变量组合分析

复杂解	原始覆盖率	唯一覆盖率	一致性	整体覆盖度	整体一致性
X1 * X2 * X4 * X5 * X6 * X7 * ~X8	0.725988	0.432417	0.98288	0.816085	0.973492
X1 * X2 * X3 * ~X4 * ~X5 * X6 * X7 * X8	0.384658	0.0900977	0.975708		
简约解	原始覆盖率	唯一覆盖率	一致性	整体覆盖度	整体一致性
X4 * X6	0.750534	0.0908414	0.983431	0.840632	0.947297
X8	0.384658	0	0.918517		
~X5 * X6	0.749791	0	0.983415		
~X5 * X7	0.749791	0	0.983415		
X3 * ~X4 * ~X5	0.749791	0	0.983415		
中间解	原始覆盖率	唯一覆盖率	一致性	整体覆盖度	整体一致性
X1 * X2 * X3 * ~X4 * ~X5 * X6 * X7	0.749791	0.114644	0.983415	0.840632	0.974246
X1 * X2 * X4 * X5 * X6 * X7 * ~X8	0.725988	0.0908414	0.98288		

数据来源：fsQCA3.0软件生成（原始数据参见附录图2）

---

[1] 曾经纬、李柏洲：《组态视角下企业绿色双元创新驱动路径》，《中国人口·资源与环境》2022年第2期。

[2] 单菲菲、高敏娟：《社区治理绩效的内涵、框架与实现路径——基于20个案例的模糊集定性比较分析》，《上海行政学院学报》2020年第5期。

表 5　　　　　　　　结果 ~ Y 的条件变量组合分析

复杂解	原始覆盖率	唯一覆盖率	一致性	整体覆盖度	整体一致性
~X2 * ~X3 * X4 * ~X5 * X6 * ~X7 * ~X8	0.636315	0.0821441	0.991996	0.885315	0.954886
X1 * ~X2 * ~X3 * ~X5 * ~X6 * ~X7 * ~X8	0.572065	0.0178936	0.986589		
X1 * X2 * ~X3 * ~X4 * ~X6 * ~X7 * ~X8	0.749339	0.231106	0.956534		
简约解	原始覆盖率	唯一覆盖率	一致性	整体覆盖度	整体一致性
~X2	0.674141	0.0178936	0.988596	0.905247	0.955835
~X3 * X4	0.887354	0.231106	0.957709		
中间解	原始覆盖率	唯一覆盖率	一致性	整体覆盖度	整体一致性
~X2 * ~X3 * X4 * ~X5 * X6 * ~X7 * ~X8	0.636315	0.0821441	0.991996	0.885315	0.954886
X1 * ~X2 * ~X3 * X5 * ~X6 * ~X7 * ~X8	0.572065	0.0178936	0.986589		
X1 * X2 * ~X3 * ~X4 * ~X6 * ~X7 * ~X8	0.749339	0.231106	0.956534		

数据来源：fsQCA3.0 软件生成（原始数据参见附录图 3）

其一，基于结果 Y 的条件变量组合分析。唯一覆盖率是衡量某种条件组合解释力的关键指标,[1] 其数值会相对较低。[2] 对于中间解而言，从唯一覆盖率来看，X1 * X2 * X3 * ~X4 * ~X5 * X6 * X7 组合最高为 0.114644，该组合对结果 Y 的解释力最强；X1 * X2 * X4 * X5 * X6 * X7 * ~X8 组合为 0.0900977，其解释力最弱。从一致性来看，

---

[1] 王英伟:《权威应援、资源整合与外压中和：邻避抗争治理中政策工具的选择逻辑——基于（fsQCA）模糊集定性比较分析》,《公共管理学报》2020 年第 2 期。

[2] 马鹤丹、张琬月:《环境规制组态与海洋企业技术创新——基于 30 家海工装备制造企业的模糊集定性比较分析》,《中国软科学》2022 年第 3 期。

第三章 中国城市环境邻避风险治理的现有模式

X1*X2*X3*~X4*~X5*X6*X7 组合最高为 0.983415，X1*X2*X4*X5*X6*X7*~X8 组合为 0.98288，它们均大于 0.8 的理论阈值。中间解的整体覆盖度和整体一致性均大于 0.8，这代表着中间解的组合是提高中国城市环境邻避风险治理包容性程度的主导因素。

其二，基于结果~Y 的条件变量组合分析。本书选择中间解进行分析。从唯一覆盖率来看，X1*X2*~X3*~X4*X6*~X7*~X8 组合最高为 0.231106，其对结果~Y 的解释力最强；X1*~X2*~X3*~X5*~X6*~X7*X8 组合最低为 0.0178936，其解释力最弱；~X2*~X3*~X4*~X5*~X6*~X7*~X8 组合为 0.0821441，其解释力居于前两个组合之间。从一致性来看，~X2*~X3*~X4*~X5*~X6*~X7*~X8 组合最高为 0.991996，X1*~X2*~X3*~X5*~X6*~X7*~X8 组合为 0.986589，X1*X2*~X3*~X4*~X6*~X7*~X8 组合最低为 0.956534，它们均大于 0.8 的理论阈值。从总体来看，中间解的整体覆盖度和整体一致性均大于 0.8，这代表着中间解的组合是提高中国城市环境邻避风险治理包容性程度的主导因素。

其三，条件变量组合的分类分析。本书运用 fsQCA 方法分析中国城市环境邻避风险治理的 30 个案例。通过采用布尔逻辑语言构建真值表，进行必要条件与条件组合分析，得出中国城市环境邻避风险治理包容性程度的影响因素。通过实证研究发现，一是 X1*X2*X3*~X4*~X5*X6*X7 组合即行政吸纳、权力观念、成员资格、社会需求评估和资源分配等因素共同推动城市环境邻避风险治理包容性程度的提高。二是 X1*X2*X4*X5*X6*X7*~X8 组合即行政吸纳、权力观念、会议文化、可获得性信息、社会需求评估、资源分配等因素共同推动城市环境邻避风险治理包容性程度的提高。换言之，中国城市环境邻避风险治理包容性程度的提升有两类组合路径，即"行政吸纳+权力观念+成员资格+社会需求评估+资源分配"类路径和"行政吸纳+权力观念+会议文化+可获得性信息+社会需求评估+资源分配"类路径。

2. 基于定量测量法的评估方案

此项评估还采用定量测量法。模糊集定性比较研究法结合了定性分析与定量分析各自的优势,[①] 它的应用包含一定的定量分析,但它与定量测量法存在着差异。定量测量法是通过具体的数学统计、运算对研究变量进行测量和分析的一种方法。本书在采用定量测量法时,利用前文条件变量赋值的结果。所不同的是,按照模糊集定性比较研究法,结果变量的数值为 0.33、0.67、1 三个数值中的一个（结果变量的数值没有为 0 的样本）；而按照定量测量法,结果变量的数值为各条件变量的平均值。

前文选取 30 个城市环境邻避事件作为评估的样本,设立 8 个条件变量或评估指标。在 8 个条件变量赋值结果的基础上,采用定量测量法评估中国城市环境邻避风险治理的包容性程度。首先,将各样本 8 个条件变量的得分相加,然后将各样本的总分除以 8,得到各样本 8 个条件变量的平均值,即各样本的治理的包容性程度值。其次,按照年度,将各样本的治理包容性程度值的总和除以 1 年内被选取的城市环境邻避事件的数量,得到样本的治理包容性程度的年均值。再次,将样本的治理包容性程度年均值的总和除以 10,得到样本的治理包容性程度的总体均值（见表 6）。最后,根据年均值、总体均值评定中国城市环境邻避风险治理包容性的年度程度、总体程度。从表 6 中的数据来看,这一治理包容性的年度程度、总体程度均较低。

---

① 杨志文：《组态思维下专业市场多元国际化路径——基于 74 个案例的模糊集定性比较分析》,《治理研究》2022 年第 3 期。

表6 2007—2016年中国城市环境邻避风险治理的包容性程度评分总表

年份	包容性程度年均值	包容性程度总体均值
2007	0.416	0.447
2008	0.359	
2009	0.415	
2010	0.374	
2011	0.416	
2012	0.373	
2013	0.500	
2014	0.532	
2015	0.543	
2016	0.543	

注：数值保留小数点后三位数。

(三) 中国城市环境邻避风险治理包容性程度评估的结论与讨论

本书以30个典型的城市环境邻避事件为样本，运用模糊集定性比较研究法、定量测量法对中国城市环境邻避风险治理的包容性程度进行了评估，下面结合评估结果作一分析总结。在各城市的环境邻避项目选址过程中，地方政府和项目建设方承担着决策者的角色。从30个样本来看，它们在决策阶段基本上没有主动邀请公众参与民意调查，没有广泛了解社会各界对于项目的诉求、意见和建议，没有建立起有效的沟通对话机制。项目信息的公开也十分有限，地方政府和项目建设方一般只是公示项目规划、环评报告，有的甚至没有及时通过有效的渠道公布这些信息，导致一些关于项目的谣言滋生和蔓延。谣言加重公众的恐慌情绪，推动城市环境邻避事件的发生。总体来讲，在城市环境邻避决策阶段，无论是在主体结构方面还是在决策程序方面，包容性是不够的，地方政府和项目建设方没有意识到充分吸纳其他利益相关主体参与决策的重要性，没有意识到广泛了解公众诉求、意见和建议的重要性。

在城市环境邻避风险出现以及事件发生后，由于事件发生时间、城市经济发展程度、地方政府治理理念与能力、公众文化水平等因素的影响,各样本的治理的包容性程度呈现出不同的特征。一是从行政吸纳和成员资格来看,各样本在治理上呈现出潜在包容或走向包容的特征。通过案例分析发现,虽然在项目决策阶段,决策者未能意识到代表性不足的问题,但是当公众的反对声音日益激烈时,地方政府逐渐意识到必须增强包容性、开放成员资格。二是权利观念和会议文化两个条件变量具有一定的关联度。当地方政府的决策遭到公众质疑、反对时,它们一般会组织座谈会、听证会或市民代表沟通会等,跟市民代表、专家、媒体等利益主体进行沟通以征求意见。即地方政府为了听取公众意见,通常会提高会议的开放程度。当然,有的地方政府通过其他途径来征求公众意见。从权利观念来看,3个样本在治理上呈现出完全包容的特征。三是从可获得性信息来看,信息公开工作有待改进。多数地方政府主要公开项目方案、环评报告、科普知识等信息,较少对项目建设的原因、项目的利弊以及邻避设施的相关知识等信息进行全面、广泛的传播,导致地方政府提供的信息与公众的信息诉求的匹配度不高。正是如此,在30个样本中,20个样本的该条件变量得分为0.33。在城市环境邻避事件发生后,有些地方政府会进一步向社会公开项目信息,但这种信息公开的透明度和广泛度大多是不够的。只有九江PX事件这一样本的该变量得分为1。广泛传播信息是"九江经验"[①]里头的重要一条。四是社会需求评估和资源分配两个条件变量的分值普遍不高。通过实证研究发现,主动通过各种渠道进行社会需求评估的案例较少,有的城市甚至在面临公众的质疑和反对时,仍然没有意识到要在第一时间主动了解民意、回应民众的诉求。比较而言,2013年以后的样本这两个条件变量的平均得分要明显高于2013年以前的样本。可见,近些年来地方政府在应对城市环境邻避风险时,逐渐认识到社会需求评估的重要性,逐步注重治理结果的公正性。另外,在少数案例中,地方政府采取协商治理的方式,

---

① 张紧跟、叶旭:《邻避冲突何以协商治理——以广东茂名PX事件为例》,《中国地质大学学报》(社会科学版) 2018年第5期。

第三章 中国城市环境邻避风险治理的现有模式

积极与其他利益主体进行沟通协商，充分保障其知情权和参与权，最终有效地推进项目建设，使不同的利益主体共享治理成果。但多数项目并没有改变"一闹就停"的局面，地方政府往往迫于社会压力叫停项目。五是监督问责制度这一条件变量反映出包容性不够的问题。16 个样本的该变量的得分为 0，12 个样本的得分为 0.33，表明监督问责制度和包容性评估制度没有普遍建立起来。监督问责制度建设不受重视，这不利于提升城市环境邻避风险治理的包容性。六是包容性程度这一结果变量也反映出包容性不够的问题。根据各样本变量的赋值结果，16 个样本的治理的包容性程度值为 0.33，13 个为 0.67。由此看来，中国城市环境邻避风险治理的包容性是不够的。各样本变量的赋值结果验证了中国城市环境邻避风险治理现有模式的问题是存在的。

根据单个条件变量的必要性分析，X_1、X_2、X_3、X_7 是中国城市环境邻避风险治理包容性程度提高的必要条件，X_4、X_5、X_6 是其充分条件，8 个条件变量中只有 X_8 不是必要条件或充分条件。这意味着模糊集定性比较研究中的变量能够说明问题，意味着上述验证具有合理性。根据条件变量组合分析，行政吸纳、权力观念、成员资格、社会需求评估、资源分配等因素的组合、行政吸纳、权力观念、会议文化、可获得性信息、社会需求评估、资源分配等因素的组合推动城市环境邻避风险治理包容性程度的提高。从组合的角度来看，以上因素或条件变量反映出的包容性程度是不够的，结果变量反映出的包容性程度也是如此。这表明中国城市环境邻避风险治理现有模式的问题是存在的。

基于定量测量法的评估也是进行问题验证的一种具体的技术手段。根据中国城市环境邻避风险治理的包容性程度评分总表，可以发现 2007—2016 这十年间城市环境邻避风险治理的包容性程度总体上呈现出不断提升的趋势。但是，这十年的包容性程度总体均值为 0.447，表明包容性程度不高。从年均值、总体均值来看，包容性程度介于潜在包容与走向包容之间。根据评估结果，可以得出结论：中国城市环境邻避风险治理具有一定的包容性，2013年以来其包容性在增强，但仍然不够。这一评估结论进一步验证了中国城市环境邻避风险治理现有模式的问题是存在的。

第四章 中国城市环境邻避风险治理的模式转换

中国城市环境邻避风险治理的现有模式虽然具有一定的可取之处，但存在一些问题。这些问题在很大程度上影响了城市环境邻避风险治理的效果，于是，中国城市环境邻避风险治理的模式转换提上日程。换言之，现有模式的效果不理想，因而要有效治理城市环境邻避风险，就得转换治理模式。笔者拟对中国城市环境邻避风险治理模式转换的理论资源进行梳理，并在考察模式转换的现实动因的基础上阐明中国城市环境邻避风险治理模式转换的路向选择。

一 中国城市环境邻避风险治理模式转换的理论资源

理论对实践具有重要的指导作用。正如马克思主义指出的那样，哲学革命是政治变革的前导;[1]"没有革命的理论，就不会有革命的运动"[2]。理论对实践的指导作用亦体现在中国城市环境邻避风险治理的模式转换上。也就是说，这种模式转换需要相关理论的支撑。多元治理理论、参与民主理论和包容性治理理论既是公共治理实践的抽象概括与经验总结，也是中国城市环境邻避风险治理模式转换的理论资源。

---

[1]《马克思恩格斯选集》第四卷，人民出版社2012年版，第220页。
[2]《列宁选集》第一卷，人民出版社2012年版，第311页。

（一）多元治理理论

多元治理理论最早起源于经济学。英国学者迈克尔·博兰尼率先提出了"多中心"的概念，即"多元"的概念。博兰尼认为，市场、生产和消费等多中心创造出利润，不同管理者从自发秩序出发对不同的中心进行管理以实现资本的有效积累。按照他的看法，通过体系内多中心性要素相互调整，社会秩序自发得以实现。① 后来，以奥斯特罗姆夫妇为代表的许多学者将多中心治理理论应用于政治学和公共事务治理领域。文森特·奥斯特罗姆系统阐述了多中心治理的理论逻辑。在他看来，各行动主体之间是相互独立的决策中心。② 埃莉诺·奥斯特罗姆指出，多中心系统存在于多个层级，每一层级都有一些自治权。③ 他们提出多中心理论的主要目的在于建立多中心治理结构。④ 多中心治理结构即是多元治理结构。多元治理强调多元主体参与，这可以实现各个利益参与者均能有所得的善治。多元治理结构是相对于单一治理结构而言的。在多元治理结构中，治理主体除了政府以外，还包括社会和市场。多元治理注重的是多元主体的共同参与，而非自上而下的统治。政府与社会组织以及市场等主体通过平等与对话来达成共识，治理主体之间的关系是一种平等的协调合作关系。看来，多元治理是中国城市环境邻避风险治理应有的重要特征。可是，这一特征在实践中没有较好地体现出来。中国城市环境邻避风险治理要获得发展，就需要引入多元主体参与。据此判断，多元治理理论可以为中国城市环境邻避风险治理的模式转换提供指导。

综上所述，不难得知，多元治理相对于传统政府管理模式而言，

---

① ［英］迈克尔·博兰尼：《自由的逻辑》，冯银江、李雪茹译，吉林人民出版社2011年版，第171页。
② ［美］文森特·奥斯特罗姆：《多中心》，载［美］迈克尔·麦金尼斯主编：《多中心治理体制与地方公共经济》，毛寿龙译，上海三联书店2000年版，第95页。
③ ［美］埃莉诺·奥斯特罗姆：《公共资源的未来：超越市场失灵和政府管制》，郭冠清译，中国人民大学出版社2015年版，第44页。
④ 熊光清、熊健坤：《多中心协同治理模式：一种具备操作性的治理方案》，《中国人民大学学报》2018年第3期。

第四章　中国城市环境邻避风险治理的模式转换

具有如下方面的特征：一是多元的公共行动体系。多元治理模式的理论假设是在一个资源稀缺而又相互依赖的环境中，相互依存的治理主体在处理公共事务时需要通过共享知识、交换资源和达成谈判目标来实施有效的集体行动。在多元治理过程中，政府不再是合法权力的垄断者，社会治理的参与者也可以是社会组织、企业或公众；多元主体的合作治理有利于特定公共问题的有效解决。多元主体通过平等的谈判、协商、合作来克服政府单一管理模式的缺陷，从而增强社会活力、提高治理效率。二是多样态的治理规则。相互依赖而又相对独立的多元主体之间形成了一个复杂的社会治理网络体系。要使这个网络体系能够有效运转，就需要构建各治理主体共同认可和遵守的治理规则。这种治理规则是多元主体通过协商与对话达成的共识，具有多样态性。不同性质的公共服务与公共产品可以通过不同的制度规则来提供，这些治理规则本身不具有法律效力和强制力，但均会得到各主体的遵守。多元治理主体可以基于一定的制度规则，通过博弈、共同参与和相互调适，建立有效的合作互动关系，形成多样的公共事务管理制度或组织模式[①]。三是互惠合作的行动策略。博弈理论表明，合作策略往往是诸多重复出现的博弈中最有利的利己策略。参与者经过多次博弈，会倾向于构建长远的互动关系，亦即各博弈主体的协同性均衡状态达成的原因在于寻找有利于共同盈利的战略。在多元治理中，参与者会放弃单打独斗的行动状态，转而寻求从集体行动中获得合作空间。多元治理的主体为了解决社会共同面临的公共问题，实现公共利益，就必须发挥 $1+1>2$ 的整体效应。各主体之间不仅相互依赖，还会相互影响与相互干扰。这就需要各主体利用自身的优势，创新沟通交流、协商对话机制，实现跨部门、跨组织、跨地域性的合作，实现他们之间资源、使命、能力、职责和责任的有效整合，解决共同的社会问题。四是多元治理的协同性。多元治理在一定意义上说是协同治理。协同治理是跨越公共部门、私人部门和社会边界而制定公共政

---

① ［美］迈克尔·麦金尼斯：《多中心体制与地方公共经济》，毛寿龙译，上海三联书店2000年版，第69—75页。

策与进行管理的过程和结构。① 它要求公共部门直接接触私人部门、社会组织和公众，通过共同参与和协商一致的方式进行决策②。在协同治理中，政府和非政府主体处于平等的地位。各治理主体能够有效参与到公共事务中。他们之间的关系是平等协商的关系，而非命令服从关系。协同治理强调在尊重各主体之间平等地位的前提下，按照他们共同接受的规则来实现各子系统之间行动的协调性和目标的协同性。总之，多元治理强调治理主体的多元性、治理规则的多样性、子系统之间的协作性和自组织行为的互补性。多元主体的协同治理是社会治理的发展路径。③ 它对中国城市环境邻避风险治理模式转换的启示在于，这一治理需要包括政府在内的多元主体参与其中，通过协商对话来有效地规避风险。所以，多元治理理论是中国城市环境邻避风险治理模式转换的一种理论资源。

（二）参与民主理论

参与民主是政治理论的一个核心议题。作为正式术语的参与民主由考夫曼率先提出。④ 参与民主理论强调社会组织、企业、公众参与公共事务或决策过程。多元主体参与对于包容性治理具有实质意义，因为包容性治理内含多元主体参与。让多元主体充分有效地进行参与，可以提升中国城市环境邻避风险治理的包容性。从这个意义上说，参与民主理论也是中国城市环境邻避风险治理模式转换的一种理论资源。

参与民主理论的核心是参与。古典民主共和理论、卢梭的直接民

---

① Kirk Emerson, Tina Nabatchi, Stephen Balogh, "An Integrative Framework for Collaborative Governance", *Journal of Public Administration Research and Theory*, 2012, Vol. 22, No. 1, pp. 1 – 29.

② Ansell Chris, Alison Gash, "Collaborative Governance in Theory and Practice", *Journal of Public Administration Research and Theory*, 2008, Vol. 18, No. 4, pp. 543 – 571.

③ 王炎龙、刘叶子：《政策工具选择的适配均衡与协同治理——基于社会组织政策文本的研究》，《四川大学学报》（哲学社会科学版）2021年第3期。

④ Franck Cunningham, *Theories of Democracy, A Critical Introduction*, London: Routledge, 2002, p. 123.

第四章　中国城市环境邻避风险治理的模式转换

主思想和密尔的积极参与理念是参与民主的理论渊源。亚里士多德是古典民主共和理论的代表人物。他认为，在许多事例上，群众比任何一人可能作较好的裁断。① 卢梭大力倡导直接民主。在他看来，"在一个真正自由的国家里，一切都是公民亲手来做"②。卢梭关于直接民主的观点"构成了参与民主理论的基础"③。密尔的理论发展了卢梭关于参与的观点。密尔主张公民积极参与公共事务。按照密尔的看法，每个公民"至少是有时，被要求实际上参加政府，亲自担任某种地方的或一般的公共职务"④。他指出，地方政府活动中的参与是在国家层次上进行参与的必要条件。⑤ 古典民主共和理论、卢梭的直接民主思想和密尔的积极参与理念为参与民主理论的发展提供了理论资源，进而间接为中国城市环境邻避风险治理的模式转换提供了理论资源。

在参与民主理论的发展中，柯尔、阿伦特、佩特曼和麦克弗森等学者起了主要作用。同卢梭一样，柯尔认为人们结合在一起的依据是意志。在柯尔看来，各种团体都应看作是组成它们的人的意志的表达和体现。⑥ 跟密尔一样，柯尔注重地方和基层的团体的参与。作为参与民主理论的重要倡导者，阿伦特主张建立一种人人参与的民主制度。依她之见，公共领域是个人展现自己的地方，而展现构成了存在。⑦ 佩特曼是参与民主理论的集大成者，她的参与民主理论主要包括三个方面的内容。一是参与决策是参与民主的重要体现。从佩特曼的参与民主理论可以看出，民主真正体现为公民积极参与政策议程的

---

① ［古希腊］亚里士多德：《政治学》，吴寿彭译，商务印书馆1965年版，第163页。
② ［法］卢梭：《社会契约论》，何兆武译，商务印书馆2003年版，第119页。
③ ［美］卡罗尔·佩特曼：《参与和民主理论》，陈尧译，上海人民出版社2006年版，第26页。
④ ［英］J. S. 密尔：《代议制政府》，汪暄译，商务印书馆1982年版，第43页。
⑤ ［美］卡罗尔·佩特曼：《参与和民主理论》，陈尧译，上海人民出版社2006年版，第32页。
⑥ ［美］柯尔：《社会学说》，李平沤译，商务印书馆1959年版，第5页。
⑦ ［美］汉娜·阿伦特：《人的条件》，竺乾威等译，上海人民出版社1999年版，第38页。

每个环节。二是代议制民主的参与不足。佩特曼批判了熊彼特的参与民主理论。在佩特曼看来，参与没有关键性的或特殊的地位是熊彼特的民主理论的一大缺陷。佩特曼写道，在熊彼特的理论中投票选举领导者和进行讨论是公民唯一可以参与的方式。① 佩特曼觉得，公民不仅仅通过投票选出他们的代言人，而应该更多地参与到政治生活中。三是注重参与的教育功能。佩特曼指出，密尔的理论拓展了卢梭的关于参与的教育功能的论述。与卢梭相比，密尔十分看重地方层次上参与的教育功能。根据密尔的观点，地方层次上参与涉及的问题直接影响个人及其日常生活，地方职位把重要的政治教育带给社会中地位低得多的阶层②。佩特曼非常赞同密尔的观点，认为正是通过地方层次上的参与活动，个人才学会了民主的方法。③ 麦克弗森的民主理论借鉴了马克思主义的批判视角，受到了马克思主义者的推崇。麦克弗森主张将代议民主、竞争性政党制度与民众的直接参与结合起来。④ 上述学者的参与民主思想有其合理之处，它们直接为中国城市环境邻避风险治理的模式转换提供了理论资源。

　　由上可知，参与民主理论的要义在于多元主体的参与。该理论对中国城市环境邻避风险治理的模式转换具有重要意义。中国城市环境邻避风险治理模式要实现转换，就需要多种利益主体通过广泛的民主参与获得主体地位。而多种利益主体的参与正是参与民主理论的内核。参与民主可以促进城市环境邻避风险治理主体开展良性互动，提升他们的自我发展能力，增强他们对城市环境邻避设施的认同感，从而有效地消除城市环境邻避风险。正因如此，参与民主理论能够成为中国城市环境邻避风险治理模式转换的另一理论资源。

---

① ［美］卡罗尔·佩特曼：《参与和民主理论》，陈尧译，上海人民出版社2006年版，第4页。
② ［英］J. S. 密尔：《代议制政府》，汪瑄译，商务印书馆1982年版，第209页。
③ ［美］卡罗尔·佩特曼：《参与民主理论》，陈尧译，上海人民出版社2006年版，第29页。
④ C. B. Macpherson, *The Life and Times of Liberal Democracy*, Oxford: Oxford University Press, 1977, p. 109 – 111.

第四章　中国城市环境邻避风险治理的模式转换

（三）包容性治理理论

包容性治理是从包容性增长、包容性发展理念逐步演化而来的。"包容性增长"最早属于经济学话语体系，2007年亚洲开发银行首次提出这一概念。包容性增长倡导增长惠及更广大群体，促进机会平等，最终让普通民众最大限度地享受经济发展成果。包容性增长除了应用于经济领域之外，还逐渐扩展到政治、文化、社会和生态等领域，其核心要义为增长的互相协调性。在2010年亚太经合组织会议上，"包容性增长"有了中国式的解读，即中国迫切需要一个科学的指导方针来协调政治、经济、文化和社会各方面的发展。在2011年博鳌亚洲论坛年会上，包容性发展的概念首次被提出来。该年会将主题定为"包容性发展：共同议程与全新挑战"。① 党的十八届五中全会指出，发展必须是遵循社会规律的包容性发展。这样，"包容性增长"逐渐演变为"包容性发展"概念，并深入到国家政治、经济、文化、社会和生态等各方面。包容性治理是"包容性增长""包容性发展"镶嵌到治理理念中而产生的一个新概念。包容性治理概念出现后，包容性治理理论得到发展。包容性治理的内涵、特征是包容性治理理论的重要内容。从包容性治理的内涵、特征来看，包容性治理理论能够成为中国城市环境邻避风险治理模式转换的又一理论资源。

对于包容性治理的内涵，学者们仁者见仁、智者见智。前文对此已有一定的论述。这里我们拟拓展前文的论述，用以说明包容性治理理论是中国城市环境邻避风险治理模式转换的又一理论资源。有些学者认为，包容性治理有两个方面的内涵，即所有公民享有平等参与、平等分配资源的权利。② 另有学者认为，从广义上讲，包容性治理的内容包括治理主体上的全面参与、治理过程中的机会均等和治理结果

---

① 张清、武艳：《包容性法治框架下的社会组织治理》，《中国社会科学》2018年第6期。
② 尹利民、田雪森：《包容性治理：内涵、要素与逻辑》，《学习论坛》2021年第4期。

上的利益保障、权利平等。① 还有学者认为，包容性治理的内涵包括治理主体的多元合作、所有主体的平等参与、合作以及平等对待所有主体。② 笔者也在前文中对这一治理的内涵作了如下解读，即包容性治理是各种利益相关者能够融入治理主体结构，参与治理过程，平等共享政策结果、治理成果和社会资源的公共治理。尽管学者们的看法不尽相同，但随着包容性治理研究的不断深入，学术界逐步形成了一些共识：包容性治理是注重多元主体平等参与、互动合作、强调治理成果平等共享的治理模式。多元主体平等参与、互动合作、治理成果平等共享恰是中国城市环境邻避风险治理的模式转换所要达到的要求。所以，从包容性治理的内涵来看，包容性治理理论是中国城市环境邻避风险治理模式转换的理论资源之一。

包容性治理具有治理主体的差异性、协商合作的重要性、社会利益的共享性等特征。第一，治理主体的差异性。包容性治理是一种良好的治理。在治理的多中心结构中，政府部门、非政府组织、私人企业等都是参与主体，各主体通过合作来创造治理机制③。相比于一般意义上的治理，包容性治理注重参与主体的广泛性，承认主体的差异性。一方面，包容性治理强调各种利益主体应当参与到治理中来。它要求在治理过程中将公众实质性地包容进来，为公众提供参与决策与利益表达的渠道。另一方面，包容性治理承认治理主体的差异性，以防止发生"内外排斥"现象。内部排斥是指即使人们有机会参与决策制定的程序和讨论会，其也缺乏有效的机会去影响其他人的思想。外部排斥是指各种本来应当被包括进来的群体和个人被有意无意地排除在讨论与决策制定的论坛之外。④ 内外排斥往往存在于传统治理模

---

① 高传胜：《包容性治理与"十四五"医疗卫生治理现代化》，《人民论坛》2021年第14期。
② 宦佳、雷晓康：《探索包容性治理的实践方案》，《人民论坛》2021年第32期。
③ [美]约瑟夫·S. 奈、约翰·D. 唐纳胡：《全球化世界的治理》，王勇等译，世界知识出版社2003年版，第3页。
④ [美]艾丽斯·M. 杨：《包容与民主》，彭斌、刘明译，江苏人民出版社2013年版，第66—68页。

式中，该模式形式上吸收了社会主体的参与，但实际上治理决策的权力仍被少数人所掌握。相比之下，包容性治理承认主体的差异性，它强调不管治理主体的性别、肤色和社会经济状况等如何，应当正视与承认其差异性，并充分保障这些主体的权益。第二，协商合作的重要性。"合作现象到处可见，它是文明的基础。"① 社会生活需要合作，包容性治理同样如此。合作与协商联系密切。协商是一种共同的合作性活动。② 加之，协商是包容的、公共的。③ 因而协商合作自然是包容性治理的主要行动方式。共识的达成依赖于主体间平等理性的协商、对话和论证。共识的达成是合作产生的前提。只有进行合作，才能共同致力于解决问题。包容性治理的行动逻辑是开展协商—达成共识—进行合作—解决问题。协商合作在这一逻辑链上处于核心环节。包容性治理旨在解决现实问题。若没有协商合作，问题就难以得到有效解决。第三，社会利益的共享性。利益共享值得期待，理由在于"人们奋斗所争取的一切，都同他们的利益有关"④。包容性治理具有实现利益共享的目标导向。它强调合作共赢，注重保障利益共享。包容性治理要求与他人进行合作。通过合作，各方都有所获益。包容性治理强调承认主体的差异性，满足不同利益主体，包括弱势群体的合理诉求。即根据包容性治理理论，一个社会要允许"和而不同"的追求⑤。为了保障利益共享，必须"为人人有责、人人尽责提供当下激励"⑥。包容性治理的以上特征正是转换后的中国城市环境邻避风险治理模式所应具备的特征。治理主体的差异性不够、协商合作和利

---

① ［美］罗伯特·阿克塞尔罗德：《合作的复杂性：基于参与者竞争与合作的模型》，梁捷、高笑梅等译，上海人民出版社 2008 年版，第 2 页。
② ［美］詹姆斯·博曼：《公共协商：多元主义、复杂性与民主》，黄相怀译，中央编译出版社 2006 年版，第 25 页。
③ ［德］哈贝马斯：《在事实与规范之间：关于法律和民主法治国的商谈理论》，童世骏译，生活·读书·新知三联书店 2003 年版，第 379 页。
④ 《马克思恩格斯全集》第一卷，人民出版社 1995 年版，第 187 页。
⑤ 张彦、李汉林：《治理视角下的组织工作环境：一个分析性框架》，《中国社会科学》2020 年第 8 期。
⑥ 郁建兴、任杰：《社会治理共同体及其实现机制》，《政治学研究》2020 年第 1 期。

益共享不够是中国城市环境邻避风险治理现有模式的问题。现有模式因此难以有效发挥作用。转换现有模式，使转换后的模式具备以上特征，成为破解难题的必然选择。所以，从包容性治理的特征来看，包容性治理理论是中国城市环境邻避风险治理模式转换的理论资源之一。

二 中国城市环境邻避风险治理模式转换的现实动因

中国城市环境邻避风险治理的现有模式存在治理主体的多元性不够、治理程序的包容性不够、治理成果的共享性不够、治理监督的包容性不够等问题。这些问题在很大程度上影响了治理的绩效，于是，中国城市环境邻避风险治理的模式转换成为现实需要。要提高治理绩效，就需要进行模式转换。换言之，现有模式的内在缺陷导致治理实践面临绩效欠佳的困境，这为中国城市环境邻避风险治理的模式转换提供了现实诉求和操作推力。"正是获利能力无法在现存的安排结构内实现，才导致了一种新的制度安排（或变更旧的制度安排）的形成。"[1] 如此说来，现有模式存在的问题所导致的治理绩效欠佳的困境成为中国城市环境邻避风险治理模式转换的现实动因。这一困境主要表现为公众的邻避情结难以消解、城市环境邻避风险时而升级、城市环境邻避设施选址成功率低下与选址不合理并存。

（一）公众的邻避情结难以消解

在公共设施选址过程中，邻避情结是当今世界各个工业化、城市化国家普遍遭遇的现象。产生邻避情结的公共设施，通称为邻避设施。[2] 邻避设施的负外部性影响是邻避情结形成的基础。邻避设施存

---

[1] ［美］R. 科斯、A. 阿尔钦、D. 诺斯：《财产权利与制度变迁》，刘守英译，上海三联书店、上海人民出版社1994年版，第296页。

[2] 丘昌泰等：《解析邻避情结与政治》，翰芦图书出版有限公司2006年版，第8页。

第四章　中国城市环境邻避风险治理的模式转换

在的潜在风险导致公众产生邻避情结。对于邻避情结，学者们的说法各有不同。按照埃利奥特·维特斯的看法，邻避情结是对有害性的公共设施予以全面拒绝的态度。① 赫伯特·英哈伯指出，每个人原则上都期望能够兴建公共设施，然而却不愿意建在我家后院；邻避情结是对不喜欢和厌恶性的公共设施产生的排斥心理。② 在李永展看来，邻避情结是个人或社区反对某种设施或土地使用的态度。③ 尽管学者们的看法存在差异，但他们实际上都把邻避情结看成是一种反对邻避设施的心理倾向。邻避情结是一项复杂的内在心理机制。它虽然是理性考量的结果，但也存在诸多的非理性成分。④ 邻避情结既是一种个体心理现象，又是一种群体心理现象。个体的邻避情结在外部因素催化下会集聚为群体的态度。⑤ 邻避情结自然存在于环境邻避设施的建设与运营中。环境邻避设施是邻避设施的一种类型，它的负外部性影响致使公众产生邻避情结。公众的邻避情结需要通过环境邻避风险治理来消解。但是，中国城市环境邻避风险治理的现有模式存在一些问题。现有模式的问题使城市环境邻避风险得不到有效的化解，公众的担心和忧虑也就得不到消除，公众的邻避情结也就难以消解。尤其是在现有模式下，城市环境邻避设施的负外部性影响给公众带来的实际创伤使公众对类似设施产生抵制的心理。公众倾向于在既有经验或想象力的脉络中去估算风险。⑥ 城市环境邻避设施危害的历史记忆和现实状况促使公众进行风险估算。公众通过经验判断觉得城市环境邻避设施存在风险，他们就会产生邻避情结。可以说，由于现有模式存在

---

① M. E. Vittes, P. H. Pollock III, S. A. Lilie, "Factors Contributing to NIMBY Attitudes", *Waste management*, 1993, Vol. 13, No. 2, pp. 125–129.

② Herbert Inhaber, Slaying the NIMBY Dragon, New Brunswick, NJ: Transaction Publishers, 1998, p. 1.

③ 丘昌泰等：《解析邻避情结与政治》，翰芦图书出版有限公司2006年版，第13页。

④ 王奎明：《统合式治理何以有效：邻避困境破局的中国路径》，《探索与争鸣》2021年第4期。

⑤ 何兴斓、杨雪锋：《多学科视域下环境邻避效应及其治理机制研究进展》，《城市发展研究》2020年第10期。

⑥ [英]谢尔顿·克里姆斯基、多米尼克·戈尔丁：《风险的社会理论学说》，徐元玲等译，北京出版社2005年版，第258页。

问题，城市环境邻避设施给公众带来了不同程度的实际危害，导致公众的邻避情结难以消解。

公众的邻避情结难以消解是中国城市环境邻避风险治理的现有模式面临的一种困境。这还可以从技术和管理层面进行更深入的说明。邻避情结的形成不需要任何技术、经济、政治层面的理性知识，但其消解却离不开技术、经济、政治的互动与支撑。通过技术手段减少和消除环境邻避设施的负外部性影响是消解邻避情结的治本之策，然而它受到两个关键因素的制约：一是现代科学技术发展的限度；二是信任关系的形成。"今天的社会在处置风险的过程中需要面对自己。"[①] 人类在社会实践中创造了科学技术，但科学技术自身也会对生态环境与人类健康造成潜在的"副作用"[②]。"危险的源头不是无知而是知识，不是缺少控制而是完美地支配自然，不是由于脱离了人的理解，而是因为工业时代建立了决策和客观限制的体系。"[③] 现代科学技术带来的危机只能通过科技的发展来治理，但科技的发展并非一朝一夕可以完成；而且科技的不确定性会产生新的负外部性影响几乎是一种必然，发展科技以治理环境邻避风险可能会陷入技术循环负外部性影响的怪圈。[④] 换言之，发展科学技术以消解公众的邻避情结可能不太现实。这样，消解公众邻避情结的办法就落到了管理上。

技术层面的努力不能消除环境邻避设施的负外部性影响，但加强管理可以达到降低设施危害、减小设施风险发生概率的目的，这有助于消解公众的邻避情结。可是，通过加强管理以降低或消除环境邻避设施的负外部性效应受到社会信任水平的影响。信任是一个人对与自

---

① ［德］乌尔里希·贝克：《风险社会：新的现代性之路》，张文杰、何博闻译，译林出版社 2018 年版，第 230 页。

② 张海柱：《风险分配与认知正义：理解邻避冲突的新视角》，《江海学刊》2019 年第 3 期。

③ ［德］乌尔里希·贝克：《风险社会：新的现代性之路》，张文杰、何博闻译，译林出版社 2018 年版，第 230 页。

④ 陈宝胜：《邻比冲突及其治理模式研究》，中国社会科学出版社 2018 年版，第 231 页。

己的行动选择有关的他人行动的确切预期。① 它是社会构成的前提和基础。社会信任主要体现为社会与政府之间、公众与政府之间的诚信关系。社会信任水平与公众的邻避情结呈负相关关系。公众对邻避项目投资者缺乏信任和信心,他们便不会相信项目投资者对邻避风险的描述。② 而社会不信任在一定程度上是由中国城市环境邻避风险治理现有模式的问题引起的。在现有模式下,地方政府通常与企业、专家组成决策小组来进行城市环境邻避设施选址决策。由于决策过程具有一定的封闭性,公众对于城市环境邻避设施选址决策的依据以及具体信息不太了解。"若没有任何以往的信息,信任几乎是不可能的。"③ 在信息不对称的情况下,公众只能通过非正式渠道来获得被夸大的或虚假的信息,这些信息可能使公众对城市环境邻避项目产生质疑。随着城市环境邻避项目相关信息不断公开出来,公众了解到项目可能给自身的身体和心理造成负面影响,他们往往会通过市长热线、城市服务热线、信访等合法渠道进行利益表达,以期待地方政府能够重视他们的诉求并解决当下的问题。然而,在城市环境邻避风险治理的现有模式下,地方政府时常避实就虚、避重就轻地对公众进行消极的回应,公众感到地方政府只是敷衍了事,其对地方政府的不信任随之加深。社会不信任加剧了公众对城市环境邻避设施风险感知的偏差。有了这种偏差,公众的邻避情结自然就难以消解。

(二) 城市环境邻避风险时而升级

环境邻避设施在经济、社会发展中发挥着重要作用,对整个社会福利的持续改进以及城市乃至国民经济可持续发展目标的达成至关重要。然而,环境邻避设施的建设与运营通常面临着公众的抵制和反

---

① [波兰] 彼得·什托姆普卡:《信任:一种社会学理论》,程胜利译,中华书局2005年版,第33页。
② Roger E. Kasperson, "Six Propositions on Public Participation and Their Relevance for Risk Communication", *Risk Analysis*, 1986, Vol. 6, No. 3, pp. 275–281.
③ [德] 尼克拉斯·卢曼:《信任——一个社会复杂性的简化机制》,瞿铁鹏、李强译,上海世纪出版集团、上海人民出版社2005年版,第42页。

对。这种抵制和反对是一种主要的社会风险。① 环境邻避设施的社会风险是社会稳定、可持续发展的制约因素；若处置不当，它就可能演变升级为环境邻避冲突。环境邻避设施的社会风险存在于中国城市的发展过程中。为此，各级政府采取了许多措施应对城市环境邻避风险。但是，由于中国城市环境邻避风险治理的现有模式存在问题，社会风险并没有得到有效化解，有时甚至演变升级为社会冲突。即由于现有模式存在缺陷，城市环境邻避风险时而升级。

中国城市环境邻避风险治理的现有模式实质上是一种管控型模式。该模式的一个突出问题是忽视或被动吸纳公众意见。2006年以前，环境邻避冲突以零星点状的样态出现，它造成影响的程度和范围有限，还没有引起社会的广泛关注。此时，地方政府对环境邻避冲突问题的独特性缺乏认识，尚未重视环境邻避冲突挑战的复杂性，而把为数不多的环境邻避冲突看成"环境信访事项"。地方政府的环境邻避风险治理理念具有较为明显的应急色彩，更多地立足于已发生的环境邻避冲突，见招拆招地解决公众的利益诉求。在这种情况下，地方政府在环境邻避风险治理中忽视吸纳公众意见。地方政府没有让公众参与进来，没有与公众进行沟通交流，而主要依据自身管理经验和专家意见进行决策。这种决策方式会引起公众的不满和反对，继而会引发环境邻避冲突。环境邻避冲突发生后，地方政府才会应急式地跟公众进行接触和解释。2006—2012年，环境邻避冲突日趋频发，冲突的社会影响快速扩大。② 面对环境邻避冲突带来的社会压力，地方政府一般采用管控型治理模式。或者说，基于惯性维稳思维，地方政府此时通常实施管控型治理。在环境邻避冲突产生发展过程阶段，当公众通过集体散步或更激烈方式表达利益诉求时，地方政府出于维稳的政治需要进行控制处理。在环境邻避冲突结束、善后处理阶段，地方

---

① 崔彩云、刘勇：《邻避型基础设施项目社会风险应对：公众感知视角》，中国建筑工业出版社2021年版，第24页。
② 王佃利等：《邻避困境：城市治理的挑战与转型》，北京大学出版社2017年版，第261—262页。

第四章 中国城市环境邻避风险治理的模式转换

政府不是主动听取公众意见以求得问题的解决,而是仍依循维稳思路被动吸纳公众意见并进行善后处理。2013年以来,环境邻避冲突处于相对缓和阶段。① 多地政府逐渐尝试多渠道吸纳公众意见、回应公众的利益诉求。不过,中国城市环境邻避风险治理的管控型模式并没有发生质的变化。在管控型治理模式下,地方政府基本上忽视或被动吸纳公众意见,容易引起公众的不满和反对;不满和反对情绪累积到一定阶段,就会导致城市环境邻避冲突。城市环境邻避风险时而升级,在较大程度上是公众的不满和反对情绪累积到一定阶段的产物。

由上可知,现有模式存在的问题致使城市环境邻避风险时而升级。城市环境邻避风险时而升级是现有模式面临的一种绩效欠佳的困境,它表现为城市环境邻避冲突时有发生。近些年来的实际情况确实如此。目前,容易引起冲突的环境邻避设施主要有垃圾焚烧项目、PX项目和涉核项目。以垃圾焚烧项目为例,随着居民生活垃圾和工业垃圾的增多,垃圾处理成为大多数城市的重点工程,大多数城市主张通过兴建垃圾处理厂来处理各类垃圾。但是,垃圾处理厂的选址却遭到项目周边的公众的反对,并引发了一系列环境邻避事件,② 如北京六里屯垃圾焚烧厂事件、上海松江垃圾焚烧厂事件、广东番禺垃圾焚烧厂事件、湖北仙桃垃圾焚烧发电厂事件等。这些冲突意味着城市环境邻避风险时而升级。再以PX项目、涉核项目为例,福建厦门PX项目事件、浙江宁波PX项目事件、上海闵行PX项目事件、广东鹤山核燃料项目事件等,反映了城市环境邻避风险时而升级。为了更好地解决环境邻避问题,在李瑞农主编的《中国环境年鉴2017》中,环境保护部宣传教育中心在负责编写"开展环境社会风险防范与化解研究"部分时,重点围绕垃圾焚烧、PX和涉核等环境敏感项目的公众参与相关问题进行了调查研究,研究表明管控型模式的局限性使中

---

① 王佃利等:《邻避困境:城市治理的挑战与转型》,北京大学出版社2017年版,第264页。

② 许敏:《从管制到协商:邻避冲突治理模式研究》,武汉大学出版社2020年版,第69页。

国环境邻避风险治理面临困境。环境保护部宣传教育中心的研究为中国城市环境邻避风险治理的现有模式面临绩效欠佳困境的上述说法提供了注脚。

（三）城市环境邻避设施选址成功率低下与选址不合理并存

随着城市化的快速发展，城市对公共基础设施项目的建设需求已无法回避[①]。为了满足城市经济社会发展和公众生活的实际需要，政府规划和兴建了大量公共设施。一些公共设施在增进公共利益的同时，也产生或可能产生负外部性影响。这些公共设施一般叫做邻避设施，它们包括环境邻避设施。当环境邻避设施的负外部性影响对公众的生活环境、人身健康、财产安全等带来较大威胁时，该设施便成为公众抵制的对象。因此，设施的成功选址与合理选址便成为评价管控型城市环境邻避风险治理模式绩效的重要指标。成功选址重在强调"成功"，合理选址重在强调"合理"。有的时候，"成功"并不等同于"合理"。一种环境邻避设施的成功选址，可能是在政府的管制下形成的。公众迫于一定的压力，即使认为选址不合理，亦只能接受。合理选址则是综合考量公众、政府等各方面的情况的选址，是在充分调适公众、政府等多元主体利益诉求的基础上最终确定的设施选址。比较而言，合理选址更能获得公众的认可和赞同，更有利于环境邻避设施建设的顺利推进[②]。成功选址与合理选址是值得期待的，但中国城市环境邻避风险治理的现有模式主要是管控型模式，该模式存在的缺陷使得城市环境邻避设施选址成功率低下与选址不合理并存。

近些年来，许多城市的环境邻避设施不同程度地遭到公众及其他利益相关者的反对。较多时候，地方政府为了消除负面影响不得不停建或缓建环境邻避设施。可以说，管控型城市环境邻避风险治理模式

---

① 辛方坤：《邻避风险社会放大过程中的政府信任：从流失到重构》，《中国行政管理》2018年第8期。

② 许敏：《从管制到协商：邻避冲突治理模式研究》，武汉大学出版社2020年版，第68页。

第四章 中国城市环境邻避风险治理的模式转换

下设施选址成功率低下。这里着重从社会信任的角度进行详细解读。在管控型治理模式下,存在公众对地方政府不信任的情况。公众对地方政府的不信任是信息公开不充分、回应不足、政府管控和政策妥协等多重因素叠加的结果。信息公开不充分引起公众对环境邻避设施的质疑。公众对地方政府的态度是"想相信"却又"不敢信"。面对公众关于设施的询问、质疑,地方政府没有做出有效回应。① 回应不足使公众感知不到政府的"真诚",他们对地方政府的信任度逐渐下降。地方政府没有积极地吸纳公众及其他利益相关者的参与,没有较好地回应公众及其他利益相关者的诉求;相反,一旦冲突发生后,地方政府为了维护社会稳定采取强制手段来处理问题,其结果是地方政府与公众的隔阂越来越深。地方政府的强制手段加深了公众对地方政府的不信任。而且,强制手段不仅不能消弭冲突,还有可能使冲突升级。面对冲突升级的情形,为了维护社会稳定,地方政府往往通过政策妥协的方式来进行应对,公众对其信任也会因其能力不足而流失。公众的不信任阻隔了政府和公众的有效沟通和共识的形成,② 加剧了公众感知到的环境邻避设施的风险,降低了公众接受设施的可能性。③ 更有甚者,公众的不信任让他们产生一种抗拒心理,反对环境邻避设施"建在我家后院"。公众的这种反对较多地存在于中国城市环境邻避设施选址中,它使得设施选址成功率低下。虽然现实过程中不乏城市环境邻避设施选址成功的案例,但这并不代表公众对设施没有异议。城市环境邻避设施选址成功率低下造成了前期人力、物力、财力的浪费。

在管控型城市环境邻避风险治理模式下,设施选址不合理的现象

---

① 辛方坤:《邻避风险社会放大过程中的政府信任:从流失到重构》,《中国行政管理》2018 年第 8 期。

② Ting Liu, YungYau, "Institutional Inadequacies and Successful Contentions: A Case Study of the LULU Siting Process in Hong Kong", *Habitat International*, 2014, Vol. 44, pp. 22-30.

③ Peter A. Groothuis, Gail Miller, "The Role of Social Distrust in Risk-Benefit Analysis: A Study of the Siting of a Hazardous Waste Disposal Facility", *Journal of Risk and Uncertainty*, 1997, Vol. 15, No. 3, pp. 241-257.

较为普遍地存在着。这可能有多方面的成因。首先，城市环境邻避设施选址决策的科学依据不足。从目前中国的实际情况来看，部分城市环境邻避设施选址决策缺乏充分的科学论证；在设施选址程序中，部分环评报告尚未充分应用科学的风险分析工具。① 设施选址决策的科学依据不足带来选址的不合理，比如风险大的设施可能设在社区附近。其次，城市环境邻避设施选址决策不合理。由于缺乏环保意识，地方政府和企业在进行城市环境邻避设施选址决策时，一般优先考虑设施的建设和运营成本，却很少考虑设施对周边公众的负外部性影响，从而导致设施选址决策的不合理。再次，城市空间规划不合理。不合理的政绩考核制度和用人制度以及权力本位的共同作用，使中国的城市规划不合理。② 这种不合理主要表现为城市规划决策缺乏远景目标和连续性，城市空间利益分配不合理。城市环境邻避设施选址决策涉及地理空间资源的配置问题，需要考虑空间利益的公平分配。③ 但事实上城市空间利益分配存在不合理现象，设施选址的不合理现象随之产生。

综括而言，在当前的城市环境邻避风险治理中，存在公众的邻避情结难以消解、城市环境邻避风险时而升级、城市环境邻避设施选址成功率低下与选址不合理并存等困境。这些困境是中国城市环境邻避风险治理现有模式的问题造成的。这些困境需要加以破解，否则城市经济社会发展就会受到不良影响。而要想破解治理绩效欠佳的困境，就得转换现有模式。所以，以上困境是中国城市环境邻避风险治理模式转换的现实动因。

---

① 刘冰：《邻避抉择：风险、利益和信任》，社会科学文献出版社 2020 年版，第 253 页。
② 陈宝胜：《邻比冲突及其治理模式研究》，中国社会科学出版社 2018 年版，第 159 页。
③ 崔彩云、刘勇：《邻避型基础设施项目社会风险应对：公众感知视角》，中国建筑工业出版社 2021 年版，第 16 页。

三 中国城市环境邻避风险治理模式转换的路向选择

（一）包容性治理是中国城市环境邻避风险治理模式转换的路向选择

随着城市化的不断推进，环境邻避设施成为必需的公共物品。政府应该提供公共物品。① 为了满足城市经济社会发展和公众生活的需要，政府应该建设环境邻避设施。环境邻避设施建设本身是一件好事。只是由于中国城市环境邻避风险治理的现有模式存在一些问题，设施建设这样的好事可能变成坏事。在实践中，地方政府官员普遍认为环境邻避设施属于公益好事；他们以为人民政府就是代表人民的，决策后只需要埋头苦干就行了，忽视了与老百姓的有效沟通，最终出现社会风险升级的情况，导致"好事变坏"。虽然中央政府制定了众多关于建设项目环境影响评价及公众参与的政策文件，使环境邻避设施的决策更具合法性，但"总体上地方政府治理过程依然是较为封闭的精英决策，公众利益表达以原子化、非正式和影响政策执行为主要特点"②。随着中国经济社会的发展，公众参与公共政策制定和表达个人利益诉求的意愿也越来越强烈，封闭式、仪式化的精英决策已经完全不能适应新时代的发展要求。③ 因此，地方政府需要转变思想观念，转换治理模式。那么，治理模式转换的路向是什么？"每个问题只要已成为现实的问题，就能得到答案。"④ 中国城市环境邻避风险治理现有模式的问题已成为现实的问题。这一问题造成治理绩效欠佳的困境。面对困境，必须探索中国城市环境邻避风险治理的新路向。

---

① ［美］约瑟夫·斯蒂格里兹：《政府经济学》，曾强、何志雄等译，春秋出版社1988年版，第104页。
② 张紧跟：《从反应式治理到参与式治理：地方政府危机治理转型的趋向》，《中国人民大学学报》2016年第5期。
③ 辛方坤：《从"邻避"到"邻里"：中国邻避风险的复合治理》，北京大学出版社2021年版，第167—168页。
④ 《马克思恩格斯全集》第一卷，人民出版社1995年版，第203页。

作为善治的一个重要向度,包容性治理不失为一个好的选择。为了让"好事更好",地方政府应该逐步走向包容性治理,不能再将公众视为公共决策的被动接受者,而要将其视为利益攸关的合作者。可以认为,包容性治理是中国城市环境邻避风险治理模式转换的路向选择。包容性治理强调主体包容,要求改变以往单一治理主体的局面;强调机制包容,要求有效回应多元主体的利益诉求、充分吸纳多元主体参与决策;强调利益包容,要求治理成果平等共享。

1. 主体包容

公共治理的本质就是多元主体治理。作为一种良好的公共治理,包容性治理无疑应是多元主体治理。它的实现"应当诉求于几乎所有的社会阶层"①。包容性治理强调主体包容。理由在于,在共同关心的问题上,多人智慧胜一人。② 管控型治理往往忽视各利益群体的主体性地位,包容性治理则注重政府、专家学者、企业、新闻媒体、利益相关群体、社会组织和社会公众等的参与合作,充分尊重各方主体的利益诉求。主体包容对于包容性治理具有实质意义,因为如果没有多元主体参与,包容性治理就会失去本身的意涵。中国城市环境邻避风险治理的现有模式要转向包容性治理,一个重要方面就是要建立主体包容的治理结构。

在主体包容的治理结构中,各主体的功能、作用不尽相同,但他们之间相互包容、合作共治。政府是城市环境邻避风险治理的主要力量。就像麦克劳克林所指出的那样,邻避冲突的解决应该由政府起主导作用。③ 政府组织多元主体共同参与,协调各方利益,为治理提供政策引导与支持。专家学者为城市环境邻避现象提供有效的治理方案,对城市环境邻避项目的负外部性进行科学的评估。企业既是城市

---

① [希]塔基斯·福托鲍洛斯:《当代多重危机与包容性民主》,李宏译,山东大学出版社2008年版,第200页。
② [古希腊]亚里士多德:《政治学》,吴寿彭译,商务印书馆1965年版,第143页。
③ Danielle M. McLaughlin, Bethany B. Cutts, "Neither Knowledge Deficit nor NIMBY: Understanding Opposition to Hydraulic Fracturing as a Nuanced Coalition in Westmoreland County, Pennsylvania (USA)", *Environmental Management*, 2018, Vol. 62, No. 2, pp. 305 – 322.

第四章　中国城市环境邻避风险治理的模式转换

环境邻避项目的直接受益者,也是因城市环境邻避项目的负外部性而进行补偿的承担者。新闻媒体发挥宣传推动、利益表达、信息公开和监督的功能。利益相关群体发挥对项目进行质疑、对项目进行利益表达、监督项目科学实施等各方面的作用。社会组织为利益相关群体维权,提供政策建议,对项目决策与实施进行监督。公众参与是避免邻避效应的重要因素。[1] 社会公众发表意见,参与项目决策,监督项目实施。以上多元主体的参与、合作是中国城市环境邻避风险治理模式转向包容性治理的基础。

2. 机制包容

机制包容是中国城市环境邻避风险治理模式转向包容性治理的要求。包容性治理强调机制包容。这种包容主要体现在完善的利益表达机制和开放型协商决策机制上。管控型治理通常忽视公众的利益表达与政府回应。包容性治理则要求让公众有效进行利益表达,充分征求他们的意见。有效的利益表达意味着利益诉求能被政治系统吸纳并在政治输出中得到实现。它依赖于完善的利益表达机制的存在。社会应该具有一种调整的功能。[2] 当公众利益受损时,社会应该运用完善的利益表达机制进行调整。这种调整有助于化解社会风险。由此推断,完善的利益表达机制有助于预防和消减城市环境邻避风险。

包容性治理需要开放型协商决策机制的存在。开放意味着包容、进步与发展。[3] 对话协商蕴涵包容性与公共理性。[4] 协商治理彰显开放性、包容性和广泛的参与性等特征。[5] 按此逻辑,协商民主具有包

---

[1] Terri Mannarini, Michele Roccato, Angela Fedi, Alberto Rovere, "Six Factors Fostering Protest: Predicting Participation in Locally Unwanted Land Uses Movements", *Political Psychology*, 2009, Vol. 30, No. 6, pp. 895 – 920.

[2] [美]乔纳森·H. 特纳:《社会学理论的结构(第7版)》,邱泽奇、张茂元等译,华夏出版社2006年版,第124页。

[3] 韩升:《基于"文化现代性"理念的全球化生存状态反思》,《天津社会科学》2020年第3期。

[4] 邹卫中:《扩展性对话:网络协商民主包容性与理性的融通》,《天津行政学院学报》2022年第1期。

[5] 王岩、魏崇辉:《协商治理的中国逻辑》,《中国社会科学》2016年第6期。

容性。卡森和哈兹卡普的观点可以提供佐证。他们认为，判断一个讨论是否是协商民主的标准之一是包容性标准。① 可见，开放型协商决策机制是一种富有包容性的决策机制。中国城市环境邻避风险治理的现有模式要转向包容性治理，这种机制不可或缺。开放型协商决策机制的包容性主要表现为公众有机会对决策过程保持充分的知情，各种社会力量被吸纳进来，多元主体平等地进行对话交流。

3. 利益包容

利益包容是包容性治理的要求。没有利益包容，公共治理就不可能成为包容性治理。包容性治理只有以利益包容为目标，才能成为中国城市环境邻避风险治理模式转换的路向选择。利益包容主要体现为互利互惠和社会资源、治理成果的平等共享。互利互惠是政治共同体的一个方面。② 它无疑是风险治理共同体的一个方面。互利互惠意味着各方都能获得利益。包容性治理注重互利互惠。在包容性治理中，一方既考虑自己，也顾及他方，从而达到共赢。通过相互包容，各方利益都得到正视，各方都有所获益。这种互利互惠是中国城市环境邻避风险治理模式转向包容性治理的要求。

包容性治理注重社会资源、治理成果的平等共享。在包容性治理中，各主体的权利与地位是平等的，他们共享社会资源、治理成果，否认一方对另一方基本利益的侵犯。在利益共享上，包容性治理与中国式现代化具有一致性。中国式现代化是风险共担、机会共享、命运与共的现代化。③ 中国城市环境邻避风险治理模式的转换是中国式现代化的一部分，这一转换无疑要着眼于利益共享。包容性治理具有利益共享的特征，它自然成为中国城市环境邻避风险治理模式转换的路

---

① L. Carson, J. Hartzkarp, Adapting and Combining Deliberative Designs, J. Gastil, P. Levineeds eds., *The Deliberative Democracy Handbook*, San Francisco: Jossey – Bass, 2005, p. 122.

② [美]塞缪尔·P. 亨廷顿：《变化社会中的政治秩序》，王冠华、刘为等译，上海人民出版社 2008 年版，第 9 页。

③ 洪大用：《实践自觉与中国式现代化的社会学研究》，《中国社会科学》2021 年第 12 期。

向选择。城市环境邻避设施建设涉及公共利益与周边社区局部利益的平衡。按照包容性治理的逻辑，当社区局部利益受损时，地方政府应当进行合理的利益补偿，以提高社区公众的获得感和实现空间资源、治理成果的平等共享。

（二）中国城市环境邻避风险治理模式转向包容性治理的主要理由

中国城市环境邻避风险治理现有模式的问题造成治理绩效欠佳的困境，推动现有模式实施转换。现有模式的转换涉及路向选择的问题。如前所述，包容性治理是现有模式转换的路向选择。包容性治理模式可以克服现有模式的绩效欠佳的缺陷，并具有政治合法性和伦理品性。具体来说，包容性治理能够有效化解城市环境邻避风险，吸纳公众意见的城市环境邻避决策具有政治合法性，容纳公众权利的城市环境邻避设施生产模式具有伦理品性。这些是中国城市环境邻避风险治理模式转向包容性治理的主要理由。

1. 包容性治理能够有效化解城市环境邻避风险

包容性不足使得利益相关公众难以有效参与或影响城市环境邻避决策，加之有效的利益表达机制缺乏，城市环境邻避冲突的发生在所难免。风险随着冲突的发生而出现。包容性治理是有效化解城市环境邻避风险的进路选择。包容性治理内含政治吸纳。政治吸纳体现对社会公众或社会群体的包容。社会公众或社会群体被吸纳进来，城市环境邻避决策才会获得他们的认可，才会得到良好的执行。城市环境邻避设施周边的公众与政府之间的矛盾和冲突才会随之减少。

（1）包容性治理能够增强城市环境邻避项目公众参与的有序性

包容性治理含有政治吸纳的成分。政治吸纳可以突破利益表达过程中政治参与的无序状态。它能够弥补政治制度化不足，促进有序政治参与，进而促进政治稳定。[①] 推而论之，包容性治理能够促进城市环境邻避项目建设中的有序公众参与。政治吸纳是一种制度化的吸

---

① 肖存良：《政治吸纳·政治参与·政治稳定——对中国政治稳定的一种解释》，《江苏社会科学》2014 年第 4 期。

纳。通过制度运作，城市环境邻避设施周边的公众被纳入到有序政治参与的轨道上来。遵循政治吸纳的逻辑，城市环境邻避项目从选址到建设的各阶段都要实现信息公开，充分征求项目周边的公众的意见，让其进行合理的利益表达。按照政治吸纳的要求，政府在城市环境邻避项目选址、建设阶段不能"孤立自主"，而是采取"民主镶嵌"的方式，通过构建良好的平等对话和民主协商平台，保证制度化利益表达渠道的畅通。惟其如此，政府才能真正听取公众的意见，一些因城市环境邻避项目的负外部性而产生的怨恨情绪才能得到有效的缓解。公众于是才会理性地对待城市环境邻避项目，并有序地进行参与。是故，包容性治理能够增强城市环境邻避项目公众参与的有序性。通过政治吸纳，包容性治理扩大有序的公众参与，提高政治体系对参与扩大的适应性，对化解城市环境邻避风险起着重要作用。

（2）包容性治理能够提升城市环境邻避项目实施的有效性

包容性治理是政治体系的一种机制安排。对于人类理性选择来说，机制安排的生命在于其有效性。有效性指机制实现预期目标的程度。[①] 在城市环境邻避问题上，包容性治理的有效性指政治体系通过吸纳社会力量参与，有效地实施城市环境邻避项目，促进经济社会发展，维护政治、社会稳定。随着城市经济社会的快速发展和人民生活水平的日益提高，公众对环境邻避设施的刚性需求越来越多。但是，城市环境邻避项目建设必然会损害项目周边公众的利益，如果处理不好就会引发城市环境邻避风险。包容性治理能够让公众参与项目决策，让他们充分表达他们的利益诉求或意见。公众参与最初的决策，更可能达到广泛支持甚至促进政策执行的功效。[②] 在城市环境邻避项目决策阶段，充分吸纳项目周边公众的意见能够创造政治认同，为项目的有效实施夯实基础。在充分征求意见和进行民主沟通的基础上，

---

① 曾向红：《恐怖主义的全球治理：机制及其评估》，《中国社会科学》2017年第12期。

② ［美］约翰·克莱顿·托马斯：《公共决策中的公民参与：公共管理者的新技能与新策略》，孙柏瑛等译，中国人民大学出版社2005年版，第28页。

第四章　中国城市环境邻避风险治理的模式转换

作出兼顾公众利益的决策，会减少公众的抵制和反对，有助于更有效地实施城市环境邻避项目，有助于避免城市环境邻避冲突的发生。

（3）包容性治理能够降低城市环境邻避冲突的有害性

包容性治理能够增强城市环境邻避项目公众参与的有序性和提升城市环境邻避项目实施的有效性，这样，城市环境邻避冲突发生的可能性会大为降低。不止于此，城市环境邻避冲突发生以后，包容性治理的重要作用仍不容忽视，它能够降低冲突的有害性。城市环境邻避冲突的发生在某种程度上缘于包容性不足。包容性不足的一个重要表现就是一部分公众不能进行参与。包容性治理是解决包容性不足问题的有效进路。吸纳公众参与是包容性治理的题中之义。包容性治理强调将利益相关公众充分纳入到城市环境邻避项目选址、建设中来。利益相关公众参与项目选址、建设，对社会、政治秩序大有益处。公众参与和社会融合之间存在关系。[①] 如前所述，包容性治理内含政治吸纳，政治吸纳能够促进政治稳定。因此，在城市环境邻避风险的应对上，包容性治理可以增进社会融合，促进社会、政治稳定。换句话说，包容性治理能够降低城市环境邻避冲突对社会、政治秩序的有害性。

2. 吸纳公众意见的城市环境邻避决策具有政治合法性

合法性在政治生活的运行中举足轻重。合法性概念最早由卢梭提出，[②] 后来学者们对其进行了深入研究。关于这一概念，众说纷纭，莫衷一是。但可以肯定的是，学者们对其有着一致的认识，即合法性是指被治者认为是正当的或自愿承认的特性[③]。合法性概念可以用来

---

① Robina Goodlad and Richard Meegan, "Governance, Social Cohesion and Neighbourhood Participation", in Nike Buck, Ivan Harding and Ivan Turok eds., *Changing Cities*: *Rethinking Urban Competitiveness*, *Cohesion and Governance*, New York: Palgrave Macmillan, 2005, p. 190.

② 胡键：《政治的话语分析范式》，《华东师范大学学报》（哲学社会科学版）2020年第3期。

③ ［美］杰克·普拉诺等：《政治学分析辞典》，胡杰译，中国社会科学出版社1986年版，第82页。

理解国家的统治类型与政治秩序。① 韦伯区分了合法统治的三种类型：合法型、传统型、魅力型。② 哈贝马斯把合法性理解为"某种政治秩序被认可的价值"③。可见，从一定意义上讲，合法性即政治合法性。政治合法性一方面意味着政治系统基于绩效而让其公众服从，另一方面公众基于某种价值信念对政治系统表示支持与认同。按照李普塞特的看法，政治合法性是政治系统使人们产生和坚持现存政治制度是社会的最适宜制度的信仰的能力。④ 任何政治系统在政治发展和社会变迁的过程中都会或多或少面临合法性问题。城市环境邻避现象的发生折射出这一点。要消解城市环境邻避风险，就需要进行合法性生产。包容性治理是合法性生产的一种机制，并在生产中获得自身的政治合法性。吸纳公众意见是包容性治理的一个主要方面，它对于城市环境邻避决策而言是十分重要的。吸纳公众意见的城市环境邻避决策因其利益包容而会得到支持与认同，于是便具有政治合法性。

　　城市环境邻避风险在一定程度上缘于决策模式的开放度较低。开放度较低的环境邻避决策模式建立在部分地方政府领导主观臆断的基础之上。该模式的基本特征是决策的民主性不强，较多的公众被排除在决策之外。如果公众的利益表达渠道受阻，合理的利益诉求不能得到满足，政治合法性资源将会不断流失。相当一部分城市环境邻避设施通常会陷入两难困境：如果不设置就不利于社会的长远发展，会给公众带来更大程度的损失；而如果设置就会侵害设施周边公众的空间权利，造成局部利益结构的失衡。城市环境邻避决策很难获得成本承担主体的认同，一个重要原因在于其受益主体和代价承担主体不一致。地方政府在城市环境邻避决策过程中，往往出于"避免找麻烦"

---

① 邓燕华：《社会建设视角下社会组织的情境合法性》，《中国社会科学》2019年第6期。

② [德]韦伯：《经济与社会》上卷，林荣远译，商务印书馆1997年版，第241页。

③ [德]哈贝马斯：《交往与社会进化》，张博树译，重庆出版社1989年版，第184页。

④ [美]西摩·马丁·李普塞特：《政治人：政治的社会基础》，张绍宗译，上海人民出版社2011年版，第47页。

第四章　中国城市环境邻避风险治理的模式转换

和"多一事不如少一事"的考量,不愿意征求利益相关者的意见。这种决策模式容易使地方政府陷入合法性危机。包容性治理具有开放性特征,因而需要通过它来摆脱合法性危机。包容性治理涵盖政治吸纳。政治吸纳能够保证制度化利益表达渠道的畅通,有效扩大公众参与。公众参与和决策的合法性存在相关关系。"公众参与的价值之一在于其能够提升决策的合法性。"① 从一定程度上讲,公众参与已成为公共决策合法性的重要基础。② 公众参与决策的过程对政府部门来说是一个吸纳公众意见的过程。吸纳公众意见有利于化解利益矛盾,达成价值共识,促进利益相关者的政治认同。据此推论,吸纳公众意见的城市环境邻避决策具有政治合法性。

以上主要用逻辑推演论证吸纳公众意见的城市环境邻避决策具有政治合法性,下面通过援引学者的观点来提供佐证。艾丽斯·杨把包容视为一种政治合法性条件。她指出,某项民主决策所具有的规范意义上的正当性取决于那些受其影响的人在多大程度上被包容进决策制定过程,并且拥有影响其结果的机会。③ 在科恩看来,只要民主决策产生于包容的和理性的协商,就是合法的。④ 登特里维斯与科恩持类似的观点,前者认为合法的决策来自理性和有包容性的协商程序。⑤ 奥尼尔揭示了合法的决议与包容的公共对话的关系。他写道,合法的决议被看作进行公开和包容的公共对话的结果。⑥ 决议是决策的近义

---

① National Research Council, *Public Participation in Environmental Assessment and Decision-making*, Washington, D. C.: The National Academies Press, 2008, p. 226.
② 陈保中、韩前广:《互联网时代公众参与公共政策过程的逻辑进路》,《上海行政学院学报》2018 年第 3 期。
③ [美]艾丽斯·M. 杨:《包容与民主》,彭斌、刘明译,江苏人民出版社 2013 年版,第 7 页。
④ Joshua Cohen, "Deliberation and Democratic Legitimacy", in J. Bohman and W. Rehg eds., *Deliberative Democracy*, Cambridge, MA: MIT Press, 1997, p. 73.
⑤ [南非]毛里西奥·帕瑟林·登特里维斯:《作为公共协商的民主》,载[南非]毛里西奥·帕瑟林·登特里维斯主编:《作为公共协商的民主:新的视角》,王英津等译,中央编译出版社 2006 年版,第 17 页。
⑥ [美]沙恩·奥尼尔:《民主协商与文化权利》,载[南非]毛里西奥·帕瑟林·登特里维斯主编:《作为公共协商的民主:新的视角》,王英津等译,中央编译出版社 2006 年版,第 119 页。

词,因而可以说奥尼尔与科恩、登特里维斯有着近似的看法。上述学者的观点或看法虽然有所不同,但他们实质上都认为包容性决策具有政治合法性。正因为如此,上述学者的观点可以佐证吸纳公众意见的城市环境邻避决策具有政治合法性。

3. 容纳公众权利的城市环境邻避设施生产模式具有伦理品性

(1) 容纳公众权利的城市环境邻避设施生产模式承认主体差异

社会主体的差异是客观存在的,不能被消除、被忽视。包容性治理注意到这一点,它承认或尊重社会主体的差异。"包容意味着非常明确地承认各种社会差异。"① 容纳公众权利的城市环境邻避设施生产模式是一种包容性治理模式,它强调要实现各主体间的相互包容与理解,必须承认主体的差异性。人们在阶层、性别、年龄、能力、经济状况或社会地位上的确存在差异,这些差异需要得到正视。容纳公众权利的城市环境邻避设施生产模式承认主体差异,将各种阶层、性别、年龄、能力、经济状况或社会地位的人口纳入到治理主体结构中,充分保障他们的权益。在政治生活中承认群体差异,更加能够赋予人以权力。② 各种主体被赋予权力,他们便能有效地参与城市环境邻避设施的生产。设施的生产因各种主体参与其中而容易获得他们的认同。有了各种主体的认同,设施的生产才会顺利进行。

在城市环境邻避风险治理的管控型模式下,作为决策者的地方政府出于邻避项目稳步推进的考量,通常会采取"最小抵抗路径原则",尽可能在反抗力量较小的地方进行项目选址。生活在偏远、落后或贫穷地区的人群的反抗能力相对较弱。③ 这种选址原则本身就是对弱势群体利益的伤害。而容纳公众权利的城市环境邻避设施生产模式不仅要求实现利益共享,还强调应重视不同群体的利益,特别是要

---

① [美]艾丽斯·M. 杨:《包容与民主》,彭斌、刘明译,江苏人民出版社 2013 年版,第 150 页。
② [美]艾丽斯·M. 杨:《正义与差异政治》,李诚予、刘靖子译,中国政法大学出版社 2017 年版,第 206 页。
③ 赵小燕、吕丽娜:《地方政府邻避项目决策正义性的评估体系构建与运用》,《学习与实践》2022 年第 2 期。

更多地关怀弱势群体的利益。该生产模式对主体差异的承认暗合了罗尔斯的差别原则。罗尔斯指出，所有的社会基本善都应被平等地分配，除非对一些或所有社会基本善的一种不平等分配有利于最不利者。① 两者的暗合表明，容纳公众权利的城市环境邻避设施生产模式具有深厚的伦理底蕴。

（2）容纳公众权利的城市环境邻避设施生产模式注重维护正义

包容性治理承载厚重的伦理元素，其以维护正义为价值旨趣。② 容纳公众权利的城市环境邻避设施生产模式具有包容性治理的特征，它同样以维护正义为价值旨趣。正义是相等的人就该配给到相等的事物，它以公共利益为依归。③ 或者说，正义是同样情况同样对待，不同情况不同对待。④ 根据一项正义理论研究，正义大致分为分配正义、承认正义和参与正义。⑤ 容纳公众权利的城市环境邻避设施生产模式注重维护以上三种正义。该模式在保障绝大多数人受益的同时，也关注对利益受损群体给予合理的补偿；要求理解和尊重普通公众的生活常识、认知和价值理念，耐心倾听他们的想法；强调及时向社会公布与城市环境邻避设施相关的信息，让利益相关者广泛、充分参与决策讨论，保证利益相关者监督渠道的广泛性和通畅性。

正义的类型因划分标准不同而不同。根据罗尔斯的正义理论，正义分为形式正义和实质正义。形式正义指的是对法律和制度的公正一致的管理。⑥ 实质正义就是正义原则的实质性内容的正义。⑦ 容纳公

---

① ［美］约翰·罗尔斯：《正义论》，何怀宏等译，中国社会科学出版社1988年版，第303页。
② 邓集文：《包容性治理的伦理向度》，《伦理学研究》2020年第6期。
③ ［古希腊］亚里士多德：《政治学》，吴寿彭译，商务印书馆1965年版，第148页。
④ ［英］哈特：《法律的概念》，张文显等译，中国大百科全书出版社1996年版，第158页。
⑤ 赵小燕、吕丽娜：《地方政府邻避项目决策正义性的评估体系构建与运用》，《学习与实践》2022年第2期。
⑥ ［美］约翰·罗尔斯：《正义论》，何怀宏等译，中国社会科学出版社1988年版，第58页。
⑦ 李石、杨刚：《程序正义与形式正义之辨——以罗尔斯〈正义论〉为中心的考察》，《天津社会科学》2021年第3期。

众权利的城市环境邻避设施生产模式注重维护形式正义和实质正义。容纳公众权利意味着政府治理的"去中心化"以及主客体结构的消解，意味着按照一定的程序来吸纳利益相关者的意见。该模式注重在多元互动过程中，依据法律制度、程序规范来吸纳设施周边公众的意见，以实现其平等权利。这是通往形式正义之路。另外，该模式承认或尊重各治理主体之间的差异性，避免出现事实上的不平等，进而达到实质正义。最终，容纳公众权利的城市环境邻避设施生产模式将平等和权利纳入伦理建构中，实现形式正义和实质正义的统一。

（3）容纳公众权利的城市环境邻避设施生产模式强调协商合作

容纳公众权利是包容性治理的题中之义。这么说来，容纳公众权利的城市环境邻避设施生产模式属于包容性治理模式。包容性治理的主体是多元的，社会公众是其中之一。社会公众来自各个领域，他们具有不同的背景，有着不同的利益、意见和视角，需要通过协商合作来达成目标。"协商很重要，仅仅是因为有差异。"① 多元主体在达成共识基础上进行合作有助于达成目标。可以认为，协商合作是包容性治理的一个重要的伦理向度。② 相应地，协商合作是容纳公众权利的城市环境邻避设施生产模式的一个重要的伦理向度。

在城市环境邻避设施生产中，应当尊重公众的合理权益，否则就会碰到难题。为了解决城市环境邻避设施难以兼顾全体公众与设施周边公众的利益的矛盾，需要开展民主协商。一个成功的民主协商是"一个促使主要利益相关者和公众走到一起的包容的、有代表性的进程"③。因此，城市环境邻避设施生产需要构建多元主体参与的民主协商平台。容纳公众权利的城市环境邻避设施生产模式强调多元协商，可以提供民主协商平台。该模式所强调的多元协商有利于增进城市环境邻避风险治理的包容性。该模式还强调合作。有的学者把协商

---

① ［澳］约翰·S. 德雷泽克：《协商民主及其超越：自由与批判的视角》，丁开杰等译，中央编译出版社2006年版，第64页。
② 邓集文：《包容性治理的伦理向度》，《伦理学研究》2020年第6期。
③ ［美］彼得·莱文、阿休·冯、约翰·盖斯特尔：《公共协商的未来》，载陈家刚主编：《协商民主与政治发展》，童庆平译，社会科学文献出版社2011年版，第373页。

第四章 中国城市环境邻避风险治理的模式转换

看作是一种合作的活动。① 即便协商与合作不能等同，至少可以认为它们联系密切。由于公众参与城市环境邻避设施生产，一些分歧有可能出现。通过平等理性的协商，不同观点、想法的碰撞、比较与鉴别促进共识形成。公共价值性质的共识是成功合作治理的先决条件之一。② 只有达成共识，才能产生合作。有了合作，城市环境邻避设施生产才能顺利进行。

以上从三个方面解释了中国城市环境邻避风险治理模式转向包容性治理的主要理由。包容性治理具有自身的优势和特点，可为中国城市环境邻避风险治理实践确立参数、理念、行为和过程，可成为这一实践的创新向度。归结起来就是，包容性治理自身的优势和特点使其应当成为中国城市环境邻避风险治理模式转换的路向选择。

---

① ［美］伊恩·夏皮罗：《最理想的协商》，载［美］詹姆斯·费什金、［英］彼得·拉斯莱特主编：《协商民主论争》，张晓敏译，中央编译出版社2009年版，第129页。
② ［美］约翰·D. 多纳休、理查德·J. 泽克豪泽：《合作：激变时代的合作治理》，徐维译，中国政法大学出版社2015年版，第274页。

第五章　中国城市环境邻避风险包容性治理的实现条件

人类通过理性型构的文明在带来利好的同时，也往往带来了一系列社会风险。来自人化环境或社会化自然的风险是一种主要的社会风险，这种风险让人感到不安。安东尼·吉登斯写道："被制造出来的大量新型风险真的会令人生畏。"① 城市化进程中出现的环境邻避风险属于来自人化环境或社会化自然的风险。大部分环境邻避风险虽然不足以使人生畏，但也不容忽视。随着中国经济社会的不断发展和城市化进程的快速推进，人们对诸如垃圾焚烧厂、火力发电厂、PX 项目和核电站等环境邻避设施的公共需求不断增长。同时，环境邻避设施因其具有较强的负外部性而通常遭到周边居民的嫌恶，由此引发许多环境邻避现象。城市环境邻避风险治理应运而生。管控型城市环境邻避风险治理模式起到一定的积极作用，但却难以有效化解矛盾、风险。以多元主体间的对话、协商、合作和谈判为旨趣的包容性治理则是中国当下应对城市环境邻避风险的必由之路。

任何事物都有其产生、发展的条件。正如斯大林所言："一切以条件、地点和时间为转移。"② 同样，中国城市环境邻避风险的包容性治理不会自发实现，它的实现需要一定的政治、经济和社会条件。事实上，中国城市环境邻避风险包容性治理的实现已经具备了较多的

---

① [英]安东尼·吉登斯：《现代性后果》，田禾译，译林出版社 2011 年版，第 110 页。
② 《斯大林选集》下卷，人民出版社 1979 年版，第 430 页。

第五章 中国城市环境邻避风险包容性治理的实现条件

条件。塔基斯·福托鲍洛斯对与此相关的问题表达了自己的看法。他认为,真正的政治、经济和社会民主即一种包容性民主的主客观条件,在中国都积累得较为充分。① 我们拟从机会空间、体制驱动、社会条件和战略支撑四个层面对中国城市环境邻避风险包容性治理的实现条件进行深入剖析,希冀进一步为中国城市环境邻避风险治理模式转换的路向选择提供学理性解释。

一 机会空间:政治机会结构的演变

政治机会结构(political opportunities structure)也称为政治机遇结构,它是在美国社会运动研究领域占有支配地位的政治过程理论的基础上提出来的,是政治过程理论中的核心概念和分析框架。最早提出这一概念的是美国政治学家彼得·艾辛格。他在20世纪70年代初期就对政治机会结构进行了研究。② 按照他的看法,政体的开放性或者封闭性是政治机会结构的主要构成要素。③ 在此后的学术探讨中政治机会结构逐渐被重视。约瑟夫·詹金斯和查尔斯·佩罗在对农场工人运动的分析过程中将政治机会结构界定为政治精英容忍和支持社会运动的程度。④ 赫伯特·基茨切尔特通过对四个民主国家的反核运动的分析将政治机会结构理解为社会动员的体制安排、具体配置资源方式和历史性的惯例。⑤ 20世纪80年代中期以后,以西德尼·塔罗为

---

① [希]塔基斯·福托鲍洛斯:《当代多重危机与包容性民主》,李宏译,山东大学出版社2008年版,中译本前言第2页。
② [美]安东尼·奥罗姆:《政治社会学导论》,张华青、何俊志、孙嘉明等译,上海人民出版社2006年第4版,第242页。
③ Peter K. Eisinger, "The Conditions of Protest Behavior in American Cities", *American Political Science Review*, 1973, Vol. 67, No. 1, pp. 11 – 28.
④ Joseph Craig Jenkins and Charles Perrow, "Insurgency of the Powerless: Farm Worker Movements (1946 – 1972)", *American Sociological Review*, 1977, Vol. 42, No. 2, pp. 249 – 268.
⑤ Herbert Kitschelt, "Political Opportunity Structures and Political Protest: Anti – Nuclear Movement in Four Democracies", *British Journal of Political Science*, 1986, Vol. 16, No. 1, pp. 57 – 85.

代表的学者将对政治机会的认识提升到新高度,形成了政治机会结构理论。该理论强调政治机会结构与集体行动之间的关联性。塔罗给政治机会下的定义是:"通过影响人们对成功或失败的期望,始终如一地——但不必是正式地或永久地——为集体行动创造动机的政治环境因素。"① 当然,社会运动能够改变原先的政治机会结构,二者之间绝不是简单的刺激与被动反应的关系。20 世纪 90 年代以后,政治机会结构被用来解释群体抗议者行为。鲁德·库普曼斯将政治机会结构界定为影响实现集体利益和动员机会的群体之外的可能性、威胁和限制性因素。② 此外,政治机会结构还广泛运用于国际政治领域、文化与性别领域等。政治机会结构研究领域的广延性极大地丰富了其内涵。根据上述观点可以得知,政治机会结构是指促进或阻碍特定社会阶层利益表达的政治环境因素。政治机会结构不仅包括机会,也包括威胁。③ 在运用政治机会结构理论分析中国城市环境邻避风险包容性治理的实现条件时,机会是我们探讨的主要话题。机会空间的生产有赖于政治机会结构的演变。从中国目前的情况来看,政治机会结构的演变为实现城市环境邻避风险的包容性治理提供了机会空间。

(一) 执政党治理理念的演变

政党是将国家机构与公民社会机构联系起来的机制。④ 执政党亦复如是,它是联结国家与社会的一种政治机制。中国共产党是我国的执政党。中国共产党领导是中国特色社会主义最本质的特征。所以,要联系党的领导来研究中国城市环境邻避风险包容性治理的实现条件。研究中国社会的任何方面,若不从中国共产党努力改造中国社会

---

① [美]西德尼·塔罗:《运动中的力量:社会运动与斗争政治》,吴庆宏译,译林出版社 2005 年版,第 102 页。
② Ruud Koopmans, "Political. Opportunity. Structure. Some Splitting to Balance the Lumping", *Sociological Forum*, 1999, Vol. 14, No. 1, pp. 93 – 105.
③ [美]查尔斯·蒂利、西德尼·塔罗:《抗争政治》,李义中译,译林出版社 2010 年版,第 62 页。
④ [英]戴维·米勒、韦农·波格丹诺编:《布莱克维尔政治学百科全书》(修订版),邓正来译,中国政法大学出版社 2002 年版,第 562 页。

第五章 中国城市环境邻避风险包容性治理的实现条件

这一背景出发,那简直是毫无意义的。① 中国共产党始终坚持"以人民为中心"的根本理念,紧密结合时代特征对具体理念进行创新发展。其中,处理社会问题的理念经历了从"管理"到"治理"的转变。

1998年的《关于国务院机构改革方案的说明》第一次提出了"社会管理"的概念,并将其视为政府的基本职能之一。党的十六大报告将社会管理明确为政府的主要职能之一。此后,党的十六届四中、五中、六中全会进一步强调了社会管理的必要性,并对社会管理的具体途径进行了部署。党的十七大报告根据新的形势,提出了健全社会管理体系的要求。党的十八大将社会管理作为社会建设的重要内容。② 从首次提出"社会管理"一词,到将社会管理作为政府的主要职能之一,再到将社会管理作为社会建设的重要内容,党的社会管理理念不断发展成熟,社会管理体系进一步完善,管理能力也不断提升。但是,社会管理始终以政府为主体,公众、企业、社会组织等的主观能动性没能有效发挥出来,政府难以较好地引导各种社会力量承担社会责任。在此背景下,党的十八届三中全会首次提出了"社会治理"的概念,强调要创新社会治理体制。从"社会管理"到"社会治理"的概念转换,体现了党的执政理念的新变化。社会治理是不同于社会管理的新理念。从主体层面来看,社会管理强调政府对社会进行管理,注重作为单一主体的政府的主导地位;而社会治理强调多元主体的合法地位,治理主体不仅多元,而且地位平等。从实现形式来看,社会管理强调自上而下对社会的管理和控制,而社会治理强调通过主体间的合作、协商与对话的形式来实施多元主体的互动。从实现手段来看,社会管理通过法律、行政命令等手段来对社会事务进行控制与部署,而社会治理注重法律、行政、市场、习俗和文化等多种手

---

① [美]麦克法夸尔、费正清:《剑桥中华人民共和国史(1949—1965)》,谢亮生、杨品泉、黄沫等译,中国社会科学出版社1990年版,第3页。

② 邵光学、刘娟:《从"社会管理"到"社会治理"——浅谈中国共产党执政理念的新变化》,《学术论坛》2014年第2期。

段的运用，其重心在于引导与合作，而非管理与控制。

社会治理理念的提出反映了党对社会运行规律和治理规律认识的深化。当然，这种认识并未停止。党的十九大提出要"打造共建共治共享的社会治理格局"①。党的二十大提出要"健全共建共治共享的社会治理制度"②。共建共治共享的社会治理格局是党的领导与多主体合作治理有机结合的格局。这种格局既明确了党在社会治理中处于核心地位，也明确为社会多方力量参与治理留下了制度性空间。③ 这一制度性空间是一种机会空间，它有助于中国城市环境邻避风险包容性治理的实现。党和政府树立了共建共治共享理念，其在城市环境邻避风险治理中才会主动把社会多方力量包容进来，多元社会主体才有机会被包容进来。可见，执政党治理理念的演变是中国城市环境邻避风险包容性治理实现的一个条件。

执政党治理理念的演变还体现在生态文明建设上。党的十七大第一次提出建设生态文明的要求。党的十八大把生态文明建设纳入"五位一体"总体布局，并首次提出建设美丽中国的目标。党的十八届五中全会提出新发展理念。绿色发展理念是新发展理念的一项重要内容，体现了中国人民对环境和谐追求的愿景④。党的十九大提出建设富强民主文明和谐美丽的社会主义现代化强国的目标。环境保护成为新时代党的重要历史使命之一。党的二十大提出，推动绿色发展，促进人与自然和谐共生。党的这一执政理念的演变表明，党和政府在经济社会发展的实践中，越来越认识到环境保护的重要性。从以前注重生产力的提高和经济建设、不重视环境问题，到如今注重全面发展、强调绿色发展、加强生态文明建设，环境保护、环境治理在党和政府的决策中的地位越来越重要。生态文明理念的确立与发展有利于正确

---

① 《习近平谈治国理政》第三卷，外文出版社2020年版，第38页。
② 本书编写组：《党的二十大报告学习辅导百问》，党建读物出版社、学习出版社2022年版，第41页。
③ 李友梅：《当代中国社会治理转型的经验逻辑》，《中国社会科学》2018年第11期。
④ 项久雨：《新发展理念与文化自信》，《中国社会科学》2018年第6期。

第五章　中国城市环境邻避风险包容性治理的实现条件

处理环境与经济、社会发展之间的关系，有利于促进生态文明建设。生态文明理念内含生态公平理念。生态公平主张利益共享，主张回馈受害者、弱势群体。① 该主张也是城市环境邻避风险包容性治理的主张。就此而言，生态文明理念的确立与发展能为中国城市环境邻避风险包容性治理的实现提供观念基础。而且，生态文明理念和社会治理理念能够发挥协同效应。随着社会治理理念的发展，政府作为单一治理主体的局面正在逐步得到改观，社会治理的主体范围正在逐步扩大。生态文明理念和社会治理理念的协同作用可以为多元主体参与城市环境邻避风险治理提供良好的政治机会。因此，从机会空间层面来说，执政党治理理念的演变是中国城市环境邻避风险包容性治理实现的条件之一。

（二）政治体制的开放

政治生活是一种行为系统，② 这种系统是社会系统之下的次一级系统。系统分为封闭系统和开放系统。③ 政治系统自然也分为封闭系统和开放系统。前者是与外部环境只交换能量、信息而不交换物质的系统，后者是与外部环境交换物质、能量和信息的系统。④ 开放是一个系统向有序发展的必要条件。⑤ 按此逻辑，政治系统要运行有序，就需要对外界开放。政治系统的开放包括政治体制的开放。政治体制的开放是政治机会结构的一个方面。政治体制的开放程度在不同国家、同一国家的不同时期存在差异。当代中国政治体制经历了由封闭到开放的发展过程。相对于改革开放前，当下中国政治体制的开放程

---

① 杨宁：《社会主义生态文明的认知、愿景与实现》，《马克思主义研究》2021年第12期。
② ［美］戴维·伊斯顿：《政治生活的系统分析》，王浦劬译，华夏出版社1999年版，第21页。
③ ［奥］L·贝塔兰菲：《一般系统论》，秋同、袁嘉新译，社会科学文献出版社1987年版，第32页。
④ 车辚：《中国共产党反腐倡廉历史经验的政治生态学分析》，《桂海论丛》2018年第4期。
⑤ 沈小峰等：《耗散结构论》，上海人民出版社1987年版，第137页。

度有了很大的提高,这为中国城市环境邻避风险包容性治理的实现提供了有利条件。

改革开放前,中国政治体制的封闭性较强,表现为国家、政府控制或支配社会生活,社会公众参与政治、进行利益表达的机会少,公共信息公开少。保守秘密倾向是制定政策过程的一个重要方面。① 决策体制从建立到改革开放前呈现集中化的趋势。这种决策体制的一个弊端是决策过程封闭。② 中国的公共传播的内容和管理都受政治权威的控制。③ 在封闭性较强的政治体制下,政治机会比较缺乏,公众、社会组织没有良好的条件去参与社会事务治理。然而,社会是国家的前提和基础。马克思曾经指出:"政治国家没有家庭的天然基础和市民社会的人为基础就不可能存在。"④ 改革封闭性较强的政治体制,厘清国家与社会的关系便成为中国社会发展的必然选择。1978 年,中国开始实行改革开放。改革开放是一个不断赋予人民广泛民主权利的过程。⑤ 有序有度的赋权推动构建国家与社会的合理关系。于是,改革开放后,国家与社会的关系得以重构,国家对社会领域的事务的影响和控制范围不断缩小,控制方式不断规范,控制力度不断减弱。国家在一定程度上退出社会领域,为社会创造了自由活动空间。随着改革开放的推进,中国逐步实行开放政治,把扩大公众参与作为政治体制改革的重要举措,加强政务公开工作,重视媒体的舆论监督作用。在国家与社会的较大程度的分化之后,政治体制的开放使社会领域的议题能够被吸收到政府决策体制中,使公众、社会组织有机会参与到社会事务治理,包括环境邻避风险治理中来。在改革开放 40 多年的伟大历程中,人民民主不断发展。人民民主是党领导人民走出的

---

① [美]詹姆斯·R. 汤森、布兰特利·沃马克:《中国政治》,顾速、董方译,江苏人民出版社 2003 年版,第 219 页。
② 周光辉:《当代中国决策体制的形成与变革》,《中国社会科学》2011 年第 3 期。
③ [美]詹姆斯·R. 汤森、布兰特利·沃马克:《中国政治》,顾速、董方译,江苏人民出版社 2003 年版,第 151 页。
④ 《马克思恩格斯全集》第三卷,人民出版社 2002 年版,第 12 页。
⑤ 樊鹏:《全过程人民民主:具有显著制度优势的高质量民主》,《政治学研究》2021 年第 4 期。

第五章　中国城市环境邻避风险包容性治理的实现条件

民主新路。这条新路不断发展成为全过程人民民主。全过程人民民主塑造了人类政治文明的新形态。它呈现出主体、关系、参与、程序全面的结构模式。① 全过程人民民主在实践中赋能国家治理现代化。它是推动国家治理现代化的重要制度安排，② 为多元主体参与各种治理拓宽了空间。正是如此，中国城市环境邻避风险的包容性治理有了实现的可能。

当前，中国国家与社会已经建立良好的关系。政治体制的开放在为社会的良性发展提供了成长空间的同时，也为公众、社会组织参与城市环境邻避风险治理提供了良好的政治机会结构，进而为城市环境邻避风险包容性治理的实现创造了有利的条件。但也要看到，"强国家—弱社会"的状况仍然或多或少地存在着，公众权益保障还不够充分，公众利益表达渠道还不够畅通。在此情形下，需要进一步增强政治体制的开放性，进一步释放社会活力。我们并非要走"市民社会万能"路径，而是要寻求"强国家—强社会"的良性发展道路。全过程人民民主堪称这样一条良性发展道路。它是广泛凝聚力量形成最大公约数的包容性民主。③ 全过程人民民主因具有包容性而有益于中国城市环境邻避风险包容性治理的实现。"我们要继续推进全过程人民民主建设"④，继续为中国城市环境邻避风险包容性治理的实现创造条件。

（三）政治制度的绿化

政治制度是一个国家政治领域的各种行为规范，它包括法律制度⑤。政治制度供给是政治制度的生产或安排，是回应和满足政治制

---

① 佟德志：《全面发展人民民主的复合结构与战略选择》，《政治学研究》2022年第1期。
② 项久雨：《中国式现代化的显著优势》，《马克思主义研究》2022年第5期。
③ 包心鉴：《论全过程人民民主的内在逻辑和时代价值》，《当代世界与社会主义》2022年第2期。
④ 习近平：《习近平谈治国理政》第四卷，外文出版社2022年版，第261页。
⑤ 方福前：《西方经济学与中国经济学的创建》，《教学与研究》2020年第6期。

度需求的过程与活动。政治制度供给的主体一般是国家和政府。政治制度供给具有公共物品供给的特征,这就决定了需要国家和政府以制度供给者的身份参与进来①。在环境领域,政治制度安排必不可少。随着时代的发展,各国政治制度的绿化趋势日益明显。在我国,国家和政府不断进行环境保护方面的政治制度安排或者将环境保护的要求融入政治制度之中。政治制度的绿化成为多元主体参与的合法性来源,为公众、社会组织、媒体等主体参与城市环境邻避风险治理提供了制度保障。对于多元主体参与而言,政治制度的绿化是一种机会空间的生产,也为中国城市环境邻避风险包容性治理的实现创造了有利的条件。

中国政治制度的绿化主要体现在制定、修订了一系列环境领域的法律、法规、规章上。环境领域的法律、法规、规章不仅对环境问题本身作出了相关规定,还明确了多元主体在环境治理方面的民主权利和参与渠道。其中,许多制度对多元主体参与环境治理作了规定,而没有对多元主体参与环境邻避风险治理作出规定。但这些制度的作用不容忽视,它们间接地为中国城市环境邻避风险包容性治理的实现提供了政治机会。1989 年出台的《中华人民共和国环境保护法》对公众参与环境保护的权利与义务作了规定。1996 年颁布的《国务院关于环境保护若干问题的决定》提出了在环境保护中发挥社会团体的作用,建立公众参与机制。2004 年施行的《环境保护行政许可听证暂行办法》规定,应当充分听取公民、法人和其他组织的意见。2005 年施行的《环境保护法规制定程序办法》的有关规定为公众参与环境决策提供了制度保障。② 2006 年出台的《环境信访办法》规定,应当维护公众对环境保护工作的知情权、参与权和监督权。2017 年发布的《生态环境损害赔偿制度改革方案》规定,邀请专家和利益相

---

① Lance E. Davis, and Douglass C. North, *Institution Change and American Economic Growth*, New York: Cambridge University Press, 1971, p. 6.
② 张晓杰:《中国公众参与政府环境决策的政治机会结构研究》,东北大学出版社 2011 年版,第 90 页。

第五章　中国城市环境邻避风险包容性治理的实现条件

关的公民、法人、其他组织参与生态环境损害赔偿工作。2020年修订的《中华人民共和国固体废物污染环境防治法》对提高公众环境保护意识和参与程度作了规定。2021年颁布的《排污许可管理条例》对公众和相关组织参与环境治理进行了规定。这些制度有利于促进共建共治共享的环境治理格局的形成，为中国城市环境邻避风险包容性治理的实现创造了间接条件。

在环境领域的法律、法规、规章中，有些制度对公众参与环境邻避风险治理作了明确规定。2014年施行的《城镇排水与污水处理条例》规定，城镇污水处理设施的运营要接受相关部门和社会公众的监督。2017年修订的《建设项目环境保护管理条例》要求公众参与核设施建设项目环境影响报告书的编制。2018年修正的《中华人民共和国环境影响评价法》规定，国家鼓励相关单位、专家和公众参与核设施建设项目的环境影响评价。2019年施行的《环境影响评价公众参与办法》对核设施建设项目建造前的环境影响评价公众参与作出了规定。不难看出，政治制度的绿化为公众和相关群体参与环境邻避风险治理营造了机会空间。从这个意义上说，以上制度为中国城市环境邻避风险包容性治理的实现创造了直接条件。

（四）政治权力配置的变化

城市政治学研究的持久话题之一是政治权力。[①] 中国城市环境邻避风险包容性治理的实现条件研究自然涉及政治权力。在中国，政治权力的配置随着政府机构改革的不断推进而发生变化。政治权力配置的变化在环境领域主要表现为国务院环境保护行政主管部门行政层级与行政权力的变迁。国务院环境保护行政主管部门权力配置的变化对公众、社会组织参与环境治理产生促进作用。可以认为，政治权力配置的变化是公众、社会组织参与环境治理的一种政治机会。它也是中

---

① ［英］彼得·约翰：《为什么研究城市政治》，载［英］乔纳森·S.戴维斯、［美］戴维·L.英布罗肖主编：《城市政治学理论前沿》，何艳玲译，格致出版社、上海人民出版社2013年第2版，第25页。

国城市环境邻避风险包容性治理实现的一项条件。

  四十多年来，国务院环境保护行政主管部门经历了多次重要调整。国务院于1974年建立了中国第一个专设的环境事务管理机构[①]——国务院环境保护领导小组及其办公室。虽然该机构只是一个临时性的环境保护机构，但它的成立标志着中国的环境保护和环境治理开始得到重视。1982年，国务院环境保护领导小组及其办公室被撤销，取而代的之是城乡建设环境保护部下属的环境保护局。由于环境保护局地位较低，它与国务院各部门、地方的工作协调举步维艰，不易开展实质性的工作。为了帮助环境保护局突破机构的限制，国务院于1984年决定成立国务院环境保护委员会，将其作为环保局的组织协调机构。1988年，国家环境保护局脱离建设部，升格为国务院直属的副部级机构，这是机构调整的一次质的飞跃。自此环境事务管理机构成为国家的一个独立工作部门。[②] 1998年，环境事务管理机构的地位再度提升，国家环境保护局被改为国家环境保护总局，升格为国务院直属的正部级机构。国务院"三定"方案赋予其生态保护、污染防治和核安全监管职能。2008年，国务院机构改革将国家环境保护总局改为环境保护部。环境事务管理机构的地位由此进一步提升，成为国务院组成部门。[③] 宏观调控、统筹协调、公共服务和监督执法是环境保护部职能配置的努力方向。环境保护部的成立实现了历史性跨越。随着行政地位的提升，环境保护部具有与其他部委同等的地位，可以影响国务院的日常决策。2018年，国务院机构改革方案将环境保护部更名为生态环境部，进一步增强了污染防治职能，从而改变了过去土壤、水和大气污染防治部门分散的局面。从最初的国务院环境保护领导小组到如今的生态环境部，国务院环境保护行政主管

[①] 聂国良、张成福：《中国环境治理改革与创新》，《公共管理与政策评论》2020年第1期。

[②] 王金南等：《中国环境保护战略政策70年历史变迁与改革方向》，《环境科学研究》2019年第10期。

[③] 潘家华：《新中国70年生态环境建设发展的艰难历程与辉煌成就》，《中国环境管理》2019年第4期。

第五章　中国城市环境邻避风险包容性治理的实现条件

部门的行政层级不断提高，行政权力不断变大。这使其能够更多地支持公众参与。① 可见，政治权力配置的变化为公众参与环境治理提供了有益的政治机会。进一步说，政治权力配置的变化是公众、社会组织参与环境治理的良好的政治机会。作为环境治理的一部分，中国城市环境邻避风险的包容性治理由此具备了一定的实现条件。

执政党执政理念的演变、政治体制的开放、政治制度的绿化以及政治权力配置的变化是中国公众、社会组织参与城市环境邻避风险治理的政治机会结构的变量。政治机会结构的演变为多元主体参与城市环境邻避风险治理营造了良好的机会空间，进而有助于实现中国城市环境邻避风险的包容性治理。所以，政治机会结构的演变是中国城市环境邻避风险包容性治理实现的重要条件。

二　体制驱动：压力型体制的存在

环境邻避设施在城市化进程中是不可或缺的，但它的选址、建设与运营可能引发社会风险。中国城市环境邻避风险治理主要依靠地方政府来实施。压力型体制是当前中国地方政府运行的一种机制。压力型体制具有两面性。一方面，它导致中国城市环境邻避风险的发生；另一方面，它驱动中国地方政府在城市环境邻避风险治理中吸纳公众、社会组织参与，以维护社会稳定。社会稳定是压力型体制中的一个重要因素，维稳压力对中国地方政府治理城市环境邻避风险的行为产生重要影响。压力型体制的存在成为中国城市环境邻避风险包容性治理实现的驱动因素。

（一）压力型体制：概念与适用领域

国内学者对压力型体制的研究始于20世纪90年代，最早提出压力型体制这一概念的是荣敬本等学者。该概念具有原创性，它的提出

---

① 张晓杰：《中国公众参与政府环境决策的政治机会结构研究》，东北大学出版社2011年版，第114页。

标志着中国学者开始从本国实际出发提炼有解释力的概念。① 该概念意指县、乡级政治组织为了实现经济赶超，完成上级下达的各项指标而采取的数量化任务分解的管理方式和物质化的评级体系。② 压力型体制是在中国赶超型现代化过程中出现的，是具有特定历史必然性的公权力运行机制，是传统的动员体制在市场化、现代化这个新背景下的变形。③ 压力型体制形成于中国社会经济转型过程中，至今在政府治理领域仍然随处可见压力型体制的影子。尽管压力型体制容易产生政策的选择性执行、经济绩效优先等负面效应，但其也具有促进下级政府部门高效执行政策、克服地方政府不作为的优势。

作为具有中国特色的公权力运行机制，压力型体制在目标任务、任务分解、政治动员和绩效考核上有其鲜明的特征。首先，压力型体制具有明确的目标任务。压力型体制是基于繁重的经济赶超任务而产生的，这种任务一般通过党代会决议、五年规划、政府年度工作报告等形式表现出来。确定这些目标任务的主体一般是政治组织的上一级部门，上级决策的纵向逻辑就是通过统领性的最低目标来框定下级组织的行动方向。下级则根据上级确定的目标来进行综合考量，进行有效规划。其次，压力型体制具有任务层层分解的执行逻辑。上级凭借管控权限来为下一级设立目标任务，而下一级在此基础上进行任务加码再分解给下下级组织，如此往复。任务层层分解的过程，本质上是一个压力传导的过程。④ 任务分解主要通过签订各种任务书、责任状的形式来进行，并通过一把手责任制来明确部门领导的职责，以防止出现责任推诿的现象。再次，压力型体制在任务布置过程中具有较强的政治动员性。在压力型体制的驱动下，岗位目标责任制强化了上级

---

① 徐勇、任路：《构建中国特色政治学：学科、学术与话语——以政治学恢复重建历程为例》，《中国社会科学》2021年第2期。
② 荣敬本等：《从压力型体制向民主合作制的转变：县乡两级政治体制改革》，中央编译出版社1998年版，第28页。
③ 杨雪冬：《压力型体制：一个概念的简明史》，《社会科学》2012年第11期。
④ 侯利文：《压力型体制、控制权分配与居委会行政化的生成》，《深圳大学学报》（人文社会科学版）2020年第3期。

第五章　中国城市环境邻避风险包容性治理的实现条件

对于下级的任务指标"加温加压",下级的"政治承包制"[①]一旦确认,就会围绕某项中心工作来发动所有部门和人员来重视、参与和投入。政治动员机制往往能够有效地调动资源、布置任务,确保最大程度地实现目标任务。最后,压力型体制在绩效考核上具有"一票否决"的特点。"一票否决"制是指承担具体任务的单位未完成上级规定的任务,上级就视其全年工作成绩为零,不给予各种先进称号和奖励。[②] 压力型体制并非将所有的工作事项列入"一票否决"的范围,而是给那些重要任务与核心工作画定红线。"一票否决"制往往能够鼓励先进,惩罚落后,下级部门在这种考核制度下会重视目标任务,并全力投入人力、物力和财力,以确保完成上级设定的任务。

压力型体制深受经济体制转型的影响,是传统动员体制在现代化和市场化的压力下衍生的地方政府运行机制。它在相当长一段时期内都具有较强的合理性和解释力。[③] 虽然近些年来压力型体制的一些弊端逐渐显现,学者们也越来越主张从压力型体制向民主合作制转变,但压力型体制并没有就此退出政治舞台。21 世纪以来,压力型体制的运作逻辑并未发生根本变化。[④] 当前地方治理的变化并不意味着压力型体制业已消失。[⑤] 实际情况是,压力型体制的适用领域还得到了拓展。它不仅在经济领域发挥着积极作用,还延伸到了环境治理、资源利用和社会建设等领域。也就是说,压力型体制适用于包括经济领域在内的诸多领域。它对地方政府更多的责任赋予"政治性",通过政治手段推动多个领域的工作的完成。在诸多领域中,环境治理领域

[①] 陈丽君、童雪明:《科层制、整体性治理与地方政府治理模式变革》,《政治学研究》2021 年第 1 期。

[②] 荣敬本等:《从压力型体制向民主合作制的转变:县乡两级政治体制改革》,中央编译出版社 1998 年版,第 28 页。

[③] 陈水生:《从压力型体制到督办责任体制:中国国家现代化导向下政府运作模式的转型与机制创新》,《行政论坛》2017 年第 5 期。

[④] 渠敬东、周飞舟、应星:《从总体支配到技术治理——基于中国 30 年改革经验的社会学分析》,《中国社会科学》2009 年第 6 期。

[⑤] 高翔、蔡尔津:《以党委重点任务为中心的纵向政府间治理研究》,《政治学研究》2020 年第 4 期。

是压力型体制的一个十分重要的适用领域。城市环境邻避风险的包容性治理属于环境治理领域。由此看来,压力型体制适用于解释中国城市环境邻避风险包容性治理的实现条件。

(二) 压力型体制的存在:地方政府环境治理行为的影响因素

如前所述,环境治理领域是压力型体制的一个十分重要的适用领域。压力型体制能够提高地方政府环境治理行为的有效性和主动性。同时,出于维护社会稳定的考虑,地方政府在环境治理中可能不得不改变一些行为。压力型体制对地方政府环境治理行为产生较大影响。它无疑对地方政府环境邻避风险治理行为产生较大影响。有鉴于此,这里着重阐释压力型体制的存在是中国地方政府环境治理行为的影响因素,为深入考察中国城市环境邻避风险包容性治理实现的驱动因素打下基础。

一是提高地方政府环境治理行为的有效性。在压力型体制下,政府体系内部面对"层层加码"的强大目标分解压力。[①] 整个行政体系通过由上而下的纵向任务派发来实现目标任务的层层加码,再通过签订责任状来明确下级的责任,通过"一票否决"制来实现"加温加压",从而保证下级在执行上级政策时有较大的压力与动力。与此同时,政府体系内部还要面对锦标赛激励设置形成的巨大竞争压力。[②] 除了在纵向传达过程中被加压之外,下级组织之间的横向竞争也形成了一个同级间的"锦标赛",下级人员为了得到升迁展现出强大的进取心和求胜心,最终给上级政策的有效执行带来动力。压力型体制出现于环境治理领域。为了解决日益突出的环境问题,中央政府将环境治理作为一项重要的政治任务,其为地方政府设定环保责任以及相关的环保奖惩机制。通过签订环保目标责任书,环保的责任被层层分

[①] 荣敬本等:《从压力型体制向民主合作制的转变:县乡两级政治体制改革》,中央编译出版社1998年版,第28页。

[②] 黄晓春:《党建引领下的当代中国社会治理创新》,《中国社会科学》2021年第6期。

第五章　中国城市环境邻避风险包容性治理的实现条件

解。在环保绩效考核和"一票否决"的约束下,地方政府及相关部门努力提高环境治理的有效性。另外,压力型体制具有强劲的动员能力与迅速的资源整合能力,[①] 对于解决具有紧迫性的环境问题非常有效。它能够在较短时间内迅速集中各种资源,非常有效地应对环境邻避风险问题。

二是增强地方政府环境治理行为的主动性。压力型体制是一种压力"自上而下"传导的机制。[②] 在压力型体制下,中国地方政府的环境治理工作面临多种压力。上级派发任务的压力、公众环保需求的压力以及维护社会稳定的压力在较大程度上改变地方政府不作为或不积极作为的局面,促使地方政府提升自身的环境治理能力。地方政府必须主动作为,否则其就无法完成上级下达的政治性任务。现在地方政府越来越重视环境问题,将环境治理纳入绩效考核指标体系。尤其是"一票否决"的绩效考核制度催生地方政府治理环境问题的动力,增强其环境治理行为的主动性。当面临环境邻避冲突时,地方政府主动采取措施来化解风险,避免受到"一票否决"制度的惩罚。

三是驱动地方政府改变环境治理行为。作为中国地方政府运行的一种机制,压力型体制存在于环境治理领域。它将环境方面的任务予以指标化,并对其中的重要指标的落实情况实施"一票否决"制。"一票否决"制对地方政府的环境治理工作形成了较大的政治压力。这种压力使得地方政府逐步改变一些环境治理行为。近些年来,环境污染治理被纳入地方政府绩效考核,有利于逐渐转变地方政府盲目追求 GDP 而忽视环境保护的局面。维稳压力是地方政府环境治理中的主要压力。环境邻避冲突发生后,地方政府为了迅速平息事态、恢复社会稳定采取管控手段进行处置。可是,环境邻避风险的管控型治理治标不治本,反而让人们觉得只有"把事情闹大"才能维护自身的

[①] 马雪松、王慧:《现代国家治理视域下压力型体制的责任政治逻辑》,《云南社会科学》2019 年第 3 期。

[②] 侯利文:《压力型体制、控制权分配与居委会行政化的生成》,《深圳大学学报》(人文社会科学版) 2020 年第 3 期。

利益，地方政府的治理成本随之加大。这使地方政府不得不权衡利弊，改变环境邻避风险的管控型治理行为，广泛吸纳社会成员参与。即地方政府逐步实施环境邻避风险的包容性治理。中国城市环境邻避风险包容性治理的实现就有了可能性。这是下面要着重讨论的问题。

（三）压力型体制的存在：中国城市环境邻避风险包容性治理实现的驱动因素

当前中国在一定程度上仍然存在压力型体制。压力型体制的存在意味着公共部门在治理过程中会面临一些压力。这些压力是公共部门应用创新最主要的外部驱动因素。[①] 如上所述，在压力型体制下，地方政府采取管控手段处理环境邻避冲突，而环境邻避风险的管控型治理使得地方政府的治理成本加大，于是地方政府就有动力去改变环境邻避风险的管控型治理行为，不断倡导多元主体共同参与[②]，逐步实施环境邻避风险的包容性治理。一句话，压力型体制的存在驱动地方政府实施环境邻避风险的包容性治理。压力型体制的存在自然而然成为中国城市环境邻避风险包容性治理实现的驱动因素。

环境邻避风险的产生与中国城市化进程的加快以及环境邻避设施的负外部性、成本效益的非均衡性密切相关。一方面，随着城市化进程的加快，原有的公共设施无法满足城市发展的需求，需要扩大公共设施的规模。另一方面，一系列公共设施，如PX项目、垃圾焚烧厂、污水处理厂等的兴建，在满足公共利益需求的同时，也会对设施附近公众的生产生活造成负面影响，因而会受到附近公众的抵触和反对，城市环境邻避风险由此产生。城市环境邻避冲突既是城市环境邻避风险升级的结果，又蕴含进一步扩大的城市环境邻避风险。由于压力型体制存在，地方政府用心地处理城市环境邻避冲突，以维护社会稳

---

① Simon Calmar Andersen, Mads Leth Jakobsen, "Political Pressure, Conformity Pressure, and Performance Information as Drivers of Public Sector Innovation Adoption", *International Public Management Journal*, 2018, Vol. 21, No. 2, pp. 213–242.

② 王诗宗、杨帆：《基层政策执行中的调适性社会动员：行政控制与多元参与》，《中国社会科学》2018年第11期。

第五章 中国城市环境邻避风险包容性治理的实现条件

定。为了尽快平息冲突,地方政府往往采取强制措施进行干预。如果公众强烈反对,地方政府一般会停建城市环境邻避设施。地方政府的强制措施能够起到一定的效果,但无法从根本上化解问题。甚至"一闹就停"会产生示范效应,滋生更多的城市环境邻避问题。比如,在什邡事件中,基于社会稳定的考量,市政府采取行政手段与抗争者达成妥协,停建钼铜项目。什邡市的维稳策略促使城市间的邻避效应传递。[①] 从长远看,维稳策略不利于社会稳定。不止于此,以维护稳定为核心任务的管控型治理未能实现既满足公共利益需求又减少设施的负外部性影响的双重目标,反而会进一步激化社会矛盾,加剧城市环境邻避风险转化为社会危机的可能性。于是,地方政府不得不从单向式管制逐步转向互动式沟通协商,从忽视吸纳公众参与逐步转向广泛吸纳公众参与。进行互动式沟通协商,广泛吸纳公众参与是城市环境邻避风险包容性治理的重要构成要素。由此推论,压力型体制的存在是中国城市环境邻避风险包容性治理实现的驱动因素。

从理论上看,压力型体制的存在是中国城市环境邻避风险包容性治理实现的驱动因素。从实践上看,亦复如是,厦门 PX 事件、余杭中泰事件能够提供有解释力的说明。在厦门 PX 项目实施遇阻后,市政府决定缓建该项目,同时启动公众参与程序。随后,厦门网开通了"环评报告网络公众参与活动"的投票平台,市政府召开了两场市民座谈会。由于市民反对,福建省政府最终决定迁建 PX 项目。厦门 PX 事件经历了从博弈到妥协,再到充分合作的过程,留下了政府和公众互动的经典范例。充分合作的过程就是进行互动式沟通协商、广泛吸纳公众参与的过程,就是走向包容性治理的过程。余杭中泰事件发生以后,为了实现经济发展与社会稳定的两大目标,有关部门广泛开展工作,主动听取和回应民众意见并给予民众合理的补偿,同时组织社

---

① 鄢德奎:《邻避冲突治理结构的反思与重塑——基于案例的实证分析》,《中国科技论坛》2019 年第 8 期。

区居民实地调研参观环境邻避项目,① 最终垃圾焚烧厂得以在原地址成功建设。余杭中泰事件的处置过程也是迈向包容性治理的过程。所以,从实践上看,压力型体制的存在是中国城市环境邻避风险包容性治理实现的驱动因素。

三 社会条件:社会权能的渐强

国家治理现代化要求中国构建"强国家—强社会"或"强政府—强社会"的治理格局。政府在治理中的嵌入可为治理的有效性提供必要的保障。正如阿尔蒙德等所言,为了进行有效的治理,所建立的政府必须足够强大。② 然而,强政府并不代表政府要保持大包大揽的全能形态,而是要善于厘清自身的边界,并向社会释放和拓展发展空间。现代国家治理的整体图景体现为政府向社会赋权,尊重各种主体的权利,构建多元主体参与的治理结构,促进国家与社会的持续互动。现阶段中国特色社会主义进入新时代,较强政府与半弱社会的格局③正在逐渐改变,政府正在创造各种主体平等地被纳入治理场域的制度安排,即包容性治理的制度安排。包容性治理与社会权能的增强是相互促进的。包容性治理强调多元主体参与,将各种性别、种族、肤色、社会经济状况的公众纳入治理主体结构中。④ 多元主体参与到治理中来,意味着各种社会力量被激活。治理主体资格的包容性,为社会成长提供能量。同时,多元主体参与本身给社会力量赋予一定的

---

① 王瑜:《利益分析视角下的地方政府行为研究——以 28 个典型邻避事件为例》,《中国延安干部学院学报》2019 年第 5 期。
② [美]加布里埃尔·A. 阿尔蒙德等:《当代比较政治学:世界视野》,杨红伟等译,上海人民出版社 2010 年版,第 11 页。
③ 杨立华:《建设强政府与强社会组成的强国家——国家治理现代化的必然目标》,《国家行政学院学报》2018 年第 6 期。
④ 邓集文:《政府嵌入与社会增能:包容性治理实现的双重路径》,《郑州大学学报》(哲学社会科学版) 2020 年第 6 期。

权力。权力是一种影响力。① 多元主体参与无疑给治理行动带来影响力。因此，多元主体参与有利于增强社会权能。其他因素也有利于增强社会权能。社会权能的增强反过来又促进多元主体参与，进而促进包容性治理的实现。伴随中国社会的不断进步，社会权能逐渐增强，如公众环境意识逐渐成长、公众环境参与能力逐渐提高、环保社会组织参与能力逐渐增强。社会权能的渐强为中国城市环境邻避风险包容性治理的实现提供了社会条件。

（一）公众环境意识逐渐成长

随着中国城市化进程的不断加快，人们对环境邻避设施的公共需求不断增长，这类设施因具有较强的负外部性而容易引发矛盾冲突。城市环境邻避冲突的发生虽然对社会秩序造成了一定的影响，但从另一个方面来看，这种冲突的发生表明公众环境意识不断提高。近些年来，党和政府强调绿色发展理念，加强生态文明建设，公众越来越关注环境问题和自身的环境权益。公众环境意识由此逐渐成长。中国城市环境邻避风险治理的实践表明，公众的环境权利意识、环境协商意识逐步提升。

其一，公众的环境权利意识渐强。许多城市环境邻避冲突的发生在一定程度上缘于"公众权利意识的觉醒"②。一些地方政府在城市环境邻避设施选址的过程中采取开放度较低的决策模式，没有及时发布相关信息，没有主动征询公众的意见。地方政府将自身定位为公共利益的维护者。③ 它们认为，诸如垃圾掩埋场、垃圾焚烧厂、火力发电厂和核电厂等环境邻避项目建设是建基于公众福祉之上的，符合公众的利益；自己是公共利益的维护者，理所当然可以代表公众进行选址决策。然而，当地方政府公布环境邻避项目选址时，利益相关公众

---

① [美] 罗伯特·A. 达尔：《现代政治分析》，王沪宁、陈峰译，上海译文出版社1987年版，第31页。
② 杨雪锋：《跨域性环境邻避风险：尺度政治与多层治理》，《探索》2020年第5期。
③ 周亚越、李淑琪、张芝雨：《正义视角下邻避冲突主体的对话研究——基于厦门、什邡、余杭邻避冲突中的网络信息分析》，《浙江社会科学》2018年第7期。

通常会站出来反对。他们首先会通过各种途径进行制度化利益表达，在多次表达无果之后可能采取一些激进手段。近些年来，中国出现的城市环境邻避事件反映了公众维护环境知情权、环境参与权和环境表达权的意识逐渐增强。如余杭中泰垃圾焚烧厂事件的成因之一是公众认为项目信息不透明、不公开，他们的知情权没有得到保障。又如广东番禺垃圾焚烧厂事件发生的一个原因是公众认为政府有关部门在垃圾焚烧厂选址决策中没有广泛征求民意。再如在制度化利益表达受阻后，公众转而寻求体制外的渠道是湖北仙桃垃圾焚烧发电厂事件发生的重要原因。

其二，公众的环境协商意识渐强。开放度较低的环境邻避决策模式忽视了公众的利益诉求，排除了公众与政府之间充分协商的可能性，致使公众产生抵制情绪。相当一部分城市环境邻避冲突之所以发生，是因为地方政府更多依靠"政府＋专家"进行决策，比较缺乏协商意识，没有积极地将公众纳入决策中。而公众一般希望通过沟通协商来解决问题，只是由于地方政府习惯于采用开放度较低的环境邻避决策模式，民主协商便难以有效进行。这样，城市环境邻避问题的解决不是依靠沟通协商的方式，而是依靠行政控制的手段。行政控制的手段不利于问题的解决。如在四川什邡钼铜事件中，市政府在没有与利益相关公众进行协商的情况下宣布项目开工，而公众力图通过市长信箱、政务咨询等方式与政府领导进行沟通协商，在无功而返后转向集体抗议，最终酿成冲突。该事件从另一个侧面说明，公众的环境协商意识逐渐增强。

公众的环境权利意识、环境协商意识属于社会心理的范畴。公众维护环境知情权的意识渐强促使政府及时公开城市环境邻避项目的相关信息。公众维护环境参与权的意识渐强既促使政府主动吸纳公众参与，也促使公众积极参与到城市环境邻避风险治理中来。公众维护环境表达权的意识渐强促使政府畅通利益表达渠道，提升利益表达机制的包容性。看来，公众环境意识逐渐成长是中国城市环境邻避风险包容性治理实现的心理动力。

第五章　中国城市环境邻避风险包容性治理的实现条件

（二）公众环境参与能力逐渐提高

公众环境参与是政治参与的重要形式。政治参与是指参与制订、通过或贯彻公共政策的行动。① 政治参与能力是各种主体进行政治参与所具备的技术和能力。公众是政治参与的重要主体。一般而言，包容性治理的实现离不开多元主体的参与。多元主体参与的推进需要公众政治参与能力的提高。相应地，中国城市环境邻避风险包容性治理的实现需要公众环境参与能力的提高。公众环境参与能力的提高能够改变其被动参与的地位，是实现中国城市环境邻避风险包容性治理的必不可少的条件。目前这种条件正在形成。

伴随着互联网的普及和手机等通讯工具的使用，中国公众获取信息的渠道不再局限于报纸、广播、电视等传统媒介，而是变得更加多元。他们能够及时地、更多地获取环境公共事务的相关信息，并关注其发展动态。拥有必要的信息是参与的必要条件。② 而且，"信息提供行使权力的能力"③。按此逻辑，信息获取渠道的增加能让公众拥有更多的环境信息，于是他们更有能力去进行环境参与。信息获取渠道的增加为公众环境参与能力的提高提供了资源保障。同时，进入21世纪以来，公众受教育程度不断提升。受过较高教育是公众更倾向于参与政治的一种影响因素。④ 公众通过参与环境治理进行社会学习，其环境参与能力随之逐渐提高。这种能力的提高无疑体现在城市环境邻避风险治理中。面对城市环境邻避设施可能带来的各种风险，一部分具有较高文化素养的公众自发向政府相关职能部门申请公示环境评估报告、举行听证会等，甚至有能力动员和组织公众开展反对设

---

① ［英］戴维·米勒、韦农·波格丹诺：《布莱克维尔政治学百科全书》（修订版），邓正来译，中国政法大学出版社2002年版，第608页。
② ［美］卡罗尔·佩特曼：《参与和民主理论》，陈尧译，上海人民出版社2006年版，第72页。
③ ［美］丹尼斯 C. 缪勒：《公共选择理论》，杨春学等译，中国社会科学出版社1999年版，第305页。
④ ［美］塞缪尔·P. 亨廷顿、乔治·I. 多明格斯：《政治发展》，载［美］格林斯坦、波尔斯比编：《政治学手册精选》下卷，竺乾威等译，商务印书馆1996年版，第191页。

施的活动。同时，对于城市环境邻避设施建设，较多公众愿意通过规范化渠道获取相关信息、表达自身的利益诉求和参与决策过程。在设施选址失败后，地方政府开始反思以往的做法，并逐步吸纳公众参与。双方围绕设施选址、建设问题展开互动，在反复训练中公众的参与能力得以提升。[①] 公众环境参与能力逐渐提高，为地方政府吸收他们成为城市环境邻避风险治理的重要主体提供了有利条件。这种有利条件正是实现中国城市环境邻避风险的包容性治理所需要的一项条件。

（三）环保社会组织参与能力逐渐增强

环保社会组织属于公益性社会组织。以往环保社会组织受到自身经济实力和专业能力的限制，其参与能力不强，在城市环境邻避风险治理中起到的作用不明显。现在，国家政策制度的驱动、信息技术的推动、纽带作用的发挥使环保社会组织参与能力逐渐增强。环保社会组织因此就有可能被吸纳进来，成为中国城市环境邻避风险治理的重要主体。

第一，国家政策制度的驱动。环境保护部于 2010 年出台的《关于培育引导环保社会组织有序发展的指导意见》提出了从政策层面来为环保社会组织提供良好的外部发展环境，引导和扶持环保社会组织有序、健康发展。在党的十八大将生态文明建设列入"五位一体"总体布局之后，政府对环保社会组织的作用越来越重视。2014 年修订的《环境保护法》提出了鼓励社会组织、基层群众性自治组织进行环境保护法律法规以及相关知识宣传工作，并对社会组织参与环境保护和管理的方式、途径进行了相应的规定。2015 年印发的《关于加快推进生态文明建设的意见》明确强调在生态文明建设方面要积极发挥民间组织的作用。党的十九大报告提出，要"构建政府为主导、

[①] 谭爽：《功能论视角下邻避冲突的治理实践与框架构建——基于典型案例的经验》，《吉首大学学报》（社会科学版）2020 年第 4 期。

第五章　中国城市环境邻避风险包容性治理的实现条件

企业为主体、社会组织和公众共同参与的环境治理体系"[1]。显然，环保社会组织参与环境治理的宏观政策环境已经形成。国家政策制度驱动环保社会组织参与环境治理，其参与能力在实践中渐渐得到较大的提升。

第二，信息技术的推动。新媒体如互联网络、BBS论坛、跟帖评论、博客、微信和微博等使信息传播摆脱了社会权力结构的限制，信息遂成为超越阶级、阶层的共享资源。环保社会组织在新媒体的推动下能够有效地参与到环境治理中。它们可以利用微信、微博等定期进行环保信息发布，并对公众进行环保意识教育。它们还可以利用新媒体建立环境监测数据，并定期向社会公众发布相关数据信息。环保社会组织的非政治性和非营利性可以保证环境监测数据的客观性。当前，一些有影响力的环保社会组织在信息服务方面发挥了较为明显的作用，它们的参与能力逐步有了较大的提高。

第三，纽带作用的发挥。环保社会组织在政府和公众之间发挥着纽带作用。[2] 首先，环保社会组织通过各种形式向公众宣传、解释环境保护法律法规和政策，提供环境政策和技术咨询服务。其次，环保社会组织力求对环境风险作出预测，并将建设项目周边的公众的利益诉求聚合起来，向政府部门表达公众的意见，避免公众直接找政府，从而在政府和公众之间建立了一堵"防火墙"。再次，环保社会组织搭建环境信息网站，把它作为环境领域的公众参与和社会监督平台。最后，环保社会组织积极承担政府购买服务工作。环保社会组织通过发挥纽带作用，逐渐增强了自身的参与能力。

环保社会组织参与能力逐渐增强，助推它们自身和公众参与城市环境邻避风险治理。其一，环保社会组织在信息的搜集、整理与政策解读方面具有显著优势，它们能够充分发挥专业价值，为公众更加全面客观地认识城市环境邻避设施提供帮助与支持，避免信息不对称带

---

[1] 《习近平谈治国理政》第三卷，外文出版社2020年版，第40页。
[2] 董石桃、刘洋：《环保社会组织协商的功能及实现：基于政策过程视角的分析》，《教学与研究》2020年第1期。

来利益损害。其二，环保社会组织善于利用各种渠道参与城市环境邻避风险治理，并组织公众进行有效的参与。如在厦门PX事件中，环保社会组织运用网络通讯平台，组织公众开展抵制行动。又如在南京栖霞区烷基苯厂的环境整治过程中，绿石作为一家环保社会组织不仅参与了环境监测，还构建了多方参与的会议机制，为利益相关者搭建了对话平台。环保社会组织比公众具有更强的组织能力和表达能力，可以更好地表达利益诉求，为弱势群体发声，在政府、企业和公众中间起到较好的协调作用，降低城市环境邻避冲突发生的可能性。其三，环保社会组织还充分与媒体开展合作，营造良好舆论氛围，提升政府、企业和社会等主体对城市环境邻避问题的关注度，并积极整合公众利益诉求，促进邻避冲突的议题从利益纠纷上升到环境正义的考量[1]。环保社会组织参与能力的增强不仅为其自身参与城市环境邻避风险治理夯实了基础，还为公众参与提供了有力的支持。环保社会组织、公众的参与有利于中国城市环境邻避风险包容性治理的实现。是故，环保社会组织参与能力逐渐增强是中国城市环境邻避风险包容性治理实现的条件之一。

四　战略支撑：国家治理体系和治理能力现代化的推进

政党在现代化进程中起着至关重要的作用。可以说，不同社会所走的现代化道路往往是由政党决定的。[2] 中国共产党在中国式现代化进程中起着决定性作用。中国式现代化是中国共产党领导的社会主义现代化。国家治理体系和治理能力现代化是中国式现代化的重要组成

---

[1] 张勇杰：《邻避冲突中环保NGO参与作用的效果及其限度——基于国内十个典型案例的考察》，《中国行政管理》2018年第1期。

[2] [美]戴维·E. 阿普特：《现代化的政治》，陈尧译，上海人民出版社2011年版，第136页。

第五章 中国城市环境邻避风险包容性治理的实现条件

部分。它的提出极大地拓展了中国式现代化的内涵。① 党的十八届三中全会提出推进国家治理体系和治理能力现代化的全面深化改革总目标。党的十九届四中全会对这一总目标作出顶层设计和全面部署。国家治理体系和治理能力现代化是党和国家的一项重大战略任务。② 它必然贯穿全面建设社会主义现代化国家的全过程。它需要多种治理类型来推动,包容性治理是其中之一。国家治理体系和治理能力现代化与包容性治理高度契合,它的推进从宏观战略上为中国城市环境邻避风险的包容性治理预留了发展空间。

(一) 国家治理体系和治理能力现代化与包容性治理高度契合

现代化是社会、经济、政治体制向现代类型变迁的过程。③ 它具有进步性、长期性、动态性等重要特征。作为现代化的一部分,国家治理体系和治理能力现代化同样具有以上特征。当然,国家治理体系现代化、国家治理能力现代化还有着中国自身的特点。前者是指党领导下的一整套治国理政的制度体系的优化,④ 后者是指将中国特色社会主义的"制度优势有效转化为治理效能"⑤。从本质上看,国家治理体系和治理能力现代化与包容性治理是高度契合的。只有存在这种契合,才能进一步探索国家治理体系和治理能力现代化的推进是中国城市环境邻避风险包容性治理实现的重要条件。

1. 国家治理体系和治理能力现代化是包容性治理的逻辑前提

国家治理体系和治理能力现代化就是通过宏观顶层设计和制度安

---

① 王灵桂:《全面建成小康社会与中国式现代化新道路》,《中国社会科学》2022 年第 3 期。
② 王学俭:《新时代国家治理与思想政治工作创新发展》,《马克思主义研究》2021 年第 8 期。
③ [以] S. N. 艾森斯塔德:《现代化:抗拒与变迁》,张旅平译,中国人民大学出版社 1988 年版,第 1 页。
④ 王前:《伟大抗疫精神与国家治理现代化的互动逻辑》,《理论建设》2021 年第 1 期。
⑤ 刘畅:《国家治理中问责与容错的内在张力与合理均衡》,《政治学研究》2021 年第 2 期。

排，不断推进国家治理体系制度化、规范化、程序化和科学化，不断提升国家治理效能。它强调国家治理制度逻辑的转换和国家治理效能的提升。① 可以说，它为包容性治理提供前提和基础。国家治理体系主要包括政府治理、市场治理和社会治理等次级体系。② 这些次级体系也是包容性治理的基本组成部分。国家治理体系和治理能力现代化本身就含有包容性治理的基本要素。国家治理体系和治理能力现代化要求政府摒弃技术型治理的理性逻辑，注重公共治理领域的合作互动，这本身就是包容性治理的要义所在。国家治理体系和治理能力现代化具有深刻的伦理意蕴。③ 它承担的伦理关怀也是包容性治理的道德追求。包容性治理强调维护正义、共享成果、担当责任；它在追求制度体系完善的同时，也对各种治理主体的道德提出了较高的要求。包容性治理是国家治理体系框架下迈向善治之路的现代化治理方式。

国家治理体系和治理能力现代化为包容性治理提供前提和基础。没有它，包容性治理就会失去制度保障、能力支撑和现实动力。在国家治理体系和治理能力现代化的推动下，公共治理朝着更加理性、规范和包容的方向发展，从而发展成包容性治理。包容性治理是国家治理体系构建的重要内容,④ 是国家治理体系和治理能力现代化的一个新向度。所以，国家治理体系和治理能力现代化是包容性治理的逻辑前提。

2. 国家治理体系和治理能力现代化与包容性治理在主体指向上具有一致性

与传统的国家管理强调主体的单一性不同，治理强调主体的多元性，即治理在主体指向上需要多样性。治理既包括政府机制，也包含

---

① 夏志强：《国家治理现代化的逻辑转换》，《中国社会科学》2020年第5期。
② 李安峰：《新时代推进国家治理体系和治理能力现代化的显著优势与内在逻辑》，《新疆社会科学》2020年第1期。
③ 叶舒凤、王永益：《新时代国家治理现代化的伦理向度》，《学习与实践》2020年第6期。
④ 尹利民、田雪森：《包容性治理：内涵、要素与逻辑》，《学习论坛》2021年第4期。

第五章　中国城市环境邻避风险包容性治理的实现条件

非正式、非政府的机制。① 治理既涉及公共部门，又涉及私人部门。②更具体地讲，治理的主体指向政府、企业、公众和社会组织等。主体的多元性也是国家治理体系和治理能力现代化与包容性治理所强调的。

国家治理体系和治理能力现代化要求改变过去政府作为单一主体的地位，构建一个开放的社会系统，让多元主体参与治理实践。国家治理体系和治理能力现代化要求合理界定与规制政府的权力，要求政府向其他治理主体进行充分授权。它也要求充分发挥多元治理主体的积极性和主动性，推动政府职能的有效转变。同样，作为国家治理体系和治理能力现代化的一种新路向，包容性治理要求政府部门、社会组织、企业和公众平等地参与到治理场域中，形成多中心的治理结构。多元主体的平等参与是包容性治理的前提条件。③ 多元主体的良性互动成为推进包容性治理的动力。不仅如此，包容性治理十分注重治理主体资格的差异性，这种特质意味着各种肤色、社会经济状况、性别、种族的人口被纳入到治理主体结构中。由此可见，国家治理体系和治理能力现代化与包容性治理在主体指向上具有一致性。

3. 国家治理体系和治理能力现代化与包容性治理在实践逻辑上具有一致性

国家治理体系和治理能力现代化意味着治理从传统向现代转型。自上而下的单向治理是传统政府的运行模式。在这种模式中，政府是治理主体，企业、社会组织与公众是治理客体，它们之间是命令和服从关系，缺乏有效的互动机制。转变这种模式是国家治理体系和治理能力现代化的重要任务。包容性治理则是这种模式转型的一种方向

---

① ［美］詹姆斯·N. 罗西瑙：《世界政治中的治理、秩序和变革》，载［美］詹姆斯·N. 罗西瑙主编：《没有政府的治理》，张胜军、刘小林等译，江西人民出版社2001年版，第5页。

② The Commission on Global Governance, *Our Global Neighbourhood: the Report of the Commission on Global Governance*, London: Oxford University Press, 1995, p. 2.

③ 尹利民、田雪森：《包容性治理：内涵、要素与逻辑》，《学习论坛》2021年第4期。

选择。

国家治理体系和治理能力现代化要求构建由政府、企业、社会组织与公众组成的多元治理主体格局；在处理公共事务时，各治理主体能够综合考虑不同群体的合理诉求，以平等、包容的态度进行沟通和协商对话。国家治理体系和治理能力现代化力求在政府与其他治理主体之间建立沟通协商机制，在实践上实现从传统的命令和指示方式向现代的沟通和协商对话方式的转变。在包容性治理中，参与协商合作的各种主体具有比较明显的差异性；他们来自各个领域，具有不同的背景，应当相互尊重、平等对待彼此。平等尊重就是对他者的包容，而且是对他者的他性的包容，在包容过程中既不同化他者，也不利用他者。① 包容性治理的实践目标在于维护公共利益或共同善，不忽视身份、文化、社会地位、利益等构成性要素，不让"尽管人们被正式地包括在某个论坛或者过程中，但是，他们发现，他们提出来的各项主张并没有被认真对待"② 的现象发生。包容性治理主张通过协商、沟通与合作的方式，对差异性利益诉求进行整合，从而构建和谐有序的社会。不难看出，国家治理体系和治理能力现代化与包容性治理在实践逻辑上的一致性主要体现在它们都具有民主协商与沟通对话的品格。

（二）国家治理体系和治理能力现代化的推进为中国城市环境邻避风险包容性治理的实现提供战略支撑

国家治理体系和治理能力现代化与包容性治理的确高度契合。这意味着国家治理体系和治理能力现代化的推进与包容性治理的发展是相向而行的。当前国家治理体系和治理能力现代化正在向前推进，包容性治理正在获得发展的条件。国家治理体系和治理能力现代化的推

---

① [德]尤尔根·哈贝马斯：《包容他者》，曹卫东译，上海人民出版社2002年版，第43页。
② [美]艾丽斯·M. 杨：《包容与民主》，彭斌、刘明译，江苏人民出版社2013年版，第68页。

第五章　中国城市环境邻避风险包容性治理的实现条件

进在宏观层面为中国城市环境邻避风险的包容性治理预留了发展空间，即为这种治理的实现提供战略支撑。具体而言，国家治理体系现代化、国家治理能力现代化和社会治理智能化分别为中国城市环境邻避风险包容性治理的实现提供制度支撑、能力支撑和技术支撑。

1. 国家治理体系现代化为中国城市环境邻避风险包容性治理的实现提供制度支撑

国家治理体系是在党领导下管理国家的制度体系。① 国家治理体系现代化就是进一步完善社会主义制度体系，② 就是构建一个包括经济体制、政治体制和社会体制在内的现代制度体系。国家治理体系现代化具有重要价值，它所要求的制度体系的优化，促使政治权力规范运行，促进实现社会公正和达成社会共治。可以认为，国家治理体系现代化有利于包容性治理的实现。进一步说，它有利于中国城市环境邻避风险包容性治理的实现。

国家治理体系现代化对中国城市环境邻避风险包容性治理的具体价值在于，它为这种治理的实现提供制度支撑，主要表现在如下三个方面：一是提供制度依据。在国家治理体系现代化过程中，各种制度尤其是环境管理制度不断发展与完善，为中国城市环境邻避风险包容性治理的发展提供制度依据；二是提供制度保障。制度是人类相互交往的规则，③ 它包含约束人类行为的规范。国家治理体系现代化是制度体系的现代化，一系列制度有效地约束和规范政府行为，防止政府权力的滥用，从而为中国城市环境邻避风险包容性治理的实现提供制度保障；三是提供制度动力。社会成长对于城市环境邻避风险包容性治理的实现不可或缺，而社会成长需要制度动力。国家治理体系现代化为社会成长提供制度动力，进而推动中国城市环境邻避风险包容性治理的发展。

---

① 《十八大以来重要文献选编》上卷，中央文献出版社 2014 年版，第 548 页。
② 曹泳鑫：《社会主义制度是新中国发展进步的前提和根基》，《马克思主义研究》2020 年第 5 期。
③ ［德］柯武刚、史漫飞：《制度经济学——社会秩序与公共政策》，韩朝华译，商务印书馆 2000 年版，第 35 页。

2. 国家治理能力现代化为中国城市环境邻避风险包容性治理的实现提供能力支撑

国家治理能力是运用国家制度管理社会各方面事务的能力。[①] 国家治理能力现代化涉及国家治理效能的提升，它要求"不断地将制度优势更好地转化为国家治理效能"[②]。它是在国家治理体系下国家治理效能提升的过程。制度治理能力的提升是国家治理能力现代化的核心内容。[③] 制度治理能力现代化要求各种治理主体尊重和维护宪法、法律的权威，优化制度安排，并严格按照各项制度来实施公共治理。在制度治理能力现代化进程中，法治能力的提升至关重要；需要在宪法和法律的框架下，完善立法，严格执法，落实依法治国基本方略，推进法治国家、法治政府和法治社会建设。社会治理能力的提升是国家治理能力现代化的重要内容，是全面推进国家治理现代化的基础[④]。社会治理能力现代化要求完善社会领域的协商合作机制，搭建各方广泛参与社会治理的平台，激发多元主体在社会治理中的活力。以上两种能力的现代化也有利于中国城市环境邻避风险包容性治理的实现。

国家治理能力现代化为中国城市环境邻避风险包容性治理的实现提供能力支撑。制度治理能力现代化包括制度供给能力的提升和制度实施能力的提升。[⑤] 制度供给能力的提升为推进中国城市环境邻避风险的包容性治理提供更加科学合理的规则、机制，制度实施能力的提升为推进这种治理提供更加强大的制度执行力。社会治理能力现代化包括公众治理能力的提升。这一能力的提升是中国城市环境邻避风险包容性治理实现的条件之一。在国家治理能力现代化进程中，政府与社会之间的协商合作机制不断完善，有助于充分发挥政府、企业、社

[①] 《十八大以来重要文献选编》上卷，中央文献出版社2014年版，第548页。
[②] 夏志强：《国家治理现代化的逻辑转换》，《中国社会科学》2020年第5期。
[③] 郑智航：《当代中国国家治理能力现代化的提升路径》，《甘肃社会科学》2019年第3期。
[④] 侯俊军、张莉：《标准化治理：推进社会治理能力现代化的制度供给研究》，《湖南大学学报》（社会科学版）2020年第6期。
[⑤] 郑智航：《当代中国国家治理能力现代化的提升路径》，《甘肃社会科学》2019年第3期。

第五章　中国城市环境邻避风险包容性治理的实现条件

会组织、公众等多元主体的作用；搭建各方广泛参与社会治理的平台，拓宽公众参与的渠道，有助于充分保障公众的参与权和表达权。这对于中国城市环境邻避风险包容性治理的实现大有裨益。

3. 社会治理智能化为中国城市环境邻避风险包容性治理的实现提供技术支撑

国家治理体系和治理能力现代化包含社会治理制度化、规范化、程序化。① 照此来看，社会治理智能化是国家治理体系和治理能力现代化的重要方面。它是指将大数据、云计算、人工智能等前沿智能技术运用于社会治理场景。② 随着信息技术的快速发展，国家越来越重视将大数据、云计算和人工智能技术运用于社会治理领域。党的十九大明确提出要提高社会治理智能化水平。党的二十大提出要以信息化为支撑完善社会治理体系。国务院2015年印发的《促进大数据发展行动纲要》提出，构建基于大数据的社会治理机制，提升社会治理的精准性和有效性。2016年印发的《国家信息化发展战略纲要》提出，深化电子政务，推进国家治理现代化。2017年出台的《中共中央国务院关于加强和完善城乡社区治理的意见》将实施"互联网＋社区"行动计划作为不断提升城乡社区治理水平的一项举措。在大数据、云计算和人工智能技术的推动下，社会治理智能化的时代已经来临。社会治理智能化同样有利于中国城市环境邻避风险包容性治理的实现。

社会治理智能化为中国城市环境邻避风险包容性治理的实现提供技术支撑。数字信息的公开与共享促进城市环境邻避风险治理主体的交流互动。在城市环境邻避项目的筹备、选址和建设等环节，政府利用数字新技术跟利益相关者进行沟通交流，能够提升城市环境邻避风险治理的有效性和合法性。数字新技术的运用拓宽公众参与城市环境邻避风险治理的渠道，打造线上和线下相结合的公众参与模式，有利于提高公众参与的质量和形成有序参与的局面。数字新技术有助于完

---

① 顾海良：《马克思主义中国化与中国共产党思想的百年辉煌》，《马克思主义与现实》2021年第3期。

② 刘灿华：《社会治理智能化：实践创新与路径优化》，《电子政务》2021年第2期。

善城市环境邻避风险的监测预警机制。政府通过大数据、云计算平台可以了解城市环境邻避风险信息，根据风险监测的结果确定舆情预警等级，从而及时有效地掌握舆情态势，防止城市环境邻避冲突的发生。人工智能技术以大数据技术为基础，其本质是集聚，其特点是"众智成城"。[①] 它在资源丰富、共识达成和充分回应等方面助力中国城市环境邻避风险的包容性治理。简言之，社会治理智能化是中国城市环境邻避风险包容性治理实现的重要技术条件。

现代化道路有多条，中国式现代化道路是其中的一条。国家治理体系和治理能力现代化是中国式现代化的重要内容。它的推进是中国特色社会主义事业发展的一项战略安排，是全面建设社会主义现代化国家的客观要求[②]。它的本质是改变政府作为单一主体的局面，构建政府、企业、社会共建共治共享的机制，这与包容性治理的核心意涵是高度契合的。党的十八届三中全会以来，政府全面深化改革，明确自身职责边界，对社会进行赋权，政府、企业、社会之间的失衡关系逐渐转变，三者之间的互动合作逐步扩大。目前，国家治理体系和治理能力现代化建设已经取得较为显著的成效，治理主体的多元性、治理程序的包容性以及治理成果的共享性得到较大程度的提升。国家治理体系和治理能力现代化的推进为中国城市环境邻避风险包容性治理的实现提供战略支撑。它成为中国城市环境邻避风险包容性治理实现的宏观层面的条件。

---

① 高奇琦：《智能革命与国家治理现代化初探》，《中国社会科学》2020年第7期。
② 张来明：《以国家治理体系和治理能力现代化保证和推进中国社会主义现代化》，《管理世界》2022年第5期。

第六章　外国城市环境邻避风险包容性治理的经验启示

环境邻避风险是一种世界性现象。外国，特别是发达国家的工业化与城市化起步较早。它们当然较早就面对环境邻避问题，并在城市环境邻避风险的包容性治理方面积累了比较丰富的经验。发达国家具有良好的自由政治结构、较强的环境保护理念和成熟的社会组织，为城市环境邻避风险的包容性治理提供了有利的条件。他山之石，可以攻玉。尽管中国在政治体制、意识形态和社会生态方面与国外发达国家迥然相异，尽管外国的有些经验受到质疑，有些经验目前难以适用于中国，但我们仍然可以借鉴外国城市环境邻避风险包容性治理方面的一些好的做法。外国城市环境邻避风险包容性治理的经验为中国城市环境邻避风险包容性治理的实现提供了有益的启示。

一　外国城市环境邻避项目选址的经验启示

环境邻避项目或设施选址是城市环境邻避风险的包容性治理需要面对的问题。外国对此进行了持续的探索，积累了较多的经验。它们在城市环境邻避项目选址过程中遵循包容原则进行项目选址，即采取多种项目选址模式，采用开放包容的决策方式以及灵活的选址策略，充分听取公众的意见，使城市环境邻避风险尽可能降至最低。外国城市环境邻避项目选址的经验给中国城市环境邻避风险包容性治理的实现带来了有益的启示。

（一）经验：遵循包容原则进行项目选址

1. 采取多种项目选址模式

进入20世纪80年代以后，美国城市的环境邻避项目遭到民众的强烈反对。1980—1987年这段时间里，就有75家企业申请的垃圾处理项目因遭遇反对而被迫终止或缓建。美国政府早期在环境邻避项目选址上也采用"决定—宣布—辩护"模式，由政府主导环境邻避项目选址决策过程，政府和企业联合作出选址决策后才向社会公布选址决策消息，并针对各种质疑声音进行辩护说明。[1] "决定—宣布—辩护"模式没能取得较好的效果，于是美国政府的决策者以及专家多次召开研讨会，对民众反对的情况进行详细的分析，寻找问题的解决方案；在争取社区居民充分信任和广泛吸纳民众参与的基础上，构建了具有包容性的城市环境邻避项目选址模式。这里举两个典型的例子予以说明。一个例子是1984年的亚利桑那州马里科帕县环境邻避项目选址案例。随着城市垃圾数量的不断增长，当地需要建立一个垃圾填埋场。一开始民众对县政府所作出的项目选址进行强烈的反对，后来县政府与民众保持协商沟通，将民众纳入到决策过程中，最终达成一致意见。西北地区填埋场也因此建成并运营至今，这体现了政府对民众参与的包容。另一个例子则是一个反面教材的案例，它发生在1992年。美国密歇根州政府与建设公司已达成协议，准备在该州的一个小城镇夏洛特兴建一个废弃物转化能源工厂，但政府对民众质疑也没能给出满意答复，在接受公众检查时却对项目危害似有隐瞒，最终项目建设计划未能获得通过。市长和四位支持项目建设的议员在接下来的议会选举中，因失去民心而下马。[2] 这说明了在城市环境邻避项目选

---

[1] Richard C. Kearney, "Low–Level Radioactive Waste Management: Environmental Policy, Federalism", and New York, *The Journal of Federalism*, 1993, Vol. 23, No. 3, pp. 57–74.

[2] Karl R. Dorshimer, "Siting Major Projects & the NIMBY Phenomenon: The Decker Energy Project in Charlotte, Michigan", *Economic Development Review*, 1996, Vol. 14, No. 1, pp. 60–62.

第六章　外国城市环境邻避风险包容性治理的经验启示

址中，采用自上而下的、"技术化的"方法是不合适的①。在总结经验教训的基础上，美国在城市环境邻避项目选址中逐步改变了由政府部门作出最终决定的决策模式，广泛吸纳民众参与，并打造了两种项目选址模式。一种模式是协商选址模式。在传统的自上而下的环境邻避决策模式失灵后，美国开始广泛推行协商式决策模式。②威斯康星州一直沿用这种模式，在实践中取得了较好的效果。另一种模式是自愿选址模式。该模式建立在拍卖理论的基础上，政府鼓励社区自愿参加环境邻避项目的选址，参选社区根据承担风险的限度以及自身的需求制定"标书"，基于环境邻避项目的危险程度提出相应的利益补偿。项目运营商依据参选社区的"标书"选择"报价"最低的社区。在该模式下，当地居民的切实需求能得到更好的反映，环境安全和经济发展之间的矛盾在社区制定的"标书"中得到解决，社区由此处于较为主动的位置。一个自愿选址的成功案例出现在纽约州。该州为所辖县市提供了一个建设固废填埋场的机会，一个拥有1300名居民的社区在自愿选址中做了积极回应。该社区在承担固废填埋场项目的兴建时可以获得100万—200万美元的利益包。该社区大部分居民认为与之前相比，固废填埋场项目的兴建为他们带来了生活的改善。③

意大利在城市环境邻避项目选址中采取了市场谈判模式。该模式是进入21世纪以后在实践创新的基础上出现的一种项目选址模式。它强调以企业为主导，政府从环境邻避项目选址争议中淡化，将选址的主动权交给企业，政府扮演"裁判员"和"协调人"的角色，由企业直接与社区进行谈判。企业为了在既定预算约束下实现成本的最小化，将解决项目选址争议可能产生的费用内化为选址的成本。采取市场谈判模式进行选址的典型案例是意大利热电厂的选址。实践结果

---

① William R. Freudenburg, "Can We Learn from Failure? Examining US Experiences with Nuclear Repository Siting", *Journal of Risk Research*, 2004, Vol. 7, No. 2, pp. 251-268.
② 刘冰：《邻避抉择：风险、利益和信任》，社会科学文献出版社2020年版，第228页。
③ Howard Kunreuther, Kevin Fitzgerald, Thomas D. Aarts, "Siting Noxious Facilities: A Test of the Facility Siting Credo", *Risk Analysis*, 1993, Vol. 13, No. 3, pp. 301-318.

表明，在城市环境邻避项目选址决定方面，与社区沟通的成本对其的影响比传统技术约束的影响更为显著①。

同其他国家令人失望的实践相比，瑞典在核废料管理问题上取得了重大成功。瑞典成功的经验是企业在以其为主导的选址过程中有意识地适应和满足了公司外部行动者的需求。② 捍卫不可分割处置观念的技术完整性是瑞典核废物管理 30 多年来的一项制度性工作。③ 无论外界如何质疑核废料的存储技术，该技术一经选定就没有再变化过，基于科学评价的坚持最终赢得了信任。瑞典成功的经验还表明社会信任是城市环境邻避项目选址成功的重要因素之一。良好的环境邻避决策不仅是技术上可行的，还必须是政治上可接受的。总的来说，瑞典采取了灵活的、渐进的选址模式，提升公众对项目安全的信任度以及公众对政府监管核废料处置项目能力的信任度。④ 目前，瑞典在核废料管理方面拥有"高度信任"环境。⑤ 瑞典的成功经验被英国政府借鉴，在英国同样收到成效。

2. 注重项目选址决策过程的包容性

美国注重城市环境邻避项目选址决策过程的包容性的主要表现之一是，对核反应堆选址举行听证会。美国南卡罗来纳州对核反应堆选址举行了听证会。此次听证的过程实际上是一个吸纳公众参与的过程。贝斯利以美国的核反应堆选址听证会为案例所进行的研究提供了

---

① Paola Garrone, Angelamaria Groppi, "Siting Locally – Unwanted Facilities: What can be Learnt from the Location of Italian Power Plants", *Energy Policy*, 2012, Vol. 45, pp. 176 – 186.

② Rolf Lidskog, Göran Sundqvist, "On the Right Track? Technology, Geology and Society in Swedish Nuclear Waste Management", *Journal of Risk Research*, 2004, Vol. 7, No. 2, pp. 153 – 169.

③ Yannick Barthe, Mark Elam, Göran Sundqvist, "Technological Fix or Divisible Object of Collective Concern? Histories of Conflict over the Geological Disposal of Nuclear Waste in Sweden and France", *Science as Culture*, 2019, Vol. 29, No. 2, pp. 196 – 218.

④ 刘冰：《邻避抉择：风险、利益和信任》，社会科学文献出版社 2020 年版，第 232—233 页。

⑤ Markku Lehtonen, et al., "The Roles of the State and Social Licence to Operate? Lessons from Nuclear Waste Management in Finland, France, and Sweden", *Energy Research & Social Science*, 2020, Vol. 61, pp. 1 – 12.

第六章 外国城市环境邻避风险包容性治理的经验启示

佐证。① 南卡罗来纳州核反应堆选址大约在哥伦比亚州首府以北 56.3 公里,受其影响的居民超过 65 万。一家州所有的公共事业公司和一家地方的能源公司联手推进此项目建设。能源公司的加入是否能够在用电方面发挥助力工程建设的作用成为这场听证会的焦点。这场听证会有能源财团的律师、州律师,还有一些局外的干预者作为旁观证人。这些干预者由一些市民、环保社会组织的律师组成。听证会为公众发言设立了专门的时间,一次在白天一次在晚上,并且听证全程向公众开放。② 这种包容公众的过程是坚守环境程序正义的体现。

日本也注重在城市环境邻避项目选址决策过程中吸纳公众参与。第二次世界大战以后,日本进入经济快速恢复发展时期。为了适应城市发展的要求,日本兴建了许多环境邻避项目。这些项目可能造成比较严重的破坏,从而引发环境邻避冲突。出于自身健康和安全的考虑,公众采取行动来抵制环境邻避项目选址。垃圾焚烧困境是其中一个重要问题。1979 年,东京都政府将垃圾焚烧厂地址选择在居民区。这一举动引起了居民的强烈抗议,他们把东京都政府告上法庭。在法庭的压力下,政府建立了吸纳公众参与的垃圾焚烧厂选址机制,并在全国推广。公众参与作用机制包括两个阶段。第一阶段,由各区选举市民代表和专家组成选址预备会,提出垃圾焚烧厂选址候选方案。第二阶段,由一般市民代表、候选地市民代表和专家组成特别建设市民委员会,对垃圾焚烧厂候选方案进行论证,并由代表进行投票决定最终方案。③ 这种机制的包容性强,取得了不错的效果。日本成为世界上焚烧厂最多的国家,④ 在一定程度上得益于这种机制。

与过去相比,韩国目前较为注重城市环境邻避项目选址过程的包

---

① John C. Besley, "Does Fairness Matter in the Context of Anger About Nuclear Energy Decision Making?", *Risk Analysis*, 2011, Vol. 32, No. 1, pp. 25–38.
② 朱伟等:《京津冀协同发展过程中的邻避风险防范研究》,化学工业出版社 2019 年版,第 108 页。
③ 侯璐璐、刘云刚:《公共设施选址的邻避效应及其公众参与模式研究——以广州市番禺区垃圾焚烧厂选址事件为例》,《城市规划学刊》2014 年第 5 期。
④ 程伟、鞠阿莲:《日本生活垃圾焚烧处理现状及启示》,《环境卫生工程》2019 年第 6 期。

容性。过去,韩国政府在项目选址决策中不重视吸纳公众参与,加之项目本身存在损害健康和危害安全的风险,公众表示十分不满,进而导致环境邻避冲突接连发生。同时,地方政府的意见也未受到重视,不利于项目选址的推进。自1986年到2005年间,韩国政府9次对核电站项目进行选址均未成功,主要原因是地方政府和公众的强烈反对。为了改变上述局面,韩国2005年出台了《低放射性废弃处置场支援法》,首度引进了赞同式公民投票的设计,允许地方政府自行申请建立厂址。另外,在城市环境邻避项目选址过程中,韩国政府转变策略,由强势主导转变为协商探讨,更多地听取当地的意见,让地方政府与公众拥有更多的选择权。通过立法和转变策略,把地方政府与公众包容进来,共同致力于城市环境邻避项目选址决策。韩国庆州提供了一个成功案例。

韩国庆州在韩国氢核电力公司的选址过程中,采用了选址竞争与公民投票相结合的公众参与机制。[1] 在公众了解该项目具有较高的经济效益预期的基础上,公民得到由政府发起投票的否决权。在选址竞争机制下,公民投票的通过率越高,该氢核电力公司就越会在那里选址。庆州市政府为了大力发展地方的经济,希望能够把握将低放射性废弃处置场厂址设在辖区内的绝好机会。除庆州之外,韩国的盈德、群山、浦项三个城市也参与选址竞争。韩国政府宣布这四座城市中拥有最高投票通过率的,并且达到了作为核废料处理地的最低标准的城市将获得该项目。四座城市都尽全力以获得市民的支持,强调该项目将会给他们带来强有力的经济保障。始料不及的是,选址竞争相当激烈。公众对自身利益的考量以及地方发展经济的驱动,使得原本容易陷入环境邻避冲突的项目变成了公众积极争取的福利,使得邻避效应转化为迎臂效应。通过公民投票制度,获得近90%的赞成率的庆州最终赢得了项目选址。在这一案例中,公众非但没有产生强烈的反对

---

[1] Ji Bum Chunga, Hong–Kyu Kim, "Competition, Economic Benefits, Trust, and Risk Perception in Siting a Potentially Hazardous Facility", *Landscape and Urban Planning*, 2009, Vol. 91, No. 1, pp. 8–16.

第六章 外国城市环境邻避风险包容性治理的经验启示

情绪，反而积极投票，竞相争取承建该项目。①

（二）启示：采用灵活包容的项目选址策略

外国在城市环境邻避项目或设施选址方面积累了大量的经验。由于不同国家的政治、社会和文化背景各不相同，外国的经验并不一定完全适用于中国，外国的城市环境邻避项目选址模式也不能生搬硬套。尽管如此，对外国城市环境邻避项目选址的经验进行一般性的总结仍然对中国的选址实践具有启示意义。外国这方面的经验给予我们的启示是采用灵活包容的项目选址策略。

外国在城市环境邻避项目选址上采取了多种模式，每种模式都有其可取之处。我们要借鉴他们的良好做法，根据不同类型的环境邻避项目灵活地进行选址，推进城市环境邻避风险的包容性治理。不同类型的环境邻避项目，其可能的负外部性影响以及可能引起的利益矛盾存在很大不同。所以，需要对不同类型的环境邻避项目采用灵活的选址策略。对于那些负外部性影响不涉及个人根本利益，尤其是不涉及身体健康危害和生命安全威胁的环境邻避项目，可以在选址中引入经济补偿激励机制。经济补偿是环境邻避项目的主管部门提供回馈补偿和经济诱因，以减少当地社区居民的反对阻力。这一方式常被采用，是处理环境邻避危机最直接的对策。② 各国在城市化进程中常常运用经济补偿方式来解决环境邻避问题。经济补偿在为危险性较低的项目进行选址时可能是一个很有价值的工具，但是如果在公众看来某些项目具有极高的风险，那么经济补偿很难产生积极的效果。③ 的确，对于风险极大的项目而言，经济补偿根本没有什么效果。公众对这些项

---

① 朱伟等：《京津冀协同发展过程中的邻避风险防范研究》，化学工业出版社2019年版，第109页。

② 吴涛：《城市化进程中的邻避危机与治理研究》，格致出版社、上海人民出版社2018年版，第167页。

③ Howard Kunreuther, Doug Easterling, "The Role of Compensation in Siting Hazardous Facilities", *Journal of Policy Analysis and Management*, 1996, Vol. 15, No. 4, pp. 601–622.

目的接受度显示出完全缺乏价格弹性。① 这就要求对那些负外部性影响涉及身体健康危害和生命安全威胁的环境邻避项目采取其他的选址策略。具体来说，需要从拟建项目的必要性程度和潜在健康危害影响程度两方面来综合考虑项目选址。对于可能存在不严重影响身体健康的项目，应该考虑给予利益受损者相应的医学治疗和利益补偿，并鼓励利益受损者支持那些确有必要兴建的项目的选址。由各种主体根据环境邻避项目的潜在健康危害影响程度及选址所需的条件，综合各方意见，初步确定可能的最佳选址，鼓励社区自愿接受项目选址。在初步确定可能的选址以后，由各种主体协作讨论确定最终选址并付诸执行。对于可能存在着重大危害影响、危及身体健康和生命安全，或可能存在长期危害性影响的项目，应该坚持非必要则不建设的原则，这是因为身体健康和生命安全的基本权利不应该得到"可能没有威胁"的保障。② 对于必要性程度和潜在健康危害影响程度都很高的项目，应该尽可能寻找替代物，或将其放在偏僻的、远离居民区的地方。

外国比较注重项目选址决策过程的包容性，它们因此在项目选址上获得较大的成功。中国目前在城市环境邻避项目选址方面存在一些困境。如何走出困境，从外国的经验中可以得到一些启示。过去，中国地方政府在城市环境邻避项目选址中往往采取开放度较低的决策模式。现在，这种状况有了一定程度的改变，但包容不足的问题依然存在。一些地方政府不重视吸纳公众参与城市环境邻避项目选址决策。它们认为公众具备许多常识，但缺乏专业知识。普通公众凭借常识无法参与，③ 只有掌握专业知识的专家和专业技术人员才能参与选址决策。但是，项目影响的是附近的公众，而不是专家和专业技术人员。

---

① Hank Jenkins‑Smith, Howard Kunreuther, "Mitigation and Benefits Measures as Policy Tools for Siting Potentially Hazardous Facilities: Determinants of Effectiveness and Appropriateness", *Risk Analysis* 2001, Vol. 21, No. 2, pp. 371–382.

② 陈宝胜:《邻比冲突及其治理模式研究》，中国社会科学出版社 2018 年版，第 309—310 页。

③ 杨建国:《从知识遮蔽到认知民主：环境风险治理的知识生产》，《科学学研究》2020 年第 10 期。

第六章　外国城市环境邻避风险包容性治理的经验启示

当项目附近公众的利益受到损害时，他们就会反对项目选址。许多项目选址未获成功即缘于此。相比之下，外国在项目选址决策过程中的包容态度赢得了公众的认同。借鉴外国的经验，中国需要采用包容的项目选址策略。包容的实质是倡导所有成员的平等和参与。① 相关的所有成员必须拥有平等而有效的机会向其他人阐述他们对城市环境邻避项目选址的看法。地方政府需要正视项目附近公众的利益诉求，平等地与公众进行协商对话，广泛吸纳公众参与城市环境邻避项目选址决策。为了让公众能够更好地参与项目选址决策，地方政府应该重视公众的知情权，及时向公众公开项目选址信息。有效的参与需要多样的信息来源。② 公众了解项目选址的相关信息，他们才能有效地参与项目选址决策。当今，公众的权利意识不断增强，地方政府只有及时公开城市环境邻避项目选址信息，让公众有效参与项目选址决策，并充分吸纳公众的意见和建议，才能有效化解城市环境邻避风险。因此，中国在城市环境邻避项目选址方面还应当采用包容的策略。

二　外国城市环境邻避风险治理参与的经验启示

治理参与是社会治理领域的重要事项。③ 外国城市环境邻避风险治理参与的经验涉及环境邻避项目或设施选址、建设与运营过程以及环境邻避冲突治理中的参与。这方面的经验侧重于全过程参与的经验。需要说明的是，其他方面的经验也会涉及参与，但其侧重点不在于参与。重视多主体、多形式参与城市环境邻避风险治理是外国普遍采取的重要举措。外国还强调塑造社区共识。这些举措不仅消除了公

---

① 王务均:《包容性治理——大学内部权力结构的新机制》，南京大学出版社 2017 年版，第 67 页。
② ［美］罗伯特·A. 达尔:《论民主》，李风华译，中国人民大学出版社 2012 年版，第 78 页。
③ 黄晓春:《党建引领下的当代中国社会治理创新》，《中国社会科学》2021 年第 6 期。

众对城市环境邻避设施的负面情绪,还实现了政府与公众的良性互动。

(一) 经验:重视多元参与和塑造社区共识

1. 多主体参与

英国城市环境邻避风险治理参与的一个重要特点在于政府十分重视社会组织的参与。英国是老牌工业国家,其社会组织早已关注环境邻避问题。在 20 世纪中叶及以后的一段时期,参与环境邻避风险治理是英国社会组织的一个重要使命,但这一时期由于协商制度没有建立起来,因而在环境邻避政策的制定方面,社会组织处于边缘化的境地。随着时代的变迁,社会组织的作用逐步得到加强。自 20 世纪 80、90 年代开始,作为政府与公众之间的中介角色,社会组织在垃圾焚烧项目的规划、选址与运营等环节发挥重要作用。[1] 英国社会组织的参与成为化解当前城市环境邻避风险的有效途径之一。英国政府还重视公众参与。20 世纪 90 年代末出现的关于基站辐射健康危害的争论引起了政府的关注;政府在某种程度上认可了公众对辐射健康危害的忧虑,并要求基站选址、建设必须征得当地部门和公众的同意。[2] 英国政府实施具体的优惠政策以激励公众参与城市环境邻避风险治理,公众只要直接参与垃圾转换能源项目、能源服务项目,家庭燃气费、水电费等就可以减免。[3] 在希思罗机场项目扩建过程中,英国政府采取有力措施保障尽可能多的公众直接参与决策。

从自上而下的政府决策到多元参与是加拿大城市环境邻避项目选址、建设与运营民主化的过程。加拿大重视社区自愿参与城市环境邻避风险治理。加拿大两个综合危险废物处理公共设施是在社区自愿参

---

[1] 陈红霞:《英美城市邻避危机管理中社会组织的作用及对我国的启示》,《中国行政管理》2016 年第 2 期。
[2] Frances Drake, "Protesting Mobile Phone Masts: Risk, Neoliberalism, and Governmentality", *Science, Technology & Human Values*, 2011, Vol. 36, No. 4, pp. 522 – 548.
[3] 李秉坤、李相宁:《国外邻避冲突治理路径的经验分析》,《内蒙古科技与经济》2020 年第 21 期。

第六章　外国城市环境邻避风险包容性治理的经验启示

与理念的指引下建成的。一个是马尼托巴省的危害废物处理设施，另一个是亚伯达省的特殊废物处理中心。马尼托巴危害废物管理公司遵循了其与社区共同管理的原则。在危害废物处理设施选址中，危害废物管理公司和潜在的选址社区共享决策权。社区的建址决策权由当地社区委员会掌握，按照前期确定的技术和环境标准由危害废物管理公司来决定最终建址的社区。马尼托巴危害废物管理公司和社区共同管理的原则是：（1）社区委员会对设施运营的监督；（2）环境风险评估、项目规划以及合法性；（3）任何分歧都必须诉诸公共裁决，设施运营必须取得社区支持；（4）社区健康、安全、利益等方面的保障措施；（5）社区要从设施上取得利益的优先分配和公共服务的便利。加拿大率先在选址决策中应用社会和环境双重标准，并采取开放选址路径的危害废物处理设施是亚伯达省的特殊废物处理中心。社区自愿参与是该设施选址需要坚持的原则，只有自愿参与选址的社区才会被考虑。该设施被当地大约2500人的社区所接受，对建造该设施的支持在公民投票中得到了表达。[①] 从设施选址到设施建设和运营，均强调公众的持续参与，充分重视社区的反对声音。[②] 为了使公众能够参与管理决策和设施运营过程，使社区的利益能够得到保证，政府和企业联合开辟了广泛的渠道。

瑞典的城市环境邻避风险治理模式相对比较成熟，该模式强调政府、民众、企业三方共同参与。以高放射性核废料处理场为例。瑞典在针对核废料处理场的风险治理中十分注重以民众为核心的政治参与路径。瑞典境内拥有11座核反应堆，如果对核废料的储存与处理不当，就极易引发环境邻避冲突。瑞典在1980年开始致力于核废料的处理，当前瑞典通常采取奥斯卡斯哈门模式来对核废料处理场进行规划、建设。瑞典核燃料与废物管理公司（简称SKB公司）专门负责

---

① 刘晓亮、侯凯悦：《志愿和竞争选址：邻避冲突解决机制的西方经验与中国选择》，《华东理工大学学报》（社会科学版）2017年第3期。
② Barry G. Rabe, Jeremy Becker, Ross Levine, "Beyond Siting: Implementing Voluntary Hazardous Waste Siting Agreements in Canada", *The American Review of Canadian Studies*, 2000, Vol. 30, No. 4, pp. 479–496.

处理高放射性废料，1995年该公司决定新建核废料处置场。为了提高社会的参与度，SKB公司提供了六个备选场址供民众选择，最终在2002年确定了奥斯卡斯哈门与福斯马克两个地区。奥斯卡斯哈门地区的市长积极推动地方接受环境评估计划，并由此发展出城市环境邻避风险治理的成功模式，即奥斯卡斯哈门模式。该模式主要包括七项原则：（1）高度参与性与开放性，尊重民众的参与意愿，且所有的程序、决策都应当是透明的，政府实施核废料处置场建设计划的前提是计划得到地方民众批准，这从根本上保障了民众意见的被采纳；（2）严格的环评程序；（3）给予民众足够空间和时间参与决策；（4）主管机关全程参与并作出决策；（5）代议制民主之下的民众参与；（6）凡是问题必得明确答复，企业需要对民众疑问提供明确回复；（7）重视环保团体的作用。SKB公司接受这一模式，最终奥斯卡斯哈门成为核废料处置场的选址地点。多元主体参与的有效运转是奥斯卡斯哈门模式获得成功的关键。其一，多元主体参与。在该模式中，政府、企业、环保组织、当地居民都扮演各自的角色，且能切实参与到城市环境邻避设施选址、建设与运营的全过程中。其二，公开透明的决策程序。该模式能确保各主体在每一环节中充分讨论该项目的可行性，信息传递能做到公开透明。其三，民众参与的有效性。[①] 在该模式中，民众能够获取实质的决策权，其意见表达能够得到充分尊重，民众参与达到了相当高的程度。

  韩国城市环境邻避风险治理一方面体现在设施选址方式的优化上，另一方面体现在设施建设、运营过程中，设施的选址、建设和运营都离不开公众参与。韩国政府对废弃处置场进行立法，构建了赞同式公民投票制度，在选址中最大限度地尊重民意，将政府单一决策变为公众主动选择。韩国在垃圾焚烧厂等设施的建设、运营中，采取多元主体共同参与的模式。政府、企业和专业社团等多元主体共同参与的做法是，政府通过投资让相关企业进行建设，通过招投标方式让专

[①] 杨锐:《环境法视域下我国邻避冲突治理机制研究》，山东师范大学硕士学位论文，2018年，第25—26页。

第六章 外国城市环境邻避风险包容性治理的经验启示

业社团进行管理。无论是政府、社团还是企业都保持相对独立的地位。例如，仁川市政府针对该地区3个垃圾焚烧与回收利用项目，通过招投标委托仁川环境公团负责。垃圾焚烧与回收利用项目需要运行费用，每年的一半费用来自政府的投资，另一半费用来自垃圾焚烧厂产生热能或自身发电等带来的收益。垃圾焚烧厂带来的收益还被用来改善周边公共环境、建设便民福利设施，从而使居民从根本上接受环境邻避设施。由此，垃圾焚烧厂不再是大家避之不及的危险场所，而是能够为居民带来实实在在益处的设施。[①] 同时，政府通过公民教育，强化利益共同体观念，增强公众的环保意识，进一步提升公众参与的自觉性。在化解城市环境邻避风险过程中，公众参与发挥着不可替代的作用。从韩国的治理经验来看，只有最大限度地汇集民众智慧、汇聚社会力量，构建起政府—企业—公众共同治理的模式，才能实现环境共治目标。

2. 多形式参与

共识会议是发达国家的一种比较成熟的形式，[②] 发达国家普遍将它应用于城市环境邻避风险治理。它主要是在对技术较为复杂的环境邻避设施进行决策时采用的参与形式。普通公众是共识会议的参加者，组成人数一般不超过20人，人员由组织者随机选出。会议的流程一般为：首先，参与者需要对环境邻避方面的理论与知识有一定的了解；其次，参与者就环境邻避设施建设提出关键性问题，由专家负责对提出的问题进行解答；再次，在专家对环境邻避设施建设的相关问题进行解答的基础上，由非专业的参与者就相关问题进行讨论，通过讨论达成共识，并形成共识文件；最后，将共识文件分发给每一位与会人员，并将其提交给相关机构或者召开新闻发布会将其公之于众。共识会议对城市环境邻避决策的影响会受到客观因素的制约，因而其效果也会有所不同，有些共识会议可能对城市环境邻避决策效果

---

① 章少民等：《日韩环境保护公众参与的启示与建议》，《环境教育》2017年第3期。
② 谭爽：《从知识遮蔽到知识共塑：我国邻避项目决策的范式优化》，《中国特色社会主义研究》2019年第6期。

影响不大，有些则对城市环境邻避决策产生重要影响。但不管如何，共识会议增强了城市环境邻避决策的民主性。

公民陪审团有时也叫做公民小组会议。选取代表普通公众参加会议的人员至关重要，这些人员不能成为少数团体的利益代言人，他们必须站在公众的立场上，对一个政策问题进行讨论商议。① 会议的目标在于形成一定的政策建议。公民陪审团的功能是为公众和政府官员提供政策建议。发达国家在公民陪审团的探索方面取得了较大进展。比如，在美国，公民陪审团现在被用来解决城市环境邻避问题。美国的公民陪审团成员由具有相应陪审资格的公民组成。他们的参与推进了城市环境邻避风险治理。在城市环境邻避设施建设中，公民陪审团可以借助专家作用，探讨和阐明邻避问题，使设施建设问题和潜在的风险能够被公民充分知晓，促进决策团体和公民之间相互沟通，② 达成一种共同协商对话、共同解决问题的良好局面。从运作模式来看，公民陪审团与共识会议在某些方面存在共性：在相关问题人群中随机抽选与会人员，他们能够起到广泛代表公众的作用，能够为城市环境邻避决策提供重要支持。但两者又存在一些差别：从运作程序来看，公民陪审团不如共识会议公开透明；共识会议一般能够形成统一的观点，达成共识；而公民陪审团有时会形成共识文件，有时却无法形成共识。

焦点小组也称为小组访谈，它有点类似于团体访谈方法，实际上是一种社会科学调查研究方法。作为一种公众参与机制，焦点小组强调会议参加者之间的互动。参加者能够通过会议进行相互交流，对政府的政策及专家的观点进行深入了解，并与政府建立信任关系。一般来看，焦点小组会议参加者数量不超过 15 人。也有学者认为 6—10

---

① Wendy Kenyon, Ceara Nevin & Nick Hanley, "Enhancing Environmental Decision - making Using Citizens' Juries", *Local Environment*, 2003, Vol. 8, No. 2, pp. 221 – 232.

② 刘超、颜茜：《邻避冲突协商治理：美国的实践及启示》，《湖南省社会主义学院学报》2020 年第 5 期。

第六章　外国城市环境邻避风险包容性治理的经验启示

人符合焦点小组会议的规模，焦点小组会议的时间一般不超过2个小时。① 焦点小组已被政府、其他组织所采用。瑞士的霍尔西姆公司是在城市环境邻避风险治理中采用焦点小组的一个典型代表。该公司在西班牙的水泥工厂是一种环境邻避设施。在设施建设初期，为了避免环境污染或预防环境风险，当地居民与政府发生了冲突，项目被迫缓建。该公司并没有因噎废食。为了能够重建水泥厂，该公司成立专门的内部工作小组来评估当地社区居民的需求。只有恰当地评估当地社区居民的需求，才能较好地对它作出回应。在充分考虑当地社会的经济文化因素的情况下，内部工作小组采用焦点小组与个人访谈结合的方式，将利益相关方之间的需求与关系明确下来，将评估结果与公司的资源、目的相匹配，回应、满足社区居民的需求，最终使得项目成功建设。

公民咨询委员会也是一种公众参与方式。② 在政府与公众、专家与公众之间建立沟通渠道，增强公众对政策的了解和信任是公民咨询委员会最重要的功能。与此同时，公民咨询委员会可以对政策方案进行评价和提出建议，还可以将有关公众态度、需求等信息提供给政府决策者。美国政府运用公民咨询委员会来推进公众参与已经有了100多年的历史。如今，公民咨询委员会在美国城市环境邻避项目建设中发挥着重要的作用。它一般由政府或者其他组织选择普通公民担任特定的城市环境邻避项目决策、建设的委员。委员可以代表特定的团体或地区，参与城市环境邻避项目决策、建设。公民咨询委员会掌握较多城市环境邻避项目建设方面的信息。美国公众可以通过公民咨询委员会来获取这方面的信息。新加坡在城市环境邻避项目建设中也建立了公民咨询委员会。新加坡积极倡导公众参与，公民咨询委员会是其推进公众参与城市环境邻避项目建设的形式之一。该委员会每年组织

---

① Richard A. Powell and Helen M. Single, "Focus Groups", *International Journal for Quality in Health Care*, 1996, Vol. 8, No. 5, pp. 499 – 504.
② 辛方坤：《邻避风险社会放大过程中的政府信任：从流失到重构》，《中国行政管理》2018年第8期。

社会活动近千项,参与人次突破百万,对城市环境邻避问题的解决产生良好的影响。

上述四种参与形式都不同程度地出现在外国城市环境邻避风险治理中,它们在某些方面存在一定的共同点,但也有一定的差异性。它们各自的差异性是其存在的理由。首先,公众参与持续时间存在差别。公民咨询委员会持续时间可能最长,但这并不意味着与共识会议和焦点小组相比,其对政策的影响更为有效。其次,代表的选择以及代表性存在差别。共识会议、公民陪审团和焦点小组的成员随机抽取产生,它们的代表性程度中等。公民咨询委员会的成员则是组织者指定代表性公民而产生的。所以,参与者代表性可能较低。再次,公众参与机制的透明度存在差别。比较而言,共识会议的透明度较高,这是由于共识会议的参与过程以及参与者的选择都是对公众开放的。公民陪审团的透明度中等,其他参与形式的透明度较低。[1] 上述四种参与形式各有其作用。外国将上述四种参与形式嵌入城市环境邻避风险治理的良好经验值得借鉴。

3. 塑造社区共识

如前所述,共识会议一般能够达成共识,公民陪审团有时能够达成共识。这些共识与社区共识既有联系又有区别。它们之间有交叉关系,但社区共识不只是来源于共识会议和公民陪审团,还来源于社区利益协议制度等。社区福利协议是一种新兴的有力工具,它们已用于大型高补贴城市经济发展项目,加强了公众参与在经济发展决策中的作用。[2] 外国较多地在城市社区进行环境邻避设施选址、建设,设施选址、建设的关键在于达成社区共识。社区共识在某种程度上是国家利益与社区利益的一种有效平衡。外国在城市环境邻避风险治理中主要通过签订社区利益协议来塑造社区共识。

---

[1] Gene Rowe, Lynn J. Frewer, "Public Participation Methods: A Framework for Evaluation", Science, Technology, & Human Values, 2000, Vol. 25, No. 1, pp. 3 – 29.

[2] Thomas A. Musil, "The Sleeping Giant: Community Benefit Agreements and Urban Development", the Urban Lawyer, 2012, Vol. 44, No. 4, pp. 827 – 851.

第六章 外国城市环境邻避风险包容性治理的经验启示

美国在城市环境邻避风险治理中塑造的一部分社区共识以社区利益协议的形式表现出来。加利福尼亚州是现代意义上社区利益协议的发源地。[①] 20世纪90年代早期，该州娱乐业快速发展，工作室、影视公司集中修建，对周边社区造成一定影响，环境邻避冲突时有发生。洛杉矶大都市联盟成立的目的是为邻近社区的低收入居民争取权益。洛杉矶大都市联盟通过与梦工厂的协商，为居民争取到在梦工厂培训和工作的机会。梦工厂设立了名为好莱坞工厂的职业培训组织，投资了500万美元，兑现了对低收入群体进行扶持的承诺。当时这个协议没有社区利益协议的称呼，但几乎具有今日社区利益协议的一切特征。

被公认为美国第一个综合性社区利益协议是2001年签订的洛杉矶体育和休闲区开发项目协议。[②] 社区利益协议可以以不同的方式构建，与项目开发商达成双边协议是方式之一。[③] 洛杉矶体育和休闲区开发项目协议就是以这一方式构建的。菲格罗阿走廊经济正义联盟与开发商联合体经过五个月的协商，对项目开发所需的公共津贴和重新分区表示同意与支持。开发商承诺：第一，尽可能努力使该项目创造的5500个永久性工作中的70%能够确保最低生活工资；第二，资助100万美元建设公共娱乐设施和社区公园；第三，建立项目建设第一来源雇佣计划，即优先雇佣以下人员：项目所在地3英里内的低收入人口；因土地开发而改变住所或工作地点的人；洛杉矶市最穷人口普查区的低收入人口；第四，每年拿出25000美元并持续5年支付邻近社区居民的停车费用；第五，提供65万美元的无息贷款给非营利住房开发商用于建设经济适用房；第六，拿出约占总数的20%的新建

[①] Doug Smith, "Community Economic Development, Regionalism, and Regional Equity: Emerging Strategies and Changing Roles for CED Attorneys", *Journal of Affordable Housing & Community Development Law*, 2013, Vol. 21, No. 3/4, pp. 315-334.

[②] Leland Saito, Jonathan Truong, "The L. A. Live Community Benefits Agreement", *Urban Affairs Review*, 2015, Vol. 51, No. 2, pp. 263-289.

[③] Cameron Gunton, Sean Markey, "The Role of Community Benefit Agreements in Natural Resource Governance and Community Development: Issues and Prospects", *Resources Policy*, 2021, Vol. 73, pp. 1-11.

住宅（100 至 160 套）作为经济适用房；第七，建立咨询委员会监督协议的执行。① 该协议是公平合理的，且符合公众的利益，因而得到了洛杉矶市和洛杉矶社区复兴局的支持。该协议的成功促使洛杉矶市签订一系列社区利益协议。该协议已经成为全美国社区利益协议的典范。现在，美国各州基本上认可社区利益协议制度。②

除了洛杉矶市之外，美国的一些城市在环境邻避设施方面的社区利益协议也可圈可点。目前，美国城市的劳工社区联盟通常就社区利益协议进行磋商。③ 一般来说，社区利益协议包括经济适用房、当地雇佣和生活工资工作的规定④。几乎每个社区利益协议都会直接或间接地涉及为本地居民创造就业机会。直接方式主要有两种：第一，优先与本地商户签订合同。如在 2017 年底特律总部工程社区利益协议磋商过程中，社区要求与本地企业签订至少 30% 的工程建设合同；第二，建立第一来源雇佣计划。此计划通常要求开发商支付当地居民最低生活工资，并优先按一定比例雇佣特定人群。如在底特律总部工程社区利益协议磋商过程中，社区要求至少有 51% 的工程建设人员是本地居民。间接方式也主要有两种：第一，对相关项目予以资助或直接向相关实体捐献。如底特律雇佣解决方案公司接受了底特律总部工程的开发商承诺的一次性给予 10 万美元的捐献；为了使本地青年获得更多职业培训机会，开发商每年向底特律青年人才成长项目投资 10 万美元；第二，设立组织提供就业培训机会。洛杉矶市有这方面

---

① 王凌光：《论社区利益协议——美国解决邻避冲突的经验及启示》，《行政法学研究》2018 年第 5 期。

② 吴勇、扶婷：《社区利益协议视角下邻避项目信任危机与应对》，《湘潭大学学报》（哲学社会科学版）2021 年第 2 期。

③ James Nugent, "The Right to Build the City: Can Community Benefits Agreements Bring Employment Equity to the Construction Sector?", *Labour/ Le Travail*, 2017, Vol. 80, No. 1, pp. 81 – 114.

④ Leland Saito, Jonathan Truong, "The L. A. Live Community Benefits Agreement", *Urban Affairs Review*, 2015, Vol. 51, No. 2, pp. 263 – 289.

第六章　外国城市环境邻避风险包容性治理的经验启示

的经验。很多社区利益协议规定的一项内容是"减轻不良项目的影响"①。针对社区对工程造成交通拥堵、影响当地通行的担心，底特律总部工程的开发商承诺在工程完成后为总部的雇员和访客提供大量停车位。在2016年布里奇波特市及相关社区团体与康涅狄格州PSEG电力有限公司签订的社区环境利益协议中，开发商为了解决工程可能引发的环境问题，承诺投资200万美元建立社区环境利益基金。② 开发商还会发挥各项工程自身的优势，因地制宜地为当地居民提供各类服务设施。投资250万美元建设、翻新和维护底特律市的60个社区篮球场是底特律总部工程的开发商承诺的最大的一笔开支。美国城市的以上做法取得良好的社会效果。虽然社区利益协议不能贯彻倡导者代表它们提出的所有主张，但它们能够通过将公共和私人支出导向服务不足的小区，在社区发展中发挥重要作用。③ 大多数参与者对社区利益协议带来的利益表示满意。④

社区利益协议虽然在加拿大较少见，但还是存在。加拿大在城市环境邻避风险治理中塑造的一部分社区共识也以社区利益协议的形式表现出来。社区利益协议要求"城市复兴"项目为边缘化居民提供生活工资、经济适用住房和就业机会。一个名为多伦多社区利益网络的劳动社区联盟在社区利益协议磋商过程中发挥了较大的作用。多伦多社区利益网络成立于2013年，其试图与安大略省政府就有史以来第一个社区利益协议进行磋商，该协议与多伦多66亿美元的艾灵顿跨镇轻轨交通项目有关。多伦多社区利益网络努力动员各种资源、争

---

① Cameron Gunton, Sean Markey, "The Role of Community Benefit Agreements in Natural Resource Governance and Community Development: Issues and Prospects", *Resources Policy*, 2021, Vol. 73, pp. 1–11.
② 王凌光：《论社区利益协议——美国解决邻避冲突的经验及启示》，《行政法学研究》2018年第5期。
③ Nicholas J. Marantz, "What Do Community Benefits Agreements Deliver? Evidence From Los Angeles", *Journal of the American Planning Association*, 2015, Vol. 81, No. 4, pp. 251–267.
④ 吴勇、扶婷：《社区利益协议视角下邻避项目信任危机与应对》，《湘潭大学学报》（哲学社会科学版）2021年第2期。

取工会支持。该网络赢得了省级政策制定者对社区利益协议的口头支持。多伦多社区利益协议为边缘化群体和工会主张城市权利开辟了新的斗争领域,这些斗争正在被政府所接受,并被用作深化新自由主义治理的政治保护。[1]

英国大型能源项目和社区利益协议方面的经验包含在城市环境邻避风险治理中塑造社区共识的经验。在英国,风能行业一直处于社区利益协议发展的前沿。从英国风电场的实践来看,当地社区分享风能价值是社区利益的一个重要方面。对于威尔士风力发电场和威尔士能源政策而言,社区利益协议发展的一个重要的责任动机是公平原则要求向在更广泛的公共利益基础上的合理发展受到影响的社区提供某种形式的赔偿金。关于英国放射性废物地质处理设施选址,近来英国政府表示,它将提供重要的额外社区投资(社区利益协议的一个新术语),以帮助最大限度地提高重要的经济效益,这种效益是主办国家重要基础设施项目和为国家提供非常重要服务的社区所固有的。额外社区投资被视为这类重要基础设施项目将给一个地区带来的投资和就业的补充。[2] 它也是开发商和社区之间减轻施工期间影响的协议的补充,该协议根据1990年《城镇和国家规划法》第106条签订。

(二)启示:重视公众参与和社区共识的作用

重视多元参与是外国城市环境邻避风险治理参与的一条主要经验。相比而言,过去中国的一些地方政府在城市环境邻避风险治理中忽视公众参与,引起一些环境邻避现象。无论是在环境邻避设施建设前还是在建设中,一些地方政府既没有及时公开相关信息,也不主动征求设施周边公众的意见。当设施周边的公众想要了解真相、参与决

---

[1] James Nugent, "The Right to Build the City: Can Community Benefits Agreements Bring Employment Equity to the Construction Sector?", *Labour/ Le Travail*, 2017, Vol. 80, No. 1, pp. 81-114.

[2] John Glasson, "Large Energy Projects and Community Benefits Agreements—Some Experience from the UK", *Environmental Impact Assessment Review*, 2017, Vol. 65, pp. 12-20.

第六章　外国城市环境邻避风险包容性治理的经验启示

策的时候,他们缺乏机会。① 可是,环境邻避设施的外溢成本由周边的公众承担。作为成本负担者,设施周边的公众会有较强的动机来抵制这类设施的兴建。结合美国、英国、加拿大以及韩国的经验,我们应当在实质上重视公众参与的作用。

随着经济社会的不断发展和公众环境保护意识的不断提高,公众参与的要求日益增长。我们应该坚持包容性原则,将更多的主体吸纳到城市环境邻避风险治理中来。外国城市环境邻避风险治理参与的经验启示我们应该如此。在城市环境邻避风险治理中,中国政府要构建开放的环境邻避设施选址程序,让更多的利益相关公众参与进来,与其他主体一起进行设施选址决策。公众参与的程度应视设施选址决策方案而定,不应停留于表面。公众的意见作为设施选址决策的参考应该具有一定的效力。公众的反对意见尤其应该受到重视,因为这是阻碍设施兴建的一个实质力量,如果处理不当,可能会产生更大的不良影响。在设施选址决策过程中,吸纳公众意见,协商出更优方案,有益于设施的建设和运营。② 要秉持包容的态度,让更多的利益相关公众参与设施建设和运营。利益相关公众在参与过程中获取环境邻避设施的相关信息,了解设施选址论证的科学性、公正性和设施建设、运营的必要性,其对设施承建企业的信任就可以得到加强,对环境邻避风险的担忧就会减少。

外国采用共识会议、公民陪审团、焦点小组和公民咨询委员会等形式让公众直接参与城市环境邻避决策过程。这些形式在一定程度上起到维护公共利益的作用。然而,它们在具有现实价值的同时,也不可避免地存在一些缺陷,其中一个共同缺陷是需要投入较大的成本,这种成本包括花费的时间、金钱、精力等③。参与者需要投入大量的时间和精力,这可能影响城市环境邻避决策过程,因而并非所有的城

---

① 张乐:《邻避冲突解析与源头治理》,社会科学文献出版社2017年版,第36页。
② 朱伟等:《京津冀协同发展过程中的邻避风险防范研究》,化学工业出版社2019年版,第115页。
③ [美]丹尼斯 C. 缪勒:《公共选择理论》,杨春学等译,中国社会科学出版社1999年版,第423页。

市环境邻避决策都适用于上述参与形式。而且，以上四种参与形式还存在各自的缺陷，比如，焦点小组有时候仅仅是为了提高政策合法性的需要；共识会议往往因参与者的价值观与立场不同而无法真正达成共识；公民咨询委员会在透明度和独立性上存在一定的缺陷。以上四种参与形式各有优点和缺陷，应根据城市环境邻避设施的种类以及各地方的实际情况来选择合适的参与形式。可以借鉴外国相对成熟的共识会议制度，结合中国各城市环境邻避现象线上和线下舆情逐步联结化的形势，把它转换成线上和线下相结合的共识会议制度，让专家和公众在反复沟通、讨论中消弭认知偏差，达成共识。[①] 可以根据城市环境邻避现象的具体情况采取以上四种参与形式中的一种或几种来收集各方意见，搭建价值理性和技术理性互动融合的平台，促进政府、企业和公众之间的相互理解、对话磋商。[②]

塑造社区共识是外国城市环境邻避风险治理参与的另一条主要经验。从外国近年来的实践来看，其塑造的社区共识主要以社区利益协议的形式表现出来。与现有的政府程序相比，社区利益协议可以通过降低交易成本、增强公众参与、保护纳税人等方式更有效地解决社区与开发商的纠纷。[③] 正因为如此，社区利益协议已经成为一种越来越常见的工具。[④] 美国、英国和加拿大等国的社区利益协议是它们在城市环境邻避风险治理中塑造社区共识的一种协商方式，其中有许多精华之处给中国带来有益的启示。在城市环境邻避风险治理中，中国应该重视社区共识的作用，并合理运用社区利益协议促进社区共识的形成。

[①] 汝绪华：《邻避冲突中风险沟通的认知偏差及其治理》，《管理学刊》2020年第5期。

[②] 于鹏、陈语：《公共价值视域下环境邻避治理的张力场域与整合机制》，《改革》2019年第8期。

[③] Lauren Campbell, et al., "Do Community Benefits Agreements Benefit Communities?", *Journal of Affordable Housing & Community Development Law*, 2016, Vol. 25, No. 1, pp. 5 – 10.

[④] Cameron Gunton, Sean Markey, "The Role of Community Benefit Agreements in Natural Resource Governance and Community Development: Issues and Prospects", *Resources Policy*, 2021, Vol. 73, pp. 1 – 11.

第六章　外国城市环境邻避风险包容性治理的经验启示

特别是在美国，就城市环境邻避项目签订的社区利益协议获得了巨大成功。美国关于工程或项目的社区利益协议一般包含如下内容：在工程或项目开发过程中为中低收入工作者保留一定比例或数量的住宅；与本地企业合作、雇佣本地居民；约定以环境友好的方式进行建设；同意为工程雇佣的工人提供最低生活工资或其他利益；同意改善现存的环境问题。[①] 作为回报，社区联盟同意支持或至少不反对开发商的计划，以使相关工程尽快获得政府批准。几乎每个社区利益协议都会涉及到的事项是在工程开发过程中及工程建成后为本地居民创造工作机会。这样一来，本来容易引起冲突的城市环境邻避项目变成了当地居民的福利，从而实现了政府、企业和居民的合作共赢。美国的社区利益协议对政府或开发商的义务作了较多也较为详细的规定，给城市环境邻避项目周边的社区居民带来的好处足以超过项目建设可能给他们造成的损害。美国社区利益协议签订的程序、方式与其中的条款值得中国借鉴。我们要重视社区共识的作用，就需要在城市环境邻避设施选址、建设中引入社区利益协议。社区利益协议对于设施周边的居民、承建企业和政府都是有益的，其能使他们达到共赢的状态。

三　外国城市环境邻避风险沟通的经验启示

风险沟通是关于物理和环境风险程度的信息交换。[②] 它在风险治理中处于中心地位，起着连接风险治理各相关环节的作用。[③] 对于风险沟通的内涵，学者们虽然见仁见智，但他们的一个共同点是将风险

---

① Julian Gross, Greg LeRoy, and Madeline Janis - Aparicio, "Community Benefits Agreements: Making Development Projects Accountable", Washington, DC, San Diego, Oakland: Good Jobs First, *California Public Subsidies Project*, 2002, pp. 10 - 11.

② Dae-Woong Lee, Gi-Heon Kwon, "The Effect of Risk Communication on the Acceptance of Policies for High-risk Facilities in South Korea: with Particular Focus on the Mediating Effects of Risk Perception", *International Review of Administrative Sciences*, 2019, Vol. 85, No. 2, pp. 337 - 355.

③ 汝绪华：《邻避冲突中风险沟通的认知偏差及其治理》，《管理学刊》2020 年第 5 期。

沟通理解为利益相关方彼此之间风险信息的传递与交流。风险沟通必须坚持透明度、开放性和科学独立性的核心原则。风险沟通的内容包括关于风险（与利益）和背景的信息。① 因此，风险沟通实质上是信息沟通。这么说来，外国城市环境邻避风险沟通的经验启示主要是信息沟通方面的经验启示。

（一）经验：进行充分的信息沟通

风险沟通是多元主体交换和传递风险信息的一个互动过程。它的目的之一是风险信息的告知、引导。② 具体地讲，它主要涉及政府、专家、企业和公众等主体的信息沟通。信息沟通对于有效化解城市环境邻避风险至关重要。为此。外国在城市环境邻避风险治理中进行了充分的信息沟通。尤其是西方发达国家在长期的风险或危险设施选址实践中提供了一些相对有效的信息沟通策略。它们的经验值得我们去探究，可作为他山之石为中国所借鉴。

多年来，美国在风险设施选址问题的解决中积累了较多的信息沟通经验。亚特兰大市的一条高速公路选址过程是一个较好的信息沟通案例。20 世纪 90 年代初期，美国亚特兰大市在制定一条高速公路的规划时进行了良好的信息沟通。市政府搭建了政策讨论平台，所有利益相关方坐到同一张圆桌上，就风险设施选址问题展开了长达数年的公开辩论，最后在所有利益方的共同参与下制定了规划文件和建设协议。寻求共识的承诺有助于消除对不公正的控诉，最终的选址规划得到了广大市民的支持。③ 对于核电项目建设，美国塑造了政府、企业与公众之间良好的信息沟通模式。美国核管理委员会需在环评意见书编制之前召开公众意见调查会议，需在环评意见书编制完成之后对其

---

① Maxim Laura, et al., "Technical Assistance in the Field of Risk Communication," *EFSA Journal*, 2021, Vol. 19, No. 4, pp. e06574 – e06574, 1 – 113.
② 辛方坤：《从"邻避"到"邻里"：中国邻避风险的复合治理》，北京大学出版社 2021 年版，第 61 页。
③ Howard Kunreuther, Kevin Fitzgerald, Thomas D. Aarts, "Siting Noxious Facilities: A Test of the Facility Siting Credo", *Risk Analysis*, 1993, Vol. 13, No. 3, pp. 301 – 318.

第六章　外国城市环境邻避风险包容性治理的经验启示

进行公开。核管理委员会会向公众公开发布每次安全检查情况。充分的信息沟通可以增强公众对核安全的信心，更多的公众便会支持核电项目建设。

在解决城市环境邻避问题中，加拿大的环保法律授权当地政府组织召集决策讨论会、建立危险设施的信息披露制度，明确承建企业、技术专家和公众搜集和使用相关证据的平等权利。加拿大的一些民主形式，如听证会、市民陪审团、审查委员会、全民公投等都为中国城市环境邻避风险沟通提供了良好的范例。[①] 加拿大在城市通信基站建设上进行了充分的信息沟通；其搭建了网上数据平台，公众能便利查询各基站的数据信息。开展充分的信息沟通是其城市通信基站建设得以顺利进行的重要原因。加拿大亚伯达省的特殊废物处理中心的成功建造在较大程度上缘于建立健全公开透明的沟通机制。当地政府在设施选址、建设过程中主动公开各类信息。政府设置的长期联络委员会机构经常交换着承建企业和社区公众的信息，一直保持着信息的畅通。

法国在城市环境邻避风险治理中的良好的信息沟通表现在核电项目建设与管理方面。20世纪70年代石油危机爆发后，法国政府意识到本国的能源方面存在脆弱性问题，意识到对他国提供的不可再生能源如煤炭、石油等不能过于依赖，于是便大力开发、利用核能和水力等清洁能源。法国当前核能发电量已经超过70%，核能和水力发电是其主要电力来源。核能和水力发电对生态环境是有利的。法国在核能发展初期就着手建立了信息透明、民众参与的管理体制，制定了从核电项目选址、建设到运营管理的相关法律制度。法国制定了《核透明与核安全法》。该法是专门规定公众获取核与辐射安全信息的法律。该法明确规定，进行任何核项目建设都必须与民众沟通，民众拥有准确、及时获取与核项目有关的信息的权利。法国核安全局定期通过组织研讨会、开办展览和播放科普电影等方式，提升民众对核能的了

[①] 朱伟等：《京津冀协同发展过程中的邻避风险防范研究》，化学工业出版社2019年版，第110页。

解。自 2002 年起，核安全局每年发布任何机构和个人均可查阅的 700 余份监测报告。该法确立了地方信息委员会的法律地位。根据该法，地方信息委员会由各省议会建立，其职责之一是负责核与辐射安全的信息公开。① 目前法国共有 37 个地方信息委员会，② 它们定期举行例会，并代表居民与核电项目运营企业开展对话活动。地方信息委员会发挥着项目运营企业与居民之间的桥梁纽带作用。

法国在城市环境邻避风险治理中的良好的信息沟通还表现在核废料处置项目建设方面。法国拥有全球最大的商用核废料处理厂，其核废料处理技术水平居于世界领先地位。法国颁布了《放射性材料和废物管理规划法》来解决核废料处理安全性问题。该法在民主决策、经济补偿与信息透明方面作了规定。该法规定，围绕当地民众所关心的安全性、辐射性、运输路线与方式等问题，需要在与项目建设所在地的政府进行沟通的基础上开展区域性的公开辩论。为了弥补核废料处置项目建设对地区造成的经济伤害，该法规定，要对核废料深层处置项目建设地、核废料深层处置实验室所在地及周围地区的民众给予经济补偿。补偿标准通过沟通协商来确定。该法还规定，在法国境内处理其他国家的核废料必须做到公开透明。在核废料处置项目建设过程中，法国政府尊重民众知情权，坚持信息透明原则，从而获得了民众的广泛支持。

日本在城市环境邻避风险治理中的信息沟通值得肯定。1995 年阪神大地震发生以后，风险沟通在日本逐渐得到认可。2011 年福岛核电站事故发生以后，由于居民对低水平辐射暴露可能性的担忧，风险沟通出现热潮。③ 日本在面临城市环境邻避问题时，由政府、业主委员会、项目承建企业三方进行谈判，并签订环保协议书；通过构建

---

① 赵悦：《核与辐射安全信息获取权：以法国 TSN 法为镜鉴》，《中国软科学》2017 年第 1 期。
② 张秀志：《做好公众沟通，破解"邻避效应"：法国核电放射性废物处置设施公众沟通情况及经验启示》，《环境经济》2021 年第 14 期。
③ Tomio Kinoshita, "Short History of Risk Communication in Japan", *Journal of Disaster Research*, 2014, Vol. 9, pp. 592 – 597.

第六章　外国城市环境邻避风险包容性治理的经验启示

监测公示制度来促进信息沟通。在城市环境邻避风险治理中，日本的环保社会组织十分注重信息沟通。二战后，日本经济的高速发展带来了严重的环境问题，于是环保民间团体相继成立。早在1963年，日本政府决定在沼津市、三岛市和清水町建设石油化学联合企业，当地居民对此表示不满，在此情形下一个环境运动团体建立了。该团体对建设石油化学联合企业开展了调研论证，最终的反对决议由地方议会予以通过，项目被停止。当时，这种类型的社会组织在对待城市环境邻避项目的态度上与政府、企业是对立的。后来，日本逐步通过立法加强环保社会组织的地位、优化信息沟通的环境。《特定非营利活动促进法》使从事保护环境、提供灾害救助和增进福利事业等12个领域活动的团体获得法人资格。① 《环境教育推进法》规定，行政部门需要向环保社会组织提供财政支持和信息服务。目前，日本的环保社会组织参与范围广，与政府形成了合作共赢关系。日本的环保社会组织大多数在市、町、村范围内活动。这些环保社会组织在治理城市环境邻避风险时，同政府、企业、居民等一道进行信息沟通和协商对话。有效的风险沟通对于创造必要的认识和准备至关重要。② 通过信息沟通和协商对话，居民对城市环境邻避风险多了一些理性认知，进而有助于化解这类风险。

荷兰阿姆斯特丹 Afval Energie Bedrijf（AEB）垃圾焚烧厂主要通过采取超出监管要求的严格措施降低对环境的负面影响、开展长期的信息沟通促成良好的社区关系来获得公众认可。该垃圾焚烧厂主动推进全过程公众参与，与社区建立信任关系。早在项目计划初期，该垃圾焚烧厂施行了可商榷的战略和计划。它联系国家机构、市政官员、监管部门、非政府组织和社会公众，以"完全透明"的方式进行沟通。早在焚烧系统项目完成的6年前，AEB 垃圾焚烧厂便已开始社区

---

① 田毅鹏：《"未来社区"建设的几个理论问题》，《社会科学研究》2020年第2期。
② AduGyamfi Bismark, Shaw Rajib, "Characterizing Risk Communication and Awareness for Sustainable Society: The Case of Foreign Residents in the Tokyo Metropolitan Area of Japan", *Sustainability*, 2021, Vol. 13, No. 11, pp. 1–17.

关系计划。该计划让所有参与者有足够的时间消化、讨论相关信息，有充足的时间参加会议、进行实地考察和获知其他详细信息。6 年的可商榷方式避免了匆忙作出决定或出现先斩后奏的行为，使得项目设计更细致周到。虽然互动型信息沟通存在耗时较长的缺点，但却为垃圾焚烧处置设施建设与运营阶段创造了良好的公众环境。AEB 垃圾焚烧厂是政府下属企业，它将区域生态环境保护作为其发展目标之一。在阿姆斯特丹市垃圾焚烧厂项目决策过程中，它主动与当地环保机构沟通，寻找减少垃圾、发展循环经济的共同点。通过持续、主动的信息沟通，环保机构的态度发生了积极的转变，肯定了它在控制污染等方面的态度和努力，自然也支持该垃圾焚烧厂项目。[①]

（二）启示：注重信息沟通

风险沟通的一个目的是向公众解释与传播风险信息。[②] 从实践来看，外国，特别是西方发达国家在城市环境邻避风险治理中进行了充分的信息沟通。通过充分的信息沟通，西方发达国家较为有效地化解了城市环境邻避风险。相比之下，以往中国在解决城市环境邻避问题时，大都没有开展有效的信息沟通，导致环境邻避效应没能被破解。西方国家的经验给予中国城市环境邻避风险治理以有益启示，即要解决城市环境邻避问题，就应当注重信息沟通。

信息沟通是风险沟通的要义所在，它对城市环境邻避风险治理起着十分重要的作用。然而，它是现阶段中国城市环境邻避风险治理的一个薄弱环节。在城市环境邻避设施选址、建设中，信息沟通不足的问题不容忽视。信息沟通不足造成的主要后果是公众对潜在风险存在非理性认知，对一些发生概率大、影响大的严重风险视若无睹，对一些并不严重的风险却有"妖魔化"倾向。邻避决策者应该通过有效

---

① 周丽璇、彭晓春等：《邻避型环保设施环境友好共建机制研究——以生活垃圾焚烧设施为例》，化学工业出版社 2016 年版，第 22 页。
② 黄河、王芳菲、邵立：《心智模型视角下风险认知差距的探寻与弥合——基于邻避项目风险沟通的实证研究》，《新闻与传播研究》2020 年第 9 期。

第六章　外国城市环境邻避风险包容性治理的经验启示

的信息沟通策略消除公众的风险感知偏差，这种沟通必须在避免出现信息过量的前提下，提供准确信息给受众，纠正受众偏见，弥合受众已有认知与专家强调的信息之间的差距。①

首先，政府决策部门应当在城市环境邻避设施选址早期占据信息沟通的主动权。现代社会里，公众拥有知情权。"有知情权，就有相互提供信息的义务。"② 在城市环境邻避问题上，政府决策部门有通过传播渠道向公众公开风险事实、风险预警、风险防范和风险对策等信息的义务。不仅如此，其还要把握好信息公开的时机。这一时机对决策的效果产生重要影响。信息公开越及时，决策的效果就可能越好。信息公开的时机通常可以理解为及时公开信息。有效的信息必须及时。③ 当然，及时公开的信息必须是真实的。政府决策部门要不断完善信息发布机制，要在决策前与公众、环保社会组织等利益相关者进行充分的信息沟通，提高城市环境邻避决策的透明度。其只有积极、及时、真实和准确地发布风险信息，才能有效地削减公众对风险设施或项目的疑虑和恐慌。

其次，政府相关部门应当向公众提供科学客观的风险证据。专家和公众对城市环境邻避风险的评估存在差异。这种差异体现为"过程论"与"结果论"的视角差异。④ 专家一般会基于因果链来审视城市环境邻避设施选址、建设和运营的过程，以阐明风险的发生机理。而公众则往往把注意力更多地放在城市环境邻避设施可能造成的负面影响上，不太关心风险的发生机理。这就需要政府相关部门审慎地采信各种风险评估的分析结果，反复推敲各种证据的一致性，建立逻辑严

---

① Donna Riley, "Mental Models in Warnings Message Design: a Review and Two Case Studies", *Safety Science*, 2014, Vol. 61, pp. 11 – 20.

② Manfred Berg, Martin H. Geyer, "Two Cultures of Rights: the Quest for Inclusion and Participation in Modern American and Germany", Cambridge: Cambridge University Press, 2002, p. 208.

③ [美] 多丽斯·A. 格拉伯：《沟通的力量——公共组织信息管理》，张嘉珂译，复旦大学出版社 2007 年版，第 63 页。

④ 黄河、王芳菲、邵立：《心智模型视角下风险认知差距的探寻与弥合——基于邻避项目风险沟通的实证研究》，《新闻与传播研究》2020 年第 9 期。

密的信息沟通方案，防止出现前后矛盾的证据和结论。同时，还要针对不同的公众群体使用便于理解的解说方式。① 要了解公众的风险认知框架，用公众可以理解的语言来解释风险证据和风险评估结论。

再次，政府相关部门应当对城市环境邻避设施的潜在风险有充分的说明。也就是说，其应当向公众澄清城市环境邻避设施选址、建设和运营过程中的安全和技术问题。城市环境邻避设施本身可能存在风险，技术也可能存在风险。这些风险都应该得到正视。从以往的实践来看，为了避免公众的过度担心，政府相关部门倾向于弱化风险描述。这实际上是一种不明智的沟通策略。② 在网络时代，有关城市环境邻避设施的风险信息不可能完全被封锁，避而不谈、含糊其词只会把公众推向决策的对立面。为了避免矛盾的产生，需要对设施的潜在风险作出充分的说明。信息沟通的重点是如何应对城市环境邻避风险。这就要求将风险描述出来，以便多元主体有的放矢地寻求应对之策。

最后，媒体信息沟通的积极作用应当得到充分发挥。媒体是城市环境邻避风险信息交流的平台，对于引导公众客观理性认识风险有着不可或缺的作用。政府部门通过媒体发布风险信息，可以较为便捷地获得公众对风险信息的反馈，可以实现政府部门与公众的互动。要实现传统媒体与新媒体的有机结合，特别要善用新媒体。新媒体对信息沟通既产生积极影响，也产生消极影响。要规范新媒体行为，净化新媒体平台，遏制谣言产生和蔓延，消除公众对风险的恐慌。各级政府部门和主流媒体要积极开通官方微博、微信，及时发布权威信息，引导社会舆论。要利用媒体信息传播快的优势加强政府与公众的互动，积极回应公众诉求，及时化解公众的风险忧虑。要呼吁网络意见领袖传递有关城市环境邻避设施的正面信息，纠正公众对城市环境邻避风

---

① 刘冰、苏宏宇：《邻避项目解决方案探索：西方国家危险设施选址的经验及启示》，《中国应急管理》2013年第8期。

② 刘冰：《邻避抉择：风险、利益和信任》，社会科学文献出版社2020年版，第238页。

险的非科学认知。在新媒体时代,网络意见领袖在微博、微信、论坛等新媒体中对城市环境邻避风险的评论会直接或间接地引导公众的风险认知与风险行为选择。换言之,网络意见领袖的风险意见代表了一定数量的网络公众的观点。因此,有必要引导和监控网络意见领袖对城市环境邻避风险的评论,尤其是在风险急剧升级时,要积极呼吁网络意见领袖传递正能量,营造科学、理性的舆论氛围。①

四 外国城市环境邻避风险治理监督的经验启示

在城市化发展进程中,外国在环境邻避风险治理中积累了较多的经验。除了在风险设施选址、风险治理参与和风险沟通方面之外,外国还在城市环境邻避风险治理监督方面提供了许多有益的经验。通过对外国城市环境邻避风险治理监督的主要经验进行深入的剖析,可以为中国城市环境邻避风险治理监督提供一些思路和启示。

(一)经验:构建多元监督格局

美国各州政府在城市环境邻避风险治理中引入了多元监督救济机制,以维护环境正义,促进社会可持续发展。一是公众监督机制。公众监督对城市环境邻避设施的选址、建设与运营起着重要作用。美国让公众直接参与设施的选址、建设和运营过程,对设施的运行安全指标以及污染排放指标等进行监督,以提高设施的安全性系数。② 二是环境影响评价制度。环境影响评价制度是美国城市环境邻避风险治理中的一种关键的监督制度。按照此项制度,由企业提交设施的环境影

---

① 刘智勇等:《邻避冲突治理研究》,电子科技大学出版社2017年版,第173页。
② Michael E. Kraft, Bruce B. CIary, "Citizen Participation and the Nimby Syndrome: Public Response to Radioactive Waste Disposal", *Western Political Quarterly*, 1991, Vol. 44, No. 2, pp. 299–328.

响评价报告，接受公众的质疑和政府或专家审核，以保障设施的安全性。① 三是联邦政府专门机构审核企业建设邻避设施草案。其审核的内容主要包括设施建设的蓝图、是否有违反法律规定的环保标准和设施对附近居民影响的程度等。审核通过以后，企业才能被批准建设该设施。四是在地方反对之前赋予州政府否决设施建设决策的权力。地方政府的干预有时只能被限制在"积极的权力"方面，即只有地方政府的规制比州政府的规制更弱时才能实施自己的规制措施。② 五是争议仲裁和诉讼监督机制。当出现城市环境邻避问题时，政府发挥"守夜人"的角色，对承建企业和邻避抗争主体之间的各种争议进行仲裁，或者直接通过诉讼渠道解决争议。③

英国构建了城市环境邻避风险治理的多元监督格局。其移动通讯健康风险监管主要由卫生部负责。④ 进入 20 世纪 80 年代后期，英国环保社会组织参与环境诉讼，开展环境问题监督，包括对城市环境邻避项目进行监督。以垃圾焚烧厂建设为例，英国规定新建项目必须进行公众问询，这便于社会组织监督城市环境邻避项目。作为一个重要的环保社会组织，英国杜绝垃圾焚烧组织在项目实施过程中起到关键作用。这种作用主要是梳理、发布项目的相关信息，监督地方政府和企业行为。该组织通过监督方式，对各类垃圾焚烧厂进行持续跟踪。该组织建立了比较完善的数据库，实现了对垃圾焚烧厂信息的实时发布，形成对地方政府和企业的全过程监督。⑤ 该组织主张但凡反对垃圾焚烧的组织或个体都可以加入，这有利于其自身的发展壮大。该组

---

① 陈宝胜：《邻比冲突及其治理模式研究》，中国社会科学出版社 2018 年版，第 186 页。
② Deborah Minehart & Zvika Neeman, "Effective Siting of Waste Treatment Facilities", *Journal of Environmental Economics and Management*, 2002, Vol. 43, No. 2, pp. 303 – 324.
③ Michael O'Hare, Debra Sanderson, "Facility Siting and Compensation: Lessons from the Massachusetts Experience", *Journal of Policy Analysis and Management*, 1993, Vol. 12, No. 2, pp. 364 – 376.
④ 张海柱：《不确定风险的包容性治理——英国移动通讯健康风险监管改革及启示》，《中国行政管理》2022 年第 4 期。
⑤ 陈红霞：《英美城市邻避危机管理中社会组织的作用及对我国的启示》，《中国行政管理》2016 年第 2 期。

第六章　外国城市环境邻避风险包容性治理的经验启示

织拥有百余个下属组织和分支机构，方便各级监督工作的开展。此外，其他主体也对城市环境邻避项目进行了监督。这在英国马奇伍德垃圾焚烧厂优化管理与监管流程①中得到体现。

日本是一个工业十分发达、经济发展程度高的国家，然而，20世纪90年代的快速发展也带来了城市环境问题，城市环境邻避冲突时有发生。在借鉴欧美处理邻避问题经验的基础上，日本注重多元主体对城市环境邻避设施的选址、建设与运营过程进行监督。注重公众监督是日本城市环境邻避冲突减少的重要原因。日本企业主动接受设施周边公众的监督，诚心邀请他们参观污染排放情况和企业生产流程。日本充分发挥媒体的监督作用，让公众了解设施的相关消息。在城市环境邻避风险治理中，日本实施了公害防止协议制度。该制度是设施周边的公众代表与设施的承建企业协商后签订的协议。其宗旨在于为了尽可能避免意外风险的发生，敦促设施的承建企业严格履行协议书所规定的环保标准。公害防止协议对企业行为具有约束力，企业必须严格按照规定的内容来履行应尽的义务，否则将承担相应的法律后果。再者，日本的一些相关法律适用于城市环境邻避问题，其有效地约束与规范了政府、企业以及公众的行为②。通过相关法律途径，城市环境邻避冲突的负面效应能够有效地降至最低。

瑞典在城市环境邻避风险治理中构筑了多元监督体系。这一多元监督体系由法律监督、公众监督和政府机构监督等组成。瑞典的一部分监督通过执行环境法制得以展开。《环境法》《核活动法》和《辐射防护法》是当前瑞典与核相关的主要法律。在原子能开发初期，瑞典就着手制定相关法律。为了便于操作、确保法律能够得到顺利执行，瑞典还对相关技术文件和规章制度进行了细化。相关法律对核活动行为作了规范，明确了政府、企业、公众和社会组织各自的权利与

---

① 汝绪华：《蓝色焚烧：新时代城市垃圾处置破解邻避困境的中国方案》，《宁夏社会科学》2020年第3期。
② ［日］宫本宪一：《环境经济学》，朴玉译，生活·读书·新知三联书店2004年版，第13页。

义务，从而让公众能够参与到对放射性物质相关行业的监管之中。瑞典核安全局的下属部门各司其职，负责核能监管、宣传和研发。一切以安全为中心是瑞典核废料处置的核心理念。瑞典在政府机构的监管、公众参与和采取的处理技术等方面都体现了瑞典在核废料处置上的安全理念。处置安全不仅需要公众的理解和认可，还需要以完善的监管、先进的技术为支撑。瑞典对生活垃圾焚烧设施也实施了有效的监管，公众因而对此类设施的安全性有了信心。[1]

韩国城市环境邻避风险治理监督的主体同样是多元的，政府是其中之一。不同的是，韩国在城市环境邻避风险治理中创设了居民监督的做法。具体来说，邀请城市环境邻避设施附近的居民承担项目的监管工作是韩国水原市政府的先进经验。水原市政府聘请了4名住在垃圾焚烧厂附近的家庭主妇当监督员，她们的职责是对垃圾分类、垃圾处理和废气排放进行全程监督。居民监督的开展能够弥补政府监管模式的不足，使城市环境邻避设施容易获得公众的信任。韩国通过执行环境邻避设施方面的法律制度，对城市环境邻避风险治理实施法律监督。韩国城市环境邻避风险治理监督的经验值得学习。

（二）启示：坚持治理监督的包容性

外国在城市环境邻避风险治理监督方面积累了许多有益的经验。由于外国的政治、文化和社会传统与中国的有着较大的不同，它们的经验未必都适用于中国。我们不能完全照搬它们的经验，但是它们的有益经验对中国城市环境邻避风险治理监督具有一定的启示意义。在城市环境邻避风险治理中，中国需要坚持治理监督的包容性，打造多元监督格局。

环境邻避设施是城市化进程中必要的公共设施。其一旦建成并投入运营，便会对周边公众产生长期影响。一方面，设施的潜在风险和负外部效应通常需要较长时间才会显现出来；另一方面，设施自身随

---

[1] 周丽璇、彭晓春等：《邻避型环保设施环境友好共建机制研究——以生活垃圾焚烧设施为例》，化学工业出版社2016年版，第24页。

第六章　外国城市环境邻避风险包容性治理的经验启示

着运营年限和外部环境的变化，可能会不断产生新的风险和负外部效应。实现对环境邻避政策的监督、控制是确保设施存在的风险和负外部效应在合理可控的范围内的关键，是维护环境邻避政策公共性和有效性的重要环节。然而，当前中国城市环境邻避政策监控机制的包容性不足。中国城市环境邻避政策主要由政党和行政系统来实施监控，而立法机关、司法机关、新闻媒体和社会公众等主体的监控功能较弱。[1] 即便是行政系统，其风险监管环节显得有些薄弱，管理机构的权力比较有限，人员编制比较短缺，一些监管职能流于形式。[2]

监控机制的包容性不足是中国城市环境邻避现象的重要成因。解决中国城市环境邻避问题需要坚持治理监督的包容性。这也是外国的经验带给我们的启示。其一，健全相关法律制度。只有制定明确的规章制度以及具体实施细则，才能保证城市环境邻避政策监控依法进行。比如，要健全环境影响评价制度。自《环境影响评价法》实施以来，根据对环境的影响程度，中国从法律角度对建设项目的环境影响评价实行分类管理制度，并在项目环境风险控制方面取得了良好效果。然则，现行的建设项目环境影响评价方法忽略了公众对环境风险的知情权和认知偏差，较难满足公众对于环境服务的诉求。为此，城市管理部门应该构建一个基于适应性管理的邻避项目环境影响评价体系。该体系需要综合考虑邻避项目本身的安全性、公众的环境风险认知与环境风险可接受水平以及社会经济发展阶段的匹配性，强调政府、企业和公众等多主体之间相互协同与约束，关注主体行为与系统复杂性。[3] 其二，增强立法机关和司法机关的监控功能。立法机关和司法机关要有能力加强对城市环境邻避政策的监控，使合理的政策得到采纳和执行，使不合理的政策得以终止，这样才能真正地维护人民

---

[1] 王佃利等：《邻避困境：城市治理的挑战与转型》，北京大学出版社 2017 年版，第 205 页。

[2] 刘冰、苏宏宇：《邻避项目解决方案探索：西方国家危险设施选址的经验及启示》，《中国应急管理》2013 年第 8 期。

[3] 刘小峰、吴孝灵：《基于公众认知的项目邻避风险管理研究》，南京大学出版社 2020 年版，第 24 页。

的利益。其三，加强风险监管机构的职能。风险监管应该根据政府角色转变和政府职能要求予以强化。一方面要进一步扩大风险监管机构的权力，为实现监管职能配备充足的人力、物力和财力；另一方面要动态更新监管的技术标准，采用相对严格的技术标准。[①] 其四，强化社会公众和大众传媒的监控作用。在新媒体不断发展的背景下，需要完善社会公众和大众传媒的监控渠道，通过制度化途径将分散、无组织的社会舆论纳入城市环境邻避政策监控体系，以便及时回应公众的各种需求。[②] 以上经验启示对于探索中国城市环境邻避风险包容性治理的实现路径会有所裨益。

---

① 刘冰：《邻避抉择：风险、利益和信任》，社会科学文献出版社2020年版，第237页。
② 王佃利等：《邻避困境：城市治理的挑战与转型》，北京大学出版社2017年版，第213—214页。

第七章 中国城市环境邻避风险包容性治理的实现路径

环境邻避风险是城市化进程中普遍面临的社会问题。它影响城市经济社会发展，因而需要加以治理。环境邻避风险治理已经成为中国城市治理的一项重要内容，日益受到社会各界的关注。中国城市环境邻避风险治理的现有模式主要是一种管控型模式。该模式未能将弱势群体的利益充分考虑进环境邻避设施的选址、建设与运营中；以维稳为核心目标的事后治理不仅不能缓解社会成员对环境邻避设施的不满情绪，反而会进一步激化社会矛盾。因此，需要转变治理模式，采取多元主体共同参与的包容性治理模式，走向中国城市环境邻避风险的善治之道。目前，中国城市环境邻避风险包容性治理的实现已经具备多项条件。如何实现便成为主要课题。要针对现有模式存在的问题，借鉴外国经验，探索中国城市环境邻避风险包容性治理的实现路径。

一 包容多元风险治理主体

包容性治理是中国城市环境邻避风险治理模式转换的路向选择，该命题已经得到充分的论证。根据包容性治理理论，所有利益相关者都能为风险治理过程作出某些贡献。[①] 或者说，在风险治理中，多元

---

① Ortwin Renn and Pia‑Johanna Schweizer, "Inclusive Risk Governance: Concepts and Application to Environmental Policy Making", *Environmental Policy and Governance*, 2009, Vol. 19, No. 3, pp. 174–185.

行动者能够贡献相关知识和差异性价值。① 包容性治理并不否认政府在风险治理中的重要地位，但其强调治理的主体并不只局限于政府，还包括企业、公众、社区和社会组织。因为在现代社会中，没有一个行为者有充分的行动潜力去单独主导一种特定的管理活动；② 有关任何较为复杂的难题的相关知识不可能集中于任何个人或任何国家行政机构的手中。③ 现代社会和正在现代化的社会的多元性和多样性，远远超出了人们以往所承认的程度，这一点现在已经被充分认识到。④ 基于此，要将包容多元风险治理主体作为中国城市环境邻避风险包容性治理的一条实现路径。这就要求解构"中心—边缘"治理结构，回归承认政治，包容政府、企业、环境社会组织、社区和公众等治理主体。

中国城市环境邻避风险治理的管控型模式带有"中心—边缘"治理结构的特质。在管控型模式下，风险决策倾向于中心化和等级制的决策，风险治理向他者开放不够。这种"中心—边缘"结构是社会成员在形式上平等但在实质上不平等的结构。⑤ 不过，社会发展逐步推动这种结构发生变化。作为现代社会中政治动态的第一焦点的中心—边缘关系的重建是现代政治进程的一个关键方面。⑥ 随着中国全面深化改革的不断推进，"中心—边缘"治理结构正在式微，多元治理结构正在兴起。这种转变意味着风险治理向他者开放，意味着包容差

---

① 张海柱：《系统风险、包容性治理与弹性：西方风险治理研究的新议题》，《国外理论动态》2020 年第 4 期。
② Jan Kooiman, Maarten Bavinck, "The Governance Perspective", in Jan Kooiman et al eds., *Fish for Life: Interactive Governance for Fisheries*, Amsterdam: Amsterdam University Press, 2005, p.18.
③ ［澳］约翰·德赖泽克：《地球政治学：环境话语》，蔺雪春、郭晨星译，山东大学出版社 2008 年版，第 114 页。
④ ［以色列］S.N. 艾森斯塔特：《反思现代性》，旷新年、王爱松译，生活·读书·新知三联书店 2006 年版，第 363 页。
⑤ 张桐：《中心—边缘结构：对工业社会之社会交往的再解读》，《理论月刊》2019 年第 3 期。
⑥ ［以色列］S.N. 艾森斯塔特：《反思现代性》，旷新年、王爱松译，生活·读书·新知三联书店 2006 年版，第 42 页。

第七章 中国城市环境邻避风险包容性治理的实现路径

异。向他者开放应是以地方共同体的行动为主的微观政治的发展。[①] 包容差异是承认政治的体现。在现有的管控型模式难以适应国家治理现代化要求的情形下,需要尊重其他治理主体的地位,解构"中心—边缘"治理结构,包容政府、企业、环境社会组织、社区和公众等多元主体,通过协商、对话、谈判和合作等方式实现中国城市环境邻避风险的包容性治理。

(一)包容政府

1. 包容政府的理论求证

中国城市环境邻避风险包容性治理的实现需要包容国家或政府,这可以从正反两面进行求证。从正面来讲,包容性治理是多元主体参与的治理,政府是其中特别重要的一个主体。"政府是诸多机制中的一种,而且很明显,不论怎么说都是最重要的一个治理机制。"[②] 可以说,坚守国家逻辑,包容国家或政府是中国城市环境邻避风险包容性治理实现的核心路径。在指引和调整治理行为方面,需要国家或政府确立一定的标准和规则体系。正是这样,杰索普提出了"对治理的治理"的"元治理"概念,它旨在促进不同治理目标之间的相互合作与平衡,为多元治理主体和治理机制提供一套远景设想和制度安排。在他看来,政府扮演元治理的角色:为自组织创造条件,最重要的是参与治理校准;为治理和监管制度提供基本原则;充当不同政策社群之间对话的首要组织者;站在社会整合和制度一体化的立场上,为了寻求权力差异的再平衡而增强较弱的制度或势力;充当一个上诉法院来解决治理过程中产生的争议;同时亦能担起治理失灵的政治责任。[③] 不难看出,中国城市环境邻避风险包容性治理的实现需要坚持

[①] [美]戴维·约翰·法默尔:《公共行政的语言——官僚制、现代性和后现代性》,吴琼译,中国人民大学出版社 2005 年版,第 351 页。

[②] [英]安德鲁·甘布尔:《政治和命运》,胡晓进、罗珊珍译,江苏人民出版社 2003 年版,第 87 页。

[③] [英]鲍勃·杰索普:《治理与元治理:必要的反思性、必要的多样性和必要的反讽性》,程浩译,《国外理论动态》2014 年第 5 期。

"国家在场",构建党和政府对国家治理的领导权威①。

从反面来讲,包容国家或政府对中国城市环境邻避风险包容性治理的实现来说是十分必要的。在理论上,治理主张打破政府的垄断地位,吸纳多元主体参与。然而,在现实世界中,如果过分强调"去权威主义"和"多中心主义"的分权治理,容易导致在复杂多元的公共事务中出现国家治理状况恶化的局面。虽然作为市场和国家的失败的解决方案的多中心治理机制为越来越多的人所青睐,但我们仍不应忽视以治理取代等级统治和市场的可能风险②。国家治理活动不可预测性和风险性的扩大的一个最重要的原因是缺乏统一规则指引的多元主体治理行为容易陷入无休止的纷争与辩论中,社会秩序也会因此遭到破坏。历史经验也表明,许多国家在国家治理实践中陷入"治理危机"的重要根源在于忽视了国家和政府的权威地位。也就是说,忽视甚至否定政府在国家治理体系中的权威性地位和作用是治理失败的一个重要原因,其结果会使得多元主体难以达成共同的目标。弗朗西斯·福山认为,在过去几年中,抨击"大政府",由市民社会或自由市场来承担国家部门的事务是世界政治的主流。然而,特别是在发展中国家,政府软弱、无能或者无政府状态却是严重问题的祸根。③ 软弱无力的行政部门必然造成软弱无力的行政管理。④ 显然,国家或政府对于包容性治理而言是至关重要的。国家既是秩序的力量,也是发展的力量。它的使命是把社会冲突控制在秩序的范围以内。⑤ 作为国家的载体,政府的作用不言而喻。由此可见,中国城市环境邻避风险包容性治理的实现需要包容国家或政府。

---

① 钱再见、汪家焰:《国家治理现代化视角下的政治权威及其实现路径研究》,《行政论坛》2018年第3期。
② [英]鲍勃·杰索普:《治理的兴起及其失败的风险:以经济发展为例》,《国际社会科学杂志》(中文版)2019年第3期。
③ [美]弗朗西斯·福山:《国家建构——21世纪的国家治理与世界秩序》,黄胜强、许铭原译,中国社会科学出版社2007年版,序第1页。
④ [美]汉密尔顿、杰伊、麦迪逊:《联邦党人文集》,程逢如、在汉、舒逊译,商务印书馆1980年版,第356页。
⑤ 《马克思恩格斯选集》第四卷,人民出版社2012年版,第187页。

第七章　中国城市环境邻避风险包容性治理的实现路径

2. 包容政府的实践进路

（1）城市环境邻避风险的包容性治理由政府负责。党的十九大报告强调，"完善党委领导、政府负责、社会协同、公众参与、法治保障的社会治理体制"①。在现有的治理语境下，政府是必需的②。当前，其继续控制着社会中的某些特别权力，从而发展了自身的作用。③推进中国城市环境邻避风险的包容性治理，要由政府负责。一方面，要在法律层面明确政府在社会治理过程中的地位。政府的行政权威是法律赋予的，国家治理现代化需要政府发挥领导者、组织者和推动者的角色，将其他治理主体纳入到城市环境邻避风险的包容性治理中来。另一方面，要准确把握法律权威和政府政策权威之间的和谐统一关系。政策和法律并不是绝然对立的，它们是基于差异性基础上的和谐统一关系。当然，城市环境邻避风险的包容性治理由政府负责，并非要重复"一切治理安排都要服从政府"④的老路。这种诉求力图塑造一个多元治理中的"长者"形象，虽然各主体彼此平等，但"长者"具有号召、沟通、黏合作用。⑤

（2）公众接受政府参与城市环境邻避风险治理。包容性治理包括包容和治理。⑥ 其中，包容就是接受、容纳他者。在包容性治理理念下，不仅政府管理公众，公众也反向影响、塑造政府管理。政府和公众互相包容是包容性治理的基本特质。因此，推进中国城市环境邻避风险的包容性治理，需要政府和公众互相包容。一方面，政府要主动吸纳公众参与到城市环境邻避风险治理中来；另一方面，公众在协作

---

① 《习近平谈治国理政》第三卷，外文出版社2020年版，第38页。
② ［英］罗素：《权力论》，吴友三译，商务印书馆2012年版，第160页。
③ ［瑞典］乔恩·皮埃尔、［美］B. 盖伊·彼得斯：《治理、政治与国家》，唐贤兴、马婷译，格致出版社、上海人民出版社2019年版，第4页。
④ ［英］鲍勃·杰索普：《治理的兴起及其失败的风险：以经济发展为例》，《国际社会科学杂志》（中文版）2019年第3期。
⑤ 尚虎平：《"治理"的中国诉求及当前国内治理研究的困境》，《学术月刊》2019年第5期。
⑥ 尹利民、田雪森：《包容性治理：内涵、要素与逻辑》，《学习论坛》2021年第4期。

化解城市环境邻避风险的过程中要包容政府的积极参与，不能以"没有政府的治理"为借口拒斥政府的参与①。就包容政府而言，其实践进路之一是公众接受政府参与城市环境邻避风险治理。

（3）公众包容政府合理的城市环境邻避决策。推进中国城市环境邻避风险的包容性治理，还需要公众包容政府合理的城市环境邻避决策。城市化是人类为了满足自身发展需要而不断迁入、拓展、优化城市并最终达到城乡一体化目标的历史进程。② 它是人类社会发展不可阻挡的大势。在城市化进程中，环境邻避设施是不可或缺的。环境邻避设施是必需的公共设施或公共服务，但其会对周边公众的利益造成一定的损害，从而会遭到他们的抵制。对于公众的态度和行为，政府要给予一定的理解。不过，公众也要对政府给予一定的理解，"去认可和包容政府出台的政策和措施"③。既然城市化势不可当、环境邻避设施必不可少，公众就该包容政府合理的城市环境邻避决策。

（二）包容企业

1. 包容企业的理论求证

中国城市环境邻避风险包容性治理的实现也需要包容企业。一是因为政府应该引导企业积极参与城市环境邻避风险治理。城市环境邻避设施存在客观风险，公众为了免受损害会表示反对。企业则为了自身的利益尽力推动设施的建设和运营。这可能引起城市环境邻避冲突，引发社会风险。看来，企业对于城市环境邻避冲突的发生负有比较直接的责任。解铃还须系铃人。在城市环境邻避风险治理中，政府应该引导企业积极参与进来，主动承担解决问题的责任。这样，中国城市环境邻避风险治理才能迈向包容性治理。

---

① 尚虎平：《"治理"的中国诉求及当前国内治理研究的困境》，《学术月刊》2019年第5期。

② 吴涛：《城市化进程中的邻避危机与治理研究》，格致出版社、上海人民出版社2018年版，第8页。

③ 陈美岐：《价值转向视角下公众参与生态环境治理的实践路径》，《四川师范大学学报》（社会科学版）2021年第3期。

第七章　中国城市环境邻避风险包容性治理的实现路径

二是因为企业有必要参与城市环境邻避风险治理。企业是市场经济活动的主要参与者。它的动机是金钱上的利益。[①] 企业建设和运营城市环境邻避设施的动机自然是获取利益。可是，如果城市环境邻避冲突发生，就会出现设施迁址或停建的情况，企业的前期投资就会徒劳无益；而目前中国城市环境邻避风险补偿机制不健全，政府对企业的利益补偿可能微乎其微甚至没有，这样就严重影响企业的发展。所以，企业有必要参与城市环境邻避风险治理。企业通过参与致力于解决问题，有利于促进自身的发展、社会的和谐。可以认为，企业的发展、社会的平稳要求将企业包容进城市环境邻避风险治理中。与其他主体开展协商合作，并最终走向包容性治理，将成为企业参与城市环境邻避风险治理的选择。

三是因为企业能在城市环境邻避风险治理中发挥作用。企业的目标是利润最大化和保证自己的生存。承担社会责任以及由此产生的社会成本是保证自己生存的重要方面。企业"追求利润和承担社会责任是不矛盾的"[②]。企业的社会责任包括道德责任、环保责任、经济责任和法律责任等。从现在的情形来看，承担社会责任的企业越来越多。企业的责任担当可以弥合政府失灵、市场失灵和志愿失灵。正是企业承担着社会责任，它们便能在城市环境邻避风险治理中发挥作用。就此而言，中国城市环境邻避风险包容性治理的实现需要包容企业。

2. 包容企业的实践进路

（1）将企业视为城市环境邻避风险治理的一个主体。包容性治理强调治理主体的多元性。按照包容性治理理念，企业应是一个治理主体。在实践中，推进中国城市环境邻避风险的包容性治理，需要把企业从治理的客体转变为治理的主体，即要将企业视为一个治理主体。要让企业能够以主人翁的姿态参与到城市环境邻避风险治理中来，使

[①] ［美］凡勃伦：《企业论》，蔡受百译，商务印书馆2012年版，第16页。

[②] ［美］乔治·斯蒂纳、约翰·斯蒂纳：《企业、政府与社会》，张志强译，华夏出版社2002年版，第133页。

它们能够充分地表达和维护自身权益。将企业视为城市环境邻避风险治理的一个主体，主要体现的是政府对企业的包容。

（2）让企业承担城市环境邻避设施选址科学性证明的责任。在城市环境邻避设施建设和运营过程中，企业掌握了专业的设施建造技术和相应的运营信息，企业对于设施可能产生的外部性影响以及设施选址科学性的认知更全面。① 企业可以帮助其他主体了解城市环境邻避设施的相关信息，可以承担起设施选址科学性证明的责任。正是如此，政府应该让企业承担城市环境邻避设施选址科学性证明的责任，以促进中国城市环境邻避风险治理。

（3）与企业进行城市环境邻避风险治理合作。合作过程、合作结构具有包容性。② 这么说来，在中国，政府、环境社会组织、公众与企业进行城市环境邻避风险治理合作，是包容企业的一条实践进路。政府、环境社会组织与企业通过会谈的形式，就企业建设和运营城市环境邻避设施可能产生的风险进行深度交流，可以提升政府决策的公正性和专业性，避免政府因经济利益导向而作出可能损害生态环境的决定；可以让企业意识到自己的生产本身对生态环境可能造成危害，促使其采取措施防止潜在危害变成现实危险。环境社会组织、公众与企业的合作是抑制企业逐利性的途径。当城市环境邻避风险的确存在时，公众邀请环境社会组织对企业建设和运营的设施重新进行环境评估，可以增进公众对设施的理解与认同。

（三）包容环境社会组织

1. 包容环境社会组织的理论求证

包容环境社会组织是中国城市环境邻避风险包容性治理实现的客观要求。理由在于，环境社会组织在中国城市环境邻避风险治理中能

---

① 许敏：《从管制到协商：邻避冲突治理模式研究》，武汉大学出版社2020年版，第132页。

② John M. Bryson, Barbara C. Crosby, Melissa M. Stone, Designing and Implementing Cross-Sector Collaborations: Needed and Challenging, Public Administration Review, 2015, Vol. 75, No. 5, pp. 647–663.

第七章　中国城市环境邻避风险包容性治理的实现路径

够扮演重要的角色。相对于政府来说，环境社会组织是更好的公众利益的代表，它们能够把设施附近公众的利益损失降到更低和为其争取更多的人性化服务。[①] 下面主要从三个方面进行理论论证。

其一，环境社会组织可以成为城市环境邻避问题的调解者。一般而言，环境社会组织拥有无偏私、中立的优势，且相对独立，更易于被城市环境邻避冲突的双方所认可和接受。环境社会组织一经民政部门登记就为法律所承认，具有一定的非营利性质，承担了一定的公共责任。其在城市环境邻避风险治理中与其他主体不存在直接的利益关系，因而可以成为城市环境邻避问题的调解者和居间人。环境社会组织能够起到理性引导和沟通对话的作用；[②] 其可以扮演调解者或协调员的角色，让政府与公众相互达成谅解，城市环境邻避问题引发的不稳定能因此而得以缓解。

其二，环境社会组织可以成为城市环境邻避风险治理的促进者。城市环境邻避设施可能存在一定的风险，如果设施周边公众的合法权益受到侵害，环境社会组织可以利用其高效的行动力和高度的组织性来代表利益相关公众进行利益表达，进而促进理性维权目标的达成。当城市环境邻避冲突发生时，环境社会组织亦可成为冲突的减压阀，在为弱势方——公众代言的同时，给公众提供有效表达自身诉求的通道，减少冲突造成的公共利益损失。[③]

其三，环境社会组织可以成为城市环境邻避风险治理的监督者。当今政府的重要作用毋庸置疑，其是城市环境邻避风险治理的负责者。由于政府拥有权力，其治理行为就需要监督。环境社会组织可以成为城市环境邻避风险治理的监督者。它们对政府的治理行为实施监督，促使政府采取措施来化解城市环境邻避风险。环境社会组织还可

[①] Timothy A. Gibson, "NIMBY and the Civic Good", *City & Community*, 2005, Vol. 4, No. 4, pp. 381–401.

[②] 张勇杰：《邻避冲突中环保 NGO 参与作用的效果及其限度——基于国内十个典型案例的考察》，《中国行政管理》2018 年第 1 期。

[③] 张广文、周竞赛：《邻避冲突治理中社会组织的价值研究》，《学会》2015 年第 12 期。

以配合政府，对城市环境邻避设施承建企业的污染物达标排放标准进行监督，敦促该企业兑现环保承诺。

综上所述，不难看出，环境社会组织在城市环境邻避风险治理中能够发挥重要的作用。环境社会组织正在逐步成为推动政府、企业、公众互动、化解城市环境邻避风险的一个重要主体。包容环境社会组织对于推进城市环境邻避风险治理转型意义重大。所以，包容环境社会组织是中国城市环境邻避风险包容性治理实现的客观要求。

2. 包容环境社会组织的实践进路

（1）承认环境社会组织的地位。承认是一种有关包容的政治议题，[①]它实际上意味着对他者的包容。依此考量，承认环境社会组织的地位是包容环境社会组织的一条实践进路。要在制度上承认环境社会组织的合法地位，给予其应有的法律保障和政策支持，为其营造健康发展的外部环境。承认环境社会组织的合法地位，便于它们参与城市环境邻避风险治理。同时，要在制度层面承认环境社会组织在城市环境邻避风险治理中的主体地位。环境社会组织在城市环境邻避风险治理中的不可替代的作用已广为中国学界所知，其可以弥补政府在资源与信息方面的局限性，与政府、企业、公众形成良好的互动合作机制。政府要通过制度建构将环境社会组织纳入治理主体范畴，使之与其他治理主体具有同等的地位。环境社会组织具有主体地位，它们就会积极参与到城市环境邻避风险治理中来，并与其他主体一道推动实现包容性治理。

（2）推进环境社会组织的发展。现阶段中国社会组织的制度环境正朝着发展型环境快速转变。[②]这是推进环境社会组织发展的有利条件。随着中国城市化的发展，更多的人口和经济活动向城市集聚，人们对于环境邻避设施的需求会不断增长，现在乃至未来相当长的时期

[①] [美]艾丽斯·M. 杨：《包容与民主》，彭斌、刘明译，江苏人民出版社2013年版，第76页。

[②] 黄晓春、周黎安：《政府治理机制转型与社会组织发展》，《中国社会科学》2017年第6期。

内，环境邻避风险会相应增加。当前，城市环境邻避现象呈现出三个方面的基本特征：一是冲突的焦点问题与环保相关；二是较多利用网络手段进行信息传播；三是社区群体表达利益诉求的现象较多。与此相对应，我们应该发展三类环境社会组织：一是发展一般性环境社会组织。该类环境社会组织的成员具有多元性，包括热心于环境事业的公众、各类企事业单位人员以及相关专业领域的专家；二是发展网络环境社会组织。在新媒体广泛应用的背景下，公众舆论的形成和影响对城市环境邻避风险演化的作用甚大。特别是在当下的新媒体时代，中青年群体通常是网络新媒体的受众主体，他们能够在城市环境邻避风险治理中发挥重要的作用。因此，应发展网络环境社会组织，使其能够整合公众意愿、引导公众舆论，推进城市环境邻避风险的有效化解；三是发展社区环境社会组织。社区环境社会组织虽然具有小、穷、弱的特点，但其对城市环境邻避风险治理具有不可忽视的作用。基层政府和社区应培育社区环境社会组织，使之成为城市环境邻避风险的化解者。

（3）加强对环境社会组织的监管和引导。构建城市环境邻避风险治理体系，需要多元主体的共同参与。而对环境社会组织进行监管和引导是保证城市环境邻避风险治理体系正常运转的重要方面。尽管中国的环境社会组织建设起步较晚，但随着全面深化改革的不断推进以及国家治理体系的不断完善，环境社会组织近些年来在结构和数量上有了较大的发展。由于相关法律制度逐渐健全，公众参与意识不断增强，公众参与城市环境邻避风险治理的深度和广度日渐拓展，这对加强对环境社会组织的监管和引导提出了迫切的要求。要稳妥推进直接登记制度，这是寻求秩序的包容的有效途径之一。① 要关注网络环境社会组织的发展，把对它们的登记审核纳入对社会组织的合法合规认定范畴。另外，要引导环境社会组织在城市环境邻避风险治理中发挥积极作用，与此同时还要健全相关法律制度，特别是在设施规划初期

---

① 张清、武艳：《包容性法治框架下的社会组织治理》，《中国社会科学》2018年第6期。

应加强对网络环境社会组织的关注，实现对社会组织合法合规性的认定——动态的社会组织活动监察——对社会组织意见的反馈等全方位的管理。①

（四）包容社区

1. 包容社区的理论求证

包容社区亦是中国城市环境邻避风险包容性治理实现的客观要求。理由在于，一部分城市环境邻避风险出现在社区，其治理需要社区的介入。社区是市民生活的主要场域，也是社会治理的基本单元。②居民和居民委员会是构成社区的主要元素，是基层社会治理的重要主体。考虑到居民属于公众范畴，且下文会专门论述包容公众的缘由和实践进路，因而这里主要以社区居民委员会为对象运用嵌入性理论进行论证。

嵌入性理论研究的是不同事物之间的关联性。③ 这一理论可以用来分析社会治理领域的问题。根据嵌入性理论，地方政府、施工单位、社区居民和社区居民委员会等在城市环境邻避风险治理中形成了社会关系网络。这一网络既受到已有法律、政策、规制的影响，又通过内部各主体间的互动形成他们之间的社会关系制约。相比其他主体，社会关系网络嵌入社区居民委员会的强度更大。社区居民委员会在城市环境邻避风险治理中的行为策略和角色定位受到政治嵌入性、认知嵌入性、结构嵌入性和文化嵌入性的影响，但在影响方式和程度上往往具有一定的差异性。政治嵌入和结构嵌入在某一时间节点或特定阶段会直接导致社区居民委员会角色的转变，对居民委员会的影响较为鲜明、强烈，文化嵌入和认知嵌入在社区居民委员会历时性的社

---

① 陈红霞：《英美城市邻避危机管理中社会组织的作用及对我国的启示》，《中国行政管理》2016年第2期。

② 方亚琴、夏建中：《社区治理中的社会资本培育》，《中国社会科学》2019年第7期。

③ 张等文、郭雨佳：《乡村振兴进程中协商民主嵌入乡村治理的内在机理与路径选择》，《政治学研究》2020年第2期。

第七章　中国城市环境邻避风险包容性治理的实现路径

会网络互动中形成，对社区居民委员会的角色定位产生温和、隐性的影响。在城市环境邻避项目论证阶段，社区居民委员会往往没有被纳入风险沟通系统，"结构洞"[①]的价值丧失，促使社区居民委员会在知晓项目建设方案之后，与社区居民一道进行抵制。可是，面对社区居民过激的环境邻避行为，社区居民委员会的态度由支持转为反对。由于社区居民委员会缺乏一定的强制性权力，其劝阻居民邻避行为的效力有限。[②] 于是，社区居民委员会一方面需要安抚社区居民的情绪，避免他们采取过激行为；另一方面需要落实地方政府的"政治任务"，保障城市环境邻避项目能够顺利得到实施，避免地方政府问责。可见，社区居民委员会在城市环境邻避风险治理中的地位也是十分重要的，从某种程度上说，社区居民委员会工作人员的政治素质与沟通协调能力会直接影响到城市环境邻避风险治理的效果。职此之由，中国城市环境邻避风险包容性治理的实现亦需要包容社区。

2. 包容社区的实践进路

（1）将社区居民委员会纳入风险沟通系统。在城市环境邻避情景下的社会关系网络中，社区居委员会处于"结构洞"位置，可以从其他主体中获得信息优势和控制优势，进而赢得相对机会优势。[③] 社区居民委员会是唯一一个与其他主体产生联结的网络节点，社区居民通过它表达利益诉求、探查政府态度，地方政府通过它了解居民意愿、活动信息，这种结构性的嵌入[④]使它成为各主体之间资源流转、信息传递的纽带。为了巩固社区居民委员会的合法性，强化其他主体对居委会的依赖，居委会主动下达政府意见、汇报居民行动、上传居民诉求。可是，如果社区居民委员会没有被纳入风险沟通系统，社会

[①] Ranjay Gulati, Nitin Nohria, Akbar Zaheer, Strategic Networks, *Strategic Management Journal*, 2000, Vol. 21, No. 3, pp. 203 – 215.

[②] 孔子月：《嵌入性视角下社区居委会在邻避问题治理中的双重角色与行为逻辑——以 S 市 Y 事件为例》，《社会主义研究》2020 年第 4 期。

[③] 王文彬、肖阳、边燕杰：《自雇群体跨体制社会资本的收入效应与作用机制》，《社会学研究》2021 年第 1 期。

[④] Brian Uzzi, "Social Structure and Competition in Interfirm Networks: the Paradox of Embeddedness", *Administrative Science Quarterly*, 1997, Vol. 42, No. 1, pp. 35 – 67.

关系网络中的沟通渠道就会出现阻塞，社区居民委员会资源流转、信息传递的价值就会消失，其他主体会对处于"结构洞"位置的居委会形成压力。因此，要包容社区，就应将社区居民委员会纳入风险沟通系统，发挥其资源流转、信息传递纽带的作用。

（2）正确定位社区居民委员会的角色。社区居民委员会的行为选择除了受到其所处社会网络位置的影响之外，还受到固有思维意识和周边环境的限制或引导。这里所说的思维意识对行为的影响叫做认知嵌入性。它是行为主体以往参与多种网络的历史经验的积累和展现。[1]在城市环境邻避风险治理中，无论地方政府、社区居民还是社区居民委员会自身，对居委会的角色认识都是模糊的。在项目方案论证阶段，地方政府考虑到社区居民委员会是"群众性自治组织"，没有将其纳入风险沟通中，而一旦出现城市环境邻避风险，地方政府则将社区居民委员会视为"基层准行政组织"，并通过行政手段要求居委会完成维稳目标。社区居民一般将居委会看作地方政府在社区层面的"办事机构"，即"基层准行政组织"。甚至社区居民委员会自身，也会将自己认知为地方政府最小的"派出机构"。只有在劝阻居民邻避行为出现乏力时，为了避免居民和地方政府问责，社区居民委员会才会意识到并表明自己"不是政府"。[2]要改变上述局面，需要政府、社区居民和社区居民委员会改变观念，正确定位居委会的角色，充分发挥其在城市环境邻避风险治理中的功能。

（3）实现地方政府与社区居民委员会的协作。社区是联结国家与城市居民的"最后一公里"。[3]在社区中，地方政府、社区居民委员会和居民是主要的行为主体。与前文一致，这里主要从实现地方政府与社区居民委员会的协作来探索包容社区的实践进路。协作即协调合作，它具有包容性。在城市环境邻避风险治理的管控型模式下，地方

---

[1] John Hagedoorn, "Understanding the Cross – Level Embeddedness of Interfirm Partnership Formation", *Academy of Management Review*, 2006, Vol. 31, No. 3, pp. 670 – 680.

[2] 孔子月：《嵌入性视角下社区居委会在邻避问题治理中的双重角色与行为逻辑——以 S 市 Y 事件为例》，《社会主义研究》2020 年第 4 期。

[3] 王德福：《城市社会转型与社区治理体系构建》，《政治学研究》2018 年第 5 期。

政府对社区居委会实施单向影响。中国城市环境邻避风险包容性治理的实现则需要从"单向度"向"双向度"转变。这就要求采取措施推进地方政府和社区居委会之间开展互动,进而实现两者的协作。只有地方政府和社区居委会构建起协作关系,才能提升社区居委会参与治理的积极性,才能促进中国城市环境邻避风险包容性治理的实现。

(五)包容公众

1. 包容公众的理论求证

包容公众是必要的,因为包容和公众参与的"联姻"是实现"包容"的一条途径①。根据环境民主理论,公众有权参与环境治理。环境民主理论是公众参与环境保护的思想基础,其核心要义是公众有权参与环境事项的决策和管理,并对相关活动的实施过程进行监督。按照这一理论的逻辑,公众有权参与城市环境邻避风险治理。由于"几乎每一项权利都蕴含着相应的政府义务"②,因此政府有责任让公众参与城市环境邻避风险治理。而且,"权利是得到社会承认并由国家加以维护的要求"③。相应地,公众参与城市环境邻避风险治理的权利是政府应当予以保障的。再者,有效的公众参与能够提高他们接受邻避决策的程度。④ 既然如此,政府就需要将公众吸纳到城市环境邻避风险治理中来。这能使城市环境邻避风险治理富有包容性。

环境正义理论要求在城市环境邻避风险治理中遵守衡平原则。正义的情况时常涉及环境领域,环境正义是必要的。⑤ 环境正义理论认

---

① [美]詹姆斯·S. 费什金:《倾听民意:协商民主与公众咨询》,孙涛、何建宇译,中国社会科学出版社2015年版,第38页。
② [美]史蒂芬·霍尔姆斯、凯斯·R. 桑斯坦:《权利的成本——为什么自由依赖于税》,毕竞悦译,北京大学出版社2004年版,第26页。
③ [英]鲍桑葵:《关于国家的哲学理论》,汪淑钧译,商务印书馆1995年版,第207页。
④ Nguyen Quang Tuan, Virginia W. MacLaren, "Community Concerns about Landfills: A Case Study of Hanoi, Vietnam", *Journal of Environmental Planning and Management*, 2005, Vol. 48, No. 6, pp. 809 – 831.
⑤ [美]彼得·S. 温茨:《环境正义论》,朱丹琼、宋玉波译,世纪出版集团、上海人民出版社2007年版,第24页。

为,既应该在当代人之间、当代人与后代人之间就环境资源开发、利用所获得的利益进行公平分配,也应该由相关主体公平地承担由此产生的生态破坏、环境污染等不利后果。该理论的主旨是环境利益的公平享有和环境风险的公平负担。然而,环境领域面临的突出问题是环境利益与环境风险分配不均。环境正义运动发生的主要原因是弱势群体享有的环境利益和承担的环境风险不相称。① 这种原因也是中国城市环境邻避问题的一种成因。城市环境邻避项目周边的公众认为,某些企业经营者或广大公众是项目建设的受益方,而项目产生的环境风险由他们来承担。解决这一问题,"衡平原则应当得到遵守"②。要遵守衡平原则,公众与其他主体就应当平等地进行协商、对话。公众不仅仅是专家知识的被动接受者,而且是风险知识的共同生产者。③ 通过平等协商、对话,各主体会在利益享有和风险负担之间取得最佳或较佳平衡,城市环境邻避风险发生的诱因就会消解。职是之故,中国城市环境邻避风险包容性治理的实现需要包容公众。

2. 包容公众的实践进路

(1) 明确规定公众的环境权。公众作为环境权利的主体是最基础的,也是最重要的。④ 要包容公众,就得明确规定公众的环境权。要通过宪法和法律确认和保护好公众享有的环境权。⑤ 宪法是所有其他次一级规范的渊源。⑥ 相对于其他法律规范来说,宪法是上位法。一切组织和个人都必须以宪法为根本的活动准则。所以宪法中的规定至关重要。在宪法中明确规定公众的环境权,有利于鼓励和引导公众主

---

① 王树义等:《环境法基本理论研究》,科学出版社2012年版,第319页。
② [美]彼得·S.温茨:《环境正义论》,朱丹琼、宋玉波译,世纪出版集团、上海人民出版社2007年版,第29页。
③ Raul P. Lejano, C. Emdad Haque, Fikret Berkes, "Co-production of Risk Knowledge and Improvement of Risk Communication: A Three-legged Stool", *International Journal of Disaster Risk Reduction*, 2021, Vol. 64, pp. 1–10.
④ Andrew Robson, *Citizenship and the Environment*, Oxford: Oxford University Press, 2003. p. 62.
⑤ 杨朝霞:《论环境权的性质》,《中国法学》2020年第2期。
⑥ [英]戴维·米勒、韦农·波格丹诺编:《布莱克维尔政治学百科全书》(修订版),邓正来译,中国政法大学出版社2002年版,第176页。

动承担环境治理,包括城市环境邻避风险治理的责任。当然,宪法权利必须转化为部门法的权利才能落在实处。① 因此,还要在环境保护基本法中明确规定环境权是公众的一项基本权利。宪法和环境保护基本法的明确规定,可为公众参与环境保护提供明确的依据,无疑可为公众参与城市环境邻避风险治理提供明确的依据。

(2) 构建包容公众的选址机制。政府相关部门应当认真调查研究,做好城市环境邻避设施选址过程中的基础性工作,努力将公众包容进来。如果制定法律法规的条件不成熟,就在具有强制执行力的规范性文件中规定公众参与选址事宜。如果条件成熟,就在相关立法中详细、专门规定公众参与选址事宜。要探索公众自愿参与选址竞争的机制。可以通过科学的选址方法和严格的选址程序,由政府部门或第三方中立机构选出几个符合条件的备选地区。备选地区的公众通过投票决定是否在本地区设址,投赞成票最多的地区成为最终选址。政府部门或企业要在这一过程中提供人力、物力、财力、技术等方面的支持,为相关公众做好服务工作,并且与公众充分协商利益补偿事宜。

(3) 发挥公众监督的作用。在城市环境邻避设施建设中,政府应当让公众监督项目的进展情况。在城市环境邻避设施投入运营之后,政府应当让公众对设施运行安全指标及污染物排放指标进行监督。要鼓励由政府代表、专家学者、相关公众等共同组成"环境监督委员会",或者由受设施影响的公众推选自己信任的环境社会组织或个人担任环保监督员,对政府相关部门和设施运营企业实施监督。要强化"居民代表驻厂监管"这一公众非常认可的监管方式,增强监管公信力,消除邻避情绪,防止城市环境邻避风险的发生。

二 建构包容性风险治理程序

如前所述,治理程序是治理过程方面的步骤、顺序、时间、方

---

① 杨朝霞:《论环境权的性质》,《中国法学》2020年第2期。

式、制度或机制等。治理程序的包容性不够是中国城市环境邻避风险治理现有模式的问题之一。现有模式需要转换，转换的方向是包容性治理。为了实现中国城市环境邻避风险的包容性治理，要把建构包容性风险治理程序作为一条路径。风险治理程序的包容性，即治理过程的公平民主①。它以"沟通—协商"为核心。② 它强调建立政府、科学专家与公众之间的互信。这一互信既包括公众对政府、专家的信任，也包括政府、专家对公众的信任。③ 这一互信在包容性风险治理程序建构上体现为要相互承认风险解释权。这种承认政治能为包容性合作提供正当性，还能解决包容性合作自身复杂的认同难题。风险治理程序的包容性要求政府镶嵌到社会中，要求建立完善的风险决策公众参与机制、风险沟通机制、利益表达机制等。为此，要增强政府权力的镶嵌性、强化政府权力的证成性、增进社会权能，建立"强政府—强社会"的良性互动关系。

（一）相互承认风险解释权

承认差异是包容性治理的逻辑基点，④ 当然也是中国城市环境邻避风险包容性治理的逻辑基点。要实现这一治理，先得相互承认风险解释权或风险定义权。风险的特质在于"定义关系"。⑤ 即风险是一种"构想"，是一种社会定义。⑥ 对于环境邻避风险，科学专家和公众的定义或解释是不同的。科学专家的解释不一定就是正确的，公众的解释不一定就是错误的。在此情况下，只有相互承认风险解释权，

---

① 沈费伟、杜芳：《数字乡村建设中老年人参与的包容性治理：现实困境与实现路径》，《杭州师范大学学报》（社会科学版）2022年第1期。
② 孙逸啸：《网络平台风险的包容性治理：逻辑展开、理论嵌合与优化路径》，《行政管理改革》2022年第1期。
③ 张海柱：《不确定风险的包容性治理——英国移动通讯健康风险监管改革及启示》，《中国行政管理》2022年第4期。
④ 邓集文：《包容性治理的伦理向度》，《伦理学研究》2020年第6期。
⑤ 徐亚清、于水：《新时代国家治理的内涵阐释——基于话语理论分析》，《重庆大学学报》（社会科学版）2021年第1期。
⑥ ［德］乌尔里希·贝克、威廉姆斯：《关于风险社会的对话》，路国林译，载薛晓源、周战超主编：《全球化与风险社会》，社会科学文献出版社2005年版，第12页。

第七章　中国城市环境邻避风险包容性治理的实现路径

政府与社会力量才能开展包容性协商。有了包容性协商，才会有包容性合作，也才会有包容性治理。

相互承认风险解释权是十分必要的，这可以从知识生产的视角来进行说明。按照科学知识社会学的观点，科学具有不确定性。[1] 科学的不确定性成为当下许多风险的主要渊薮。用吉登斯的话说，现代风险源于科学不加约束的推进造成的"新的不确定性"[2]。科学专家独有的风险解释权遭到了越来越多的质疑。风险争端引发人们反思和重新理解科学，人类社会由此迈入后常规科学时代。在后常规科学时代，"常民知识"[3] "知识生产模式2"[4] "知识分工"等知识生产与应用新模式逐渐兴起。新模式既承认科学的不确定性和专家知识的理性局限，也强调普通公众的认知能力和"常民知识"的价值。科学专家或技术专家对于风险的知识并非完全正确，普通公众对于风险的知识并非完全不理性或谬误。他们都能在风险知识生产中作出一定的贡献，因而他们都拥有一定的风险解释权。在某种程度上，风险公开接受社会的界定和建构。[5] 在环境邻避风险的认知方面，政府、科学专家、公众或社会组织都是知识生产者；各主体生产的知识类型具有差异性和分散性，它们各有优势。既然各有优势，各主体就需要在知识生产与运用环节上相互认可。相互承认风险解释权是后常规科学时代的必然选择，有利于实现中国城市环境邻避风险的包容性治理。

各主体在环境邻避风险治理中生产的知识的具体类型存在差异，包括现状知识、目标知识、因果知识、预测知识、情境性知识与地方

---

[1] 张海柱：《风险建构、机会结构与科技风险型邻避抗争的逻辑——以青岛H小区基站抗争事件为例》，《公共管理与政策评论》2021年第2期。

[2] [英]安东尼·吉登斯、克里斯多弗·皮尔森：《现代性：吉登斯访谈录》，尹宏毅译，新华出版社2001年版，第195页。

[3] Melissa Leach, Ian Scoones, Brian Wynne, *Science and Citizens: Globalization and the Challenge of Engagement*, New York: Zed Books, 2005, p. 28.

[4] 杨建国：《从知识遮蔽到认知民主：环境风险治理的知识生产》，《科学学研究》2020年10期。

[5] [德]乌尔里希·贝克：《风险社会：新的现代性之路》，张文杰、何博闻译，译林出版社2018年版，第9页。

性知识等类型。政府部门主要拥有现状知识与目标知识。现状知识表现为环境邻避设施的规划和布局、设施的需求信息、相关政策、设施产生的经济效应等。目标知识就是环境邻避设施可以促进经济社会的发展，满足公众的需求。比如，政府对于核电厂项目的一个重要的目标知识是其能够推进地方经济发展。专家与研究机构拥有因果知识与预测知识。专家与研究机构为了说服公众，通常会从科学与技术的层面出发来解释环境邻避设施的低风险性。如在广东鹤山核燃料项目中，专家和研究机构认为与核电站相比，核燃料厂辐射的可能性更低，环境的放射性污染物质被有效地控制，只有微量的放射性污染物向周边释放，其对人们的身体健康的损害是微不足道的。这种因果知识在科学家们看来是具有标准性的，是科学的真理。政府不可能拥有完全的知识，其需要专家与研究机构提供关于环境邻避设施的预测知识，预测知识包括设施产生的预期效益、设施污染环境的程度以及公众的反应等。如在厦门PX项目中，一些专家认为二甲苯属危险化学品和高致癌物，项目5公里半径内有超10万居民，一旦出现意外，对居民的身体健康与海洋环境会产生较高的风险。公众与社会组织拥有情境性知识与地方性知识。情境性知识是各主体在环境邻避风险治理中进行互动而产生的知识。地方性知识是一种关于环境邻避风险的大众知识或常民知识，其"与正式的或专业的知识形成对比"[1]。知识并不限于科学，[2] 既包括专业知识，也包括地方性知识。知识生产空间往往受到地方性因素的影响，会出现与专业知识不一样的地方性知识。如在垃圾焚烧项目中，专家从科学知识的角度认为垃圾焚烧厂在850度以上高温下焚烧垃圾不会产生二噁英，而一些反焚人士将垃圾燃烧过程中产生的黑烟和残留物作为证据来论证专业监测数据不可

---

[1] Frank Fischer, *Citizens, Experts, and the Environment: The Politics of Local Knowledge*, Durham and London: Duke University Press, 2000, p.195.
[2] ［法］让-弗朗索瓦·利奥塔尔：《后现代状态：关于知识的报告》，车槿山译，生活·读书·新知三联书店1997年版，第40页。

第七章　中国城市环境邻避风险包容性治理的实现路径

靠。① 反焚人士实际上运用地方性知识进行论证。诚然，知识的类型远不止这些，之所以如此划分，主要根据各主体在环境邻避风险治理知识生产中的主要优势与特点；这些知识依托于相关主体并分散于各领域，最终需要政府加以集中形成整体性知识。它们都对中国城市环境邻避风险治理起着重要作用。政府与专家虽然在知识生产中占据关键地位，但不能因此而否定公众的情境性知识和地方性知识。这就要求各主体间相互承认风险解释权，尊重各主体的知识生产地位。相互承认风险解释权对于中国城市环境邻避风险包容性治理的实现大有裨益。

（二）增强政府权力的镶嵌性

"镶嵌性"是政府权力应当具备的一种属性。"镶嵌性"即"嵌入性"，由卡尔·波兰尼首次提出。按照他的看法，经济体系，从原则上说，是嵌入在社会关系之中的。② 波兰尼的这一理论在马克·格兰诺维特那里得到创造性发展。格兰诺维特指出，人们的行动"嵌在真实的、正在运作的社会关系系统之中"③。在他们研究的基础上，许多学者更深入地探究了嵌入性理论。镶嵌性概念越来越多地被用来分析不同事物之间的关联问题，④ 如政府各部门之间的协作关系、政府与社会之间的依赖关系。政府各部门之间、政府与社会之间的镶嵌性体现了包容性。缘此，要把增强政府权力的镶嵌性作为建构包容性风险治理程序的一种具体路径。

1. 加强政府各部门的协作

政府各部门是治理的重要主体，它们之间的相互包容可以促进中

---

① 张劼颖、李雪石：《环境治理中的知识生产与呈现——对垃圾焚烧技术争议的论域分析》，《社会学研究》2019 年第 4 期。
② ［英］卡尔·波兰尼：《大转型：我们时代的政治与经济起源》，冯钢、刘阳译，浙江人民出版社 2007 年版，第 232 页。
③ ［美］马克·格兰诺维特：《镶嵌：社会网与经济行动》，罗家德译，社会科学文献出版社 2007 年版，第 8 页。
④ 张等文、郭雨佳：《乡村振兴进程中协商民主嵌入乡村治理的内在机理与路径选择》，《政治学研究》2020 年第 2 期。

国城市环境邻避风险包容性治理的实现。而政府各部门的协作是它们之间相互包容的重要形式，因为协作本身具有包容性；且建立共识是协作产生的前提，建立共识反映了包容性①。不止于此，还有更为具体的理由可以说明需要加强政府各部门的协作。在城市环境邻避设施规划中，是否建设、在哪里建设、如何建设等关键议题需要政府各部门协作来作出决策。政府各部门的协作能够保证最终决策具有较强的镶嵌性基础。在城市环境邻避设施建设中，如果冲突发生的话，对于利益矛盾的调解就更需要政府各部门的协作。它们的协作能使国家作为一个整体镶嵌到社会中去，较好地协调各种利益关系。所以，推进城市环境邻避风险治理，需要加强政府各部门的协作。一是要推进结构整合，纵向上加大上级领导对各部门的统筹力度，横向上推进机构及其职能合并。二是要推进政策整合，由专门机构负责各部门的政策协调事宜，防止部门之间出现政策摩擦。三是要推进文化整合，② 尊重各部门之间的差异，培育合作型组织文化。

加强政府各部门的协作，特别需要培育合作型组织文化。政府的知识生产和知识储存具有复杂性、部门嵌入性。对于跨部门的知识共享而言，合作型组织文化"软"环境的塑造尤为重要。合作型组织文化包括整体目标、横向思考、协同一致的行动和部门间的信任等要素。在城市环境邻避风险治理中，政府部门可以着眼于三个方面来培育合作型组织文化。其一，跨越部门界限，运用交叉培训和联合培训来理解不同主体间的伙伴关系。这不仅要提高部门人员的跨部门合作能力，也要培育领导者协调跨部门合作关系的能力。其二，鼓励形成整体性政府理念与协同行为模式。在城市环境邻避决策中，鼓励政府部门树立整体性政府理念，鼓励各部门考虑通过跨部门的委员会协同解决可能出现的横向问题。其三，通过对整体目标和共同愿景的承

---

① ［美］尤金·巴达赫：《跨部门合作：管理"巧匠"的理论与实践》，周志忍、张弦译，北京大学出版社2011年版，第158页。
② 廖秋子：《"邻避冲突"的成因及治理路径："基础性权力"的视角》，《福建师范大学学报》（哲学社会科学版）2016年第5期。

第七章　中国城市环境邻避风险包容性治理的实现路径

诺，培育并强化部门间的信任。

2. 提高调动社会资本的能力

法国社会学家皮埃尔·布迪厄最先提出"社会资本"的概念。在他看来，社会资本是实际或潜在的资源的集合，这些资源与对一个相互熟识和认可的、具有制度化关系的持久网络的拥有联系在一起。①"社会资本"的概念出现后，学界从不同视角展开了深入研究。不同学者对社会资本有着不同的界定，但学界普遍认为它由嵌入在社会关系和社会结构中的资源组成②。作为一种可以促进人类行动的、解决集体行动困境的社会结构性资源，社会资本主要包含信任、规范和网络等要素③。社会资本与城市环境邻避风险治理之间具有重要的内在联系。对于当前中国城市环境邻避风险治理面临的问题，社会资本提供了一种整合性、包容性的破解思路④。中国目前社会资本运行的实际状况表明，政府必须镶嵌到社会中去，提高调动社会资本的能力，惟其如此，才能实现城市环境邻避风险的包容性治理。

（1）增进社会信任。要增进公众对政府的信任。中国城市环境邻避风险产生和发展的重要原因之一是公众对政府不信任。这反映出政府调动社会资本的能力乏善可陈。政府要建立健全政治吸纳机制，将公众纳入城市环境邻避设施规划、建设和运营的各个环节，从而获得他们的信任。要加强对公众的教育和疏导。公众对环境邻避风险的猜想和知识不足是他们敏感、疑虑甚至恐慌的根源。只有增长公众的科学知识，才能使他们理性认知和科学对待环境邻避设施，才能真正建立公众与政府之间的信任。还要增进社会组织对政府的信任。当前，

---

① Pierre Bourdieu, "The Forms of Social Capital, in Handbook of Theory and Research for the Sociology of Education", John G. Richardson ed., *Westport*, CT: Greenwood Press, 1986, p. 248.
② ［美］林南：《社会资本——关于社会结构与行动的理论》，张磊译，世纪出版集团、上海人民出版社 2005 年版，第 23 页。
③ ［美］罗伯特·D. 帕特南：《使民主运转起来——现代意大利的公民传统》，王列、赖海榕译，江西人民出版社 2001 年版，第 199 页。
④ 方亚琴、夏建中：《社区治理中的社会资本培育》，《中国社会科学》2019 年第 7 期。

中国社会组织取得较大进展。政府应该与这些组织建立密切联系，通过两者的良性互动来获得这些组织的信任。这种信任的水平越高，合作的可能性就越大，① 政府调动社会资本的能力也就越强。当城市环境邻避现象出现时，基于信任关系，社会组织积极收集利益诉求、传递相关信息，搭建政府与公众沟通的桥梁，为化解矛盾奠定基础。作为提高调动社会资本能力的一种方式，增进社会对政府的信任为政府嵌入社会关系、包容社会力量开辟了一条通道。

（2）完善社会规范。社会规范是当代中国社会中客观存在的规范类型。它主要包括道德规范、习惯风俗和自治规范等具体类型。② 社会规范能够降低交易成本、促进社会合作。在城市环境邻避风险治理中，良好的社会规范能够激励公众和社会组织积极参与进来。公众和社会组织的积极参与体现了调动社会资本能力的提高。所以，要提高调动社会资本的能力，就需要完善社会规范。要把握好社会公正的道德标准，让公众和社会组织平等参与城市环境邻避风险治理。要完善社会参与规范，充分尊重公众和社会组织的主体地位，提升他们参与城市环境邻避设施建设的积极性和主动性。

（3）发展社会网络。社会网络是社会资本的基本组成部分，它提供了将社会资源转化成社会资本的另一条途径。当社会网络得到扩展，参与的行动者数量增多时，社会资本的储量也会增加。③ 社会网络越密，公众就越有可能为了共同利益进行合作。④ 因此，在城市环境邻避风险治理中，要提高调动社会资本的能力，就必然要发展社会网络。社会网络变得紧密，具有影响力或较高威信的人便可以更好地发挥疏导与沟通作用。通过疏导与沟通，城市环境邻避设施周边的公

---

① ［美］罗伯特·D. 帕特南：《使民主运转起来——现代意大利的公民传统》，王列、赖海榕译，江西人民出版社2001年版，第200页。
② 刘作翔：《当代中国的规范体系：理论与制度结构》，《中国社会科学》2019年第7期。
③ ［美］林南：《社会资本——关于社会结构与行动的理论》，张磊译，世纪出版集团、上海人民出版社2005年版，第194页。
④ ［美］罗伯特·D. 帕特南：《使民主运转起来——现代意大利的公民传统》，王列、赖海榕译，江西人民出版社2001年版，第203页。

第七章　中国城市环境邻避风险包容性治理的实现路径

众对关于设施的知识就会有更多的了解，对设施的可靠性就会有更多的信任。这有利于稳步推进设施建设，形成以点带面的辐射影响，减少社会稳定风险发生的可能性。①

（三）强化政府权力的证成性

"证成性"是政府权力应当具备的另一属性。证成性不同于合法性。约翰·西蒙斯率先对证成性与合法性作了详细的区分。② 证成性关注权力的效用和目标，合法性则关注权力的来源和谱系。证成性关注"国家与作为整体的主体的一般关系"，合法性则关注"国家和个体主体之间的特殊关系"。③ 从这些区别来看，在城市环境邻避风险治理中，政府权力需要包容社会利益的特征与证成性的内涵更为贴切。故而，有必要从强化政府权力"证成性"的维度来探索建构包容性风险治理程序。

1. 健全风险决策公众参与机制

环境邻避设施在城市化进程中不可或缺。它虽然代表着"公共的善"，但对于其周边的公众或利益相关者而言则是"私人的恶"。城市环境邻避风险便成为政府必须面对的问题。作为一种风险决策，城市环境邻避决策应是一个在开放系统中整合多元利益的过程。政府如果采取孤立自主的封闭型决策机制，就会遮蔽公众的利益诉求；拒绝跟外界进行交往，必然会遭致公众的抵制。当前，一些地方政府在城市环境邻避决策中没有充分吸纳公众参与。解决这一问题，要求健全风险决策公众参与机制。具体来说，要采用开放型协商决策机制，广泛吸纳公众参与，以增强城市环境邻避决策的包容性。

开放型协商决策机制是各利益主体间"参与—协商—共识"的交

---

① 张广文：《社会资本视阈下邻避冲突治理路径研究》，《首都师范大学学报》（社会科学版）2017年第4期。

② A. John Simmons, *Justification and Legitimacy: Essays on Rights and Obligations*, Cambridge: Cambridge University Press, 2001, pp. 122 – 157.

③ 周濂：《现代政治的合法性基础》，生活·读书·新知三联书店2008年版，第32—41页。

往互动模式,是现代协商民主的表现形式。在交往互动中,各种交往形式的建制化可以保障民主的程序,那些交往形式则许诺所有按照该程序而得到的结果是合理的①。各利益主体充分交流与协商,在城市环境邻避决策议题上达成基础性共识,进而在方案设计、选择、实施、监督的全过程中贯穿参与。这对决策的制定与执行大有裨益。"周密计划和良好实施的公众参与机制,特别是那些被称为分析讨论方法的应用的增多,可以提高决策的质量和合法性,增进信任和理解。"② "公民参与决策进程提高政策的可接受性,增添更好实施政策的希望。预期受益者参与政策设计和执行产生更好的结果。"③ 照此说来,各利益主体提出政策建议、批判性地审视各种政策方案,可以提升城市环境邻避决策的质量和合法性;广泛吸纳公众参与能使城市环境邻避决策获得更多的理解和支持,有助于实现从"邻避效应"到"迎臂效应"的转变。

2. 完善风险沟通机制

城市环境邻避设施可能具有一定的危害性,公众对其产生抵触情绪是可以理解的。政府应该辩证地看待邻避情结,耐心地与公众进行真诚细致的沟通,以积极的态度获得公众的理解,这样才能有效地避免和化解城市环境邻避风险。为了更好地进行沟通,要完善风险沟通机制。完善信息公开机制是完善风险沟通机制的重要内容。信息公开是化解邻避矛盾的基础。④ 政府对于城市环境邻避设施的选址、建设和运营必须发布真实可靠的信息。要通过制度规范,加强网络监督,提高媒体和网络信息的质量。要合理利用政务微博和微信及时接收百

---

① [德]哈贝马斯:《在事实与规范之间:关于法律和民主法治国的商谈理论》,童世骏译,生活·读书·新知三联书店2003年版,第377页。
② Patrick Devine-Wright, Renewable Energy and the Public: From NIMBY to Participation, London, Washington, D. C. : Earthscan, 2011, p. 320.
③ S. N. Sangita, State, Society, and Inclusive Governance: Community Forests in Andhra Pradesh, Karnataka and Orissa, Nagarabhavi, Bangalore: Institute for Social and Economic Change, 2008, p. 4.
④ Kenneth Arrow, Social Responsibility and Economic Efficiency, 1977, Vol. 21, No. 3, pp. 303–317.

第七章　中国城市环境邻避风险包容性治理的实现路径

姓意见，避免造成信息不对称。①

要建立专门的风险沟通机构。在城市环境邻避冲突发生之前，政府要建立专门的机构来了解公众的利益诉求。在城市环境邻避冲突发生之时，政府应建立应急小组，积极回应公众的利益诉求，让公众感到政府能够有效地解决问题。公众可以推举代表来与政府进行真诚有效的协商与沟通。在城市环境邻避冲突结束之后，政府有必要建立专门的善后小组来处理相关问题。专门的善后小组应真诚地与城市环境邻避设施周边的公众进行协商与沟通，尽可能兼顾地方的公共利益与公众的相关利益，降低冲突的影响，从而实现政府与公众的共赢。

要运用富有包容性的风险沟通方式。问候、修辞与叙述等风险沟通方式可以促进政治包容，优化城市环境邻避风险治理。问候是某种主体直接承认他人的主体性因而增进信任的沟通方式。它表明沟通性的政治姿态，体现包容其他群体的承认政治，成为政治互动的起点。修辞是表达各种政治主张与论证的方式，它拥有若干有助于实现具有包容性和说服力的政治沟通的功能，有利于各种主张与论点得到吸纳。叙述也具有某些抵制各种排斥性的倾向、促进论证的功能。② 它增进政治体成员之间的理解，有利于包容差异、促进讨论。

（四）增进社会权能

为了实现中国城市环境邻避风险的包容性治理，需要增进社会权能。对社会进行赋权增能是必要的。不向社会领域放权难以激发社会主体参与治理的活力。③ 增进权能是一个人们、社区和组织对其事务获得控制的过程。④ 或者说，增进权能是一种对权力的再分配，是一

---

① 刘玮、李好、曹子璇：《多维信任、信息披露与邻避冲突治理效果》，《重庆社会科学》2020 年第 4 期。
② ［美］艾丽斯·M. 杨：《包容与民主》，彭斌、刘明译，江苏人民出版社 2013 年版，第 65—86 页。
③ 黄晓春：《党建引领下的当代中国社会治理创新》，《中国社会科学》2021 年第 6 期。
④ Julian Rappaport, "In Praise of Paradox: A Social Policy of Empowerment over Prevention", American Journal of Community Psychology, 1981, Vol. 9, No. 1, pp. 1 – 25.

个目标和过程。① 当然，对社会进行赋权增能应当适度。在转型背景下，不能为了激发活力而过快增进社会权能。过快向社会领域放权就可能引发不确定治理风险。② 社会由多个要素构成，社会组织、社区和公众是构成社会的三个要素。增进社会权能主要表现为增进社会组织、社区和公众的权能。

1. 增进社会组织权能

社会组织在政府与社会的共治中扮演着重要的角色。"民主治理不仅呼唤积极的公民，而且要求较少科层式和更加灵活的组织。"③ 作为一种社会治理，城市环境邻避风险治理需要发挥社会组织的作用。党的十九大报告指出，推动社会治理重心向基层下移，发挥社会组织作用。要有效发挥社会组织的作用，还必须为社会组织赋权增能。增进社会组织权能有助于中国城市环境邻避风险包容性治理的实现。

第一，增强社会组织的自主性。自主性是行为主体按自己的意愿行事的特性。它意味着行为主体具有自由意志。④ 自主性是社会所有或大多数成员追求的目标，也是社会组织追求的目标。受社会组织管理体制的影响，中国的一部分社会组织具有官办背景，特别是一些枢纽型社会组织的更具行政化色彩。虽然社会组织的"去行政化"改革也在大力推进中，但由于受到各种因素的制约，社会组织在获得政府的行政资源的同时，不可避免地会受到政府的行政干预。为此，要进一步推进"人员、机构、财务、资产、职能"的"五分开"改革，进一步增强社会组织的活力和自主性，以促进中国城市环境邻避风险包容性治理的实现。

---

① Carolyn Swift, Gloria Levin, "Empowerment: An Emerging Mental Health Technology", *Journal of Primary Prevention*, 1987, Vol. 8, No. 1-2, pp. 71-94.
② 黄晓春：《党建引领下的当代中国社会治理创新》，《中国社会科学》2021年第6期。
③ ［美］全钟燮：《公共行政的社会建构：解释与批判》，孙柏瑛、张钢、黎洁等译，北京大学出版社2008年版，第185页。
④ 程承坪：《论人工智能的自主性》，《上海交通大学学报》（哲学社会科学版）2022年第1期。

第七章　中国城市环境邻避风险包容性治理的实现路径

第二，加强社会组织的人才建设。人社部门应会同民政部门共同研究制定科学有效的社会组织人才发展规划，强化社会组织人才评价、引进、使用、培养、激励相衔接的政策保障。建立社会组织人才评价体系，将社会组织人才的资质级别与薪酬待遇挂钩，推进社会组织专职人才的职业化发展。健全社会组织工作人员劳动用工制度，完善社会组织工作人员福利保障、流动聘用、户籍管理、档案管理等具体政策措施，给予社会组织工作人员平等待遇。支持和引导大学毕业生到社会组织从事专职工作。加强对社会组织工作人员的培训工作，开展政策法律、公益知识、专业技能等方面的培训，特别是一些有条件的社会组织可以邀请高校的教师担任培训师，全面提升社会组织人员的素质。[①] 这些可以为社会组织参与城市环境邻避风险治理提供人才支撑。

第三，提升社会组织的服务供给能力。社会组织是公共服务供给的一个部门，它可以弥补政府失灵和市场失灵。增进社会组织权能包括提升社会组织的服务供给能力。[②] 要支持社会组织重点围绕环境保护领域开展工作，积极参与城市环境邻避风险治理。通过重大事项咨询、征求意见、转移职能等多种形式，构建政府部门与社会组织、社会组织与公众在城市环境邻避风险治理中的互动合作机制，为社会组织发挥作用创造良好条件。

2. 增进社区权能

社区作为人口集中的共同体，承担着基层基本的公共服务供给功能。当前中国城市社区不断发展，功能设施不断完善，成为城市环境邻避风险治理的重要主体。政府自上而下的行政推动为社区参与城市环境邻避风险治理提供了一定的支持。然而，以刚性的行政方式来处理复杂的环境邻避问题，往往会造成一些困境。强化社区的主体性，

[①] 刘耀东：《农村社区服务类社会组织公共服务供给能力研究——以 H 省为例》，《行政论坛》2017 年第 3 期。

[②] 邓集文：《政府嵌入与社会增能：包容性治理实现的双重路径》，《郑州大学学报》（哲学社会科学版）2020 年第 6 期。

提升其治理能力既是破解治理困境的关键所在，也是城市环境邻避风险包容性治理的题中之义。

第一，提升社区居委会的自主性。城市社区的居民委员会制度是中国基层群众自治制度的重要内容。社区居委会作为一个基层群众性自治组织，本应获得自主的地位。自主是自治作为一种道德理想时的用语。① 然而，现实中社区居委会依赖于地方政府及其派出机关（街道办事处）提供各种资源，比较缺乏自主性。街道办事处对社区居委会拥有领导权，往往对社区公共事务实施较多干预。这一问题出现在城市环境邻避风险治理中，并给其带来一些不利影响。因此，要推进社区居委会的去行政化，合理划分政府与社区居委会之间的权责关系，实现二者的领导与被领导的关系转为指导与被指导关系。为了增进社区权能，政府应将城市环境邻避风险治理中的部分决策权、部分监督权等交给社区居委会，使其保持相对自主性。

第二，加强社区居委会的治理能力建设。社区居委会是一个基层群众性自治组织。自治意味着人类自觉思考、自我反省和自我决定的能力。② 不难看出，自治本身就有"能力"的意涵。自我管理能力是自治能力的一项内容。说某个人具有自治能力，就是说这个人自己可以管理自己。③ 参与能力是自治能力的另一内容。④ 这些能力实际上是社会治理能力的组成部分，它们的提升对于实现中国城市环境邻避风险的包容性治理是必要的。要根据现代信息社会的发展要求，大力推进社区居委会的信息化建设。要以便民、利民、惠民为工作目标，以大数据为依托，加大社区信息化的硬件设施建设的力度，让"信息多跑路，居民少跑路"，提升社区居委会的治理能力，保证其有能力参与城市环境邻避风险治理。

---

① ［美］科恩：《论民主》，聂崇信、朱秀贤译，商务印书馆1988年版，第273页。
② ［英］戴维·赫尔德：《民主的模式》，燕继荣等译，中央编译出版社2004年版，第380页。
③ ［美］科恩：《论民主》，聂崇信、朱秀贤译，商务印书馆1988年版，第8页。
④ 张清：《基层自治制度的理论阐述与路径选择》，《法律科学》（西北政法大学学报）2020年第2期。

第七章　中国城市环境邻避风险包容性治理的实现路径

第三，完善社会工作人才队伍培训机制。如前所述，社区治理能力的提升对于中国城市环境邻避风险包容性治理的实现是必要的。而社区治理能力的提升有赖于一定数量和专业化的社工人才队伍。为此，要加大对社工人才队伍进行培训的力度，提高他们的社区治理能力；完善领导推进、教育培训、人员选配、社工义工联动工作机制，切实发挥社工人才在应对环境邻避风险、解决环境邻避问题、促进社会和谐安定等方面的重要作用。

3. 增进公众权能

中国城市环境邻避风险治理走向包容之路有赖于公众的广泛参与。没有公众的广泛参与，中国城市环境邻避风险的包容性治理就无法真正实现。而且，在现代社会，公众依法享有政治、经济、文化和人身等各项权利，应该将公众吸纳到城市环境邻避风险治理中来。的确，包容公众是重要的[①]。要使公众能够有效参与城市环境邻避风险治理，就得增进公众权能。

第一，注重容纳公众权利。这不仅能够增进公众权能，还有利于调动公众参与的积极性，进而有利于实现中国城市环境邻避风险的包容性治理。注重容纳公众权利意味着强调公众在城市环境邻避风险治理中享有知情权、参与权、表达权和监督权。应通过线上和线下的双重渠道充分公开城市环境邻避设施的有关信息。应在"强国家－强社会"模式下广泛吸纳公众参与城市环境邻避风险治理，充分发挥他们的监督作用。容纳公众权利意味着公共治理的"去中心化"和主客体结构的消解，意味着按照一定的程序来包容利益相关者的意见。在城市环境邻避风险治理中，容纳公众权利、尊重公众作为治理主体的资格能够避免不平等现象的发生，从而达到实质正义。

第二，健全公众利益表达机制。要实现中国城市环境邻避风险的包容性治理，就要让设施周边的公众有效进行利益表达，充分征求他们的意见。为此，需要健全公众利益表达机制。这意味着要优化公众

---

① ［美］全钟燮：《公共行政的社会建构：解释与批判》，孙柏瑛、张钢、黎洁等译，北京大学出版社2008年版，第25页。

制度参与的有效供给。"有效的基层参与需要更多的具体信息。"① 故而要通过多种渠道让公众充分了解城市环境邻避设施的有关信息。健全利益表达机制还意味着要保障公众的表达权和提升政府的回应力。② 要健全信访、复议和诉讼等利益表达机制，让公众的合理利益诉求能够表达出来、落实到位。要搭建良好的电子政务平台。特别是在当今的互联网时代，政府需要通过电子政务平台来回应公众的利益诉求。电子政务平台依托网络这一载体，将信息技术应用于城市环境邻避风险治理中，使得政府的信息更加透明化，政府与公众的交往也就消除了距离感。总之，要健全公众利益表达机制，承认公众的文化、利益、社会地位、身份等方面的差异，让公众的意见能够得到充分吸纳，使中国城市环境邻避风险治理富有包容性。

第三，加强社会学习。按照社会学习理论的观点，人的行为是后天形成的，是一种社会学习的结果。社会个体或群体可以通过直接经验和观察两种途径进行学习。③ 社会学习理论被班杜拉提出之后，逐渐进入多个领域。在城市环境邻避风险治理领域，社会学习是一个集体反思的过程。换言之，它是一个公众经过协商审议渐进达成一致知识的过程。在社会学习中，公众不再只主张自身利益，他们逐步学会运用理性来思考、处理城市环境邻避风险问题。社会学习是公众自我提高、自我发展的方式。④ 只有加强社会学习，公众参与城市环境邻避风险治理的能力才能得到提升。这种能力的提升对中国城市环境邻避风险包容性治理的实现益处颇多。

---

① Richard Davis, *The Web of Politics: The Internet's Impact on the American Political System*, New York, London: Oxford University Press, 1999, p. 76.
② 周春晓：《邻避冲突的生成及其治理——基于话语权失衡的考量》，《中共福建省委党校学报》2018 年第 7 期。
③ ［美］阿伯特·班杜拉：《社会学习心理学》，郭占基、周国韬等译，吉林教育出版社 1988 年版，第 16—22 页。
④ 邓集文：《政府嵌入与社会增能：包容性治理实现的双重路径》，《郑州大学学报》（哲学社会科学版）2020 年第 6 期。

第七章　中国城市环境邻避风险包容性治理的实现路径

三　坚持风险治理成果平等共享

治理成果的共享性不够是中国城市环境邻避风险治理现有模式的一个问题。相比之下，外国在城市环境邻避风险治理中通过引入社区利益协议让治理成果为公众所共享。正是外国公众共享风险治理的成果，他们比较支持城市环境邻避设施的选址、建设与运营。有鉴于此，要坚持风险治理成果平等共享。这是中国城市环境邻避风险治理现有模式能否转换成包容性治理模式的一个决定性因素。包容性理念注重兼容性、共享性和参与性，旨在构建机会均等、合作共赢的发展模式。① 可以认为，坚持风险治理成果平等共享是中国城市环境邻避风险包容性治理实现的又一路径。

（一）重视弱势群体的利益

重视弱势群体的利益是坚持风险治理成果平等共享的要求。在重视弱势群体的利益上，包容性治理理念与罗尔斯的差别原则非常契合。按照罗尔斯的看法，社会和经济的不平等应这样安排，使它们在与正义储存原则一致的情况下，适合于最少受惠者的最大利益。② 也就是说，在罗尔斯看来，差别的存在应当有利于境况差的人或弱势群体。十分相似的是，包容性治理尊重差异、承认差异。它强调更多地关怀弱势群体的利益，不仅要求实现利益共享，还要求让弱势群体得到更多一些。一句话，它要求治理制度和政策能最大限度保护弱势群体的利益。③ 既然如此，中国城市环境邻避风险治理要从管控型模式转向包容性模式，自然需要重视弱势群体的利益。以模式的转向为基

---

① 张清、武艳：《包容性法治框架下的社会组织治理》，《中国社会科学》2018 年第 6 期。

② ［美］约翰·罗尔斯：《正义论》，何怀宏等译，中国社会科学出版社 1988 年版，第 302 页。

③ UNDP, *Towards Inclusive Governance: Promoting the Participation of Disadvantaged Groups in Asia - Pacific*, Bangkok, THA: United Nations Pubns, 2007, p. 9.

点，要实现中国城市环境邻避风险的包容性治理，同样需要重视弱势群体的利益。

重视弱势群体的利益，就要让他们平等地参与城市环境邻避风险治理过程，因为只有共治才能真正共享。政府与其他治理主体彼此平等是我们所追求的，共建共治共享的风险治理格局是我们所希冀的，但实际上在城市环境邻避风险治理中普通公众和弱势群体难以平等地进行参与。从当前中国城市环境邻避风险治理参与主体的构成来看，参与治理的一般是拥有社会地位、社会资源的个人或组织，而弱势群体没有直接可以利用的体制内资源，同时比较缺乏与正式体制进行博弈的资源，他们的参与程度较低。弱势群体较少参与风险治理过程，他们就难以表达自身的利益诉求。弱势群体的利益诉求得不到有效的表达，就有可能被忽视。于是，风险治理成果的平等共享就成为一句空话。因此，政府应当建立健全面向弱势群体的政治吸纳机制，让他们平等地参与到城市环境邻避风险治理中来。诚然，一个政治共同体的决策议程遵循程序正义原则，协商讨论面向所有的利益主体，就会大大降低社会风险。但政府"需要的不是以同样方式对所有人均可适用的原则，而是要去微妙地理解社会语境中各种特殊性，以及特定对象的需求和对这种需求的表达"①。在城市环境邻避问题上，政府需要的是"关注弱势群体在治理中的实质性参与和正式参与渠道的构建"②。吸纳包括弱势群体在内的所有社会成员的参与有利于实现中国城市环境邻避风险的包容性治理。麦克布莱德的观点可以提供注脚：若要建立一个完全包容的公共领域，就不能牺牲差异性，就必须将边缘群体的要求合法化。③

---

① ［美］艾丽斯·M. 杨：《正义与差异政治》，李诚予、刘靖子译，中国政法大学出版社2017年版，第115—116页。

② Aalt Colenbrander, Aikaterini Argyrou, Tineke Lambooy and Robert J. Blomme, "Inclusive Governance in Social Enterprises in the Netherlands—A Case Study", *Annals of Public and Cooperative Economics*, 2017, Vol. 88, No. 4, pp. 543 – 566.

③ Cillian McBride, "Deliberative Democracy and the Politics of Recognition", *Political Studies*, 2005, Vol. 53, No. 3, pp. 497 – 515.

第七章　中国城市环境邻避风险包容性治理的实现路径

重视弱势群体的利益，还要建立健全城市环境邻避风险的多元补偿机制。城市环境邻避设施可能会被规划选址在弱势群体的周边或居住地，他们便可能成为直接利益受损的居民。当弱势群体的直接利益受损时，应当对他们进行合理的利益补偿。作为所有群体共同参与、相互包容的平等，有时需要对处于弱势的群体予以不同的待遇。① 弱势群体也是社会的一分子。只有重视弱势群体的利益，给予合理的利益补偿，才能维护环境正义。为了更好地弥补利益损失、平衡利益关系和达成利益共享，要建立健全城市环境邻避风险的多元补偿机制，主要采取经济补偿、社会心理补偿、空间补偿等三种方式。

其一，经济补偿。经济补偿为解决城市环境邻避问题提供了良好的方案。经济补偿方案着力于调整不平衡的收益和风险分布。经济补偿分为直接经济补偿和间接经济补偿。直接经济补偿包括现金补偿、实物补偿、个人或企业税费减免、个体福利保险、资产保值和专项投资基金的提供等。间接经济补偿包括优先给当地居民提供就业机会、在城市环境邻避设施区域内以及周边加强公共福利项目和基础设施，如公共运动馆、娱乐场、图书馆等的建设。美国、加拿大等国家在这方面的许多做法给我们提供了有益的启示和借鉴。值得注意的是，经济补偿方案并不总能奏效。② 在为危险性较低的设施进行选址时，它或许是一个非常有价值的工具，但若公众认为某些设施具有极大的风险，它就很难产生积极效果。③ 因此，要根据城市环境邻避设施的风险程度恰当地实施经济补偿。

其二，社会心理补偿。城市环境邻避设施是一种可能带来危害的公共设施，因而它不怎么受欢迎。人们对不受欢迎的公共设施会产生排斥心理，这种心理即为邻避情结。邻避情结具有一定的复杂性，不

---

① ［美］艾丽斯·M. 杨：《正义与差异政治》，李诚予、刘靖子译，中国政法大学出版社 2017 年版，第 192 页。
② 朱伟等：《京津冀协同发展过程中的邻避风险防范研究》，化学工业出版社 2019 年版，第 112 页。
③ Howard Kunreuther, Doug Easterling, "The Role of Compensation in Siting Hazardous Facilities", *Journal of Policy Analysis and Management*, 1996, Vol. 15, No. 4, pp. 601–622.

能狭隘地把它看作是一种自私的、非理性的心理。它既含有非理性的因素，又含有理性的成分。我们既要看到邻避情结可能是"个人的自私的意愿"①，也要看到从某种程度上讲"公众对待邻避问题的态度是合理的"②。既然邻避情结有着一定的合理性，就有必要把实施社会心理补偿作为建立健全城市环境邻避风险的多元补偿机制的一种手段。社会心理补偿要从公众的心理角度入手，通过科普教育讲座、环保测评、专家声明和通畅的沟通渠道等改变他们的心理认知，让他们明白较多的城市环境邻避设施是没有危害的。公众对设施相关知识有了更多的了解，他们的担心和忧虑会随之减少。只有在社会心理补偿上做足了功夫，解开了公众心理的"结"，他们才会对设施持欢迎的态度。③

其三，空间补偿。随着城市化的深入展开，空间非正义问题不断出现。空间非正义存在于城市环境邻避设施规划与建设中，实施空间补偿则是矫正这种非正义的有效手段。空间补偿实质上旨在保障弱势群体空间上的合理需要与正当权益。通过实施空间补偿，在强势群体与弱势群体之间，形成真正的空间正义④。一是推进设施本身与所处环境的空间融合。外观友好、色彩温和、规模适宜的邻避设施更能为公众所接受。⑤是以，要进行合理的设计，增强设施本身对所处环境的融合性。二是塑造生态良好、环境安全的空间景观。对设施周边的环境进行生态化和安全化改造，塑造健康、绿色、美丽、安全的空间

---

① Lennart Sjöberg, Britt–Marie Drottz–Sjöberg, Fairness, Risk and Risk Tolerance in the Siting of a Nuclear Waste Repository, *Journal of Risk Research*, 2001, Vol. 4, No. 1, pp. 75–101.

② Kate Burningham, "Using the Language of NIMBY: A Topic for Research, not an Activity for Researchers", *Local Environment*, 2000, Vol. 5, No. 1, pp. 55–67.

③ 邵任薇、彭楚瑶、杨柳：《化解邻避效应的补偿机制研究——杭州市天子岭静脉小镇的启示》，《上海城市管理》2018年第6期。

④ 胡潇：《空间正义的唯物史观叙事——基于马克思恩格斯的思想》，《中国社会科学》2018年第10期。

⑤ Patrick Devine-Wright, "Beyond NIMBYism: Towards an Integrated Framework for Understanding Public Perceptions of Wind Energy", *Wind Energy*, 2005, Vol. 8, No. 2, pp. 125–139.

景观，增强周边公众的舒适感和安全感。三是推动设施的空间置换。如果一个公司把建立垃圾站或核工厂的地点定得离一个居民点很近的话，那么，除非公司的管理者也住在那么近的距离内，否则这公司就是把一些危害强加于当地居民了。① 将设施建在决策者居住（工作）空间附近，能够有效证明设施的安全性，缓解公众的不满和抵制情绪。四是鼓励周边公众对设施的空间介入。鼓励周边公众参观或参与设施的运营过程，增进对设施相关信息或知识的了解，最大限度地消除因信息不对称或"未知"而带来的不安全感。②

（二）培育公众的公共理性

所有民主国家都面临着寻找一个合适的公共理性理念。③ 这话适用于中国城市环境邻避风险包容性治理的实现。公共理性是整个公众或曰一个民主社会里的公民的集合体的共同理性。④ 更具体地说，它是公民以公共善为目标在公共领域中形塑的公共行动观念、公共责任意识和公共精神。⑤ 公共理性以公共利益为导向，其"目标是公共的善和根本性的正义"⑥。公共理性包含了权利观念、公共责任意识，体现了包容理念、公益精神。可以认为，"公共理性是包容性的，是宽容的"⑦。所以，作为公共空间中的社会行为，中国城市环境邻避风险治理需要公共理性加以调节，唯此方能实现包容性治理。坚持风

---

① ［美］詹姆霍尔姆斯·罗尔斯顿Ⅲ：《哲学走向荒野》，刘耳、叶平译，吉林人民出版社2000年版，第310页。

② 王佃利、王玉龙：《"空间生产"视角下邻避现象的包容性治理》，《行政论坛》2018年第4期。

③ John Rawls, "The Idea of Public Reason Revisited", *The University of Chicago Law Review*, 1997, Vol. 64, No. 3, pp. 765 – 807.

④ Lawrence B. Solum, "Constructing an Ideal of Public Reason", *San Diego Law Review*, 1993, Vol. 30, No. 4, pp. 729 – 765.

⑤ 徐理响：《论公共理性与良性政治参与的构建》，《社会科学战线》2018年第11期。

⑥ ［美］约翰·罗尔斯：《政治自由主义》，万俊人译，译林出版社2000年版，第226页。

⑦ 李乐、舒文、周文通：《城市社区治理中公共理性的生成与实践》，《甘肃行政学院学报》2020年第4期。

险治理成果平等共享是中国城市环境邻避风险包容性治理实现的又一路径。而要坚持风险治理成果平等共享，还要培育公众的公共理性，包括城市环境邻避设施周边公众或附近居民的公共理性。政府的包容与公众的包容都有利于达成风险治理成果的平等共享。前文的重视弱势群体的利益体现政府的包容美德，公众的包容美德则需要通过培育来形成。

在中国城市化进程中，环境邻避设施是必不可少的。但是，由于设施被污名化，公众一遇到设施选址、建设就进行反对和抗议，从而使得一些经过精心论证的好项目沦为环保抗议的"牺牲品"[1]。从一定意义上说，公众公共理性或公众"公民性"的不足导致中国城市环境邻避风险的发生。从"公民性"视角来看，城市环境邻避风险既是公民主体、权利意识等"一阶公民性"不断成熟的产物，也暴露出理性观、责任感等"二阶公民性"的不足和宽容意识、公益精神等"三阶公民性"的欠缺。[2] 因此，要培育公众的公共理性，使其包容合理的城市环境邻避决策。若没有公众的包容，政府就难以有效实施城市环境邻避风险治理；没有治理成果，就谈不上成果的平等共享。为了有效化解城市环境邻避风险，有必要从知识、技术、价值等多层面对公众的公共理性进行培育。

首先，在知识层面，进行广泛而深入的公民教育。中国城市环境邻避风险包容性治理的实现需要公众公共理性的支撑。公众要具备公共理性，特别是其"一阶公民性"要获得发展，离不开知识层面的教育。公民维护自己的权利、履行自己的责任和义务需要知识。[3] 公民理性看待城市环境邻避设施需要有一定的科学素质。为了帮助公民

---

[1] 侯光辉等：《公众参与悖论与空间权博弈——重视邻避冲突背后的权利逻辑》，《吉首大学学报》（社会科学版）2017年第1期。

[2] 谭爽、胡象明：《我国邻避冲突的生成与化解——基于"公民性"视角的考察》，《吉首大学学报》（社会科学版）2015年第3期。注：此处和下文以"公民性"为视角进行考察，较多地使用了"公民"一词，没有对其与公众进行严格区分。虽然公民是法律概念，公众是社会学概念，但两者都是指社会成员。因此，较多学者在著述中不加严格区分地使用公民与公众两个词，比如此处的谭爽、胡象明和前文的劳伦斯·B.索罗姆。

[3] 郑富兴：《公民教育的审美之维》，《教育学报》2019年第1期。

第七章　中国城市环境邻避风险包容性治理的实现路径

树立权责对等的观念，有必要通过媒体、学校等平台进行广泛而深入的公民教育，使其认识到城市环境邻避风险是我们与自然、社会相处不当而带来的问题，并不是单纯的公共利益对个体或区域利益的剥夺；认识到每个人都应是责任的主体。为了提升公民的科学素质，有必要通过科普教育，让公民走近科学、参与科学、理解科学、支持科学。① 公民科学素质的提升能为城市环境邻避设施选址与建设扫除阻力、赢得社会资本。

其次，在技术层面，培养公民参与治理的实践能力。"二阶公民性"侧重于实践。责任感、参与能力和理性观等是"二阶公民性"的结构要素，理解、判断、交流和行动的技能是其构建的内容。为了帮助公民有效参与城市环境邻避风险治理、增强人际或群际互动的理性，要通过一系列技术与方法培养公民参与治理的实践能力。第一，培养搜集信息能力。拥有必要的信息是参与的必要条件。② 公民只有具备搜集信息能力，他们才能获得参与城市环境邻避风险治理所需的信息。第二，培养评估与判断能力。要培养公民的评估与判断能力，使他们理性地评价城市环境邻避政策和现象，形成较为客观的看法。第三，培养情绪抑制能力。情绪抑制能力的培养有助于防止情感过度宣泄导致在城市环境邻避问题的处理中出现不当或过激行为。第四，培养表达与谈判能力。依照规则通过口头或书面清晰说理，可以让听众信服言说者关于城市环境邻避问题的主张。

再次，在价值层面，培育公民的公益精神与包容美德。城市环境邻避设施有"公共善"的一面。公民应该为"公共善"着想，推动城市社会的可持续发展。为此，要在基础教育中加强公民公益精神的培育。还要培育公民的理解、尊重、包容等美德。理解是包容他者的前提，尊重是一种包容。包容或宽容是政治合作的美德。③ 公民心中

---

① 成长群：《邻避事件分析与研究》，中共中央党校出版社 2018 年版，第 195 页。
② ［美］卡罗尔·佩特曼：《参与和民主理论》，陈尧译，上海人民出版社 2006 年版，第 72 页。
③ 谭安奎：《公共理性与民主理想》，生活·读书·新知三联书店 2016 年版，第 204 页。

被注入理解、尊重、包容等美德,是最核心却也最艰难最缓慢的过程。① 要给公民提供更多公共生活的空间,让他们在彼此交往中学习如何尊重、倾听与包容他者的意见,避免他们在城市环境邻避风险治理中出现非理性的言语和行为,让城市环境邻避项目能够为广大公众所认知和接纳。总之,引导"三阶公民性"生成,有助于逐步化解城市环境邻避风险。

(三) 保障利益共享

重视弱势群体的利益体现的是政府的包容,培育公众的公共理性寻求的是公众的包容,保障利益共享则是多元主体相互包容的目标导向。保持利益共享的局面,是现代国家治理的要求。② 作为现代国家治理的新向度,包容性治理要求保持利益共享的局面。包容性治理倡导的尊重差异、多元参与、民主协商、互动合作都涉及利益共享。尊重差异或承认差异是包容性治理的逻辑基点。不论能力差异,人人应该获得平等的利益。③ 在共建共治的社会共同体中,必然应该人人共享。④ 包容性治理蕴含民主的元素,民主必须倾向于最大化共同受益的策略⑤。多元主体互动合作的持续展开有赖于保障利益共享。中国城市环境邻避风险包容性治理的实现自然要求保障利益共享。环境问题并不是简单的技术问题,需要衡量各种利益。⑥ 这种利益衡量具有利益共享的意涵。中国城市环境邻避风险治理要迈向包容性治理,就要保障利益共享,这也是坚持风险治理成果平等共享的重要方面。

保障利益共享是中国城市环境邻避风险包容性治理实现的一个要

---

① 谭爽、胡象明:《我国邻避冲突的生成与化解——基于"公民性"视角的考察》,《吉首大学学报》(社会科学版) 2015 年第 3 期。
② 燕继荣:《制度、政策与效能:国家治理探源——兼论中国制度优势及效能转化》,《政治学研究》2020 年第 2 期。
③ 赵汀阳:《一种可能的智慧民主》,《中国社会科学》2021 年第 4 期。
④ 郁建兴、任杰:《社会治理共同体及其实现机制》,《政治学研究》2020 年第 1 期。
⑤ 赵汀阳:《一种可能的智慧民主》,《中国社会科学》2021 年第 4 期。
⑥ [德] 施密特·阿斯曼:《秩序理念下的行政法体系建构》,林明锵译,北京大学出版社 2012 年版,第 163 页。

第七章 中国城市环境邻避风险包容性治理的实现路径

求。在城市环境邻避风险治理中,保障利益共享就是坚持多元主体互利互惠。政府需要对社会组织、公众参与风险治理给予政策包容和制度包容,社会组织、公众也需要对政府合理的风险决策、治理行为给予理解和包容。政府、社会组织、公众等多元主体要在良性互动的基础上,最大限度兼顾各自的利益,达到对多方都有益或有利的结果①,即达到多方共赢的局面。多元主体要共同分享治理资源与成果,反对一方对另一方基本利益的忽视或侵害。人人共享治理成果,人人就会积极参与,就会推动中国城市环境邻避风险治理转向包容性治理。

保障利益共享有助于中国城市环境邻避风险包容性治理的实现。那么,如何保障利益共享?保证利益共享,需要国家制度供给。应通过完善制度供给,在利益表达、利益分配和利益整合上保障利益共享。在利益表达上,政府应健全利益表达机制,为城市环境邻避设施周边的公众表达利益诉求提供合法、畅通的渠道。在利益分配上,应构建城市空间利益正当分配的多阶机制。城市环境邻避风险实质上是城市空间利益分配问题。要确立以保障人体健康为中心的城市规划技术标准,提升公众参与城市空间分配决策质量,建立邻避纠纷行政裁决机制,以实现城市空间利益正当分配。② 在利益整合上,应构建良好的制度,兼容所有政策调节主体的利益③。要通过制度构建,以承认差异为前提,找到各主体之间的利益结合点。一个社会要兼顾其成员有差异性的利益诉求。④ 在城市环境邻避风险治理中,要有效融合各主体的多元利益诉求,既要满足不同主体自身的合理需求,又不能损害任何一方的利益,使多元主体公平地享有治理的成果。

---

① 尚伟:《正确义利观的科学内涵与积极践行》,《马克思主义研究》2021年第8期。
② 鄢德奎:《市域邻避治理中空间利益再分配的规范进路》,《行政法学研究》2021年第5期。
③ 郁建兴、任杰:《共同富裕的理论内涵与政策议程》,《政治学研究》2021年第3期。
④ 张彦、李汉林:《治理视角下的组织工作环境:一个分析性框架》,《中国社会科学》2020年第8期。

四　健全风险治理多元监督机制

任何制度的良好运行，都少不了监督机制的配合。[①] 中国城市环境邻避风险治理肯定少不了监督机制的配合。然而，该治理的监督机制缺乏足够的包容性，主要表现为多元主体监督机制不健全。中国城市环境邻避风险治理的现有模式不能称为包容性治理模式，重要原因之一在于多元主体监督机制不健全。要推进现有模式转换成包容性治理模式，健全多元监督机制是一种路径选择。外国在这一方面给我们提供了较多有益的启示。其多元监督机制较为有效地防止城市环境邻避风险的加剧。借鉴外国的经验，结合我们的实际，应将健全多元监督机制作为中国城市环境邻避风险包容性治理的一条实现路径。

（一）强化政府监督

政府在环境治理过程中应该担当市场无法完成的责任。[②] 这种责任包括监督责任。环境领域的政府监督一般是国家行政机关对环境公共事务的监视、督促和管理。有力的政府监督可以推进中国城市环境邻避风险治理的发展。针对当前城市环境邻避风险治理中存在的政府监督不力现象，需要采取相应措施强化政府监督。强化政府监督是健全风险治理多元监督机制的重要一环。

对于城市环境邻避设施的规划，政府要加强项目的监管力度，严格审查每个项目。对于城市环境邻避设施的建设，政府要采取有力手段监督承建企业严格按照规定的标准进行建设，监督生产设备的质量是否达到要求以及设备装置的规划布局是否科学、合理。对于城市环境邻避设施的运营，政府要实施远程信息共享机制和常态化监控机

[①] 王惠：《中国环境邻避运动的法律规制研究》，中国政法大学出版社2020年版，第177页。

[②] Andreas Duit, "The Four Faces of the Environmental State: Environmental Governance Regimes in 28 Countries", *Environmental Politics*, 2016, Vol. 25, No. 1, pp. 69–91.

第七章　中国城市环境邻避风险包容性治理的实现路径

制。一方面,政府应要求企业定期提供净化设备的更新数据和净化、排放情况。政府掌握了足够的信息,就能更好地实施监督。另一方面,政府要经常开展现场检查,做到严查严打,提高其公信力。

政府也要建立城市环境邻避设施终身负责制。① 如果设施承建企业不负责任或不甚负责任,就要追究其责任,即问责。问责具有透明度、惩罚、绩效、外部监督、公共利益、权力和委托代理关系等内涵。② 由此看来,城市环境邻避设施终身负责制在一定意义上是一项监督制度。而且,该制度本身具有强化监督的意味,因为它要求把责任贯穿于设施建设与运营全过程。该制度会促使企业在设施建设之初就树立终身负责的理念,促使企业在设施运营中负起责任,以提高设施服务的质量。

政府还要利用数字新技术来提升自身的监管能力。监测能力是监管能力的一个重要组成部分,因为监测含有监视监督、测试测量的意思。大数据、云计算、人工智能等数字新技术有助于提高政府的环境邻避风险预测、监测能力。为了精准把控城市环境邻避设施选址、建设与运营中可能出现的问题,政府要通过数字新技术平台充分了解风险信息,利用大数据挖掘技术、人工智能技术有效进行风险监测。就是说,要利用数字新技术构建城市环境邻避风险监测机制,以增强监管的有效性。尤其需要强调的是,在智能革命背景下,人工智能技术在强化政府监督上具有十分重要的作用。智能革命给人类社会带来的深远影响正在逐步显现。它的重点是对人类智能的模拟和提升。人工智能技术为国家治理现代化形成重要助力。③ 职是之故,政府还要利用人工智能技术在城市环境邻避设施建设与运营的信息披露方面建立起可追溯机制,即在路由器等连接终端上建立起记录功能,将企业提供净化设备的更新数据和净化、排放情况以某种加密方式记录下来,

---

① 皮里阳、陈晶:《避冲突的困境和出路探析——以垃圾焚烧厂为例》,《江西科技师范大学学报》2020 年第 1 期。

② 世界银行专家组:《公共部门的社会问责:理念探讨及模式分析》,宋涛译,中国人民大学出版社 2007 年版,第 7 页。

③ 高奇琦:《智能革命与国家治理现代化初探》,《中国社会科学》2020 年第 7 期。

并予以留痕。城市环境邻避设施承建企业的所作所为被记录下来，政府就可以对它们进行有力的监督，政府监督就会得到强化。

（二）强化法律监督

在环境领域，国家出台了一系列的法律法规。现有的法律法规对政府、公众和社会组织开展环境治理作了规定。但是，现有的法律法规仍然存在较多不足，制约着它们在化解城市环境邻避风险中充分发挥监督作用。同时，在城市环境邻避问题上，当前中国的司法监督存在一些缺陷，影响着问题的有效解决。因此，要化解中国城市环境邻避风险，进而实现包容性治理，强化法律监督是一条具体的路径选择。

其一，健全环境影响评价制度。如前所述，外国的经验启示我们要坚持中国城市环境邻避风险治理监督的包容性，健全环境影响评价制度是其中一个重要方面。应根据城市环境邻避项目性质划分具体的类型，将不同类型项目的环评主体范围、具体程序、环评报告等需要包括的内容依据进一步细化，增强环评制度的可操作性。应明确规定环评制度中信息公开的内容、期限、方式，充分保障公众在城市环境邻避项目环评阶段的知情权，防止行政主管部门滥用职权，避免因信息不对称而产生矛盾。应明确规定环评制度中专家库、专家小组的组成程序，明确规定采取公开方式抽取审查小组的专家，避免行政主管部门与企业只选择约定专家进行环评的现象。还应对各治理主体在城市环境邻避项目环评过程中违反自身义务、程序规定所要承担的责任进行明确规定。[①]

其二，明确公众环境权的边界。在中国，公众是否拥有环境权是一个悬而未决的议题，公众环境权是否入宪尚存在争议。因为环境权是否是基本人权这一问题不明朗，所以在实践中难以对公众的维权行为进行定性，难以判断何种行为过界、何种行为适当。从容忍限度理

---

① 王惠：《中国环境邻避运动的法律规制研究》，中国政法大学出版社2020年版，第170—171页。

第七章　中国城市环境邻避风险包容性治理的实现路径

论来看，由于城市环境邻避设施具有一定的正外部性，公众对此类设施应当承担一定的容忍义务。正外部性是那些生产或消费对其他个人或群体"给予了无需补偿的收益的情形"[①]。在所有补偿合理、程序合法的情形下，应当在立法中明确城市环境邻避设施周边的公众行使环境权利的边界或底线，即建设中的法律制度要求包含设施周边的公众应当接受设施建在自家后院的相关内容。这样就可以对公众不合理的行为实施监督。

其三，加强司法监督。完善行政公益诉讼制度是加强司法监督的一种比较可行的路径。城市环境邻避设施具有一定的风险性，设施周边的居民可能进行反对，冲突也就可能发生。一方面，城市环境邻避冲突确实会危害到公共利益，另一方面，此类冲突会涉及个人利益的损害。城市环境邻避冲突在一定程度上源于政府的规划行为。因此，应当将城市环境邻避设施行政规划行为纳入行政公益诉讼受案范围。还应将城市环境邻避设施周边的居民纳入行政公益诉讼的原告范围。设施周边的居民是环境公共利益的受损方，理当具有行政公益诉讼的原告资格。拓宽行政公益诉讼的原告范围有益于加强设施周边的居民对环境公益诉讼的参与程度，提高他们的环境保护意识。

（三）强化社会监督

社会监督不到位是中国城市环境邻避风险治理监督的包容性不够的一个具体表现。增强风险治理监督的包容性，需要强化社会监督。强化社会监督是健全风险治理多元监督机制的一个重要举措，它主要包括加强社会组织监督、公众监督和舆论监督。需要说明的是，此处所讲的社会组织指的是环保社会组织。社会监督得到强化，中国城市环境邻避风险治理转变成包容性治理的可能性就会提高。

1. 加强社会组织监督

社会组织应是城市环境邻避风险治理的监督者。其职责在于敦促

---

① ［美］保罗·萨缪尔森、威廉·诺德豪斯：《经济学》，萧琛等译，华夏出版社1999年版，第263页。

政府采取化解风险的措施，推动企业履行社会责任，保证公众的权益得到保护。比如，社会组织可以通过发挥各自的专业优势、及时披露关于城市环境邻避设施的信息来进行监督。国内外均有社会组织监督方面的有益经验。在上海松江电池厂事件中，当地政府承诺接受社会组织监督，由此获得弹性回应空间。① 在厦门 PX 事件中，社会组织有效地监督了政府和相关企业；政府召开了记者招待会、新闻发布会，企业重新测评了项目的可行性，问题得到了有效解决。② 如前所述，英国杜绝垃圾焚烧组织建立了较为完善的数据库，实现了对垃圾焚烧厂信息的实时发布，形成了对地方政府和企业的全过程监督。当然，现阶段社会组织在城市环境邻避风险治理中还没有充分发挥监督作用。为此，需要在借鉴国内外有益经验的基础上加强社会组织的监督。

要加强社会组织监督，就应加快实施政社分开。政社分开即政府与社会组织分开。其意味着政府的事情政府管，社会的事情社会管。社会组织有了主动权，它们才能在城市环境邻避风险治理中开展有效的监督。社会组织的专业性是其能够较好地实施城市环境邻避风险治理监督的基础。所以，要促进社会组织专业能力建设。也要鼓励社会组织监督城市环境邻避设施承建企业，支持它们提起的环境公益诉讼和推动信息公开的努力③。

要加强社会组织监督，还应向其提供所需的资源。所需的资源主要是资金。如前所述，中国的环保社会组织在城市环境邻避风险治理中的监督能力受到资金不足的限制。为此，要向环保社会组织提供所需的资金。在保证社会组织的独立性与扶持社会组织发展之间寻求平

---

① 杨志军、梁陞：《风险感知偏差视角下城市邻避抗争的运行机理与治理之道》，《河南师范大学学报》（哲学社会科学版）2018 年第 4 期。

② 张广文、周竞赛：《邻避冲突治理中社会组织的价值研究》，《学会》2015 年第 12 期。

③ 汝绪华：《蓝色焚烧：新时代城市垃圾处置破解邻避困境的中国方案》，《宁夏社会科学》2020 年第 3 期。

第七章　中国城市环境邻避风险包容性治理的实现路径

衡的关键点在于政府找到对社会组织进行财政支持的恰当方式。① 环保社会组织拥有较多的资金，才能承担起城市环境邻避风险治理监督工作。

2. 加强公众监督

第一，强化城市环境邻避风险治理中公众的事前监督。"督政"和"督企"是环境治理中监督的两种形式。② 它们也是城市环境邻避风险治理中公众的事前监督的两种形式。事前阶段的"督政"主要体现为在环境影响评价报告的审批、环境标准和环境规划的制定、排污许可证的颁发等过程中，必须召开论证会、座谈会、听证会等，以广泛征求公众的建议和意见。这在《环境保护法》《环境影响评价法》《环境影响评价公众参与办法》《环境保护行政许可听证暂行办法》以及《规划环境影响评价条例》等法律文件中都有明确规定。事前阶段的"督政"主要涉及政府的行为，属于事前规制范畴。事前阶段的"督企"主要体现在《环境影响评价法》和相应的配套办法等环评制度上。按照有关规定，在报批建设项目环评报告书前建设单位应征求公众的意见，并通过召开听证会、论证会或其他形式来接受公众监督。公众的事前监督涉及的规定起到了较大作用，但其仍需要完善。完善有关规定是强化城市环境邻避风险治理中公众事前监督的要求。比如，可以充分利用"互联网+"的便利性，将官网、官方App、官方微博、公众号等及时纳入参与途径中，集思广益，群策群力，提高城市环境邻避项目环评结果的科学性和民主性。

第二，强化城市环境邻避风险治理中公众的事中监督。对城市环境邻避设施承建企业不良行为的监管，是公众事中监督的主要方面。目前，不管是"督政"还是"督企"，在国家法律与政策层面对公众的事中监督只有一些一般性的表述，还没有出台具体的实施办法。故而，要采取具体的制度措施来强化公众的事中监督。要及时有效地将

---

① 徐祖迎、朱玉芹：《邻避治理——理论与实践》，上海三联书店2018年版，第142页。
② 昌敦虎、白雨鑫、马中：《我国环境治理的主体、职能及其关系》，《暨南学报》（哲学社会科学版）2022年第1期。

公众掌握的城市环境邻避问题反馈到政府环保执法部门，保证公众举报途径的顺利畅通。除了完善原有的环境监督举报途径外，还可以充分利用现代科技手段拓宽公众环境监督举报的新途径，如进一步推进"12369"环境保护举报热线、国家生态环境部官网和各地方政府官网上环境监督举报栏目的规范化建设，积极创建地方政府及其环保部门的官方微信公众号，并在公众号服务里增加环境监督举报栏，便于公众监督包括城市环境邻避项目在内的环保事项，使公众发现的违法违规、严重破坏和污染环境的行为能够及时反馈到相应的行政主管部门，以便相应部门能够及时采取法律应对措施，提高政府部门的环保执法效率。①

第三，强化城市环境邻避风险治理中公众的事后监督。事后阶段的环境规制涉及环境公益诉讼、环境行政处罚、环境损害赔偿等制度。城市环境邻避风险治理中公众的事后监督主要通过环境公益诉讼制度体现出来。公众事后"督政"的方式是提起环境行政公益诉讼，事后"督企"的方式是提起环境民事公益诉讼。在立法顺序上，环境行政公益诉讼应当优先于环境民事公益诉讼。② 但是，在目前中国环境公益诉讼的实践中，只有检察机关才能提起环境行政公益诉讼，作为公众的代表的环保社会组织只能提起环境民事公益诉讼。与环境民事公益诉讼相比，环境行政公益诉讼的效果尤其明显、功能更为强大、影响愈发深远。环境公益诉讼制度需要发展和完善的方向是赋予公众提起环境行政公益诉讼的"督政"权利。

3. 加强舆论监督

中国城市环境邻避风险治理要走向包容性治理，舆论监督必不可少。舆论监督是新闻媒体对公共事务进行的监督，是保障社会公正的重要救济手段。"正义不但要被伸张，而且必须眼见着被伸张。"③ 换

---

① 王惠：《中国环境邻避运动的法律规制研究》，中国政法大学出版社2020年版，第178页。
② 王曦：《论环境公益诉讼制度的立法顺序》，《清华法学》2016年第6期。
③ [美]伯尔曼：《法律与宗教》，梁治平译，中国政法大学出版社2003年版，第21页。

第七章　中国城市环境邻避风险包容性治理的实现路径

句话说,"一种公平的程序必须是一种开放的程序"①。这些与媒体进行舆论监督的目的不谋而合。随着公众维权意识的增强和网络信息化的发展,舆论监督的作用越发重要。但是,在当前城市环境邻避风险治理中,媒体还没有充分发挥应有的监督作用。要强化舆论监督,探索完善吹哨人保护制度,约束政府、企业的不当行为,及早发现并排除邻避风险隐患②。吹哨人是实施举报行为的人。③ 吹哨人保护制度是对吹哨人提供保护的一套制度,它在个人层面和社会层面都具有积极意义。中国的吹哨人保护制度业已建立,但这一制度还不完善。④ 完善吹哨人保护制度可以强化舆论监督。当城市环境邻避问题出现时,媒体可以深入观察和报道,及时揭露事实的真相,促使相关部门积极作为,推进风险的化解。更进一步地讲,要健全中国的新闻法律体系。⑤ 中国新闻法律体系的完善既能使各类新闻媒体对城市环境邻避冲突的报道行为得到有效规范,又能使新闻媒体和网络媒体对涉邻避问题的舆论监督作用得到充分发挥。

要强化舆论监督,媒体应当秉持职业操守,加强行业自律,依法发挥自身的监督功能。从媒体的专业层面上看,它的首要功能是新闻报道。媒体在新闻报道中应当坚持客观公正的立场,深入了解城市环境邻避冲突的事实,不偏信偏听,不以偏概全,依法依规展现客观真实的情况。媒体应该更多去挖掘冲突背后深层的原因,以专业的知识和能力去揭示冲突背后隐藏的东西。媒体要想赢得公众的信任、有效进行监督,就必须真实地反映冲突背后的真相。从媒体的价值判断上看,它的报道空间应该被拓展。⑥ 媒体要从不同利益群体的视角出发,

---

① [英]戴维·米勒:《社会正义原则》,应奇译,江苏人民出版社 2001 年版,第 110 页。
② 杨振华:《环境类"邻避"风险化解的三重价值之维》,《人民论坛》2020 年第 3 期。
③ 赵延东、张琦:《谁会成为学术不端的"吹哨人"?——举报影响因素分析》,《科学学研究》2021 年第 9 期。
④ 彭成义:《国外吹哨人保护制度及启示》,《政治学研究》2019 年第 4 期。
⑤ 王惠:《中国环境邻避运动的法律规制研究》,中国政法大学出版社 2020 年版,第 203 页。
⑥ 李东萍:《邻避冲突事件中媒体角色与功能探析——基于两起邻避冲突案例研究》,《新闻研究导刊》2020 年第 10 期。

尊重他们的差异性，提供平等交流的平台，以客观公正的态度来还原城市环境邻避冲突的事实真相，以客观公正的报道帮助解决冲突、消弭风险。

（四）强化第三方监督

第三方在城市环境邻避风险治理中发挥监督的作用。第三方包括行政部门、司法部门、社会组织和权威人士等，它们处于中立、不偏不倚的地位。从中国的相关现状来看，第三方监督机制仍然存在一些不完善的地方。中国城市环境邻避风险治理要走向包容性治理，还必须强化第三方监督。第三方监督对社区利益协议的签订和履行具有积极意义。社区利益协议在外国城市环境邻避风险治理中得到有效应用，这给我们带来有益的启示。在中国，政府应当成为协议双方的监督者。作为协议之外的第三方，政府通过实施监督可以保障社区利益协议的签订。政府可以及时发现社区利益协议履行中的问题，督促违约方纠正错误，保障协议的履行。[①]

从有限理性理论的角度来说，"我们的知识在事实上远非完全"[②]。在城市环境邻避风险治理中，政府与公众不可能"拥有解决错综、动态、多样化问题的所有知识和信息"[③]。鉴于政府与公众的技术知识水平限制，[④] 要在城市环境邻避设施选址的风险评估中充分引入第三方专业机构，使决策具有科学性和客观性。第三方既可为利益协商和风险评估平台的搭建提供专业化支持，又可缓解、解决因"利益关联"而产生的不信任问题。在充分引入了第三方后，还要采取相应措施保证风险评估结果的真实性。要在城市环境邻避设施的建

---

① 吴勇、扶婷：《社区利益协议视角下邻避项目信任危机与应对》，《湘潭大学学报》（哲学社会科学版）2021年第2期。
② ［英］弗里德利希·冯·哈耶克：《自由秩序原理》（上），邓正来译，生活·读书·新知三联书店1997年版，第20页。
③ Jan Kooiman, "Governance and Governability: Using Complexity, Dynamics and Diversity", in Modern Governance, Jan Kooiman ed., London: Sage, 1993, p.4.
④ 辛方坤：《从"邻避"到"邻里"：中国邻避风险的复合治理》，北京大学出版社2021年版，第28页。

第七章　中国城市环境邻避风险包容性治理的实现路径

设、运营过程中，引入第三方专业机构进行监督指导，进行规范检测。①

从社会心理的角度来说，不信任是公众反对城市环境邻避设施选址的一个关键因素。负责选址决策的政府的信誉往往是影响公众反应的重要变量。② 在美国、澳大利亚等国家的许多地方，对风险管理者的不信任引发了激烈的选址冲突。③ 这从另一个侧面为我们提供了启示。针对周边公众对城市环境邻避设施的不信任情绪，可以考虑成立包括设施周边公众在内的第三方监督委员会，采用政府购买服务的方式，与有公信力的环保社会组织开展业务合作，对设施的规划、建设与运营各个环节进行监督。

第三方监督是中国城市环境邻避风险的一种解决之道。要真正发挥第三方监督的作用，中立性是基础条件，④ 否则不仅不能有效化解风险，还会促使风险升级。总括而言，城市环境邻避风险治理的目的在于有效化解风险、防止冲突发生、维护社会稳定。为了推进城市环境邻避风险治理，有必要对其实施监督。第三方是监督主体之一。引入第三方监管机构是实现监管机制创新的重要举措。⑤ 为了充分发挥第三方监督的作用，需要强化第三方监督。强化第三方监督有利于提升风险治理监督的包容性，有利于推动中国城市环境邻避风险治理迈向包容性治理。可以认为，强化第三方监督是中国城市环境邻避风险包容性治理实现的一条具体路径。

---

① 苏韵涵：《论我国环境保护邻避现象产生的原因及化解策略》，《喀什大学学报》2019年第4期。

② 辛方坤：《从"邻避"到"邻里"：中国邻避风险的复合治理》，北京大学出版社2021年版，第87页。

③ Ting Liu, YungYau, "Institutional Inadequacies and Successful Contentions: A Case Study of the LULU Siting Process in Hong Kong", *Habitat International*, 2014, Vol. 44, pp. 22–30.

④ 徐祖迎、朱玉芹：《邻避治理——理论与实践》，上海三联书店2018年版，第91页。

⑤ 陈潭：《第三方治理：理论范式与实践逻辑》，《政治学研究》2017年第1期。

结　　语

改革开放以来,中国经历了翻天覆地的变化,尤其是城市化或曰城镇化的快速发展令世界瞩目。中国的常住人口城镇化率由1978年的17.92%提高至2021年的64.72%。《中华人民共和国国民经济和社会发展第十四个五年规划和2035年远景目标纲要》提出,"十四五"规划时期中国的常住人口城镇化率的目标为65%。[1] 随着城镇化的快速发展,大量的环境邻避设施成为中国城市经济发展和居民生活的必需品。环境邻避设施的选址和建设是现代化与城市化进程的典型特征。这些设施可能带来负外部性影响。它们通常在一个大的区域内使用,但其影响是非常地方化的,因此,居住在这些设施活跃的地方或其建筑规划的地方的人们经常组织和进行针对这些设施的抵制活动。[2] 自2007年厦门PX项目引起市民强烈反对以来,PX项目、垃圾焚烧厂、磁悬浮、变电站和核电站等设施在规划、建设过程中不同程度地遭到周边公众的抵制。公众的抵制造成公共决策的困局,隐藏较大的社会风险。这种社会风险是环境邻避风险的一种重要类型。可以说,环境邻避风险是中国城市经济社会发展不得不面对的问题。

环境邻避风险意味着环境邻避设施可能产生危害,它制约着中国城市经济社会的发展。中国城市经济社会的健康发展离不开良好的生

---

[1] 辛方坤:《从"邻避"到"邻里":中国邻避风险的复合治理》,北京大学出版社2021年版,第8页。

[2] Agostino Massa, "Coping with the 'Nimby Syndrome': Political Issues Related to the Building of Big Infrastructures in Liberal Democracy Countries", *Security and Defence Quarterly*, 2019, Vol. 23, No. 1, pp. 48–62.

结 语

态环境。良好的生态环境是新时代人民美好生活的重要内容，是实现中华民族永续发展的内在要求。国家和社会的最终目的是实现最美好的生活。① 因此，国家和社会需要对环境邻避风险实施治理。实际上，邻避问题已成为中国城市发展过程中的显性治理命题。② 目前，中国城市环境邻避风险治理的实践获得了较大的进展。但是，中国城市环境邻避风险治理的现有模式仍然存在一些问题。现有模式的治理绩效由此受到负面影响。要更好地解决这些问题，就需要探索现有模式的转换。有些学者在相关方面进行了尝试性探索。陈宝胜将多元协作型治理模式作为邻避冲突治理模式创新的选择。③ 在许敏那里，邻避冲突治理模式转变的新思路是构建协商治理模式。④ 王奎明提出，统合式治理模式是中国城市邻避困境破局的特有路径。⑤ 在借鉴现有研究成果的基础上，本书把包容性治理作为中国城市环境邻避风险治理模式转换的路向选择。

通过系统研究中国城市环境邻避风险的包容性治理，本书得出了一些重要结论。一是中国城市环境邻避风险有其生成逻辑。这种逻辑通过规范研究和实证研究得到证实。二是中国城市环境邻避风险治理缘起于风险的危害。政府权威可能遭遇挑战、社会稳定可能遭到威胁、法律秩序可能遭受损害的风险可能制约经济社会发展，因而需要加以治理。三是中国城市环境邻避风险治理的现有模式存在问题。从规范研究的角度来看，现有模式存在治理主体、治理程序、治理成果和治理监督的包容性不够问题。从实证研究的角度来看，现有模式存

---

① ［英］鲍桑葵：《关于国家的哲学理论》，汪淑钧译，商务印书馆1995年版，第188页。

② 王佃利、于棋：《高质量发展中邻避治理的尺度策略：基于城市更新个案的考察》，《学术研究》2022年第1期。

③ 陈宝胜：《邻比冲突及其治理模式研究》，中国社会科学出版社2018年版，第225页。

④ 许敏：《从管制到协商：邻避冲突治理模式研究》，武汉大学出版社2020年版，第161页。

⑤ 王奎明：《统合式治理何以有效：邻避困境破局的中国路径》，《探索与争鸣》2021年第4期。

在的问题得到了验证。四是现有模式的问题所导致的治理绩效欠佳的困境成为中国城市环境邻避风险治理模式转换的现实动因。这一困境主要表现为公众的邻避情结难以消解、城市环境邻避风险时而升级、城市环境邻避设施选址成功率低下与选址不合理并存。五是包容性治理是中国城市环境邻避风险治理模式转换的路向选择。其主要理由在于包容性治理能够有效化解城市环境邻避风险，吸纳公众意见的城市环境邻避决策具有政治合法性，容纳公众权利的城市环境邻避设施生产模式具有伦理品性。六是中国城市环境邻避风险包容性治理的实现具备多项条件。政治机会结构的演变、压力型体制的存在、社会权能的渐强、国家治理体系和治理能力现代化的推进为中国城市环境邻避风险包容性治理的实现提供了条件。七是外国城市环境邻避风险包容性治理的经验为中国城市环境邻避风险的包容性治理提供有益的启示。对待外国经验必须采取辩证的态度，取其精华，去其糟粕。八是中国城市环境邻避风险的包容性治理有着多条具体的实现路径。这些路径包括包容多元风险治理主体、建构包容性风险治理程序、坚持风险治理成果平等共享、健全风险治理多元监督机制。

　　本书在学术思想、学术观点、研究方法等方面具有一定的特色和较强的创新性。第一，学术思想方面的特色和创新。跨学科交叉研究是特色之一。基于风险政治学的视角系统研究中国城市环境邻避风险的包容性治理，这是以往研究所欠缺的，体现研究视角的创新。从公益政治学的角度探索治理成果的包容性，是一个新的研究进路。中国城市环境邻避风险治理的现有模式叫做管控与回应结合型治理模式。包容性治理既需要政府对社会组织、公众参与治理的政策包容和制度包容，也需要社会组织、公众对政府治理行为的包容。要在政府放权、社会扩权和公众参与的互动中实现包容性治理。这些思想具有较强的创新性。第二，学术观点方面的特色和创新。深邃透彻是学术观点方面的一个特色。富有创新性地提出包容性治理是中国城市环境邻避风险治理模式转换的路向选择；提出政治机会结构的演变、压力型体制的存在、社会权能的渐强、国家治理体系和治理能力现代化的推进是中国城市环境邻避风险包容性治理的实现条件；提出建立政府、科学专家与公众之间的互信，这一互信既包括公众对政府、专家的信任，又包括政府、专家对公众的信任；提出政府要对公众的态度和行为给予一定的理解，公众也要对政府行为给予一定的理解；提出当地居民应当具有公共理性，包容合理的城市环境邻避决策。第三，研究方法方面的特色和创新。这主要体现在模糊集定性比较研究法的应用上。该方法能够对变量进行连续赋值，能够处理程度变化和部分隶属的问题，[①] 能够克服样本数较少带来的研究缺陷。该方法在城市治理研究领域得到了应用，[②] 但其较少被用于城市邻避治理研究领域。本书尝试性地将该方法用于城市环境邻避风险治理研究中。定量测量法的应用也具有一定的特色和创新性。运用定量测量法得出样本条件变量的年均值、总体均值，据此评估中国城市环境邻避风险治理的包容性程度。

为了与项目申请书保持一致，本书在对中国城市环境邻避风险治理现有模式的问题进行验证时，选取2007—2016年十年间发生的30个城市环境邻避事件作为评估的样本。在以后的研究中，需要扩展研究的时间范围，需要增加评估样本的数量，以期进一步确认实证研究的结论。理论是灰色的，而生命之树常青。要把握新时代发展的脉搏，进一步探究中国城市环境邻避风险包容性治理的实现条件和实现路径。

[①] 马鹤丹、张琬月：《环境规制组态与海洋企业技术创新——基于30家海工装备制造企业的模糊集定性比较分析》，《中国软科学》2022年第3期。

[②] Malcolm J. Beynon, Paul Jones and David Pickernell, "The Role of Entrepreneurship, Innovation, and Urbanity-Diversity on Growth, Unemployment, and Income: US State-Level Evidence and an fsQCA Elucidation", *Journal of Business Research*, 2019, Vol. 101, No. 3, pp. 675–687.

附　　录

附录一　单个条件的必要性分析的原始数据

```
Analysis of Necessary Conditions

Outcome variable: Y

Conditions tested:
        Consistency   Coverage
  X1    1.000000      0.717383
 ~X1    0.733333      0.875555
  X2    0.990423      0.711652
 ~X2    0.669270      0.796944
  X3    0.916969      0.903776
 ~X3    0.816364      0.670844
  X4    0.820362      0.896646
 ~X4    0.863877      0.656144
  X5    0.885541      0.873441
 ~X5    0.823245      0.676084
  X6    0.859600      0.967860
 ~X6    0.873733      0.650401
  X7    0.907206      0.941069
 ~X7    0.826127      0.651775
  X8    0.384658      0.918517
 ~X8    0.934449      0.515490


Analysis of Necessary Conditions

Outcome variable: ~Y

Conditions tested:
        Consistency   Coverage
  X1    0.915364      0.808698
 ~X1    0.680106      1.000000
  X2    0.861533      0.762360
 ~X2    0.674141      0.988596
  X3    0.674745      0.819006
 ~X3    0.920725      0.931770
  X4    0.632389      0.851219
 ~X4    0.923216      0.863559
  X5    0.679728      0.825660
  X6    0.618648      0.857831
 ~X5    0.895810      0.906002
 ~X6    0.976821      0.895487
  X7    0.641600      0.819637
 ~X7    0.953869      0.926790
  X8    0.286825      0.843472
 ~X8    0.972291      0.660546
```

图 1

附录二 基于结果 Y 的条件组合分析的原始数据

```
************************
*TRUTH TABLE ANALYSIS*
************************

File:   fsQCA校准.csv
Model:  Y = f(X1, X2, X3, X4, X5, X6, X7, X8)
Algorithm: Quine-McCluskey

--- COMPLEX SOLUTION ---
frequency cutoff: 1
consistency cutoff: 0.975708
                         raw          unique
                         coverage     coverage     consistency
                         ----------   ----------   ----------
X1*X2*X4*X5*X6*X7*~X8    0.725988     0.431427     0.98288
X1*X2*X3*~X4*~X5*X6*X7*X8  0.384658   0.0900977    0.975708
solution coverage: 0.816085
solution consistency: 0.973492


************************
*TRUTH TABLE ANALYSIS*
************************

File:   fsQCA校准.csv
Model:  Y = f(X1, X2, X3, X4, X5, X6, X7, X8)
Algorithm: Quine-McCluskey

--- PARSIMONIOUS SOLUTION ---
frequency cutoff: 1
consistency cutoff: 0.975708
                 raw          unique
                 coverage     coverage     consistency
                 ----------   ----------   ----------
X4*X6            0.750534     0.0908414    0.983431
X8               0.384658     0           0.918517
~X5*X6           0.749791     0           0.983415
~X5*X7           0.749791     0           0.983415
X3*~X4*~X5       0.749791     0           0.983415
solution coverage: 0.840632
solution consistency: 0.947297
```

```
**********************
*TRUTH TABLE ANALYSIS*
**********************

File:  fsQCA校准.csv
Model: Y = f(X1, X2, X3, X4, X5, X6, X7, X8)
Algorithm: Quine-McCluskey

--- INTERMEDIATE SOLUTION ---
frequency cutoff: 1
consistency cutoff: 0.975708
Assumptions:
X1 (present)
X2 (present)
X3 (present)
X7 (present)
~X8 (absent)
                           raw        unique
                        coverage     coverage     consistency
                        ---------    ---------    -----------
X1*X2*X3*~X4*~X5*X6*X7  0.749791     0.114644     0.983415
X1*X2*X4*X5*X6*X7*~X8   0.725988     0.0908414    0.98288
solution coverage: 0.840632
solution consistency: 0.974246
```

图 2

附录三　基于结果～Y 的条件组合分析的原始数据

```
        --- COMPLEX SOLUTION ---
frequency cutoff: 1
consistency cutoff: 0.963838
                                  raw        unique
                               coverage    coverage     consistency
                               ---------   ---------    -----------
~X2*~X3*~X4*~X5*~X6*~X7*~X8    0.636315    0.0821441    0.991996
X1*~X2*~X3*~X5*~X6*~X7*~X8     0.572065    0.0178936    0.986589
X1*X2*~X3*~X4*~X6*~X7*~X8      0.749339    0.231106     0.956534
solution coverage: 0.885315
solution consistency: 0.954886
```

```
**********************
*TRUTH TABLE ANALYSIS*
**********************

File:  fsQCA校准.csv
Model:  ~Y = f(X1, X2, X3, X4, X5, X6, X7, X8)
Algorithm: Quine-McCluskey

--- PARSIMONIOUS SOLUTION ---
frequency cutoff: 1
consistency cutoff: 0.963838
              raw          unique
              coverage     coverage       consistency
              ----------   ----------     ----------
~X2           0.674141     0.0178936      0.988596
~X3*~X4       0.887354     0.231106       0.957709
solution coverage: 0.905247
solution consistency: 0.955835




**********************
*TRUTH TABLE ANALYSIS*
**********************

File:  fsQCA校准.csv
Model:  ~Y = f(X1, X2, X3, X4, X5, X6, X7, X8)
Algorithm: Quine-McCluskey

--- INTERMEDIATE SOLUTION ---
frequency cutoff: 1
consistency cutoff: 0.963838
Assumptions:
X1 (present)
~X3 (absent)
~X4 (absent)
~X6 (absent)
~X7 (absent)
~X8 (absent)
                                  raw          unique
                                  coverage     coverage       consistency
                                  ----------   ----------     ----------
~X2*~X3*~X4*~X5*~X6*~X7*~X8       0.636315     0.0821441      0.991996
X1*~X2*~X3*~X5*~X6*~X7*~X8        0.572065     0.0178936      0.986589
X1*X2*~X3*~X4*~X6*~X7*~X8         0.749339     0.231106       0.956534
solution coverage: 0.885315
solution consistency: 0.954886
```

图3

参考文献

一 中文文献

（一）著作

《马克思恩格斯全集》第一、三十卷，人民出版社1995年版。

《马克思恩格斯全集》第三卷，人民出版社2002年版。

《马克思恩格斯文集》第二卷，人民出版社2009年版。

《马克思恩格斯选集》第一、二、三、四卷，人民出版社2012年版。

《习近平谈治国理政》第三卷，外文出版社2020年版。

《习近平谈治国理政》第四卷，外文出版社2022年版。

《十八大以来重要文献选编》上卷，中央文献出版社2014年版。

陈宝胜：《邻比冲突及其治理模式研究》，中国社会科学出版社2018年版。

陈家刚主编：《协商民主与政治发展》，童庆平译，社会科学文献出版社2011年版。

成长群：《邻避事件分析与研究》，中共中央党校出版社2018年版。

崔彩云、刘勇：《邻避型基础设施项目社会风险应对：公众感知视角》，中国建筑工业出版社2021年版。

高全喜：《论相互承认的法权》，北京大学出版社2004年版。

郇庆治主编：《环境政治学：理论与实践》，郇庆治译，山东大学出版社2007年版。

孔繁斌：《公共性的再生产——多中心治理的合作机制建构》，江苏人民出版社 2012 年版。

李巍：《环境群体性事件治理模式研究》，中国致公出版社 2018 年版。

刘冰：《邻避抉择：风险、利益和信任》，社会科学文献出版社 2020 年版。

刘小峰、吴孝灵：《基于公众认知的项目邻避风险管理研究》，南京大学出版社 2020 年版。

刘智勇等：《邻避冲突治理研究》，电子科技大学出版社 2017 年版。

丘昌泰等：《解析邻避情结与政治》，翰芦图书出版有限公司 2006 年版。

荣敬本等：《从压力型体制向民主合作制的转变：县乡两级政治体制改革》，中央编译出版社 1998 年版。

王佃利等：《邻避困境：城市治理的挑战与转型》，北京大学出版社 2017 年版。

王惠：《中国环境邻避运动的法律规制研究》，中国政法大学出版社 2020 年版。

王乐芝、李元：《中国式邻避事件治理问题研究》，吉林大学出版社 2015 年版。

王务均：《包容性治理——大学内部权力结构的新机制》，南京大学出版社 2017 年版。

吴翠丽：《风险社会与协商治理》，南京大学出版社 2017 年版。

吴涛：《城市化进程中的邻避危机与治理研究》，格致出版社、上海人民出版社 2018 年版。

向俊杰：《我国生态文明建设的协同治理体系研究》，中国社会科学出版社 2016 年版。

肖显静：《生态政治：面对环境问题的国家抉择》，山西科学技术出版社 2003 年版。

辛方坤：《从"邻避"到"邻里"：中国邻避风险的复合治理》，北京大学出版社 2021 年版。

徐祖迎、朱玉芹：《邻避治理：理论与实践》，上海三联书店 2018 年版。

许敏：《从管制到协商：邻避冲突治理模式研究》，武汉大学出版社 2020 年版。

薛晓源、周战超主编：《全球化与风险社会》，社会科学文献出版社 2005 年版。

晏永刚：《污染型邻避设施规划建设中的公众参与机制研究》，科学出版社 2020 年版。

杨华锋：《协同治理——社会治理现代化的历史进路》，经济科学出版社 2017 年版。

张乐：《邻避冲突解析与源头治理》，社会科学文献出版社 2017 年版。

张晓杰：《中国公众参与政府环境决策的政治机会结构研究》，东北大学出版社 2011 年版。

周丽璇、彭晓春等：《邻避型环保设施环境友好共建机制研究——以生活垃圾焚烧设施为例》，化学工业出版社 2016 年版。

朱伟等：《京津冀协同发展过程中的邻避风险防范研究》，化学工业出版社 2019 年版。

[澳] 琳达·维斯、约翰·M. 霍布森：《国家与经济发展——一个比较及历史性的分析》，黄兆辉、廖志强译，吉林出版集团有限责任公司 2009 年版。

[澳] 麦可·史密生、[美] 杰·弗桂能：《模糊集合理论在社会科学中的应用》，林宗宏译，格致出版社 2012 年版。

[澳] 约翰·S. 德雷泽克：《协商民主及其超越：自由与批判的视角》，丁开杰等译，中央编译出版社 2006 年版。

[澳] 约翰·德赖泽克：《地球政治学：环境话语》，蔺雪春、郭晨星译，山东大学出版社 2008 年版。

[波兰] 彼得·什托姆卡普：《信任：一种社会学理论》，程胜利译，中华书局 2005 年版。

[德]阿克塞尔·霍耐特：《为承认而斗争》，胡继华译，上海人民出版社2005年版。

[德]哈贝马斯：《交往与社会进化》，张博树译，重庆出版社1989年版。

[德]哈贝马斯：《在事实与规范之间：关于法律和民主法治国的商谈理论》，童世骏译，生活·读书·新知三联书店2003年版。

[德]哈贝马斯：《重建历史唯物主义》，郭官义译，社会科学文献出版社2000年版。

[德]黑格尔：《法哲学原理》，范扬、张企泰译，商务印书馆1961年版。

[德]黑格尔：《精神现象学》上卷，贺麟、王玖兴译，商务印书馆1997年版。

[德]黑格尔：《精神哲学》，杨祖陶译，人民出版社2017年版。

[德]尼克拉斯·卢曼：《信任——一个社会复杂性的简化机制》，瞿铁鹏、李强译，上海世纪出版集团、上海人民出版社2005年版。

[德]韦伯：《经济与社会》上卷，林荣远译，商务印书馆1997年版。

[德]乌尔里希·贝克：《风险社会：新的现代性之路》，张文杰、何博闻译，译林出版社2018年版。

[德]乌尔里希·贝克：《世界风险社会》，吴英姿、孙淑敏译，南京大学出版社2004年版。

[德]尤尔根·哈贝马斯：《包容他者》，曹卫东译，上海人民出版社2002年版。

[俄]А. И. 科斯京：《生态政治学与全球学》，胡谷明等译，武汉大学出版社2008年版。

[法]亨利·列斐伏尔：《空间与政治》（第二版），李春译，上海人民出版社2015年版。

[法]卢梭：《社会契约论》，何兆武译，商务印书馆2003年版。

[法]路易·阿尔都塞：《保卫马克思》，顾良译，商务印书馆2010年版。

［法］米歇尔·克罗齐耶、埃哈尔·费埃德伯格：《行动者与系统——集体行动的政治学》，张月等译，格致出版社、上海人民出版社2017年版。

［法］莫里斯·迪韦尔热：《政治社会学——政治学要素》，杨祖功、王大东译，华夏出版社1987年版。

［法］皮埃尔·卡蓝默：《破碎的民主——试论治理的革命》，高凌瀚译，生活·读书·新知三联书店2005年版。

［法］让-皮埃尔·戈丹：《何谓治理》，钟震宇译，社会科学文献出版社2010年版。

［法］塞尔日·莫斯科维奇：《还自然之魅：对生态运动的思考》，庄晨燕、邱寅晨译，生活·读书·新知三联书店2005年版。

［古希腊］亚里士多德：《政治学》，吴寿彭译，商务印书馆1965年版。

［加拿大］Rodney R. White：《生态城市的规划与建设》，沈清基、吴斐琼译，同济大学出版社2009年版。

［加拿大］威廉·莱斯：《自然的控制》，岳长岭、李建华译，重庆出版社2007年版。

［加拿大］约翰·汉尼根：《环境社会学》，洪大用等译，中国人民大学出版社2009年版。

［美］L. 科塞：《社会冲突的功能》，孙立平等译，华夏出版社1989年版。

［美］埃莉诺·奥斯特罗姆：《公共事物的治理之道——集体行动制度的演进》，余逊达、陈旭东译，上海三联书店2000年版。

［美］艾丽斯·M. 杨：《包容与民主》，彭斌、刘明译，江苏人民出版社2013年版。

［美］艾丽斯·M. 杨：《正义与差异政治》，李诚予、刘靖子译，中国政法大学出版社2017年版。

［美］安东尼·奥罗姆：《政治社会学导论》，张华青、何俊志、孙嘉明等译，上海人民出版社2006年第4版。

[美]保罗·斯洛维奇：《风险的感知》，赵延东等译，北京出版社2007年版。

[美]彼得·S. 温茨：《环境正义论》，朱丹琼、宋玉波译，上海人民出版社2007年版。

[美]彼得·埃文斯、迪特里希·鲁施迈耶、西达·斯考切波：《找回国家》，方力维、莫宜端、黄琪轩等译，生活·读书·新知三联书店2009年版。

[美]查尔斯·J. 福克斯、休·T. 米勒：《后现代公共行政——话语指向》，楚艳红、曹沁颖、吴巧林译，中国人民大学出版社2002年版。

[美]查尔斯·蒂利、西德尼·塔罗：《抗争政治》，李义中译，译林出版社2010年版。

[美]戴维·E. 阿普特：《现代化的政治》，陈尧译，上海人民出版社2011年版。

[美]戴维·伊斯顿：《政治生活的系统分析》，王浦劬译，华夏出版社1999年版。

[美]戴维·约翰·法默尔：《公共行政的语言——官僚制、现代性和后现代性》，吴琼译，中国人民大学出版社2005年版。

[美]丹尼尔·A. 科尔曼：《生态政治：建设一个绿色社会》，梅俊杰译，上海译文出版社2006年版。

[美]多丽斯·A. 格拉伯：《沟通的力量——公共组织信息管理》，张熹珂译，复旦大学出版社2007年版。

[美]弗·卡普拉、查·斯普雷纳克：《绿色政治——全球的希望》，石音译，东方出版社1988年版。

[美]弗兰克·费希尔：《公共政策评估》，吴爱明、李平等译，中国人民大学出版社2003年版。

[美]弗朗西斯·福山：《国家建构——21世纪的国家治理与世界秩序》，黄胜强、许铭原译，中国社会科学出版社2007年版。

[美]格林斯坦、波尔斯比编：《政治学手册精选》下卷，竺乾威等

译，商务印书馆1996年版。

［美］霍尔姆斯·罗尔斯顿：《环境伦理学：大自然的价值以及人对大自然的义务》，杨通进译，中国社会科学出版社2000年版。

［美］吉尔伯特·罗兹曼主编：《中国的现代化》，国家社会科学基金"比较现代化"课题组译，江苏人民出版社2003年版。

［美］加布里埃尔·A. 阿尔蒙德、小G. 宾厄姆·鲍威尔：《比较政治学：体系、过程和政策》，曹沛霖等译，上海译文出版社1987年版。

［美］加布里埃尔·A. 阿尔蒙德等：《当代比较政治学：世界视野》，杨红伟等译，上海人民出版社2010年版。

［美］卡罗尔·佩特曼：《参与和民主理论》，陈尧译，上海人民出版社2006年版。

［美］科恩：《论民主》，聂崇信、朱秀贤译，商务印书馆1988年版。

［美］林南：《社会资本——关于社会结构与行动的理论》，张磊译，世纪出版集团、上海人民出版社2005年版。

［美］罗伯特·A·达尔：《论民主》，李风华译，中国人民大学出版社2012年版。

［美］罗伯特·A·达尔：《现代政治分析》，王沪宁、陈峰译，上海译文出版社1987年版。

［美］罗伯特·D. 帕特南：《使民主运转起来——现代意大利的公民传统》，王列、赖海榕译，江西人民出版社2001年版。

［美］罗伯特·K·殷：《案例研究方法的应用》，周海涛等译，重庆大学出版社2005年版。

［美］罗伯特·阿克塞尔罗德：《合作的复杂性：基于参与者竞争与合作的模型》，梁捷、高笑梅等译，上海人民出版社2008年版。

［美］罗斯蒂芬·范埃弗拉：《政治学研究方法指南》，陈琪译，北京大学出版社2006年版。

［美］马克·格兰诺维特：《镶嵌：社会网与经济行动》，罗家德译，社会科学文献出版社2007年版。

［美］迈克尔·麦金尼斯主编：《多中心治道与发展》，毛寿龙等译，上海三联书店 2000 年版。

［美］迈克尔·麦金尼斯主编：《多中心治理体制与地方公共经济》，毛寿龙译，上海三联书店 2000 年版。

［美］诺曼·迈尔斯：《最终的安全：政治稳定的环境基础》，王正平、金辉译，上海译文出版社 2001 年版。

［美］乔纳森·H. 特纳：《社会学理论的结构》，邱泽奇、张茂元等译，华夏出版社 2006 年第 7 版。

［美］乔治·弗雷德里克森：《公共行政的精神》，张成福等译，中国人民大学出版社 2003 年版。

［美］乔治·斯蒂纳、约翰·斯蒂纳：《企业、政府与社会》，张志强译，华夏出版社 2002 年版。

［美］全钟燮：《公共行政的社会建构：解释与批判》，孙柏瑛、张钢、黎洁等译，北京大学出版社 2008 年版。

［美］塞拉·本哈比主编：《民主与差异：挑战政治的边界》，黄相怀、严海兵等译，中央编译出版社 2009 年版。

［美］塞缪尔·P. 亨廷顿：《变化社会中的政治秩序》，王冠华、刘为等译，上海人民出版社 2008 年版。

［美］唐纳德·德沃金：《至上的美德——平等的理论与实践》，冯克利译，江苏人民出版社 2003 年版。

［美］唐纳德·凯特尔：《权力共享：公共治理与私人市场》，孙迎春译，北京大学出版社 2009 年版。

［美］西达·斯考切波：《国家与社会革命——对法国、俄国和中国的比较分析》，何俊志、王学东译，上海世纪出版集团 2007 年版。

［美］西德尼·塔罗：《运动中的力量：社会运动与斗争政治》，吴庆宏译，译林出版社 2005 年版。

［美］西摩·马丁·李普塞特：《政治人：政治的社会基础》，张绍宗译，上海人民出版社 2011 年版。

［美］尤金·巴达赫：《跨部门合作：管理"巧匠"的理论与实践》，

周志忍、张弦译，北京大学出版社2011年版。

［美］约翰·D. 多纳休、理查德·J. 泽克豪泽：《合作：激变时代的合作治理》，徐维译，中国政法大学出版社2015年版。

［美］约翰·克莱顿·托马斯：《公共决策中的公民参与：公共管理者的新技能与新策略》，孙柏瑛等译，中国人民大学出版社2005年版。

［美］约翰·罗尔斯：《正义论》，何怀宏等译，中国社会科学出版社1988年版。

［美］约翰·罗尔斯：《政治自由主义》，万俊人译，译林出版社2000年版。

［美］约瑟夫·S. 奈、约翰·D. 唐纳胡：《全球化世界的治理》，王勇等译，世界知识出版社2003年版。

［美］詹姆霍尔姆斯·罗尔斯顿Ⅲ：《哲学走向荒野》，刘耳、叶平译，吉林人民出版社2000年版。

［美］詹姆斯N·罗西瑙：《没有政府的治理》，张胜军、刘小林等译，江西人民出版社2001年版。

［美］詹姆斯·R·汤森、布兰特利·沃马克：《中国政治》，顾速、董方译，江苏人民出版社2003年版。

［美］詹姆斯·S. 费什金：《倾听民意：协商民主与公众咨询》，孙涛、何建宇译，中国社会科学出版社2015年版。

［美］詹姆斯·博曼：《公共协商：多元主义、复杂性与民主》，黄相怀译，中央编译出版社2006年版。

［美］詹姆斯·费什金、［英］彼得·拉斯莱特主编：《协商民主论争》，张晓敏译，中央编译出版社2009年版。

［美］珍妮·X. 卡斯帕森、罗杰·E. 卡斯帕森：《风险的社会视野（上）：公众、风险沟通及风险的社会放大》，童蕴芝译，中国劳动社会保障出版社2010年版。

［南非］毛里西奥·帕瑟林·登特里维斯主编：《作为公共协商的民主：新的视角》，王英津等译，中央编译出版社2006年版，第

142 页。

[日]宫本宪一：《环境经济学》，朴玉译，生活·读书·新知三联书店 2004 年版。

[日]岩佐茂：《环境的思想——环境保护与马克思主义的结合处》，韩立新、张桂权、刘荣华等译，中央编译出版社 2006 年版。

[瑞典]乔恩·皮埃尔、[美] B. 盖伊·彼得斯：《治理、政治与国家》，唐贤兴、马婷译，格致出版社、上海人民出版社 2019 年版。

[希]塔基斯·福托鲍洛斯：《当代多重危机与包容性民主》，李宏译，山东大学出版社 2008 年版。

[希腊]尼科斯·波朗查斯：《政治权力与社会阶级》，叶林、王宏周、马清文译，中国社会科学出版社 1982 年版。

[以] S. N. 艾森斯塔德：《现代化：抗拒与变迁》，张旅平译，中国人民大学出版社 1988 年版。

[英]安德鲁·甘布尔：《政治和命运》，胡晓进等译，江苏人民出版社 2003 年版。

[英]安德鲁·海伍德：《政治学》，张立鹏译，中国人民大学出版社 2006 年版。

[英]安东尼·吉登斯：《现代性后果》，田禾译，译林出版社 2011 年版。

[英]安东尼·吉登斯、克里斯多弗·皮尔森：《现代性：吉登斯访谈录》，尹宏毅译，新华出版社 2001 年版。

[英]鲍桑葵：《关于国家的哲学理论》，汪淑钧译，商务印书馆 1995 年版。

[英]大卫·马什、格里·斯托克：《政治科学的理论与方法》，景跃进、张小劲、欧阳景根译，中国人民大学出版社 2006 年版。

[英]戴维·赫尔德：《民主的模式》，燕继荣等译，中央编译出版社 2004 年版。

[英]戴维·贾奇、[英]格里·斯托克、[美]哈德罗·沃尔曼编：《城市政治学理论》，刘晔译，上海人民出版社 2009 年版。

［英］戴维·米勒：《社会正义原则》，应奇译，江苏人民出版社 2001 年版。

［英］戴维·米勒、韦农·波格丹诺编：《布莱克维尔政治学百科全书》（修订版），邓正来译，中国政法大学出版社 2002 年版。

［英］卡尔·波兰尼：《大转型：我们时代的政治与经济起源》，冯钢、刘阳译，浙江人民出版社 2007 年版。

［英］拉尔夫·密利本德：《马克思主义与政治学》，黄子都译，商务印书馆 1984 年版。

［英］尼克·皮金、［美］罗杰·E. 卡斯帕森、保罗·斯洛维奇：《风险的社会放大》，谭宏凯译，中国劳动社会保障出版社 2010 年版。

［英］乔纳森·S. 戴维斯、［美］戴维·L. 英布罗肖主编：《城市政治学理论前沿》，何艳玲译，格致出版社、上海人民出版社 2013 年第 2 版。

［英］谢尔顿·克里姆斯基、多米尼克·戈尔丁：《风险的社会理论学说》，徐元玲等译，北京出版社 2005 年版。

（二）论文

［英］鲍勃·杰索普：《治理的兴起及其失败的风险：以经济发展为例》，《国际社会科学杂志》（中文版）2019 年第 3 期。

［英］鲍勃·杰索普：《治理与元治理：必要的反思性、必要的多样性和必要的反讽性》，程浩译，《国外理论动态》2014 年第 5 期。

白维军、王邹恒瑞：《寻求社区治理的包容性空间》，《中国高校社会科学》2021 年第 4 期。

曹泳鑫：《社会主义制度是新中国发展进步的前提和根基》，《马克思主义研究》2020 年第 5 期。

陈宝胜：《邻比冲突治理政策工具的有效性评价：一个理论框架》，《学海》2022 年第 1 期。

陈保中、韩前广：《互联网时代公众参与公共政策过程的逻辑进路》，《上海行政学院学报》2018 年第 3 期。

陈进华：《治理体系现代化的国家逻辑》，《中国社会科学》2019 年第

5 期。

陈丽君、金铭：《风险认知视角下的邻避冲突整体性分析框架》，《甘肃行政学院学报》2019 年第 1 期。

陈丽君、童雪明：《科层制、整体性治理与地方政府治理模式变革》，《政治学研究》2021 年第 1 期。

陈良斌：《承认政治与人类命运共同体的构建》，《湖南师范大学社会科学学报》2018 年第 5 期。

陈潭：《第三方治理：理论范式与实践逻辑》，《政治学研究》2017 年第 1 期。

陈宇、张丽、王洛忠：《网络时代邻避集群行为演化机理——基于信息茧房的分析》，《中国行政管理》2021 年第 10 期。

陈云：《城市化进程的邻避风险匹配》，《重庆社会科学》2016 年第 7 期。

程承坪：《论人工智能的自主性》，《上海交通大学学报》（哲学社会科学版）2022 年第 1 期。

储诚、潘金珠、夏美武：《"村改居"社区邻避冲突的治理——以江苏南通十总居社区为例》，《江海学刊》2014 年第 2 期。

单菲菲、高敏娟：《社区治理绩效的内涵、框架与实现路径——基于 20 个案例的模糊集定性比较分析》，《上海行政学院学报》2020 年第 5 期。

邓燕华：《社会建设视角下社会组织的情境合法性》，《中国社会科学》2019 年第 6 期。

董军、甄桂：《技术风险视角下的邻避抗争及其环境正义诉求》，《自然辩证法研究》2015 年第 5 期。

董石桃、刘洋：《环保社会组织协商的功能及实现：基于政策过程视角的分析》，《教学与研究》2020 年第 1 期。

杜健勋：《交流与协商：邻避风险治理的规范性选择》，《法学评论》2016 年第 1 期。

杜健勋：《论我国邻避风险规制的模式及制度框架》，《现代法学》

2016年第6期。

樊鹏：《全过程人民民主：具有显著制度优势的高质量民主》，《政治学研究》2021年第4期。

方福前：《西方经济学与中国经济学的创建》，《教学与研究》2020年第6期。

方亚琴、夏建中：《社区治理中的社会资本培育》，《中国社会科学》2019年第7期。

高传胜：《包容性治理与"十四五"医疗卫生治理现代化》，《人民论坛》2021年第14期。

高军波、乔伟峰、刘彦随、陈昆仑：《超越困境：转型期中国城市邻避设施供给模式重构——基于番禺垃圾焚烧发电厂选址反思》，《中国软科学》2016年第1期。

高奇琦：《智能革命与国家治理现代化初探》，《中国社会科学》2020年第7期。

高翔、蔡尔津：《以党委重点任务为中心的纵向政府间治理研究》，《政治学研究》2020年第4期。

管在高：《邻避型群体性事件产生的原因及预防对策》，《管理学刊》2010年第6期。

郭滕达、周代数、张明喜：《合理引导区块链初创企业发展——包容性治理的视角》，《管理现代化》2020年第5期。

郭巍青、陈晓运：《风险社会的环境异议——以广州市民反对垃圾焚烧厂建设为例》，《公共行政评论》2011年第1期。

韩升：《基于"文化现代性"理念的全球化生存状态反思》，《天津社会科学》2020年第3期。

何兴斓、杨雪锋：《多学科视域下环境邻避效应及其治理机制研究进展》，《城市发展研究》2020年第10期。

何艳玲：《"邻避冲突"及其解决：基于一次城市集体抗争的分析》，《公共管理研究》2006年第4卷。

何艳玲：《"中国式"邻避冲突：基于事件的分析》，《开放时代》

2009 年第 12 期。

洪大用：《实践自觉与中国式现代化的社会学研究》，《中国社会科学》2021 年第 12 期。

侯光辉、王元地：《"邻避风险链"：邻避危机演化的一个风险解释框架》，《公共行政评论》2015 年第 1 期。

侯俊军、张莉：《标准化治理：推进社会治理能力现代化的制度供给研究》，《湖南大学学报》（社会科学版）2020 年第 6 期。

侯利文：《压力型体制、控制权分配与居委会行政化的生成》，《深圳大学学报》（人文社会科学版）2020 年第 3 期。

胡键：《政治的话语分析范式》，《华东师范大学学报》（哲学社会科学版）2020 年第 3 期。

胡象明、王锋：《中国式邻避事件及其防治原则》，《新视野》2013 年第 5 期。

胡潇：《空间正义的唯物史观叙事——基于马克思恩格斯的思想》，《中国社会科学》2018 年第 10 期。

胡燕、孙羿、陈振光：《邻避设施规划的协作管治问题——以广州两座垃圾焚烧发电厂选址为例》，《城市规划》2013 年第 6 期。

华启和：《邻避冲突的环境正义考量》，《中州学刊》2014 年第 10 期。

宦佳、雷晓康：《探索包容性治理的实践方案》，《人民论坛》2021 年第 32 期。

黄河、王芳菲、邵立：《心智模型视角下风险认知差距的探寻与弥合——基于邻避项目风险沟通的实证研究》，《新闻与传播研究》2020 年第 9 期。

黄晓春：《党建引领下的当代中国社会治理创新》，《中国社会科学》2021 年第 6 期。

黄晓春、周黎安：《政府治理机制转型与社会组织发展》，《中国社会科学》2017 年第 6 期。

黄岩、文锦：《邻避设施与邻避运动》，《城市问题》2010 年第 12 期。

黄振威：《"半公众参与决策模式"——应对邻避冲突的政府策略》，

《湖南大学学报》（社会科学版）2015年第4期。

姜涛：《社会风险的刑法调控及其模式改造》，《中国社会科学》2019年第7期。

蒋颖：《伦理抑或道德——霍耐特与弗斯特承认构想比较研究》，《马克思主义与现实》2021年第2期。

靳文辉：《空间正义实现的公共规制》，《中国社会科学》2021年第9期。

孔祥涛：《我国"邻避"风险的演化规律与制度化防范化解》，《环境与可持续发展》2020年第1期。

孔子月：《嵌入性视角下社区居委会在邻避问题治理中的双重角色与行为逻辑——以S市Y事件为例》，《社会主义研究》2020年第4期。

李安峰：《新时代推进国家治理体系和治理能力现代化的显著优势与内在逻辑》，《新疆社会科学》2020年第1期。

李春成：《包容性治理：善治的一个重要向度》，《领导科学》2011年第4期。

李德刚：《城市邻避冲突的社会风险及规避机制分析》，《湖北社会科学》2017年第10期。

李慧凤、孙莎莎：《从动员参与到合作治理：社会治理共同体的实现路径》，《治理研究》2022年第1期。

李石、杨刚：《程序正义与形式正义之辨——以罗尔斯〈正义论〉为中心的考察》，《天津社会科学》2021年第3期。

李小敏、胡象明：《邻避现象原因新析：风险认知与公众信任的视角》，《中国行政管理》2015年第3期。

李友梅：《当代中国社会治理转型的经验逻辑》，《中国社会科学》2018年第11期。

李悦、王法硕：《邻避事件中的公众情绪、政府回应与信息转发意愿研究》，《情报杂志》2021年第4期。

林巍、刘春华、傅国伟：《环境冲突分析及其应用：公共设施选址问题的分析与处理》，《环境科学》1995年第6期。

刘灿华：《社会治理智能化：实践创新与路径优化》，《电子政务》2021年第2期。

刘畅：《国家治理中问责与容错的内在张力与合理均衡》，《政治学研究》2021年第2期。

刘超、颜茜：《邻避冲突协商治理：美国的实践及启示》，《湖南省社会主义学院学报》2020年第5期。

刘贵文、黄媛媛：《包容性发展理念对我国城市治理的启示》，《开发研究》2019年第4期。

刘晶晶：《国内外邻避现象研究综述》，《生产力研究》2013年第1期。

刘玮、李好、曹子璇：《多维信任、信息披露与邻避冲突治理效果》，《重庆社会科学》2020年第4期。

刘小峰、丁翔：《建设工程项目的邻避风险演化研究》，《公共管理学报》2021年第1期。

刘小峰、吴孝灵：《邻避项目的适应性环境影响评价模式研究》，《中国行政管理》2018年第8期。

刘晓燕、张淑伟、单晓红：《企业技术融合程度提升路径：基于模糊集定性比较分析方法》，《科技管理研究》2022年第6期。

刘耀东：《知识生产视阈下邻避现象的包容性治理》，《中国人民大学学报》2022年第2期。

刘作翔：《当代中国的规范体系：理论与制度结构》，《中国社会科学》2019年第7期。

卢文刚、黎舒菡：《基于利益相关者理论的邻避型群体性事件治理研究——以广州市花都区垃圾焚烧项目为例》，《新视野》2016年第4期。

卢阳旭、何光喜、赵延东：《重大工程项目建设中的"邻避"事件：形成机制与治理对策》，《北京行政学院学报》2014年第4期。

罗骞、滕藤：《技术政治、承认政治与生命政治——现代主体性解放的三条进路及相应的政治概念》,《武汉大学学报》(哲学社会科学版) 2020 年第 1 期。

罗智敏:《我国行政诉讼中的预防性保护》,《法学研究》2020 年第 5 期。

马奔、王昕程、卢慧梅:《当代中国邻避冲突治理的策略选择——基于对几起典型邻避冲突案例的分析》,《山东大学学报》(哲学社会科学版) 2014 年第 3 期。

马鹤丹、张琬月:《环境规制组态与海洋企业技术创新——基于 30 家海工装备制造企业的模糊集定性比较分析》,《中国软科学》2022 年第 3 期。

马雪松、王慧:《现代国家治理视域下压力型体制的责任政治逻辑》,《云南社会科学》2019 年第 3 期。

毛春梅、蔡阿婷:《邻避运动中的风险感知、利益结构分布与嵌入式治理》,《治理研究》2020 年第 2 期。

母睿、贾俊婷、李鹏:《城市群环境合作效果的影响因素研究——基于 13 个案例的模糊集定性比较分析》,《中国人口·资源与环境》2019 年第 8 期。

聂国良、张成福:《中国环境治理改革与创新》,《公共管理与政策评论》2020 年第 1 期。

欧阳倩:《邻避治理过程中地方政府治理转型的多重逻辑——基于广东省 Z 市环保能源发电项目的调查》,《公共治理研究》2022 年第 1 期。

潘家华:《新中国 70 年生态环境建设发展的艰难历程与辉煌成就》,《中国环境管理》2019 年第 4 期。

彭成义:《国外吹哨人保护制度及启示》,《政治学研究》2019 年第 4 期。

彭皓玥:《邻避危机中的生态信任:从流失到重塑——"邻避冲突"的探索性解析》,《天津师范大学学报》(社会科学版) 2016 年第 2 期。

皮里阳、陈晶：《邻避冲突的困境和出路探析——以垃圾焚烧厂为例》，《江西科技师范大学学报》2020年第1期。

乔艳洁、曹婷、唐华：《从公共政策角度探析邻避效应》，《郑州航空工业管理学院学报》（社会科学版）2007年第1期。

卿瑜：《邻避风险的源头治理与决策优化——基于H县拟建垃圾焚烧发电厂而引发群体性事件的思考》，《领导科学》2017年第5期。

渠敬东、周飞舟、应星：《从总体支配到技术治理——基于中国30年改革经验的社会学分析》，《中国社会科学》2009年第6期。

任丙强：《西方国家公众环境参与的途径及其比较》，《东北师大学报》（哲学社会科学版）2010年第5期。

汝绪华：《蓝色焚烧：新时代城市垃圾处置破解邻避困境的中国方案》，《宁夏社会科学》2020年第3期。

汝绪华：《邻避冲突中风险沟通的认知偏差及其治理》，《管理学刊》2020年第5期。

尚虎平：《"治理"的中国诉求及当前国内治理研究的困境》，《学术月刊》2019年第5期。

尚伟：《正确义利观的科学内涵与积极践行》，《马克思主义研究》2021年第8期。

沈费伟、杜芳：《数字乡村建设中老年人参与的包容性治理：现实困境与实现路径》，《杭州师范大学学报》（社会科学版）2022年第1期。

石佑启、杨治坤：《中国政府治理的法治路径》，《中国社会科学》2018年第1期。

孙逸啸：《网络平台风险的包容性治理：逻辑展开、理论嵌合与优化路径》，《行政管理改革》2022年第1期。

孙壮珍：《风险感知视角下邻避冲突中公众行为演化及化解策略——以浙江余杭垃圾焚烧项目为例》，《吉首大学学报》（社会科学版）2020年第4期。

谭柏平：《生态城镇建设中环境邻避冲突的源头控制——兼论环境影

响评价法律制度的完善》,《北京师范大学学报》(社会科学版) 2015 年第 2 期。

谭爽:《"缺席"抑或"在场"？我国邻避抗争中的环境 NGO——以垃圾焚烧厂反建事件为切片的观察》,《吉首大学学报》(社会科学版) 2018 年第 2 期。

谭爽:《城市生活垃圾分类政社合作的影响因素与多元路径——基于模糊集定性比较分析》,《中国地质大学学报》(社会科学版) 2019 年第 2 期。

谭爽:《从知识遮蔽到知识共塑：我国邻避项目决策的范式优化》,《中国特色社会主义研究》2019 年第 6 期。

谭爽:《功能论视角下邻避冲突的治理实践与框架构建——基于典型案例的经验》,《吉首大学学报》(社会科学版) 2020 年第 4 期。

谭爽、胡象明:《公民性视域下我国邻避冲突的生成机理探析——基于 10 起典型案例的考察》,《武汉大学学报(哲学社会科学版)》2015 年第 5 期。

陶克涛、张术丹、赵云辉：《什么决定了政府公共卫生治理绩效？——基于 QCA 方法的联动效应研究》,《管理世界》2021 年第 5 期。

陶鹏、童星:《邻避型群体性事件及其治理》,《南京社会科学》2010 年第 8 期。

田鹏、陈绍军:《邻避风险的运作机制研究》,《河海大学学报》(哲学社会科学版) 2015 年第 6 期。

田毅鹏:《"未来社区"建设的几个理论问题》,《社会科学研究》2020 年第 2 期。

万筠、王佃利:《中国邻避冲突结果的影响因素研究——基于 40 个案例的模糊集定性比较分析》,《公共管理学报》2019 年第 1 期。

王冰、韩金成:《公共价值视阈下的中国邻避问题研究——一个整合性理论框架》,《中国行政管理》2017 年第 12 期。

王聪:《邻避风险的放大过程及其弱化策略——基于风险的社会放大

框架的分析》,《安徽行政学院学报》2019 年第 5 期。

王德福:《城市社会转型与社区治理体系构建》,《政治学研究》2018 年第 5 期。

王佃利、王庆歌:《风险社会邻避困境的化解:以共识会议实现公民有效参与》,《理论探讨》2015 年第 5 期。

王佃利、王庆歌、韩婷:《"应得"正义观:分配正义视角下邻避风险的化解思路》,《山东社会科学》2017 年第 3 期。

王佃利、王玉龙:《"空间生产"视角下邻避现象的包容性治理》,《行政论坛》2018 年第 4 期。

王佃利、王玉龙、于棋:《从"邻避管控"到"邻避治理":中国邻避问题治理路径转型》,《中国行政管理》2017 年第 5 期。

王佃利、徐晴晴:《邻避冲突的属性分析与治理之道——基于邻避研究综述的分析》,《中国行政管理》2012 年第 12 期。

王佃利、于棋:《高质量发展中邻避治理的尺度策略:基于城市更新个案的考察》,《学术研究》2022 年第 1 期。

王锋、胡象明、刘鹏:《焦虑情绪、风险认知与邻避冲突的实证研究——以北京垃圾填埋场为例》,《北京理工大学学报》(社会科学版)2014 年第 6 期。

王冠群、杜永康:《我国邻避研究的现状及进路探寻——基于 CSSCI 的文献计量与知识图谱分析》,《南京工业大学学报》(社会科学版)2020 年第 5 期。

王建明:《生态环境问题何以成为政治问题——西方生态政治哲学视野》,《江西社会科学》2005 年第 11 期。

王金南等:《中国环境保护战略政策 70 年历史变迁与改革方向》,《环境科学研究》2019 年第 10 期。

王凯民、檀榕基:《环境安全感、政府信任与风险治理——从"邻避效应"的角度分析》,《行政与法》2014 年第 2 期。

王奎明:《统合式治理何以有效:邻避困境破局的中国路径》,《探索与争鸣》2021 年第 4 期。

王灵桂:《全面建成小康社会与中国式现代化新道路》,《中国社会科学》2022年第3期。

王凌光:《论社区利益协议——美国解决邻避冲突的经验及启示》,《行政法学研究》2018年第5期。

王前:《伟大抗疫精神与国家治理现代化的互动逻辑》,《理论建设》2021年第1期。

王诗宗、杨帆:《基层政策执行中的调适性社会动员:行政控制与多元参与》,《中国社会科学》2018年第11期。

王文彬、肖阳、边燕杰:《自雇群体跨体制社会资本的收入效应与作用机制》,《社会学研究》2021年第1期。

王学俭:《新时代国家治理与思想政治工作创新发展》,《马克思主义研究》2021年第8期。

王岩、魏崇辉:《协商治理的中国逻辑》,《中国社会科学》2016年第6期。

王炎龙、刘叶子:《政策工具选择的适配均衡与协同治理——基于社会组织政策文本的研究》,《四川大学学报》(哲学社会科学版)2021年第3期。

王瑶:《包容性治理:邻避冲突治理优化的新视角》,《成都行政学院学报》2016年第5期。

王英伟:《权威应援、资源整合与外压中和:邻避抗争治理中政策工具的选择逻辑——基于(fsQCA)模糊集定性比较分析》,《公共管理学报》2020年第2期。

王瑜:《利益分析视角下的地方政府行为研究——以28个典型邻避事件为例》,《中国延安干部学院学报》2019年第5期。

文宏、韩运运:《"不要建在我的辖区":科层组织中的官员邻避冲突——一个比较性概念分析》,《行政论坛》2021年第1期。

吴翠丽:《邻避风险的治理困境与协商化解》,《城市问题》2014年第2期。

吴涛、奚洁人:《城市化进程中的邻避危机研究》,《上海行政学院学报》2016年第1期。

吴勇、扶婷:《社区利益协议视角下邻避项目信任危机与应对》,《湘潭大学学报》(哲学社会科学版)2021年第2期。

夏志强:《国家治理现代化的逻辑转换》,《中国社会科学》2020年第5期。

项久雨:《新发展理念与文化自信》,《中国社会科学》2018年第6期。

辛方坤:《邻避风险社会放大过程中的政府信任:从流失到重构》,《中国行政管理》2018年第8期。

熊光清、熊健坤:《多中心协同治理模式:一种具备操作性的治理方案》,《中国人民大学学报》2018年第3期。

徐倩:《包容性治理:社会治理的新思路》,《江苏社会科学》2015年第4期。

徐亚清、于水:《新时代国家治理的内涵阐释——基于话语理论分析》,《重庆大学学报》(社会科学版)2021年第1期。

徐勇、任路:《构建中国特色政治学:学科、学术与话语——以政治学恢复重建历程为例》,《中国社会科学》2021年第2期。

许敏、景荣杰:《社区养老设施邻避效应的升级、僵局与治理——基于风险感知差异的视角》,《城市问题》2020年第7期。

鄢德奎:《邻避冲突治理结构的反思与重塑——基于案例的实证分析》,《中国科技论坛》2019年第8期。

鄢德奎:《市域邻避治理中空间利益再分配的规范进路》,《行政法学研究》2021年第5期。

鄢德奎:《中国邻避冲突规制失灵与治理策略研究——基于531起邻避冲突个案的实证分析》,《中国软科学》2019年第9期。

颜昌武、何巧丽:《科学话语的建构与风险话语的反制——茂名"PX"项目政策过程中的地方政府与公众》,《经济社会体制比较》2019年第1期。

燕继荣:《制度、政策与效能:国家治理探源——兼论中国制度优势及效能转化》，《政治学研究》2020年第2期。

杨朝霞：《论环境权的性质》，《中国法学》2020年第2期。

杨华国：《论环境治理中的公众监督：基于新范式的分析》，《环境保护》2020年第Z2期。

杨建国：《从知识遮蔽到认知民主：环境风险治理的知识生产》，《科学学研究》2020年第10期。

杨建国、李紫衍：《空间正义视角下的邻避设施选址影响因素研究——基于24个案例的多值集定性比较分析》，《江苏行政学院学报》2021年第1期。

杨立华：《建设强政府与强社会组成的强国家——国家治理现代化的必然目标》，《国家行政学院学报》2018年第6期。

杨宁：《社会主义生态文明的认知、愿景与实现》，《马克思主义研究》2021年第12期。

杨雪锋：《跨域性环境邻避风险：尺度政治与多层治理》，《探索》2020年第5期。

杨雪锋、谢凌：《论环境邻避风险韧性治理》，《广西师范大学学报》（哲学社会科学版）2020年第6期。

杨雪锋、章天成：《环境邻避风险：理论内涵、动力机制与治理路径》，《国外理论动态》2016年第8期。

杨振华：《环境类"邻避"风险化解的三重价值之维》，《人民论坛》2020年第3期。

杨志文：《组态思维下专业市场多元国际化路径——基于74个案例的模糊集定性比较分析》，《治理研究》2022年第3期。

叶舒凤、王永益：《新时代国家治理现代化的伦理向度》，《学习与实践》2020年第6期。

尹利民、田雪森：《包容性治理：内涵、要素与逻辑》，《学习论坛》2021年第4期。

俞海山、周亚越：《公共政策何以失败？——一个基于政策主体角度的解释模型》，《浙江社会科学》2022年第3期。

郁建兴、任杰：《共同富裕的理论内涵与政策议程》，《政治学研究》2021年第3期。

郁建兴、任杰：《社会治理共同体及其实现机制》，《政治学研究》2020年第1期。

曾经纬、李柏洲：《组态视角下企业绿色双元创新驱动路径》，《中国人口·资源与环境》2022年第2期。

曾向红：《恐怖主义的全球治理：机制及其评估》，《中国社会科学》2017年第12期。

詹国彬、许杨杨：《邻避冲突及其治理之道：以宁波PX事件为例》，《北京航空航天大学学报》（社会科学版），2019年第1期。

张等文、郭雨佳：《乡村振兴进程中协商民主嵌入乡村治理的内在机理与路径选择》，《政治学研究》2020年第2期。

张飞、张翔、徐建刚：《基于多主体包容性的邻避效应全过程风险规避研究》，《现代城市研究》2013年第2期。

张海柱：《不确定风险的包容性治理——英国移动通讯健康风险监管改革及启示》，《中国行政管理》2022年第4期。

张海柱：《风险分配与认知正义：理解邻避冲突的新视角》，《江海学刊》2019年第3期。

张海柱：《风险建构、机会结构与科技风险型邻避抗争的逻辑——以青岛H小区基站抗争事件为例》，《公共管理与政策评论》2021年第2期。

张海柱：《风险社会、第二现代与邻避冲突——一个宏观结构性分析》，《浙江社会科学》2021年第2期。

张海柱：《系统风险、包容性治理与弹性：西方风险治理研究的新议题》，《国外理论动态》2020年第4期。

张劼颖、李雪石：《环境治理中的知识生产与呈现——对垃圾焚烧技术争议的论域分析》，《社会学研究》2019年第4期。

张紧跟：《邻避冲突协商治理的主体、制度与文化三维困境分析》，《学术研究》2020年第10期。

张紧跟、叶旭：《邻避冲突何以协商治理——以广东茂名 PX 事件为例》，《中国地质大学学报》（社会科学版）2018 年第 5 期。

张瑾：《邻避冲突的国家治理》，《江苏行政学院学报》2017 年第 2 期。

张劲松：《邻避型环境群体性事件的政府治理》，《理论探讨》2014 年第 5 期。

张来明：《以国家治理体系和治理能力现代化保证和推进中国社会主义现代化》，《管理世界》2022 年第 5 期。

张乐、童星：《"邻避"行动的社会生成机制》，《江苏行政学院学报》2013 年第 1 期。

张乐、童星：《价值、理性与权力："邻避式抗争"的实践逻辑——基于一个核电站备选厂址的案例分析》，《上海行政学院学报》2014 年第 1 期。

张利周：《协商民主视角下邻避设施选址困境的治理路径——以杭州九峰垃圾焚烧厂为例》，《广东行政学院学报》2020 年第 2 期。

张林刚等：《中国制造业数字化转型评价及影响因素——基于模糊集定性比较分析》，《科技管理研究》2022 年第 7 期。

张平、吴子靖、侯德媛：《中国城市社区治理创新：动力因素与类型阐释——基于 42 个实验区案例的模糊集定性比较分析》，《社会主义研究》2020 年第 2 期。

张清、武艳：《包容性法治框架下的社会组织治理》，《中国社会科学》2018 年第 6 期。

张彦、李汉林：《治理视角下的组织工作环境：一个分析性框架》，《中国社会科学》2020 年第 8 期。

张勇杰：《邻避冲突中环保 NGO 参与作用的效果及其限度——基于国内十个典型案例的考察》，《中国行政管理》2018 年第 1 期。

赵闯：《生态政治：权威主义，还是民主主义？》，《中国地质大学学报》（社会科学版）2013 年第 3 期。

赵定东、谢攀科：《中国邻避运动的内在机理与利益规避》，《社会科学战线》2015 年第 9 期。

赵汀阳：《一种可能的智慧民主》，《中国社会科学》2021 年第 4 期。

赵小燕：《邻避冲突治理的困境及其化解途径》，《城市问题》2013 年第 11 期。

赵小燕、吕丽娜：《地方政府邻避项目决策正义性的评估体系构建与运用》，《学习与实践》2022 年第 2 期。

赵延东、张琦：《谁会成为学术不端的"吹哨人"？——举报影响因素分析》，《科学学研究》2021 年第 9 期。

赵悦：《核与辐射安全信息获取权：以法国 TSN 法为镜鉴》，《中国软科学》2017 年第 1 期。

赵志勇、朱礼华：《环境邻避的经济学分析》，《社会科学》2013 年第 10 期。

郑光梁、魏淑艳：《邻避冲突治理——基于公共价值分析的视角》，《理论探讨》2019 年第 2 期。

郑旭涛：《改革开放以来我国邻避问题的演变趋势及其影响因素——基于 365 起邻避冲突的分析》，《天津行政学院学报》2019 年第 3 期。

郑智航：《当代中国国家治理能力现代化的提升路径》，《甘肃社会科学》2019 年第 3 期。

钟杨、殷航：《邻避风险的传播逻辑与纾解策略》，《湖北大学学报》（哲学社会科学版）2021 年第 1 期。

周光辉：《当代中国决策体制的形成与变革》，《中国社会科学》2011 年第 3 期。

周亚越、李淑琪、张芝雨：《正义视角下邻避冲突主体的对话研究——基于厦门、什邡、余杭邻避冲突中的网络信息分析》，《浙江社会科学》2018 年第 7 期。

周亚越、俞海山：《邻避冲突、外部性及其政府治理的经济手段研究》，《浙江社会科学》2015 年第 2 期。

邹卫中：《扩展性对话：网络协商民主包容性与理性的融通》，《天津行政学院学报》2022 年第 1 期。

张艳伟:《"不要在我家后院":国家自主性视域下的中国式邻避冲突》,复旦大学硕士学位论文,2011 年。

顾莹:《环境领域邻避冲突治理研究——以松江垃圾焚烧厂事件为例》,华东政法大学硕士学位论文,2014 年。

朱舒梅:《邻避冲突化解的委员会协商机制研究》,上海师范大学硕士学位论文,2015 年。

聂凌凌:《基于公共价值创造的环境邻避冲突治理问题研究——以 A 市垃圾焚烧厂事件为例》,华东师范大学硕士学位论文,2015 年。

郑凯戈:《邻避冲突中民众利益表达机制的构建研究——以茂名市为例》,广西师范学院硕士学位论文,2016 年。

魏茂莉:《环境型邻避冲突治理的政府责任研究》,燕山大学硕士学位论文,2017 年。

丛中杰:《国家自主性视角下邻避决策的困境与出路——以湘潭九华垃圾焚烧厂为例》,湘潭大学硕士学位论文,2020 年。

二 英文文献

Aalt Colenbrander, Aikaterini Argyrou, Tineke Lambooy and Robert J. Blomme, "Inclusive Governance in Social Enterprises in the Netherlands—A Case Study", *Annals of Public and Cooperative Economics*, 2017, Vol. 88, No. 4.

AduGyamfi Bismark, Shaw Rajib, "Characterizing Risk Communication and Awareness for Sustainable Society: The Case of Foreign Residents in the Tokyo Metropolitan Area of Japan", *Sustainability*, 2021, Vol. 13, No. 11.

Agostino Massa, "Coping with the 'Nimby Syndrome': Political Issues Related to the Building of Big Infrastructures in Liberal Democracy Countries", *Security and Defence Quarterly*, 2019, Vol. 23, No. 1.

Albert R. Matheny, Bruce A. Williams, "Knowledge vs. NIMBY: Assessing Florida's Strategy for Siting Hazardous Waste Disposal Facilities", *Policy*

Studies Journal, 1985, Vol. 14, No. 1.

Alexander Dyck, Natalya Volchkova, Luigi Zingales, "The Corporate Governance Role of the Media: Evidence from Russia", *Journal of Finance*, 2008, Vol. 63, No. 3.

Andreas Duit, "The Four Faces of the Environmental State: Environmental Governance Regimes in 28 Countries", *Environmental Politics*, 2016, Vol. 25, No. 1.

Andrew Robson, *Citizenship and the Environment*, Oxford: Oxford University Press, 2003.

Angela Bearth, Michael Siegrist, "Are Risk or Benefit Perceptions More Important for Public Acceptance of Innovative Food Technologies: A Meta-Analysis", *Trends in Food Science & Technology*, 2016, Vol. 49.

Anne Chapman, *Democratizing Technology: Risk, Responsibility and the Regulation of Chemicals*, London: Earthscan Press, 2012.

Ansell Chris, Alison Gash, "Collaborative Governance in Theory and Practice", *Journal of Public Administration Research and Theory*, 2008, Vol. 18, No. 4.

Anthony Giddens, *The Politics of Climate Change*, Cambridge: Polity Press, 2009.

Barry G. Rabe, Beyond NIMBY: Hazardous Waste Siting in Canada and the United States, Washington, DC: The Brookings Institution, 1994.

Bart W. Terwel, "Dancker D. L. Daamen, Emma ter Mors, Not in my Back Yard (NIMBY) Sentiments and the Structure of Initial Local Attitudes Toward CO2 Storage Plans", *Energy Procedia*, 2013, Vol. 37.

Bill Thornton, Diana Knox, "Not in My Back Yard": The Situational and Personality Determinants of Oppositional Behavior, *Journal of Applied Social Psychology*, 2002, Vol. 32, No. 12.

Bruno S. Frey, "Felix Oberholzer-Gee and Reiner Eichenberger, The Old Lady Visits Your Backyard: A Tale of Morals and Markets", *Journal of*

Political Economy, 1996, Vol. 104, No. 6.

Cameron Gunton, Sean Markey, "The Role of Community Benefit Agreements in Natural Resource Governance and Community Development: Issues and Prospects", *Resources Policy*, 2021, Vol. 73.

Carsten Q. Schneider, *Claudius Wagemann, Set-Theoretic Methods for the Social Sciences: A Guide to Qualitative Comparative Analysis*, Cambridge: Cambridge University Press, 2012.

Charles Davis, Public Involvement in Hazardous Waste Siting Decisions, *Polity*, 1986, Vol. 19, No. 2.

Christoph Dörffel1, Sebastian Schuhmann, What is Inclusive Development? Introducing the Multidimensional Inclusiveness Index, Social Indicators Research, Published online: 17 January 2022, Springer.

Cillian McBride, "Deliberative Democracy and the Politics of Recognition", *Political Studies*, 2005, Vol. 53, No. 3.

C. Hank, L. Carlol, C. Matthew, Overcoming NIMBY: Partisanship, Ideology, and Change in Risk Perception, Mideastern Political Science Association, 2009, Vol. 23, No. 3.

Dae-Woong Lee, Gi-Heon Kwon, "The Effect of Risk Communication on the Acceptance of Policies for High-risk Facilities in South Korea: with Particular Focus on the Mediating Effects of Risk Perception", *International Review of Administrative Sciences*, 2019, Vol. 85, No. 2.

Dan Van Der Horst, "NIMBY or not? Exploring the Relevance of Location and the Politics of Voiced Opinions in Renewable Energy Siting Controversies", *Energy Policy*, 2007, Vol. 35, No. 5.

Danielle M. McLaughlin, Bethany B. Cutts, "Neither Knowledge Deficit nor NIMBY: Understanding Opposition to Hydraulic Fracturing as a Nuanced Coalition in Westmoreland County, Pennsylvania (USA)", *Environmental Management*, 2018, Vol. 62, No. 2.

David Morell, "Siting and the Politics of Equity", *Hazardous Waste*, 1984,

Vol. 1, No. 4.

Derek R Armitage1, Ryan Plummer, Fikret Berkes, et al., "Adaptive Co-management for Social-ecological Complexity", *Frontiers in Ecology Environment*, 2009, Vol. 6, No. 2.

Donna Riley, "Mental Models in Warnings Message Design: a Review and Two Case Studies", *Safety Science*, 2014, Vol. 61.

Doug Smith, "Community Economic Development, Regionalism, and Regional Equity: Emerging Strategies and Changing Roles for CED Attorneys", *Journal of Affordable Housing & Community Development Law*, 2013, Vol. 21, No. 3 / 4.

Douglas J. Lobe, "Why Protest?: Public Behavioral and Attitudinal Response to Siting a Waste Disposal Facility", *Policy Studies Journal*, 1995, Vol. 23. No. 3.

D. H. Leroy, T. S. Nadler, Negotiate Way out of Siting Dilemmas, Forum For Applied Research and Public Policy, 1993, Vol. 8, No. 1.

D. J. Fiorion, "Environmental Risk and Democratic Process: A Critical Review", *Columbia Journal of Environmental Law*, 1989, Vol. 14, No. 2.

Edmundo Claro, "Exchange Relationships and the Environment: The Acceptability of Compensation in the Siting of Waste Disposal Facilities", *Environmental Values*, 2007, Vol. 16, No. 2.

Eileen Maura McGurty, "From NIMBY to Civil Rights: The Origins of the Environmental Justice Movement", *Environmental History*, 1997, Vol. 2, No. 3.

Foster David, "Warren Joseph, The NIMBY Problem", *Journal of Theoretical Politics*, 2022, Vol. 34, No. 1.

Frances Drake, Protesting Mobile Phone Masts: Risk, Neoliberalism, and Governmentality, Science, Technology & Human Values, 2011, Vol. 36, No. 4.

Frank Fischer," Citizen Participation and the Democratization of Policy Expertise: From Theoretical Inquiry to Practical Cases", *Policy Sciences*, 1993, *Vol. 26*, *No. 3*.

Frank Fischer, "Citizens, Experts, and the Environment: The Politics of Local Knowledge", *Durham and London: Duke University Press*, 2000.

Frank J. Popper, *Siting LULUs (locally unwanted land uses)*", Planning, 1981, *Vol. 47*, *No. 4*.

George O. Rogers, "*Siting Potentially Hazardous Facilities: What Factors Impact Perceived and Acceptable Risk?*" Landscape and Urban Planning, 1998, *Vol. 39. No. 4*.

Gregory E. McAvoy, "*Partisan Probing and Democratic Decisionmaking: Rethinking the Nimby Syndrome*", Policy Studies Journal, 1998, *Vol. 26*, *No. 2*.

Guang-she Jia, Song-yu Yan, Wen-jun Wang, Ralf Müller, Chen Lin. "*An Empirical Study on the Generation Mechanism of NIMBY Conflicts of Construction Projects*", Frontiers of Engineering Management, 2016, *Vol. 3*, *No. 1*.

G. Hampton, "*Environmental Equity and Public Participation*", Policy Sciences, 1999, *Vol. 32*, *No. 2*.

Herbert Inhaber, "*A Market-based Solution to the Problem of Nuclear and Toxic Waste Disposal*", Journal of the Air & Waste Management Association, 1991, *Vol. 41*, *No. 6*.

Herbert Inhaber, *Slaying the NIMBY Dragon*, New Brunswick, N. J.: Transaction Publishers, 1998.

Howard Kunreuther, Doug Easterling, "*The Role of Compensation in Siting Hazardous Facilities*", Journal of Policy Analysis and Management, 1996, *Vol. 15*, *No. 4*.

Howard Kunreuther, Kevin Fitzgerald, Thomas D. Aarts, "*Siting Noxious Facilities: A Test of the Facility Siting Credo*", Risk Analysis, 1993, *Vol. 13*, *No. 3*.

Hélène Hermansson, "*The Ethics of NIMBY Conflicts*", Ethical Theory and Moral Practice, 2007, *Vol.* 10, *No.* 1.

James Nugent, "*The Right to Build the City: Can Community Benefits Agreements Bring Employment Equity to the Construction Sector?*" Labour/Le Travail, 2017, *Vol.* 80, *No.* 1.

Jan Kooiman et al eds., Fish for Life: Interactive Governance for Fisheries, *Amsterdam: Amsterdam University Press*, 2005.

Jenny de Fine Licht, "*Transparency Actually: How Transparency Affects Public Perceptions of Political Decision-making*", European Political Science Review, 2014, *Vol.* 6, *No.* 2.

Ji Bum Chunga, Hong-Kyu Kim, "*Competition, Economic Benefits, Trust, and Risk Perception in Siting a Potentially Hazardous Facility*", Landscape and Urban Planning, 2009, *Vol.* 91, *No.* 1.

John C. Besley, "*Does Fairness Matter in the Context of Anger About Nuclear Energy Decision Making?*" Risk Analysis, 2011, *Vol.* 32, *No.* 1.

John Glasson, "*Large Energy Projects and Community Benefits Agreements—Some Experience from the UK*", Environmental Impact Assessment Review, 2017, *Vol.* 65.

John Hagedoorn, "*Understanding the Cross-Level Embeddedness of Interfirm Partnership Formation*", Academy of Management Review, 2006, *Vol.* 31, *No.* 3.

John M. Bryson, Barbara C. Crosby, Melissa M. Stone, Designing and Implementing Cross-Sector Collaborations: Needed and Challenging, Public Administration Review, 2015, *Vol.* 75, *No.* 5.

J. H. Flynn, P. Slovic, "*Nuclear Wastes and Public Trusts*", Forum For Applied Research and Public Policy, 1993, *Vol.* 8, *No.* 1.

Kaoru Ishizaka, Masaru Tanaka, "*Resolving Public Conflict in Site Selection Process—A Risk Communication Approach*", Waste Management, 2003, *Vol.* 23, *No.* 5.

Karl R. Dorshimer, "Siting Major Projects & the NIMBY Phenomenon: The Decker Energy Project in Charlotte", Michigan, Economic Development Review, 1996, Vol. 14, No. 1.

Kate Burningham, "Using the Language of NIMBY: A Topic for Research, not an Activity for Researchers", Local Environment, 2000, Vol. 5, No. 1.

Kirk Emerson, "Tina Nabatchi, Stephen Balogh, An Integrative Framework for Collaborative Governance", Journal of Public Administration Research and Theory, 2012, Vol. 22, No. 1.

Lauren Campbell, et al., "Do Community Benefits Agreements Benefit Communities?" Journal of Affordable Housing & Community Development Law, 2016, Vol. 25, No. 1.

Lawrence S. Bacow, James R. Milkey, "Overcoming Local Opposition to Hazardous Waste Facilities: The Massachusetts Approach", Harvard Environmental Law Review, 1982, Vol. 6, No. 2.

Leland Saito, Jonathan Truong, "The L. A. Live Community Benefits Agreement", Urban Affairs Review, 2015, Vol. 51, No. 2.

Lennart Sjöberg, Britt-Marie Drottz-Sjöberg, Fairness, Risk and Risk Tolerance in the Siting of a Nuclear Waste Repository, Journal of Risk Research, 2001, Vol. 4, No. 1.

Lois M. Takahashi, "The Socio-spatial Stigmatization of Homelessness and HIV/AIDS: Toward an Explanation of the NIMBY Syndrome", Social Science & Medicine, 1997, Vol. 45, No. 6.

Maarten Wolsink, "Wind Power and the NIMBY-myth: Institutional Capacity and the Limited Significance of Public Support", Renewable Energy, 2000, Vol. 21, No. 1.

Maarten Wolsink, "Wind Power Implementation: The Nature of Public Attitudes: Equity and Fairness instead of 'Backyard Motives'", Renewable and Sustainable Energy Reviews, 2007, Vol. 11, No. 6.

Malcolm J. Beynon, "Paul Jones and David Pickernell, The Role of Entrepreneurship, Innovation, and Urbanity-Diversity on Growth, Unemployment, and Income: US State-Level Evidence and an fsQCA Elucidation", Journal of Business Research, 2019, Vol. 101, No. 3.

Manfred Berg, Martin H. Geyer, "Two Cultures of Rights: the Quest for Inclusion and Participation in Modern American and Germany", Cambridge: Cambridge University Press, 2002.

Maria Csutora, "The Mismanagement of Environmental Conflicts", Annals of the American Academy of Political and Social Science, 1997, Vol. 552, No. 52.

Markku Lehtonen, et al., "The Roles of the State and Social Licence to Operate? Lessons from Nuclear Waste Management in Finland, France, and Sweden", Energy Research & Social Science, 2020, Vol. 61.

Martin P. Sellers, "NIMBY: A Case Study in Conflict Politics", Public Administration Quarterly, 1993, Vol. 16, No. 4.

Maxim Laura, et al., "Technical Assistance in the Field of Risk Communication", EFSA Journal, 2021, Vol. 19, No. 4.

Melissa Leach, Ian Scoones and Brian Wynne, Science and Citizens: Globalization and the Challenge of Engagement, New York: Zed Books, 2005.

Melissa M. Teo, Martin Loosemore, "Understanding Community Protest from a Project Management Perspective: A Relationship-based Approach", International Journal of Project Management, 2017, Vol. 35, No. 8.

Michael Dear, "Understanding and Overcoming the NIMBY Syndrome", Journal of the American Planning Association, 1992, Vol. 58, No. 3.

Michael E. Kraft, Bruce B. CIary, "Citizen Participation and the Nimby Syndrome: Public Response to Radioactive Waste Disposal", Western Political Quarterly, 1991, Vol. 44, No. 2.

M. E. Vittes, P. H. Pollock III, S. A. Lilie, Factors Contributing to NIMBY

Attitudes, Waste management, 1993, *Vol. 13*, *No. 2*.

M. O'Hare, "Not on My Block You Don't: Facility Siting and the Strategic Importance of Compensation", Public Policy, 1977, *Vol. 25*, *No. 4*.

National Research Council, Public Participation in Environmental Assessment and Decision-making, Washington, D. C.: The National Academies Press, 2008.

Nguyen Quang Tuan, Virginia W. MacLaren, "Community Concerns about Landfills: A Case Study of Hanoi, Vietnam", Journal of Environmental Planning and Management, 2005, *Vol. 48*, *No. 6*.

Nicholas J. Marantz, "What Do Community Benefits Agreements Deliver? Evidence From Los Angeles", Journal of the American Planning Association, 2015, *Vol. 81*, *No. 4*.

N. Vig & M. E. Kraft eds., Environmental Policy in the 1990's: Toward a New Agenda, Washington, D. C: CQ Press, 1990.

Ortwin Renn and Pia-Johanna Schweizer, "Inclusive Risk Governance: Concepts and Application to Environmental Policy Making", Environmental Policy and Governance, 2009, *Vol. 19*, *No. 3*.

O. Ibitayo, K. D. Pijawka, Reversing NIMBY: An Assessment of State Strategies for Siting HazardousWaste Facilities, Environment and Planning C.: Government&Policy, 1999, *Vol. 17*, *No. 4*.

Paola Garrone, Angelamaria Groppi, "Siting Locally-Unwanted Facilities: What can be Learnt from the Location of Italian Power Plants", Energy Policy, 2012, *Vol. 45*.

Patrick Devine-Wright, "Beyond NIMBYism: Towards an Integrated Framework for Understanding Public Perceptions of Wind Energy", Wind Energy, 2005, *Vol. 8*, *No. 2*.

Patrick Devine-Wright, "Public Engagement with Large-scale Renewable Energy Technologies: Breaking the Cycle of NIMBYism", Wiley Interdisciplinary Reviews: Climate Change, 2011, *Vol. 2*, *No. 1*.

Patrick Devine-Wright, Renewable Energy and the Public: From NIMBY to Participation, London, Washington, D. C.: Earthscan, 2011.

Patrick Devine-Wright, "Rethinking NIMBYism: The Role of Place Attachment and Place Identity in Explaining Place-protective Action", Journal of Community & Applied Social Psychology, 2009, Vol. 19, No. 6.

Paul Slovic, "Perceived Risk", Trust, and Democracy, Risk Analysis, 1993, Vol. 13, No. 6.

Paul Slovic, "Perception of Risk", Science, 1987, Vol. 236, No. 4799.

Peter A. Groothuis, Jana D. Groothuis, John C. Whitehead, Green vs. Green: Measuring the Compensation Required to Site Electrical Generation Windmills in a Viewshed, Energy Policy, 2008, Vol. 36, No. 4.

Peter M. Wiedemann, "Susanne Femers, Public Participation in Waste Management Decision Making: Analysis and Management of Conflicts", Journal of Hazardous Materials, 1993, Vol. 33, No. 3.

P. O'Hara, "The NIMBY Syndrome Meets the Preemption Doctrine: Federal Preemption of State and Local Restrictions on the Siting of Hazardous Waste Disposal Facilities", Louisiana Law Review, 1992, Vol. 53, No. 1.

Raul P. Lejano, C. Emdad Haque, "Fikret Berkes, Co-production of Risk Knowledge and Improvement of Risk Communication: A Three-legged Stool", International Journal of Disaster Risk Reduction, 2021, Vol. 64.

Robert W. Lake, "Planners'Alchemy Transforming NIMBY to YIMBY: Rethinking NIMBY", Journal of the American Planning Association, 1993, Vol. 59, No. 1.

Robin Saha, "Paul Mohai, Historical Context and Hazardous Waste Facility Siting: Understanding Temporal Patterns in Michigan", Social Problems, 2005, Vol. 52, No. 4.

Roger E. Kasperson, "Dominic Golding, Seth Tuler, Social Distrust as a Factor in Siting Hazardous Facilities and Communication Risk", Journal of Social Issues, 2010, Vol. 48, No. 4.

Roger E. Kasperson, "Six Propositions on Public Participation and Their Relevance for Risk Communication", Risk Analysis, 1986, Vol. 6, No. 3.

Rolf Lidskog, "From Conflict to Communication? Public Participation and Critical Communication as a Solution to Siting Conflicts in Planning for Hazardous Waste", Planning Practice and Research, 1997, Vol. 12, No. 3.

Ryunosuke Kikuchi, "Romeu Gerardo, More than a Decade of Conflict between Hazardous Waste Management and Public Resistance: A Case Study of NIMBY Syndrome in Souselas (Portugal)", Journal of Hazardous Materials, Vol. 172, No. 2-3, 2009.

R. C. Mitchell, R. T. Carson, "Property Rights, Protest, and the Siting of Hazardous Waste Facilities", The American Economic Review, 1986, Vol. 76, No. 2.

R. G. Kuhn, K. R. Ballard, "Canadian Innovation in Siting Hazardous Waste Management Facilities", Environmental Management, 1998, Vol. 22, No. 4.

Seth P. Tuler, Roger E. Kasperson, Social Distrust and Its Implication of Risk Communication: An Example of High Level Radioactive Waste Management, In Effective Risk Communication, edited by J. Arvai and L. Rivers III, London: Earthscan, 2014.

Simon Calmar Andersen, "Mads Leth Jakobsen, Political Pressure, Conformity Pressure, and Performance Information as Drivers of Public Sector Innovation Adoption", International Public Management Journal, 2018, Vol. 21, No. 2.

Stephen K. Swallow, James J. Oplauch, Thomas F. Weaver, "Siting Noxious Facilities: An Approach That Integrates Technical, Economic, and Political Considerations", Land Economics, 1992, Vol. 68, No. 3.

Sue Cowan, "NIMBY Syndrome and Public Consultation Policy: The Implications of a Discourse Analysis of Local Responses to the Establishment of a Community Mental Health Facility", Health and Social Care in the Community, 2003, Vol. 11, No. 5.

Susan Hunter and Kevin M. Leyden, "Beyond NIMBY: Explaining Opposition to Hazardous Waste Facilities", Policy Studies Journal, 1995, Vol. 23, No. 4.

Susana Batel, Patrick Devine-Wright, "Using NIMBY Rhetoric as a Political Resource to Negotiate Responses to Local Energy Infrastructure: A Power Line Case Study", Local Environment, 2020, Vol. 25, No. 5.

Susana Ferreira, Louise Gallagher, Protest Responses and Community Attitudes toward Accepting Compensation to Host Waste Disposal Infrastructure, Land Use Policy, 2010, Vol. 27, No. 2.

S. Hayden Lesbirel, Daigee Shaw eds., Managing Conflict in Facility Siting: An International Comparison, Cheltenham, Northampton, Massachusetts: Edward Elgar Publishing, 2005.

Terri Mannarini, "Michele Roccato, Angela Fedi, Alberto Rovere, Six Factors Fostering Protest: Predicting Participation in Locally Unwanted Land Uses Movements", Political Psychology, 2009, Vol. 30, No. 6.

Thomas A. Musil, "The Sleeping Giant: Community Benefit Agreements and Urban Development", the Urban Lawyer, 2012, Vol. 44, No. 4.

Timothy A. Gibson, "NIMBY and the Civic Good", City & Community, 2005, Vol. 4, No. 4.

Ting Liu, YungYau, "Institutional Inadequacies and Successful Contentions: A Case Study of the LULU Siting Process in Hong Kong", Habitat International, 2014, Vol. 44.

Tomio Kinoshita, "Short History of Risk Communication in Japan", Journal of Disaster Research, 2014, Vol. 9.

Toyotaka Sakai, "Fair Waste Pricing: An Axiomatic Analysis to the NIMBY Problem", Economic Theory, 2012, Vol. 50, No. 2.

William R. Freudenburg, "Can We Learn from Failure? Examining US Experiences with Nuclear Repository Siting", Journal of Risk Research,

2004, *Vol.* 7, *No.* 2.

Yannick Barthe, "*Mark Elam, Göran Sundqvist, Technological Fix or Divisible Object of Collective Concern? Histories of Conflict over the Geological Disposal of Nuclear Waste in Sweden and France*", Science as Culture, 2019, *Vol.* 29, *No.* 2.